HEYNE
BÜCHER
SACHBUCH

W0094714

EVA MARIA KAISER
ULRICH RAUSCH

Die Zeugen Jehovas

Ein Sektenreport

WILHELM HEYNE VERLAG
MÜNCHEN

HEYNE SACHBUCH
19/576

Aktualisierte Taschenbuchausgabe im
Wilhelm Heyne Verlag GmbH & Co. KG, München
Copyright © 1996 by Pattloch Verlag in der Weltbild Verlag GmbH, Augsburg
Printed in Germany 1998
Umschlagillustration: Sibylle Schmatz Fotografie, Egmating
Umschlaggestaltung: Atelier Adolf Bachmann, Reischach
Druck und Verarbeitung: RMO-Druck, München

ISBN 3-453-13198-3

Inhaltsverzeichnis

„Wenn ich mich blamiere, dann möchte ich mich m i t der
Gesellschaft (der Zeugen Jehovas, der Verf.) blamieren.
Dann möchte ich nicht abseits stehen!"

Konrad Franke, deutscher Sektenchef,
als er 1968 in Hamburg wieder einmal Zweifel
am nahen Weltuntergang ausräumen mußte

„Aufseher haben nicht die Aufgabe, […] sich mit allen
Einzelheiten des bürgerlichen Rechts und des Strafrechts
vertraut zu machen und diesen Gesetzen dann Geltung zu
verschaffen."

aus der geheimen
Dienstanweisung für Zeugen-Jehovas-Aufseher
„Gebt acht auf euch selbst und auf die ganze Herde",
Selters/Ts., 1991, S. 138.

„Eine Befürchtung lautet: ‚Die kaufen ganz Selters auf,
einschließlich der Schule.' Aber die dachten nicht daran,
*daß wir es gar nicht **aufkaufen** brauchen. Eine Tages*
kriegen wir es so!"

Werner Rudke, einer der deutschen Sektenchefs, am
14. Mai 1994 vor 3658 Zeugen, bei der Einweihung
der Erweiterung des Druck- und Verwaltungs-
zentrums in Selters/Ts.

Eilmeldung

Am 15. Mai 1997 verhandelte das Bundesverwaltungsgericht zum ersten Mal über die Frage, ob die Zeugen Jehovas den Kirchen gleichgesetzt werden müssen.

Seit Jahren versuchen die Zeugen Jehovas, vom Senat Berlin als Körperschaft des öffentlichen Rechts (KdöR) anerkannt zu werden. Sie möchten den Kirchen gleichgesetzt werden, um so, unserer Meinung nach, vor allem in den Genuß von finanziellen Vorteilen zu kommen. Im Dezember 1995 hatte das Oberverwaltungsgericht entschieden, daß der Senat verpflichtet ist, die gewünschte Anerkennung auszusprechen. Denn hierfür wäre nur ein einziges Kriterium ausschlaggebend: die Gewähr der Dauer. Aufgrund der Mitgliederzahl und der über 100jährigen Geschichte wäre dies gegeben. Inhaltliche Fragen dürften bei der Anerkennung keine Rolle spielen.

Genau diese Position vertrat der Rechtsanwalt der Zeugen Armin Pickl laut „Der Tagesspiegel" von 16. 5. 1997 auch vor dem Bundesverwaltungsgericht. *„Der Staat"*, so wird der Anwalt zitiert, *„dürfe an sie* [die Zeugen] *keine höheren Ansprüche stellen als an die großen Kirchen. Wenn die Religionsgemeinschaft daran gemessen werde, ob sie ihren Mitgliedern politische Tätigkeit untersage, müsse der gleiche Maßstab zum Beispiel bei der katholischen Kirche gelten, die ihren Priestern die Ehe verbietet."* Abgesehen davon, daß uns nicht einsichtig ist, wieso ein generelles Verbot von politischen Aktivitäten für alle Zeugen Jehovas mit einer freiwilligen Ehelosigkeit gleichzusetzen ist, haben wir einige prinzipielle Schwierigkeiten, die Zeugen Jehovas als geeignete Trägerin der Körperschaftsrechte anzusehen.

„Der Tagesspiegel" vom 16. 5. 1997 erwähnt ausdrücklich, daß vor Gericht kein Zweifel an der Gesetzestreue der Zeugen Jehovas bestehe. Dies ist sicher für die einzelnen Zeugen Jehovas richtig. Allerdings haben Kenner bereits darauf hingewiesen, daß sich in den Schriften der Zeugen Jehovas Stellen finden, die als Aufforderung verstanden werden können, allgemeine Regeln oder Gesetze zu übertreten. Im Wachtturm vom 1. 9. 1987 wird auf mehreren Seiten die Frage behandelt, was ein Zeuge tun soll, wenn er vom Fehltritt eines anderen Zeugen erfährt, der eigentlich den Ältesten gemeldet werden sollte, damit diese ihn u. U. aus der Gemeinschaft ausschließen könnten. Muß ein Gläubiger die Informationen weitergeben, auch wenn es ihm aus beruflichen Gründen verboten ist? Am Beispiel einer Krankenschwester, die an ihrem Arbeitsplatz davon erfährt, daß eine Glaubensschwester „Hurerei" und eine Abtreibung begangen hat, wird dieser Fall durchgespielt. In dem fiktiven Fall meldet sich die „Verbrecherin" von selbst bei den Ältesten, so daß die Krankenschwester ihre berufliche Schweigepflicht nicht verletzen muß. Aber was wäre, wenn sich die

Betroffene nicht selbst gemeldet hätte? Hätte die Krankenschwester dann ihr Wissen illegal weitergegeben? Wir sind der Meinung, daß einige Zeugen diesen Artikel als Aufforderung verstehen könnten, geltende Regeln und Gesetze zu mißachten. Und wie ist es zu verstehen, daß im Königreichsdienst vom September '96 zwar darauf hingewiesen wird, daß es Einkaufszentren gibt, in denen es *„wegen des Hausrechtes [...] durchweg nicht möglich ist [...] zu predigen oder Straßendienst zu machen"*, aber gleichzeitig erklärt wird, auf welche Weise *„einige Verkündiger [...] dort [...] Zeugnis geben."* Könnten die Leserinnen und Leser dies nicht auch als Aufforderung verstehen, unter Mißachtung der Hausordnung an verbotenen Orten zu missionieren?

In dem Gerichtsverfahren wurde auch angesprochen, wie sich die Zeugen Jehovas eine Kooperation mit den Staatsorganen vorstellen. Die Welt befindet sich nach Ansicht der Zeugen im Augenblick unter der Herrschaft Satans. Die „Hure Babylon" und das „wilde Tier" sind zwei Bilder für die verkommene Welt. Alle Staaten und Kirchen müssen im blutigen Krieg von Harmagedon vernichtet werden, damit danach die Gottesherrschaft auf Erden errichtet werden kann. Bis zu diesem Zeitpunkt sind die Zeugen angehalten, politische Neutralität zu wahren. Und so ist es nur verständlich, daß die Vertreter der Zeugen vor dem Bundesverwaltungsgericht auf die Frage, wie sie sich eine Kooperation vorstellen, laut „Berliner Morgenpost" eine *„plausible Antwort"* schuldig bleiben mußten. Aber muß ein Staat einer Organisation finanzielle und andere Vorteile einräumen, wenn diese Organisation darauf hofft, daß der Staat vernichtet wird?

Die Frage ist schließlich, wie viele Mitglieder die Organisation der Zeugen Jehovas hat. Dies ist ein Kriterium, um die Gewähr der Dauer festzustellen. Unklar ist, ob die über 160 000 Verkündiger automatisch mit den Mitgliedern gleichzusetzen sind. Wenn wir in irgendeinem Verein Mitglied werden, geschieht dies durch einen formalen Aufnahmeantrag. Wir werden in ein Mitgliedsverzeichnis eingetragen, evtl. gibt es einen Mitgliedsausweis, und wir erwerben bestimmte Pflichten und Rechte durch die Mitgliedschaft. So kann verlangt werden, daß die Finanzen vor den Mitgliedern offengelegt und geprüft werden. Kommt jeder ZJ-Verkündiger durch seine Taufe in einen solchen Status, oder handelt es sich dabei nur *„um eine ganz persönliche Hingabe"*, die keinerlei rechtliche Konsequenzen hat? Welche Rechte hat ein einzelner Zeuge? Und wie ist es zu verstehen, daß in der Satzung der Wachtturmgesellschaft e.V. von 1965 steht, daß die Zahl der Mitglieder 100 nicht überschreiten soll?

Und wegen des Verbots, sich an Wahlen zu beteiligen, hat das Bundesverwaltungsgericht am 26. Juni 1997 die Klage, als Körperschaft des öffentlichen Rechts anerkannt zu werden, abgewiesen, da *„sie nicht die für eine dauerhafte Zusammenarbeit unerläßliche Loyalität* [dem Staat] *entgegenbringt."*

1. Ein Begegnungsmosaik

Juni 1992   Seit einiger Zeit ist eine Zeugen-Familie, ein Ehepaar mit zwei Kindern, Kundschaft im Geschäft meiner Eltern. Meine Mutter schwärmt von diesen freundlichen Leuten: Die Kinder sind brav, die Eltern so liebenswürdig im Umgang, eine harmonische Familie. Und immer erzählen sie, wie glücklich sie sich fühlen, seit sie Zeugen geworden sind, auch wenn sie deswegen einige alte Freunde verloren hätten.

November 1993   Eine Notiz in der Tageszeitung. Der kleine Junge Simon Hartl mußte sterben, weil seine Eltern den Ärzten die lebenswichtige Bluttransfusion verboten hatten. Für Zeugen Jehovas wäre das ein Verstoß gegen ein göttliches Gebot. Obwohl ich mich seit dreizehn Jahren mit dieser Sekte beschäftige und die lehrmäßige Begründung dieses Gebotes genau kenne, bin ich wieder schockiert: Wie können Menschen den Tod eines Kindes in Kauf nehmen und glauben, damit im Sinne eines liebenden Gottes zu handeln?

Mai 1982   Ausflug einer Gruppe von jungen Leuten aus Wien. Vor der Wallfahrtskirche Lockenhaus machen wir Rast, zücken unsere Lunch-Pakete und halten ein ausgiebiges Picknick. Alles „easy feeling", einer klimpert auf der Gitarre, einige versuchen mitzusingen. Plötzlich gesellen sich fremde Jugendliche zu uns. „O je, Zeugen", meint einer, der offenkundig schon seine Erfahrungen gemacht hat, „diskutieren ist sinnlos." Wir anderen wollen es nicht glauben, wollen unsere Überzeugungskraft mit ihnen messen. Nach zwei Stunden geben wir auf. Alles in der Bibel nehmen sie absolut wörtlich, bei Widersprüchen weichen sie auf andere Themen aus. Sie wollen weder zuhören noch unseren Standpunkt akzeptieren. Verärgert über das fruchtlose Gespräch bleiben wir zurück.

Februar 1992   Vor einem Frankfurter Supermarkt steht eine ältere Frau. Es regnet in Strömen. Obwohl es keine Möglichkeit gibt, sich unterzustellen, hält sie den Leuten tapfer ihre Zeitschriften „Der Wachtturm" und „Erwachet!" entgegen. Sie grüßt freundlich und lächelt, wie immer, zweimal die Woche für jeweils 90 Minuten. Ich kenne sie bereits und nehme ihr gelegentlich einige Zeitschriften ab. Sonst wird sie kaum beachtet. Einige Kunden wirken verärgert, denn die Zeugin verstellt den Zugang zu den Einkaufswagen. Um ehrlich zu sein, ich bewundere sie ein bißchen. Für meinen Glauben würde ich mich nicht so öffentlich hinstellen.

April 1983   In der Jugendherberge Siegen sitzen acht junge Leute. Wir alle sind in unsere Bücher vertieft, denn morgen ist Führerscheinprüfung. Innerhalb von vierzehn Tagen haben wir Autofahren gelernt, das bedeutete: täglich vier Stunden Übungsfahrt, dazu der Theorieunterricht und abends Pauken. Die Zeit war unheimlich knapp, es gab keine freie Minute. Zwei junge Erwachsene sind mir besonders aufgefallen. Ein Paar, bereits miteinander verlobt, fand neben dem ganzen Streß noch Zeit für eine andere Lektüre. Jeden Abend setzten sie sich mindestens eine Stunde zusammen und lasen die Bibel, ein kleines braunes Buch und ein farbiges Heftchen. Gelegentlich unterstrichen sie einige Stellen, schlugen in der Bibel nach oder machten sich Notizen. Selbst wenn die Gruppe gemeinsam etwas unternahm, blieben sie lieber bei ihren Büchern. Irgendwann erklärten sie ihr eigenartiges Verhalten: Sie waren seit zwei Jahren Zeugen Jehovas und wollten jede freie Sekunde dem Dienst an ihrem Gott widmen. Dies war auch der Grund, warum sie den Führerschein machten.

Oktober 1990   Ich bin eine junge Studentin der Theologie und habe meine erste eigene Wohnung. Eines Nachmittags läutet es an der Tür. Eine biedere junge Frau mit einem kleinen Mädchen an der Hand begrüßt mich mit den Worten: „Guten Tag, ich möchte Ihnen eine Frage stellen. Was ist der Sinn des Lebens?" Eindeutig: Eine Zeugin Jehovas! Ich gebe mich nicht als Theologin zu erkennen und beschließe, eine uninformierte Taufschein-Katholikin zu spielen. Nicht sehr nett von mir. Noch dazu lasse ich die Zeugin vor der Tür stehen, um sie bald wieder los zu werden. Mit gezielten Fragen verstricke ich sie in ein Bibelgespräch und verwirre sie mit biblischen Details. Und tröste das arme Kind, das auf dem zugigen Flur zu quengeln beginnt. Die Zeugin versichert, wie gerne die Kleine beim Predigtdienst mitmacht. Bald sucht sie aber von selbst das Weite. Ich schließe die Tür und fühle mich schäbig, die Glaubensüberzeugung eines Menschen für ein Experiment mißbraucht zu haben.

Es ist unmöglich, Zeugen Jehovas nicht zu begegnen. Obwohl sie statistisch gesehen eine verschwindende Minderheit darstellen (in Deutschland 0,22 Prozent, in Österreich und der Schweiz 0,25 Prozent der Bevölkerung)[1], sind die Zeugen durch ihren massiven Missionierungsdrang zu einem fixen Bestandteil des öffentlichen Lebens geworden.

Wer kennt sie nicht, diese biederen, netten Leute, die meist auffällig an Straßenecken und in U-Bahn-Unterführungen stehen? Vielfach ältere Frauen, manchmal erstaunlich junge und gut gekleidete Männer, die mit verbissenem Ernst ihre Zeitschriften hochhalten, wie ein Schild zur Abwehr gegen die böse Welt. Man kann sich ein Lächeln kaum verbeißen über die Hartnäckigkeit, mit der sie seit über 100 Jahren den nahen Weltuntergang prophezeien.

In Deutschland sind die Zeugen Jehovas die bekannteste Sekte überhaupt. 98 Prozent der Bevölkerung kennen sie mindestens dem Namen nach.[2] Schrillt während des Sonntag-Mittagessens oder während der Fernseh-Nachrichten die Türglocke, ist die Chance groß, daß zwei Zeugen vor der Tür stehen und einen lächelnd mit Naturkatastrophen, moralischer Verkommenheit oder der Sinnfrage konfrontieren. Man weiß nicht recht, was man sagen soll, aber bevor man noch wirklich die Chance hat, in einen ernsthaften Dialog über all die schmerzhaften ungelösten Menschheitsfragen einzutreten, stellt man fest: Sie selber haben auf alles bereits eine Antwort parat.

Auch bei näherem Kontakt bleibt die Begegnung mit Zeugen Jehovas verwirrend, rätselhaft. Am Arbeitsplatz nerven sie ihre Kollegen entweder mit ständigen Bibelsprüchen oder fallen durch eine übermenschliche Zuvorkommenheit auf. Werden Freunde oder Bekannte Zeugen, ist das meist das Ende der Beziehung. Sie ziehen es vor, ihre Freizeit der Weltuntergangspredigt zu widmen.

In welcher Form auch immer, Zeugen Jehovas sind quasi jedermann schon einmal über den Weg gelaufen. Jährlich wenden sie weltweit über 1,1 Milliarden (!) Stunden für ihr großangelegtes Verkündigungswerk auf.[3] Theoretisch kommt jede(r) Deutsche 21 Minuten pro Jahr in den Genuß einer Predigt, vom Baby bis zum Urgroßvater! Kein Wunder, daß in den letzten zehn Jahren über 58 000 neue Anhänger geworben werden konnten. In der Schweiz sind es knappe 28 Minuten Predigtzeit, in Österreich gar eine halbe Stunde! Was die Mitglieder dieser Sekte wirklich glauben, wie sie sich von den christlichen Kirchen unterscheiden und wieso sie mit einem derartig massiven Zeitaufwand ihre Mitmenschen bekehren wollen, ist allerdings nicht so offenkundig. Ebensowenig wie die menschlichen Tragödien, die sich hinter den scheinbar so harmonischen Fassaden von Familien und Versammlungen abspielen.

Wer sind die Zeugen Jehovas wirklich? Sind sie eine gefährliche Sekte, die ihre Mitglieder finanziell ausbeutet und durch ein ausgeklügeltes Wahnsystem in völlige Abhängigkeit bringt? Sind sie lediglich religiöse Spinner, die sich aus dem rauhen Alltag in die Wunschvorstellung eines idealen Paradieses auf Erden flüchten? Oder einfach Menschen auf der Suche nach Gott? Warum aber würden dann 60 Prozent der Deutschen ihren Bekannten abraten, bei den Zeugen Jehovas mitzumachen?[4]

Als Journalisten und Theologen haben wir jahrelang die Entwicklung dieser Sekte verfolgt. Im Kontakt mit aktiven und ehemaligen Zeugen, mit Familienangehörigen und Fachleuten gingen wir der Frage auf den Grund, warum Menschen sich von den abstrusen Lehren der Zeugen Jehovas angezogen fühlen und welche Rolle die Wachtturm Bibel- und Traktat-Gesellschaft in der religiösen Gemeinschaft spielt.

1914

Ch.T. Russell, der Gründer der Zeugen Jehovas, hatte für 1914 den Weltuntergang vorhergesagt. Als dieser ausblieb, wurde das Datum uminterpretiert: 1914 sei das unsichtbare Königreich Jesu im Himmel aufgerichtet worden. Die Generation, die 1914 bewußt erlebte, wird bis zum Weltuntergang nicht völlig aussterben. Dies soll auch an geschichtlichen Ereignissen ablesbar sein. Im November 1995 kam es zu einer wichtigen Lehränderung: Demnach wird nicht mehr daran festgehalten, daß die Generation von 1914 das Weltende noch erleben wird.

Von den Lebensberichten ehemaliger Zeugen Jehovas, die wir in ungezählten Stunden auf Tonband aufnahmen, haben wir sechs Schicksale ausgewählt, die einen tiefen Einblick in die menschenverachtenden Strukturen und Lehren der Sekte gewähren. Sechs Menschen berichten aus je unterschiedlichen Blickwinkeln über ihre Beweggründe, sich den Zeugen anzuschließen, den Einfluß der Sekte auf ihr Privatleben, ihren anfänglichen Eifer und schließlich die Zweifel, die sie jahrelang quälten. Mit diesen sechs Interviewpartnern versuchten wir, einen repräsentativen Querschnitt durch die Lebenswirklichkeit der Zeugen Jehovas zu ziehen.

Das Buch klagt nicht einzelne Menschen an. Wir wissen, daß viele Zeugen Jehovas ernsthaft auf der Suche nach Antworten auf die zentralen Existenzfragen sind und sich um ein spirituell und ethisch fundiertes Leben bemühen. Wir wollen keinem Zeugen seine guten Absichten absprechen, zumal wir mehrmals erleben konnten, wie schwierig es ist, aus diesem weltanschaulichen System, das sich perfekt nach außen abschottet, herauszufinden. Unsere Kritik richtet sich vielmehr gegen eine

Organisation, die durch ihre internen Mechanismen ihre Mitglieder unterdrückt, sie in ihren natürlichen Lebensmöglichkeiten beschneidet und durch eine abstruse Bibelauslegung letztlich von Gott entfernt, anstatt ihn näherzubringen.

Die WTG ist gerade dabei, eine große Lehränderung vorzubereiten, die an die Substanz des bisherigen Glaubenssystems geht. Bisher war es ein Grundpfeiler ihrer Lehre, den baldigen Weltuntergang zu prophezeien: „Die Generation, die 1914 lebte, wird nicht völlig vergehen, bis es zur Änderung des ‚Systems der Dinge' kommt", war die ständig wiederholte Formel. Diese zentrale Lehre wurde im Wachtturm vom 1. November 1995 fallengelassen. Damit sind weitreichende Konsequenzen verbunden wie beispielsweise die, daß sich die WTG nun auch offiziell als bleibender Faktor im nächsten Jahrtausend etablieren wird.

Eine weitere Aufgabe unseres Buches ist es daher, die „Organisation, die hinter dem göttlichen Namen steht"[5], zu durchleuchten. Nur wenige wissen, zu welch mächtigem Wirtschaftsimperium die Wachtturm-Gesellschaft seit 1884 herangewachsen ist. Von der Weltzentrale der Zeugen Jehovas in Brooklyn/New York aus werden alle Aktivitäten gesteuert. Von den Zeitschriften, die wöchentlich studiert werden müssen, über den Programmablauf ihrer Versammlungen und Kongresse, bis zu detaillierten Gebots- und Verbotskatalogen – alles ist weltweit einheitlich reglementiert.

Die geschäftlichen Aktivitäten mit Firmen und politischen Institutionen werden in der Regel mit größter Diskretion abgewickelt, so daß selbst Insider nur in Ausnahmefällen wissen, was wirklich läuft. So füllt z.B. der Gemeinderat einer deutschen Stadt seine leeren Gemeindekassen mit Hilfe der Sekte.

Wie viele Sekten haben auch die Zeugen eine eigene Sprache entwickelt, die für Außenstehende erst einmal nur merkwürdig klingt. Was hinter bestimmten Begriffen steht und warum die WTG sie verwendet, wissen nur Fachleute. Als Verstehenshilfe haben wir in dieses Buch ein ZJ-Lexikon eingebaut. Dieses Lexikon erklärt die 72 wichtigsten Begriffe der Zeugen Jehovas und kann unabhängig vom Fließtext als eigenständiges Nachschlagewerk verwendet werden.

Während unserer Arbeit wurden wir häufig mit der Frage konfrontiert: „Warum bezeichnet ihr die Zeugen Jehovas als Sekte? Ist das nicht eine Glaubensgemeinschaft wie die katholische Kirche auch?" Wir halten diese Frage für berechtigt. Unterscheiden sich Zeugen Jehovas und andere „Sekten" von etablierten „Kirchen" nur durch ihre Größe und durch die gesellschaftliche Akzeptanz? Sollte in einer toleranten Gesellschaft nicht jeder Glaubensgemeinschaft die gleiche Berechtigung zukommen? Wir haben im Laufe unserer Arbeit die Erfahrung gemacht, daß es sehr wohl Merkmale einer Religionsgemeinschaft gibt, die als „sektenhaft" bezeichnet werden können. Daß dies auf die Zeugen Jehovas in starkem Ausmaß zutrifft, können wir in diesem Buch nachweisen.

Bedanken möchten wir uns bei zahlreichen Sektenexperten und Zeugen-Insidern, die durch anregende Diskussionen und die Vermittlung von internen Informationen bei der Entstehung dieses Buches geholfen haben. Stellvertretend für alle seien genannt: Gerd Borchers-Schreiber, Günther Pape, Michael P., Franz Stuhlhofer.

Dieser Sektenreport konnte nur entstehen mit der Unterstützung vieler ehemaliger Zeugen Jehovas, die teilweise Jahrzehnte in diesem System gelebt und gelitten haben. Die meisten können nicht namentlich genannt werden, da wir sonst Familienangehörige, die noch immer aktive Zeugen sind, in schlimme Bedrängnis bringen würden. Sie haben bereitwillig auch sehr persönliche Fragen über partnerschaftliche Beziehungen und ihr eigenes menschliches Versagen beantwortet. Wir bedanken uns ausdrücklich bei ihnen und hoffen, daß ihr Lebensschicksal gefährdeten und betroffenen Menschen die Augen öffnen kann.

Wien im Mai 1997   *Eva Maria Kaiser / Ulrich Rausch*

1 Jahrbuch der Zeugen Jehovas 1996.
2 Schmidtchen, Gerhard, Sekten und Psychokulte, Freiburg im Brsg., 1987, S. 19.
3 Jahrbuch der Zeugen Jehovas 1997
4 Schmidtchen, Gerhard, Sekten und Psychokulte, Freiburg im Brsg., 1987, S. 27.
5 So der Titel eines Werbevideos der Wachtturm-Gesellschaft.

2. Sechs Menschen in einem menschenverachtenden System

Beinahe täglich treten sie in Fernseh-Talk-Shows auf. Ehemalige Sektenmitglieder, die für ihr Leben geschädigt sind: finanziell ruiniert, menschlich ausgebeutet, kostbarer Lebensjahre beraubt und nun, am Ende ihrer ideologischen Irrfahrt, vor dem existentiellen Nichts. Auch in ehemaligen Zeugen Jehovas sind wir solchen „Sektenopfern" begegnet. Menschen, die noch immer an einer brutalen, von der WTG-Lehre gestützten Kindererziehung leiden, die noch Jahre nach dem Ausschluß Alpträume haben, die mit dem Leben „draußen" nicht zu Rande kommen.

Und dennoch: Wer sich mit den Zeugen beschäftigt, wird nicht nur auf solche Schicksale stoßen. Viele „Ehemalige" haben, obwohl sie ihrer früheren Glaubensgemeinschaft ablehnend gegenüberstehen, ihre Zeit bei den Zeugen positiv bewältigt. Sie sprechen schonungslos über die menschenverachtenden Strukturen und die zahllosen Mißstände, die sie früher nicht sehen wollten. Trotzdem verteufeln sie ihre ehemaligen Glaubensbrüder nicht, weil sie unter ihnen viele anständige, wertvolle Menschen kennengelernt haben. Denn wer sich einer Sekte anschließt, dem darf man in nicht wenigen Fällen zugute halten, daß er sich nicht damit begnügt, locker durchs Leben zu kommen.

Die radikale Verteufelung einer Sekte wie die der Zeugen Jehovas ist kontraproduktiv. Zum einen für das Gespräch mit noch aktiven Zeugen selbst. Sie würden sich durch eine solche Einschätzung diffamiert fühlen und ruhigen Gewissens erklären: „Alles nicht wahr." Und sich in der Rolle als Märtyrer in einer feindlich-satanischen Welt bestätigt fühlen. Zum zweiten, und dieser Grund ist uns noch wichtiger, für das Gespräch mit gefährdeten Personen. Wer Zeugen Jehovas kennengelernt hat und sich für einen Beitritt interessiert, kann sich sagen: „So schlimm sind sie doch nicht. Wahrscheinlich ist das alles nur von den Medien aufgebauscht. Ich schaue mir das näher an."

Für unseren Sektenreport haben wir daher ein möglichst breites Spektrum an Erfahrungsberichten ausgewählt. Unsere sechs Interviewpartner sprechen über ihre Zeit als Zeugen Jehovas aus den unterschiedlichsten Perspektiven. Während drei von ihnen von Geburt an Zeugen waren und die psychischen Auswirkungen von gewalttätigen Erziehungsmethoden und einer isolierten Kindheit miterlebten, kamen die anderen drei erst als Erwachsene dazu. Sie vermitteln einen Einblick in die psychologischen und weltanschaulichen Gründe, die für den Beitritt zu dieser Sekte ausschlaggebend sind. Auch ihre soziale Stellung innerhalb der Versammlung war unterschiedlich. Zwei der Interviewpartner sind ehemalige Älteste, waren also Zeugen mit Leitungsfunktion. Zwei von ihnen waren Frauen von Ältesten und daher mit einer außerordentlichen zeitlichen

144 000
Zahl der Menschen, die mit Jesus zusammen das 1000jährige Friedensreich regieren werden (Offb 7,4). Nur diese werden im Himmel ewig leben. Es werden die Menschen gezählt, die zu diesen ‚Geistgesalbten‘ gehören. Die Sammlung der 144 000 wurde 1935 abgeschlossen, so daß Menschen, die heute Zeugen Jehovas werden, praktisch keine Chance mehr haben, ewig im Himmel leben zu können. Es leben von den 144 000 im Augenblick noch 8757 (Stand 1997), die auch namentlich bekannt sind. Nur diese dürfen während des Gedächtnismahls von den Symbolen Brot und Wein nehmen.

Belastung und sozialem Druck konfrontiert, die anderen beiden „normale“ Verkündigerinnen. Wir haben – wie es der Geschlechterverteilung innerhalb der Sekte entspricht – bewußt zwei Männer und vier Frauen ausgewählt.

Trotz ihrer unterschiedlichen Rollen ähneln sich die Erfahrungen dieser ehemaligen Zeugen frappant. Gemeinsam ist ihnen auch die Entwicklung ihrer privaten Beziehungen: Alle sechs Personen mußten das Scheitern ihrer Ehe erleben. Die einen, weil sie sich aufgrund des sozialen Druckes zu früh zur Heirat entschlossen hatten und nie mit ihrem Partner harmonierten, die anderen, weil sich die Ideologie der WTG auf ihre Ehe tödlich auswirkte. Eines dieser gescheiterten Paare berichtet über den geschlechtsspezifischen Druck, der durch die WTG-Lehre auf Mann und Frau in einer Ehe ausgeübt wird.

Unterschiedlich sind die Gründe, warum unsere Interviewpartner die Sekte verließen. Die einen konnten die moralische Doppelbödigkeit vieler Glaubensgenossen nicht mehr ertragen, andere hielten die Widersprüche im Lehrgebäude nicht mehr aus, wieder andere waren dem enormen psychischen Druck in der Gemeinschaft nicht länger gewachsen. Die Erfahrungen waren ähnlich: Jede Kritik an Lehre und Moral der WTG wurde unerbittlich verfolgt und mit dem Ausschluß bestraft. Unsere Gesprächspartner berichteten über die größte Krise ihres Lebens in völliger Isolation, in einem weltanschaulichen Vakuum und in Depression bis zu Selbstmordgedanken. Der jetzige Blick der Ehemaligen auf ihre frühere Religionsgemeinschaft ist unterschiedlich. Während die einen ihrer Zeit bei den Zeugen auch positive Seiten abgewinnen können, warnen die anderen vor der Gefährlichkeit dieser Sekte.

2.1 Fallstudie A:
„Man kann seine ganze Vergangenheit löschen"

Peter Pross empfängt mich in seinem gediegenen Büro an der Wiener Ringstraße. Er ist Personalmanager einer großen österreichischen Versicherung. Ein energiegeladener Mann kommt mir da entgegen, bestimmtes Auftreten, wortgewandt, souverän – nicht gerade das, was man sich unter einem typischen Zeugen Jehovas vorstellt. 22 Jahre lang war er Mitglied dieser Sekte, die meiste Zeit hatte er ein Amt inne: fünf Jahre als Dienstamtsgehilfe, zehn Jahre als Ältester, wobei er selbst in dreizehn Rechtskomiteefällen den Ausschluß über Mitglieder verhängte, bevor er selbst ausgeschlossen wurde.

Wie kam der in einer streng katholischen Familie aufgewachsene Versicherungsmanager dazu, im Alter von 30 Jahren den Zeugen Jehovas beizutreten? *„Bei mir sind, wie wohl bei den meisten Menschen um die Dreißig, die existentiellen Fragen des Lebens wach geworden: Wo komme ich her, wo gehe ich hin, was ist der Sinn des Lebens? Ich war damals bereits das dritte Mal verheiratet und damit von der katholischen Kirche praktisch exkommuniziert. Da ich aus einem sehr religiösen Elternhaus komme, hat mich die Frage beschäftigt, welche Chancen ich beim lieben Gott noch habe."*

Das religiöse Vorleben von Peter Pross kann sich tatsächlich sehen lassen. Sein Vater war ein aktiver Katholik, der vor seiner Ehe Priester werden wollte. Herr Pross selbst durchlief als Kind alle nur denkbaren Stationen im katholischen Vereinsleben, von der katholischen Jungschar bis zur Studentenverbindung CV (Cartell-Verband). Daß diese religiöse Sozialisation an der Oberfläche geblieben war und keine tragfähige

Glaubenssubstanz hinterließ, zeigte sich erst zum Zeitpunkt einer Lebenskrise. Lange vorher war das Interesse an der Religion bereits verebbt, die Bindung an die ursprüngliche kirchliche Gemeinschaft lose geworden. *„Ich bin zwar dazu erzogen worden, Gott in meinem Leben zu berücksichtigen, das war aber keine echte Religiosität, eher eine Formaleinstellung. Gewußt habe ich über die Dinge wenig. In der Jungschar haben wir nur gespielt und gesungen, der Religionslehrer hat uns nichts anderes vermittelt als: In der Not werdet ihr schon noch beten lernen. Es war bei mir überhaupt kein Background da.“*

In einer Phase der offenen Lebensfragen ist es relativ gleichgültig, welche Religionsgemeinschaft an die Tür klopft. Besonders, wenn sie an eine religiöse Vorbildung anknüpfen kann und den Suchenden an einem Krisenpunkt erreicht, auf den sein ursprünglicher Glaube keine befriedigende Antwort hat. *„Das größte Problem waren für mich meine gescheiterten Ehen. Das hat mich stark belastet, nicht zuletzt wegen meiner religiösen Erziehung. Daher war ich für eine religiöse Gruppe ein Ansprechpartner. Meine eigene, die katholische Kirche, die ich damals als die einzig richtige und seligmachende angesehen habe, hatte für mich nur ein Vernichtungsurteil übrig.“* Bei Herrn Pross waren es zuerst die Siebentage-Adventisten, die ihn an seinem Krisenpunkt abholten. Mit Hilfe der Bibel nahmen sie ihm die Sorge wegen der gescheiterten Beziehungen.[1]

Wirklich befriedigt wurde sein religiöses Interesse aber erst, als eine Religionsgemeinschaft in der Gestalt eines sympathischen Menschen vor der Tür stand, der noch dazu die ihm gewohnte, nüchterne Sprache fand. Eine Zeugin (*„eine richtige Lady mit gutem, feinem Auftreten“*) machte ihm ein psychologisch gesehen außerordentlich geschicktes Angebot: *„Sie sind als Versicherungsmann gewohnt, ein großes Risiko durch eine Prämie abzudecken. Ich mache Ihnen einen Vorschlag: Ihr großes Risiko ist das ewige Leben. Setzen Sie eine kleine Prämie ein und studieren Sie mit mir drei Monate lang die Bibel. Wenn Sie dann sehen, daß die Zeugen Jehovas recht haben, steigen Sie bei uns ein, wenn nicht, dann haben Sie nur einige Stunden Zeit verloren.“*

Nachdem es die Zeugin verstanden hatte, ihn in einem vertrauten Lebensbereich argumentativ abzuholen, fand Peter Pross endgültig Hilfe bei der Bewältigung seines Krisenpunktes. Als nun auch seine dritte Ehe scheiterte, diesmal aufgrund seines Eifers für die Zeugen Jehovas, brauchte das sein Gewissen nicht mehr zu belasten. *„Das ist wirklich phantastisch, wenn man zu den Zeugen Jehovas geht: Man kann seine ganze Vergangenheit löschen und wieder von vorne beginnen.“* Er lernte kurz nach seiner Konversion eine Zeugin kennen, mit der er, bis beide die Sekte verließen, eine dauerhafte Beziehung führte.

Abgesehen von der Bewältigung seines Krisenpunktes hatte die neue Religionsgemeinschaft auch in anderen Bereichen die richtige Lösung für Peter Pross parat: Sie lieferte eine absolut plausible Weltanschauung, die auf alle Fragen eine eindeutige Antwort wußte. Ein Biochemiker und ein Versicherungsmanager verstanden es, Herrn Pross die naturwissenschaftlichen und geschichtlichen Thesen der WTG (Ablehnung der Evolutionslehre, Bibel als Geschichtsbuch) plausibel zu machen. *„Die Argumente waren sehr logisch. Außerdem waren beide beruflich erfolgreiche Kerle, die ich sehr ernst genommen habe. Heute sehe ich, daß es sehr gefährlich ist, jemand anderem die Kompetenz zuzuordnen, anstatt mit seiner eigenen Vernunft Dinge nachzuprüfen."* Dazu kamen die ersten Besuche in einem Königreichssaal, die Peter Pross emotional überwältigten. Pross hatte das Gefühl, er sei schon ewig dort ein- und ausgegangen. Völlig fremde Menschen kamen auf ihn zu; er wurde wie ein alter Bekannter begrüßt. Der schlagende Gegensatz zur Anonymität und Entfremdung, die sonst überall herrscht und die einem besonders schneidend klar wird, wenn man getrennt oder aus anderen Gründen als Single lebt.

Die Konversionsgeschichte von Peter Pross ist typisch für eine große Gruppe von Menschen, die sich einer Sekte anschließen. Von der ursprünglichen Religionsgemeinschaft, meist einer etablierten Kirche, fühlen sie sich bei einem drängenden Lebensproblem im Stich gelassen. Signifikant häufig heißt dieses Lebensproblem ‚Scheidung‘, eine Tatsache, die der katholischen Kirche vielleicht noch gar nicht bewußt ist, ihr jedenfalls nicht im Gewissen brennt. Der Kontakt zur ‚alten‘ Glaubensgemeinschaft ist im prototypischen Fall einer Konversion zu den Zeugen Jehovas dabei schon so lose, daß keiner seiner Repräsentanten um Hilfe bei der Lösung des Lebensproblems gebeten wird. Die religiöse Sozialisation hat aber immerhin insofern funktioniert, als die Bewältigung des Problems im Bereich der Religion versucht wird.

Für welche Glaubensgemeinschaft sich der Suchende entscheidet, hängt meist vom Zufall ab. Wichtig ist jedoch, daß ihm die neue Religion in Gestalt eines Sympathieträgers begegnet. Nicht, was der Prediger an der Haustür sagt, sondern daß er ihn als Persönlichkeit akzeptieren kann, spielt eine Rolle. Für Herrn Pross waren es eine Frau mit elegantem Auftreten und Männer in hohen beruflichen Positionen, die ihm glaubwürdig erschienen. Daher war er innerlich bereit, auch ihre Lehren anzunehmen. Erst in einem zweiten Schritt zeigten sich die weiteren Pluspunkte der neuen Weltanschauung. Das geschlossene System von unumstößlichen Glaubenswahrheiten und die Geborgenheit in einer überschaubaren Gemeinschaft. Beides gibt gerade in Zeiten der Lebenskrise Halt und Sicherheit.

Für die etablierten Kirchen bedeutet die Konversionsgeschichte von Peter Pross eine ernste Anfrage. Warum versagen sie in ihrer Aufgabe, die Menschen bei ihren Problemen abzuholen? Offensichtlich haben eine respektable Anzahl von Menschen das Gefühl, so lange in der Kirche aufgehoben zu sein, solange ihre Vita keine Brüche aufweist. Wenn aber der menschliche Faktor Scheitern eintritt, fühlen sie sich – zu recht oder unrecht – fremd im Haus ihrer Kirche. Viele geschiedene Katholiken kommen sich vor wie das hölzerne Eisen; sie haben das Gefühl, im theoretischen Horizont ihrer Kirche nicht vorgesehen zu sein. Finden ihre Repräsentanten zu viele Worte der Verurteilung und zu wenige der vorbehaltlosen Annahme? Sind sie zu groß, zu anonym geworden, um den Menschen wirklich noch Heimat für Geist und Seele bieten zu können? In diesen Dingen können die Kirchen von manchen Sekten, vielleicht auch von den Zeugen Jehovas, lernen.

Allerdings ist hier eine Warnung angebracht. Wie wir noch sehen werden, ist in den kleinen Religionsgemeinschaften nicht alles so harmonisch, wie es auf den ersten Blick aussieht. Zeugen Jehovas bieten den Neuankömmlingen gezielt ein „Nest", d.h. ein genau kalkuliertes positives Gruppenerlebnis, und sie vermeiden alles, was nach Auseinandersetzung riecht. Erst wenn der Interessierte ein integriertes Gruppenmitglied geworden ist, kann er hinter die Fassade blicken.

Den zweiten Vorteil einer Sekte kann eine Kirche allerdings nicht bieten. Den eines absolut zweifelsfreien Glaubenssystems, das keine Frage mehr offen läßt. Denn eine Religion, die glaubt, auf alles eine Antwort zu wissen, ist bereits zur Ideologie verkommen.

2.2 Fallstudie B: „ ... ihr Herz daran gehängt, daß ich gerettet werde"

Auch **Annemarie Fink**[2] bekam über einen Besuch an der Tür Kontakt zu den Zeugen Jehovas. Im Gegensatz zu Herrn Pross war sie durch keine Lebenskrise für einen Übertritt in diese Religionsgemeinschaft vorbereitet. Jedenfalls nicht offenkundig. *„Ich war damals 28 Jahre alt, evangelisch und ganz zufrieden mit meiner Religion. Ich hatte auch keine besonderen Probleme. Meine Ehe war zwar nicht glücklich, aber auch nicht besonders unglücklich. Ich habe ein ganz normales Leben geführt. "* Zuerst nimmt sie der Zeugin nur aus Mitleid Zeitschriften ab, die sie ungelesen wegwirft. Der entscheidende Anknüpfungspunkt wird erst erreicht, als sie ihr gemeinsames Interesse an der Bibel entdecken. Die Zeugin kann alle offenen Fragen plausibel erklären, und Frau Fink willigt in ein Bibelstudium ein.

Auch hier konnten die Zeugen Jehovas an einer in der Kindheit grundgelegten Religiosität anknüpfen. *„Ich bin von meiner Großmutter gläubig erzogen worden. Sie hat sich Vorträge über Wunderheilungen angehört und sich mit einem Mischmasch aus esoterischen Lehren beschäftigt. Uns Kinder hat sie hauptsächlich von Jesus erzählt, was mir sehr ans Herz gegangen ist. Ich habe auch sehr interessiert den Religions- und Konfirmationsunterricht mitverfolgt. In der Kirche war ich aber nur, wenn ich von der Schule oder dem Arbeitgeber dafür freibekommen habe."* Auch bei Frau Fink war eine schlummernde Religiosität vorhanden, die aber nicht mit einer engen Zugehörigkeit zu ihrer Kirche verbunden war.

Wichtig war auch hier, daß sich zwischen dem Vertreter der neuen Religionsgemeinschaft und der Interessierten ein menschliches Verhältnis entspann: *„Das war eine ganz reizende Dame, die ihr Herz daran gehängt hat, daß ich gerettet werde. Sie war wirklich rührend."* Den entscheidenden Gesprächsstoff bildete aber nicht, wie bei Herrn Pross, ein Lebensproblem. Es waren offene religiöse Fragen, die Frau Fink schon lange mit sich herumtrug. *„In den Diskussionen habe ich gemerkt, daß sich die Zeugin sehr gut in der Bibel auskennt und daß sie mir etwas erklären konnte, was mir zuvor immer schleierhaft war, nämlich den Begriff der Hölle. Die Erklärung der Zeugen Jehovas, daß das ein Tal außerhalb Jerusalems war, wo man in einem ständigen Schwefelfeuer den Müll verbrannte, ist mir einleuchtend erschienen. Ich habe dann von mir aus immer mehr Fragen gestellt und ein Bibelstudium begonnen."*

Und dennoch waren es auch bei Frau Fink nicht nur theologische Fragen, die den Wechsel zu einer anderen Religionsgemeinschaft bewirkten. Die Zeugin an der Tür stieß in ein vorhandenes, aber nicht wahrgenommenes Lebens-Vakuum. Für einen ethisch hochstehenden Menschen genügt es eben nicht, ein „normales" Leben zu führen. Frau Fink hatte sich zwar in eine „nicht besonders unglückliche" Ehe geschickt, es brauchte aber nur einen kleinen Anstoß, um die Sehnsucht nach „mehr" zu wecken. Von ihrer Ehe weg flüchtete sie sich in ein Engagement für ihre neue Glaubensgemeinschaft. Das hatte massive Auswirkungen auf das Privatleben. *„Mein Mann war manchmal der beste Ehemann, den es gibt, dann wieder das Gegenteil. Ich wollte mich mehrmals von ihm trennen. Als ich mich bei den Zeugen engagierte, haben ihm seine Freunde geraten, sich eine andere zu suchen. Das hat er dann auch getan. Man kann nicht sagen, daß die Zeugen schuld daran waren, daß die Ehe zerbrochen ist, sie haben es aber sicher beschleunigt."* In der Folge stürzte sie sich voll Tatendrang in den Predigtdienst. Sie heiratete kurz darauf einen Zeugen Jehovas, zu rasch, wie sich später herausstellte. Man hatte nicht genug Zeit gehabt, einander kennenzulernen.

2.3 Fallstudie C:
„Nach sechs Wochen war ich ein fertiger Zeuge"

Ernst Böhme[3] wurde zwar in eine richtige Zeugen-Familie hineingeboren, seine Eltern waren aber über einen langen Zeitraum eher inaktive Mitglieder der Gemeinschaft. *„Ich habe als Kind von den Zeugen Jehovas nichts mitbekommen, außer, daß ich in der Schule keinen Religionsunterricht besuchen mußte. Ich erinnere mich nur an einen Kongreß, den ich im Alter von sieben Jahren mitgemacht habe."* Es ging allerdings relativ rasch, diese vergessenen Wurzeln zu reaktivieren. *„Im Alter von 18 Jahren habe ich im Lehrlingswohnheim mit einem Zeugen zusammengewohnt. Nach sechs Wochen war ich selbst ein fertiger Zeuge."* Die Gespräche mit seinem Berufskollegen beeindruckten Herrn Böhme dermaßen, daß er sich noch im selben Jahr taufen ließ und nach Abschluß der Lehre als Vollzeitprediger und Sonderpionier tätig war. *„Ich habe sehr intensiv an die ganze Geschichte geglaubt. Unmittelbar nach Beendigung meiner Lehrzeit, gleich am nächsten Tag, bin ich Vollzeitprediger geworden. Ich wollte eigentlich Auslandsmissionar werden, aus Überzeugung von der Endzeitlehre."*

Die „Bekehrung" von Herrn Böhme überrascht auf den ersten Blick. Wieso läßt sich jemand, ohne daß er mit Lebensproblemen zu kämpfen hat, ohne daß er in einer Sinnkrise steckt, von einer Sekte beschwatzen? Noch dazu ein junger Mensch, der seine Ausbildung erfolgreich abgeschlossen hat und nun einer beruflichen Karriere entgegensehen kann? Hier greifen die gängigen Interpretationsmuster von Konversionsprozessen nicht.

Ausschlaggebend im Bekehrungserlebnis von Herrn Böhme war, daß es sich nicht um einen radikalen Glaubenswechsel handelte. Die Nähe zur wiederentdeckten Religionsgemeinschaft war bereits in der Kindheit, wenn auch durch inaktive Eltern, grundgelegt. Sie mußte nur noch aktiviert werden. Die Vermittlung der Weltanschauung erfolgte außerdem nicht durch Autoritätspersonen, sondern durch einen gleichaltrigen Kollegen, was auf Jugendliche einen besonders starken Eindruck macht. Das radikale Engagement von Herrn Böhme für den neuen Glauben mag überraschen. Man vergißt dabei aber, daß viele Menschen – oft nur unterschwellig – auf der Suche nach einer plausiblen Welterklärung sind. Bei den meisten wird diese Suche erst in der Lebensmitte virulent. Doch junge Menschen, besonders wenn sie, wie Ernst Böhme, eine philosophische Ader haben, lassen sich durch ein „Aha-Erlebnis" rasch begeistern. Schade, daß die Kirchen diesem jugendlichen Enthusiasmus nicht besser zu begegnen wissen.

Bei Ernst Böhme war die Begeisterung so groß, daß er auf seine berufliche Laufbahn verzichtete, jahrelang als Vollzeitprediger und Sonderpionier arbeitete und damit seinen Lebensunterhalt aus kleinen Spenden der Glaubensbrüder bestritt. Er heiratete standesgemäß eine Vollzeitpredigerin.

2.4 Fallstudie D: „Wir haben uns schon als etwas Besseres gefühlt"

Margit Böhme[4] mußte bereits als Kind einen Konversionsprozeß durchmachen. Allerdings nicht begeistert wie ihr Mann, sondern unfreiwillig. Ihre Eltern kamen mit Zeugen in Kontakt, als sie bereits zehn Jahre alt war. Daher erlebte sie umso schmerzlicher, was es für ein Kind bedeutet, keine Freunde mehr zu haben, die liebgewonnenen Feste wie Weihnachten, Ostern, Geburtstage nicht mehr feiern zu dürfen, in der Schule als Außenseiterin zu gelten. *„Meine Eltern waren vorher konfessionslos und von den Zeugen Jehovas sofort sehr angetan. Für mich als Kind war das ein gravierender Einschnitt, weil sie gleich radikal eingestiegen sind und wir Kinder uns an alle Regeln halten mußten. Das war für mich besonders schlimm, weil ich sehr kontaktfreudig bin."*

Obwohl sie in der Pubertät verstärkt Konflikte mit den strengen Normen der Zeugen hatte, wurde Margit Böhme eine Vollblut-Zeugin. Ihre Taufe war für sie ein großartiges Erlebnis, auch sie arbeitete nach ihrer Lehre als Vollzeitdienerin. Das war für sie eine gute Möglichkeit, dem engen Elternhaus zu entfliehen und gemeinsam mit einer Freundin die Freiheit zu genießen – natürlich streng im engen Rahmen der WTG-Lehre. Als Vollzeitdienerin lernte sie auch ihren künftigen Mann kennen. *„Als Pioniere haben wir natürlich in Pionier-Kreisen verkehrt. Wir haben uns schon als etwas Besseres gefühlt. Man wird ja auch von der Organisation als etwas Besseres betrachtet. Dort lernte ich auch meinen Mann kennen. Wir haben sehr schnell geheiratet, weil der Druck von außen so stark war."* Gemeinsam widmeten sie sich diesem Dienst, bis die Geburt der Kinder einen festen Wohnsitz und ein geregeltes Einkommen notwendig machten. Die Ehe, die zwischen engagierten und idealistischen Zeugen geschlossen worden war, scheiterte, als der Mann aus dem starren, einengenden Glaubenssystem ausbrach.

2.5 Fallstudie E:
„Ohne Freunde, ohne Beruf, ohne Wohnung"

Beate Frauendorfer[5], von Geburt an Zeugin Jehovas, erlebte eine für Zeugen-Kinder besonders schwierige Situation: das Leben in einem „geteilten Haus". Ihre Mutter war aktive Zeugin, der Vater an Religion überhaupt nicht interessiert. *„Meine Mutter hatte keine schöne Kindheit, und auch ihre Ehe war alles andere als ideal. Die Lehre der Zeugen Jehovas hat ihr den Glauben gegeben, daß sich alles zum Besseren wenden wird."* Lange Zeit mußte die Mutter allerdings Kompromisse machen. Das „geteilte Haus" trennte nämlich nicht nur die Eltern, sondern auch die Kinder. Die Söhne, an denen der Vater besonders hing, wurden nicht nach Zeugen-Lehre erzogen. Mit ihnen feierte der Vater Weihnachten. *„Um die Situation zu entspannen, hat sich meine Mutter nach dem Vater gerichtet. Sie hat zwar keine Geschenke gekauft, aber etwas Besseres gekocht. Sie hat aber nur Dinge gemacht, die sie mit ihrem Gewissen vereinbaren konnte."* Den Christbaum schmückte daher der Vater. Die Mutter ließ aber zu, daß auch die Töchter Geschenke erhielten. *„Für mich selbst war das belastend, weil ich wußte, daß es nicht in Ordnung war, zu Weihnachten Geschenke zu bekommen. Ich hätte mir zwar einerseits eine Weihnachtsstimmung gewünscht, aber ich habe es mir nicht erlaubt. Man verdrängt sehr viel."*

Frau Frauendorfer war von Kindheit an daran gewöhnt, Kompromisse zu machen. In der Schule hatte sie mit ihren Mitschülern keine Probleme, weil sie es verstand, sich anzupassen. Auch das Problem vieler Zeugen-Kinder, Züchtigungen über sich ergehen lassen zu müssen, hatte sie nicht. *„Ich war einfach nicht schlimm und bin deshalb nicht geschlagen worden."*

Auch als Jugendliche schaffte sie es, sich anzupassen und sich gleichzeitig einige persönliche Freiräume, wie z.B. bei der Kleidung, zu schaffen. Dennoch brach sie bei der ersten Gelegenheit, die sich bot, von zu Hause aus. Die Ehe mit einem älteren Mann, ebenfalls einem Zeugen Jehovas, brachte nicht die ersehnte Freiheit. Er befolgte die WTG-Lehren auf das genaueste, was für die Frau Unterordnung und Eingesperrtsein bedeutete. *„Meine Ehe hätte sicher nicht so lange gedauert, wenn wir nicht bei den Zeugen gewesen wären. Das sehe ich aber eher negativ. Dadurch, daß mein Mann sehr dominant war, hatte ich überhaupt keine Möglichkeiten, mich zu entfalten. Wenn ich aus der Ehe ausgestiegen wäre, wäre ich aber ganz alleine dagestanden. Ohne Freunde, ohne Beruf, ohne Wohnung."* Erst als ihr Mann nach zwanzig Jahren aus der Organisation ausstieg, schaffte auch sie die Lösung.

2.6 Fallstudie F: „Dein Vater ist ein Abtrünniger"

Sylvia Wolf[6] ist von ihrer Kindheit bei den Zeugen Jehovas für ihr ganzes Leben gezeichnet. Obwohl man der aparten Frau mit dem hellbraunen Pagenkopf die schlimme Vergangenheit nicht auf den ersten Blick ansieht, sind die Wunden aus ihrer Sektenzeit noch lange nicht verheilt.

„Für mich als Kind war es sehr schlimm, Zeuge Jehovas zu sein. Ich bin von meiner Mutter viel geschlagen worden. Obwohl sie sicher extrem war, bin ich im Laufe der Jahre darauf gekommen, daß viele Zeugen ihre Kinder so behandeln." Frau Wolf litt aber nicht nur an der unerträglichen Situation zu Hause, wo die Mutter ihre Aggressionen an den Kindern austobte. Auch in den Versammlungen waren Schläge nicht nur geduldet, sondern erwünscht. Der Vater, an dem Frau Wolf sehr hing, war keine Hilfe. Da er nach einigen Jahren die Sekte verließ, der er sich seiner Frau zuliebe angeschlossen hatte, war er in den Augen des Kindes ein Abgefallener. *„Ich habe mich nicht getraut, meinem Vater davon zu erzählen, weil er damals kein Zeuge Jehovas mehr war. Die ganze Hetze gegen ihn war sehr massiv. Von meiner Mutter und den anderen in der Versammlung habe ich immer wieder gehört: ‚Dein Vater ist ein Abtrünniger. Du weißt ja, was in der Bibel steht. Wenn jemand einmal die Wahrheit gekannt hat und sich davon abwendet, ist er wie ein Hund, der zu seinem eigenen Gespei zurückkehrt.' Ich habe daher nicht viel mit ihm gesprochen, obwohl ich ihn sehr gern hatte."* Durch seinen Austritt und die baldige Scheidung der Eltern wurde die Situation noch unerträglicher.

Auch Frau Wolf hoffte, durch eine Ehe ihrem Elternhaus zu entkommen. Was die Schläge betraf, geriet sie allerdings vom Regen in die Traufe. Als ihr Mann begann, sich auch am kleinen Sohn zu vergreifen, reichte Frau Wolf die Scheidung ein und machte haarsträubende Erfahrungen mit der Doppelmoral der Zeugen Jehovas. Zuerst setzten die Ältesten sie unter Druck, bei ihrem Mann zu bleiben, obwohl sie von der Situation zu Hause wußten. Und dann schrieben sie ihr die Schuld am Zerbrechen der Ehe zu. Es dauerte Jahre, bis sie finanziell wieder Fuß fassen konnte. Obwohl sie auch eine Psychotherapie durchführte, litt sie noch Jahre nach dem Ausschluß unter den Alpträumen. *„Ein Traum, den ich immer wieder hatte, war auf die Darstellungen von Harmagedon zurückzuführen. Ich träumte, ich stehe irgendwo mit meinem Kind, und die Erde tut sich auf. Die Kluft wird immer größer, ich kann mein Kind nicht mehr herüberholen. Irgendwann falle ich hinein, dann schließt sich die Erde. Sie tut sich wieder auf, mein Sohn fällt auch hinein, und wir beide werden bei lebendigem Leib begraben."*

A

Abstammungslehre
Für die Zeugen ist die Bibel ein Buch, das in vielen Punkten wörtlich zu verstehen ist. So wird eine biologische Abstammungslehre (Evolutionslehre), nach der die Lebewesen voneinander abstammen, zugunsten der Schöpfungslehre, nach der jede Art von Gott einzeln geschaffen wurde, abgelehnt.

1 Mit dem Hinweis auf Matthäus 19,9: „Ich sage euch: Wer seine Frau entläßt, obwohl kein Fall von Unzucht vorliegt, der begeht Ehebruch."
2 Name geändert.
3 Name geändert.
4 Name geändert.
5 Name geändert.
6 Name geändert.

„Im Lauf der Jahre hat es eine Fülle von Enttäuschungen gegeben. Als Ältester habe ich bemerkt, wieviele menschliche Katastrophen es bei den Zeugen gibt. Ich habe manches als Vergewaltigung empfunden, als Zwang, gewisse Dinge zu tun. Für jeden Zeugen besteht der Zwang, daß er glücklich sein muß, weil er im geistigen Paradies lebt. Denn wenn man nicht glücklich ist und es nicht funktioniert, hat man nicht den Segen Jehovas. Man ist nicht in Ordnung, weil man Fehlleistungen vollbringt. Was mir am meisten zu schaffen machte, waren die Vorstellungen, die man von einem glücklichen Familienleben hatte. Ich habe selbst eine Zeugin geheiratet, die auch Sonderpionierin war, wir haben zwei Kinder in die Welt gesetzt, und dann kommt die Praxis, in der es anders aussieht als in der Theorie. Es kommt zu Spannungen zwischen der Idealwelt, in der man als Ältester in besonderer Weise lebt, und der Wirklichkeit."

Ernst Böhme

„In der Versammlung wußte man nicht, wie mich mein Mann behandelte. Wir haben überall als das Traumpaar gegolten. Nach außen hin mußte immer der Schein gewahrt werden. Vor den anderen hieß es immer ‚Schatzi‘ und ‚Mausi‘, und zu Hause habe ich die Watschen gekriegt. Ich wußte, daß es mir, wenn ich den Mund aufmache, nur noch ärger geht. Unterstützung hätte ich ohnehin keine gefunden. Ich hatte da bereits die Entdeckung gemacht, daß es in achtzig Prozent der Ehen der Zeugen Jehovas so zugeht, daß die Frauen von den Männern geprügelt und mißhandelt werden. Als mein Sohn zwei Jahre alt war, habe ich es wirklich nicht mehr ausgehalten."

Sylvia Wolf

28

3. Der Zwang zum Glücklichsein

Sie sind alle so nett! Wer hat sich das noch nicht gedacht, wenn er Zeugen Jehovas begegnet ist. Wenn sie an den Straßenrändern stehen, mit einem etwas unbeholfenen, aber aufmunternden Lächeln. Wenn sie vor der Haustür stehen, immer adrett, etwas altmodisch, aber sauber gekleidet. Wer Zeugen Jehovas vom Arbeitsplatz her kennt, wird kaum schlechte Erfahrungen gemacht haben. Sie sind höfliche, gewissenhafte und leistungsbereite Kollegen und allseits geschätzt. Jedenfalls so lange, als sie ihren Arbeitskollegen nicht mit Bibelsprüchen allzu naherücken oder gar versuchen, sie zu Gott Jehova zu bekehren. Wer Zeugen Jehovas in seinem Bekanntenkreis hat – was nicht sehr wahrscheinlich ist, da sie gewöhnlich nur mit anderen Zeugen Bekanntschaft pflegen – wird sie wegen ihrer braven Kinder und ihres harmonischen Familienlebens beneiden. Tatsächlich ist diese äußerliche Harmonie aber trügerisch.

Das glückliche Gesicht, das viele Zeugen Jehovas nach außen zeigen, beruht in vielen Fällen auf dem enormen psychischen Druck, unter allen Umständen die heile Fassade wahren zu müssen. Dabei sind verschiedene Dinge zu beachten. Außenstehenden, also Nicht-Zeugen gegenüber, präsentieren Zeugen ihr glückliches Gesicht, um Werbung für ihre Glaubensgemeinschaft zu machen. Da sie „in der Wahrheit leben", können sie ja nicht anders, als zufrieden und glücklich sein und wollen das der Außenwelt natürlich auch beweisen. Dabei darf man aber nicht an böswillige Irreführung denken oder an ein „Maske aufsetzen", um die Zahl der Bekehrungen zu steigern. Zeugen glauben ja selbst aus vollem Herzen, daß sie bereits in der Wahrheit leben. Von daher gestehen sie sich selbst das Unglücklichsein gar nicht zu. Das kann zu schwerwiegenden psychischen Störungen führen (siehe unten).

Wenn Zeugen auf Interessierte treffen, gilt das natürlich um so mehr. Sie haben die Anweisung, daß Neue, die in den Königreichssaal kommen, besonders liebevoll und aufmerksam behandelt werden, um sie von der Lehre zu überzeugen. Newcomer sind meist „umgehauen" von der Freundlichkeit und der Harmonie, die ihnen entgegenkommt.

Doch Zeugen Jehovas zeigen oft auch unter sich ein glückliches Gesicht. Es herrscht ein fataler Binnendruck. Wer unglücklich ist, Probleme hat oder gar Zweifel an der Organisation, wird nämlich als schwach im Glauben angesehen. Es ist ihm kaum möglich, solche negativen Gefühle einem anderen Glaubensbruder anzuvertrauen, weil dieser laut Lehre verpflichtet wäre, das den Ältesten mitzuteilen.

So kann es sein, daß viele Zeugen von dem glücklichen Gesicht, das sie aufsetzen, selbst überzeugt sind und ihre negativen Gefühle nicht zulassen. Dazu kommt, daß Zeugen Jehovas schon von klein auf zu einem Leben der Ordnung, des Angepaßtseins, des Funktionierens erzogen werden.

3.1 Kindererziehung – Von der nötigen Zucht

„Auch ich habe meine Kinder mißhandelt". Mit dieser Schlagzeile sorgte im September 1993 ein ehemaliger Zeuge Jehovas, langgedienter Sonderpionier und Ältester, für Aufsehen.[1] Der Journalistin gegenüber berichtete er schonungslos über die gewalttätigen Methoden der Kindererziehung bei den Zeugen, die noch dazu biblisch begründet werden. Wenn die Kleinen bei den stundenlangen Zusammenkünften in der Versammlung begannen, unruhig zu werden, gingen Vater oder Mutter mit

Bilder von glücklichen Menschen finden sich zuhauf in den Zeitschriften „Wachtturm" und „Erwachet!". Wer den Geboten Jehovas – eigentlich der WTG-Lehre – gehorcht, kann auf ein solch sorgenfreies Leben hoffen, wird damit suggeriert. Zeugen, bei denen es nicht so klappen will, kommen sich ganz schön daneben vor.

ihnen aus dem Saal. Jeder wußte, was draußen passierte: Sie wurden verdroschen.

Die WTG-Literatur gibt tatsächlich zahlreiche Hinweise, die recht handfest zur „richtigen" Kindererziehung raten. So heißt es im sogenannten „Paradiesbuch", das 1989 erschien und damit keineswegs veraltet ist, im Kapitel „Das Familienleben glücklich gestalten" in dem Abschnitt „Die nötige Zucht erteilen": *„Kinder brauchen Zucht ... Wenn Eltern ihre Kinder in Zucht nehmen, auch wenn das körperliche Züchtigung oder den Entzug von Vorrechten einschließen mag, ist das ein Beweis dafür, daß sie ihre Kinder lieben. Denn die Bibel sagt: ,Wer ... [seinen Sohn] liebt, der sucht ihn sicherlich heim mit Züchtigungen."*[2]

Die WTG beruft sich dabei auf Bibelstellen wie Sprüche 29,15: „Die Rute und Zurechtweisung sind das, was Weisheit gibt; aber ein Knabe, dem freier Lauf gelassen wird, wird seiner Mutter Schande bereiten."

Auch unsere Interviewpartner haben ihre Erfahrungen mit dieser Form der Kindererziehung gemacht, die einen, indem sie sie praktizierten, die anderen, indem sie sie erlitten. Beate Frauendorfer, die als Zeugin Jehovas aufgewachsen ist, wurde nicht geschlagen, weil sie ein ausgesprochen ruhiges, angepaßtes Kind war. Sylvia Wolf hatte dafür umso ärger zu leiden, und zwar vor versammelter Zeugen-Gemeinde, die der besonders brutalen Handlungsweise ihrer Mutter tatenlos zusah:

„Für ein kleines Kind ist es etwas völlig Abnormales, zwei Stunden ruhig zu sitzen, ohne sich zu bewegen, und nur starr auf die Bühne hinaufzuschauen. Auch für mich war es eine Qual. Wenn ich einmal nicht so ruhig gesessen bin, wurde ich natürlich verklopft. Das war für mich besonders demütigend, weil meine Mutter nicht wie alle anderen Mütter die Praxis hatte, mit mir hinauszugehen. Ich durfte dabei auch nicht aufschreien oder weinen, weil es sonst gleich dreimal so viele Prügel gegeben hätte. Meine Mutter war sehr kräftig, man hat oft die fünf Finger in meinem Gesicht gesehen. Das ist aber vor der ganzen Versammlung passiert. Das war völlig normal, niemand hat meine Mutter zurechtgewiesen.

Ein Erlebnis beschäftigt mich noch heute. Ich war ungefähr 13 Jahre alt, als ich während eines Vortrages aufs Klo mußte. Ich habe eine schwache Blase und konnte es einfach nicht mehr zurückhalten. Ich habe es meiner Mutter mehrere Male ins Ohr geflüstert, sie hat mir aber verboten aufzustehen. Ich bin dann trotzdem gegangen, weil ich sonst in die Hose gemacht hätte. Das war in diesem Versammlungssaal im Keller. Als ich zurückgekommen bin, ist im finsteren, kalten Kellergang meine Mutter gestanden mit einem jungen Mann, der 10 Jahre älter war als ich. Meine Mutter hat mich fürchterlich geschimpft und gesagt, weil ihr der Arm heute weh tue, würde mir jetzt der XY die Strafe verabrei-chen. Ich mußte den Rock hinaufgeben, Strumpfhose und Unterhose hin-unterziehen und bekam von diesem Mann den nackten Hintern versohlt. Das sind Demütigungen, die ich mein Leben lang nicht vergessen werde. An denen arbeitet man ewig. "

Die Erlebnisse von Frau Wolf sind sicher Extremfälle. Nur wenige Zeu-gen Jehovas sind so skrupellos brutal wie Sylvia Wolfs Mutter. Aber dennoch muß man sagen, daß Schläge nicht die Ausnahme, sondern die praktizierte Regel sind! Unterstützt, gefördert und sogar gefordert von den Publikationen der WTG, die dazu wahllos Bibelstellen heranzieht und sie als direkte Anweisung eines Gottes Jehova für die heutigen Men-schen versteht! Hier kommt wieder das mangelhafte Bibelverständnis der WTG zum Tragen (siehe: Leben in der Wahrheit). Das alttestament-liche Buch der „Sprüche Salomons", aus dem die WTG ihre Züchti-gungs-Verse gerne entlehnt, ist eine Sammlung von Sprichwörtern und Weisheiten des Volkes Israel, die die damaligen Lebensverhältnisse und die Kultur widerspiegelt. Selbst wenn sie tatsächlich direkt von König Salomon stammen sollten, wie die WTG zwar behauptet, was von der biblischen Forschung allerdings längst widerlegt ist, kann ihnen nie die Autorität zukommen, Lebensverhältnisse von vor etwa 2 800 Jahren nahtlos auf heute zu übertragen und sie noch dazu als Willen Gottes aus-zugeben. Theologischer Überbau für die Auffassung von der „nötigen Zucht" ist nämlich, daß „unser himmlischer Vater" den „Eltern ein gutes Beispiel" gibt, „indem er sein Volk in Zucht nimmt, das heißt es durch Zurechtweisung belehrt"[3]. Hier offenbart sich die WTG ungewollt. Ihrer gewalttätigen Auffassung von Kindererziehung liegt ein gewalttätiges Gottesbild zugrunde, die Vorstellung eines Gottes, der die Menschen für Fehlverhalten direkt bestraft, als wären sie nur Marionetten in seiner Hand. Christliche Theologen sehen dieses Gottesbild spätestens durch Jesus Christus ein für allemal überholt. Jesus offenbart Gott. als liebevollen Vater, dessen Gerechtigkeit unendlich viel größer ist als die kleinliche menschliche Vorstellung von Gerechtigkeit. Ein-drucksvolles Beispiel dafür ist das „Gleichnis vom verlorenen Sohn" (Lukas 15,11–32).

Die WTG geht mit ihren Bibelzitaten aus dem Neuen Testament nicht gerade redlich um. Die Forderung „Kinder brauchen Zucht" belegt sie mit „Hebräer 12:6". Dort geht es allerdings keinesfalls um Kindererzie-hung, sondern um eine Mahnung an erwachsene (!) Christen, im Kampf gegen die Sünde standhaft zu bleiben und die „Zucht" des Herrn anzu-nehmen. Im zweiten Bibelzitat, Epheser 6,4, heißt es wörtlich: „Ihr El-tern, behandelt eure Kinder nicht so, daß sie widerspenstig werden! Erzieht sie mit Wort und Tat nach den Maßstäben, die der Herr gesetzt hat" (Die gute Nachricht). Die Neue-Welt-Übersetzung der Zeugen Jehovas übersetzt den Anfang des Verses wörtlich: „Ihr Väter, reizt eure Kinder nicht zum Zorn." Die WTG und die vielen Zeugen-Eltern sollten sich diesen Vers zu Herzen nehmen. Denn daß Schläge für die Entwicklung eines Kindes nicht förderlich sind, dürfte sich mittlerweile schon herumgesprochen haben.

A

Älteste
Die Leiter einer Versammlung. Nur Männer können Älteste werden. Ihre Aufgaben sind unter anderem: Organisation des Predigtdienstes, Leiten der Zusammenkünfte. In rechtlichen Angelegenheiten wie dem Gemeinschaftsentzug setzt sich das Rechtskomitee aus drei Ältesten zusammen.
Die Ältesten der örtlichen Versammlungen werden von der WTG ernannt

„Ich habe meinen ganzen Ehrgeiz in die Kinder gelegt, damit diese auch gute Zeugen werden. Mit meiner Tochter habe ich schon früh die Bibel gelesen, sie hat auch brav in den Versammlungen Antworten gegeben. Gleichzeitig war sie das schlimmste Kind, das es in unserer Versammlung gegeben hat. Ich habe sie leider auch mit Schlägen erzogen. Sie wurde von mir sehr viel geschlagen. Von meinem Mann weniger, weil er kaum zu Hause war. Ich habe mich dabei natürlich auf die Bibel berufen, wo es heißt: ,Entzieh dem Knaben die Rute nicht, wenn er sie braucht.' [5] Es ist uns aber auch in der Versammlung oft gesagt worden, daß man Kinder, wenn sie nicht auf Worte hören, züchtigen soll. Mein Mann und ich haben das damals nicht negativ gesehen, weil wir dachten, wir tun ihnen etwas Gutes. Meine Tochter macht mir heute wegen der Schläge logischerweise Vorwürfe. "

Margit Böhme

Hierin ist jedenfalls der Grund zu sehen, warum viele Zeugen-Kinder übertrieben brav und artig sind. Außenstehende sind oft entzückt über die lieben Kleinen. Welche Dressur dahintersteckt, ist dabei natürlich nicht offensichtlich.

Auch wenn es für die Vortragenden einer Versammlung eine Wohltat ist, von keinen unruhigen Kindern gestört zu werden, eines sollten die Zeugen nicht vergessen: Nach dem heutigen Gesetz ist es strafbar, Kinder zu schlagen oder selbst davon zu wissen, und es nicht zur Anzeige zu bringen. Zeugen Jehovas könnten reihenweise für ihren Umgang mit Kindern vor Gericht belangt werden.

Da die Zeugen Jehovas sehr oft unter psychischem Druck leben, sind die Kinder das beste Schlagobjekt. Die Kinder von Zeugen, sicher nicht von allen, aber von der überwiegenden Mehrheit, wurden geschlagen. Ich und meine Frau haben da auch mitgemacht. Das war von den Zeugen gutgeheißen und galt sogar als vorbildlich. Wenn Kinder in der Versammlung zu quengeln begonnen haben, hat man sie zurechtgewiesen; wenn sie nicht aufgehört haben, ist man mit ihnen hinaus auf das Klo gegangen und hat ihnen den nackten Hintern versohlt. Sogar bei den allerkleinsten Kindern. Mir ist ein Fall bekannt, wo ein Sonderpionier, ein Missionar, der sogar die Gileadschule gemacht hat, sein Kind im Alter von 14 Tagen das erste Mal körperlich gezüchtigt hat. Das ist bis zum heutigen Tag ein Vorbild bei den Zeugen. Um fair zu sein, muß ich aber auch folgende Begebenheit erzählen. Ich habe meine Tochter in einer Versammlung einmal so geschlagen, bis einer der Älte-sten – er war übrigens kein Vater – gekommen ist und gesagt hat: „Jetzt reicht es. Das Kind steht vor einem Nervenzusammenbruch." Und er hat mich zurechtgewiesen. Es sind nicht alle nur Schläger. Aber es war toleriert und sogar gerne gesehen. Ich habe mit meinen Kindern später sehr ausführlich darüber geredet. Meine Kinder sind sicher davon geprägt worden, aber ich glaube nicht, daß sie einen bleibenden Schaden haben. Meine Kinder sind sehr früh unter Zwänge gekommen und sind heute aber Nonkonformisten. Sie haben Schwierigkeiten sich einzuordnen. Sie wollen keine Autoritäten mehr."

Ernst Böhme

Eltern, die von Natur aus einen liebevolleren Umgang mit ihren Kindern pflegen, werden demgegenüber von ihren Glaubensbrüdern nicht nur nicht unterstützt, sondern sogar „schief" angesehen.

„Mit den Kindern bin ich dann immer weniger in die Versammlung gekommen. Mit der ersten Tochter allein wäre es noch gegangen, aber mit dem Sohn dann nicht mehr. Mir ist immer stärker aufgefallen, wie unbarmherzig man Kindern gegenüber ist. Meiner Ansicht nach ist Barmherzigkeit eine der zentralen christlichen Eigenschaften, und wenn man diese den Schwächsten, den Kindern, nicht entgegenbringt, kann irgendetwas nicht stimmen. Man ist, wenn sie unruhig waren, ein-fach mit ihnen hinausgegangen. Man wird nicht dazu gezwungen, die Kinder zu schlagen. Aber die meisten Eltern sind sehr hilflos, besonders beim ersten Kind. Ich habe mich mit den Kindern immer ins Kammerl zurückgezogen, so konnten sie in der Versammlung nicht schlimm sein. Einmal aber, da war sie noch sehr klein, dachte ich mir: Ich will nicht immer in diesem Kammerl sitzen, außerdem hat der Lautsprecher nicht

richtig funktioniert. Ich wollte auch Antworten geben. Eine Schwester hat mir folgenden Rat gegeben: Ich soll mit der Kleinen, sie konnte damals noch nicht laufen, ins Klo gehen und dann das Licht abdrehen. Dann wird sie einschlafen und dann kann ich mit ihr in der Versammlung sitzen. Ich habe das dann versucht. Als ich aber das Licht abgedreht habe, hat sich die Kleine so gefürchtet, daß sie angefangen hat, zu brüllen und zu schreien, als würde sie massakriert werden. Ich wußte gar nicht, was ich zuerst machen sollte: Die Kleine beruhigen oder den Lichtschalter suchen, den ich in aller Aufregung nicht gefunden habe. Jedenfalls hat sie eine Weile geschrien, bis ich den Schalter gefunden habe. Ich habe damit gerechnet, daß sofort eine Schwester gerannt kommt und sagt: Um Gottes Willen, du darfst die Kleine nicht so schlagen! Was machst du mit ihr? Aber das Einzige war, daß ein Ältester an die Tür gepumpert hat und gesagt hat, sie soll nicht so einen Lärm machen. Das fand ich schon sehr arg. Es hat ihn nicht interessiert, was ich mache; es war nur wichtig, daß es leise stattfand. Ich selbst habe damals diese Elternzeitschriften verschlungen – zum Glück meiner Kinder, weil ich dort ganz andere Erkenntnisse gewonnen habe als durch die Lektüre von ,Wachtturm' und ,Erwachet!'. Dort war Strenge sehr gefragt. Es heißt ja in der Bibel: ,Wenn du deinen Sohn liebst, spare nicht mit der Rute.' Ich habe nachgedacht, wie das sein kann, weil Gott von den Menschen sicher nichts Böses verlangt. Es fiel mir außerdem auf, daß Jesus sich Kindern gegenüber ganz anders verhalten hat. In einer Elternzeitschrift habe ich gelesen, daß friedliebende Indianer ihre Kinder mit viel Liebe aufziehen, kriegerische Indianer aber mit Schlägen. Ich habe für mich die Lehre daraus gezogen, daß die Israeliten, die ja auch Kriege führen mußten, ihre Kinder nicht aggressionsfrei erziehen konnten. Bei uns heute ist das aber nicht der Fall. Wenn ich das in der Versammlung laut gesagt habe, bin ich sehr schief angesehen worden. Man muß sehr vorsichtig sein, daß man nicht gleich als Sektierer dasteht. Da ich aber offensichtlich eine sehr verliebte Mutter war, hat man mir eine gewisse Narrenfreiheit zugestanden. Die anderen Mütter waren aber sehr zurückhaltend, wenn ich so etwas gesagt habe."

Annemarie Fink

Eine solche Art von Erziehungsanleitung öffnet natürlich auch schwerer Mißhandlung von Kindern Tür und Tor. Diese ist selbstverständlich von der WTG nicht gewünscht, aber Eltern fühlen sich aufgrund der Lehre berechtigt, ihre Aggressionen an den Kindern auszulassen.

„Meine Mutter war eine sehr aggressive Frau, die ihre Aggressionen an den Kindern ausgelassen hat. Fragen stellen durfte man nicht, Kinder hatten zu gehorchen. Es gab nur ein ‚ja bitte‘ und ‚nein danke‘, aber kein ‚warum‘ und ‚wieso‘. Wenn solche Fragen von mir gekommen sind, hat es Prügel gegeben. Mein älterer Bruder wurde von der Fürsorge sogar einmal in ein Heim gegeben, weil Mutter ihn so lange an den Haaren gerissen hat, bis sie ein Haarbüschel samt der Kopfhaut in der Hand hatte. Mein Vater hat die Sache damals auf sich genommen und wurde sogar rechtskräftig wegen Kindesmißhandlung verurteilt. Er war nur der Adoptivvater und ist mit einer bedingten Haft- und einer sehr hohen Geldstrafe davon gekommen. Wenn meine Mutter vor Gericht gekommen wäre, hätte man ihr die Kinder überhaupt weggenommen.“

Sylvia Wolf

3.1.1 Geklaute Kindheit

Doch nicht nur was die körperliche Züchtigung betrifft, haben Kinder von Zeugen Jehovas einiges zu ertragen. Sie werden von klein auf, oft schon als Babys, in die Versammlungen mitgenommen, einmal pro Woche zum Buchstudium in eine Privatwohnung, zweimal pro Woche in den Königreichssaal. Das bedeutet, jeweils zwei Stunden lang ruhig zu sitzen und langweilige Vorträge über sich ergehen zu lassen. Das bedeutet, nachmittags vom Spielen weggeholt zu werden, auch bei noch so schönem Wetter. Das bedeutet, in „schöne“ Kleider gesteckt zu werden, für Mädchen mit Bändern und Schleifen; es bedeutet für dreijährige Knirpse, eine Krawatte zu tragen!

Weiter bedeutet es, bereits als Kind in der Schule ein Außenseiter zu sein, weil man sich an Aktivitäten, wie Festen, Schulskikurs, Landschulwochen usw., nicht beteiligen darf (Siehe: Ihr seid kein Teil der Welt). Und es bedeutet, schon klein auf die mühselige Prozedur des Predigtdienstes mitzumachen, von Tür zu Tür zu gehen und diese vor der Nase zugeschlagen zu bekommen.

„Es war für mich als Kind immer sehr peinlich, wenn ich mit meiner Mutter predigen mitgehen mußte. Kinder der Zeugen Jehovas sollen sich schon von klein auf ans Predigen gewöhnen, daher werden sie immer mitgeschleppt. Predigen gilt ja als der eigentliche und wichtigste Gottesdienst, das Um und Auf eines Zeugen. Besonders peinlich war es immer, wenn wir zu Schulkollegen von mir gekommen sind. Die haben immer ganz große Augen bekommen und sich gefragt, was ich da mache. Besonders schlimm war es, wenn ich selbst einen Spruch aufsagen

mußte. Das war in den Wacht-turm-Artikeln sehr gut vorbe-reitet. Meine Mutter hat an-geläutet, und ich mußte dann fragen: ,Glauben Sie, daß es einen Gott gibt, der sich um uns kümmert?' Dann ist mor-gens meistens jemand im Py-jama ganz perplex da gestan-den, und man mußte einen Bibeltext auf ihn loslassen."

Beate Frauendorfer

Eltern hingegen, die versu-chen ihren Kindern ein normales Leben mit ihren Mitschülern zu ermöglichen, werden von ihren Glaubens-genossen angefeindet.

A

Andere Schafe
Bezeichnung für alle Menschen, die sich zu Jehova bekennen und die voraussichtlich im 1000jährigen Friedensreich leben werden. Sie gehören nicht zu den 144 000 ,Geistgesalbte', die im Himmel mit Christus regieren werden. In ihren Ver-kündigerberichtskarten werden sie mit dem Kürzel ,a.S.' ge-kennzeichnet. Die Bezeichnung „andere Schafe" geht auf das Gleichnis in Joh 10,16 zurück, wo Jesus von der Sammlung weiterer Menschen („andere Schafe") spricht.

„Wir haben unseren Kindern gestattet, auch mit Kindern von Nicht-Zeu-gen Kontakt zu haben. Deswegen hatten wir auch Schwierigkeiten. Un-sere Kinder durften auch Parties und Geburtstagsfeiern besuchen, ob-wohl wir den Eltern die spezielle Situation erklärt haben. Mein Mann und ich hatten beide die Erfahrung gemacht, was es heißt, ausgeschlos-sen zu sein. Das wollten wir unseren Kindern ersparen. Sie hatten außer-dem eine phantastische Lehrerin, die in Bezug auf Religion sehr aufge-schlossen war. Sie hat immer versucht, unsere Kinder zu integrieren. Auch bei Malwettbewerben, Landschulwochen und Schulskikursen durften sie mitmachen. Dabei hatten wir aber Schwierigkeiten mit an-deren Zeugen, die Kinder im selben Alter hatten. Es gab Zwistigkeiten in der Versammlung, weil andere Eltern anders entschieden haben. Es galten dann unsere Kinder als kein so guter Umgang für die anderen. Unsere Tochter war aber sehr selbstbewußt und hat zu den anderen Kin-dern gesagt: ,Ihr tut mir leid, daß ihr so blöde Eltern habt.' Mein Mann hat diese Schwierigkeiten auch als Ältester auf sich genommen. Ich habe den Jüngsten sogar in den Kindergarten geschickt, obwohl das durch-aus nicht üblich war. Auch das gab in der Versammlung Probleme. Es wurde darüber gesprochen, man wurde schief angeschaut, und man hat sogar den Umgang mit mir gemieden."

Margit Böhme

3.2 Sexualität – Wie man die falschen Begierden ertötet

Die WTG mischt sich aber nicht nur in die Methoden der Kindererziehung, in die Gestaltung des häuslichen Lebens und der Partnerschaft ein, sondern hat auch genaue Vorschriften, was die konkrete Ausgestaltung der Sexualität betrifft. Das würde auf den ersten Blick nicht verwundern, da auch die Kirchen gerade im Bereich der Sexualität genau festgelegte moralische Vorschriften haben. So lehnt die katholische Morallehre Masturbation, den vorehelichen und außerehelichen Geschlechtsverkehr, homosexuelle Praktiken, „künstliche" Methoden der Empfängnisverhütung, wie Pille und Kondom, und natürlich den Schwangerschaftsabbruch ab.

Bis auf die Empfängnisverhütung, die im WTG-Moralkodex erlaubt ist – schließlich gibt es einen guten Grund für die Kinderlosigkeit, nämlich den Predigtdienst für Jehova – müssen sich die Zeugen Jehovas an dieselbe Verbotsliste halten. Allerdings mit einer wesentlichen Verschärfung: Wer einige dieser Gebote nicht einhält, wird aus der Versammlung ausgeschlossen und damit dem sicheren Tod in Harmagedon übergeben. Darüber hinaus regelt die WTG-Lehre nicht nur den äußeren Rahmen der Geschlechterbeziehung, sondern reglementiert bis in das Ehebett eines gültig verheirateten Paares hinein!

So heißt es in einem „Lehrbuch für die Königreichsdienstschule", das nur für Älteste bestimmt ist und andere Zeugen nicht zu Gesicht bekommen: *„Zügelloser Wandel ist eine schockierende, unverschämte Mißachtung der Sittenmaßstäbe Jehovas ... Vorsätzliches und gewohnheitsmäßiges leidenschaftliches Petting sowie vorsätzliches und gewohnheitsmäßiges Streicheln der Brüste können Formen von zügellosem Wandel sein. Die Art, die Umstände und das tatsächliche Ausmaß dessen, was vorgefallen ist, können auf zügellosen Wandel hindeuten; in diesem Fall ist ein Rechtsverfahren erforderlich."*[6] Nach Ansicht der WTG können solche Praktiken zu „porneia" (griechisch, bedeutet soviel wie „Hurerei") führen. Auch was man unter diesem „porneia" zu verstehen hat, weiß die WTG ganz genau, nämlich *„den unsittlichen Gebrauch der Geschlechtsorgane mindestens einer Person (sei es auf natürliche oder widernatürliche Weise ...) Dazu gehören oraler und analer Geschlechtsverkehr oder gegenseitige Masturbation unter Personen, die nicht miteinander verheiratet sind ..."* Daß dazu natürlich auch Homosexualität und Ehebruch gehören, versteht sich von selbst und wird sogar in einem Atemzug mit Inzest, Sodomie und Kindesmißbrauch genannt![7]

Diese undifferenzierte Bewertung von Sexualität, bei der eine direkte Linie zwischen „Streicheln der Brüste" und Sodomie, also dem Geschlechtsverkehr mit Tieren, gezogen wird, muß natürlich Auswirkungen auf das Leben des einzelnen Zeugen haben, und da natürlich ganz besonders auf die Jugend. Um so mehr, als dies ja durch beständige Indoktrination und starken Gruppenzwang wirklich beachtet wird.

Margit Böhme erinnert sich:

„Ich war als Teenager ständig verliebt, aber immer nur in einen jungen Mann, der selbst auch Zeuge war. Die Flirts sind auch nicht sehr weit gegangen. Vorehelicher Geschlechtsverkehr war absolut tabu. Da war ich in gewissem Sinne auch stolz darauf. Die Burschen haben das genauso gesehen. Es war kein Thema, das wir besprochen hätten. Im Berufsleben war ich für die anderen Männer natürlich besonders interessant, weil ich ganz unerfahren war. Es war besonders spannend zu versuchen, mich herumzukriegen. Für mich waren das alles sehr schlechte Menschen. Und es hat mich auch wirklich keiner herumgekriegt. "

Diese Konditionierung auf absolute Asexualität vor der Ehe bewirkt natürlich, daß junge Menschen vor der Heirat keine Erfahrungen sammeln können. Das kann für die Partnerschaft aber fatale Konsequenzen haben. Frau Böhme mußte das am eigenen Leib verspüren.

Abgesehen von den moralischen Konsequenzen, die die WTG ihren jungen Anhängern im Falle von sexuellen Aktivitäten einbleut, hat sie dabei ganz konkrete Sanktionen parat. So heißt es im Dienstanweisungsbuch für die Ältesten: *„Unreinheit schließt das absichtliche flüchtige Berühren der Geschlechtsteile oder Streicheln der Brüste ein. "* Allerdings, so räumt die Dienstanweisung ein, sei dafür nicht gerade die Einberufung eines Rechtskomitees notwendig, ein oder zwei Älteste könnten ein solches Vergehen nach eigenem Ermessen behandeln.[8]

Der sexualitätsfeindliche Moralkodex der Zeugen Jehovas hat auch das Leben eines Superstars beeinflußt, dem man das nicht auf den ersten Blick ansehen würde: den amerikanischen Popstar Michael Jackson.[9] Michael Jackson besuchte, als seine Mutter Zeugin Jehovas wurde, genauso wie seine Geschwister, regelmäßig die Versammlungen und hielt sich an die üblichen Gebote und Verbote. Er ließ sich, ebenso wie seine Schwester La Toya, taufen und blieb lange Zeit diesem Glauben treu. Selbst auf Tourneen besuchte er den Königreichssaal in der Stadt. Er beteiligte sich sogar an der Tür-zu-Tür-Missionierung, indem er sich verkleidete, als er schon zu berühmt war. Auch die Moralvorstellungen hielt der Superstar ein, obwohl er von Millionen junger Mädchen als Sex-Star verehrt wurde. La Toya schreibt:

„Obwohl meine Eltern nie mit uns über Sex gesprochen haben, hatten sich ihre Wertvorstellungen in unsere Gehirne eingegraben: Wir sollten mit niemandem ausgehen, ehe wir nicht ernsthafte Heiratsabsichten hegten. So überrascht es nicht weiter, daß meine Brüder kaum Mädchen kennenlernten, bis sie fast zwanzig waren … Da ich mich für die Zeugen Jehovas entschieden hatte, hielt ich mich auch an ihre Gebote. Die Zeugen Jehovas dürfen zum Beispiel keine Lieder hören, deren Texte sexuelle Anspielungen enthalten. So kam es, daß ich kaum Popmusik hörte, nicht einmal die Platten meiner Brüder. Bis heute kenne ich nicht alle ihre Hits aus den siebziger Jahren …
Meine Einstellung zu Männern und zur Sexualität war damals genauso engstirnig wie die strengen puritanischen Anschauungen, die in meiner Familie und bei den Zeugen Jehovas vertreten wurden: Ein Rendezvous war die Vorstufe zur Heirat, und Sexualität ohne die Absicht, Kinder zu zeugen, war Sünde. Diese Ansicht habe ich noch bis vor wenigen Jahren vertreten …
Zur gleichen Zeit … dichtete ihm (Anm.: Michael Jackson) die Presse eine Affäre mit der Schauspielerin Brooke Shields an. Mein Bruder war genauso vom anderen Geschlecht abgeschirmt aufgewachsen wie ich. Auch er vertrat die Ansicht, daß Sex erst in der Ehe erlaubt sei und daß die Heirat das Endziel bei jeder Verabredung mit einem Mädchen sein müsse."[10]

Junge Menschen, die sich trotz des strikten Verbots von Geschlechtsverkehr vor der Ehe nicht daran halten, werden gnadenlos sanktioniert. Auch wenn er mit dem künftigen Ehepartner stattgefunden hat.

„Der Geschlechtsverkehr vor der Ehe ist bei den Zeugen absolut tabu. Mein Mann und ich haben uns aber drei Wochen vor unserem Hochzeitstermin nicht mehr daran gehalten, und ich bin prompt schwanger geworden. Wir waren gerade vier Wochen verheiratet, und man hat es schon gesehen, weil ich zu Beginn einer Schwangerschaft sehr stark zunehme. Trotzdem ist man erst als mein zweiter Sohn zwei Monate alt war – das erste Kind war ja eine Fehlgeburt – darauf gekommen, daß bei der ersten Schwangerschaft mit der Zeit etwas nicht gepaßt hat. Obwohl schon so viel Zeit verstrichen war, etwa 15 Monate, haben mein Mann

und ich eine öffentliche Zurechtweisung bekommen. Von der Bühne herab wurde der ganzen Versammlung unser ‚Fehltritt' bekannt gegeben. Wir durften ein halbes Jahr nicht zum Predigtdienst gehen und uns in keinster Weise in der Versammlung mündlich beteiligen. Für meinen Mann war das besonders schlimm, weil er immer so scheinheilig war. Er hat immer so eifrig getan und war nun zur Untätigkeit verurteilt. Mir selbst war das damals schon egal. "

Margit Böhme

Abgesehen von dem wachsamen Auge auf die jungen Leute scheut die WTG nicht davor zurück, bis in das Bett von Eheleuten hineinzuregieren. Große Unmut unter ihren Anhängern hat in den 70er Jahren ein Verbot des oralen Geschlechtsverkehrs für Eheleute hervorgerufen. So hieß es im Wachtturm von 15. Februar 1973:

„Wir glauben, die meisten Personen ... würden normalerweise den oralen und auch den analen Geschlechtsverkehr verabscheuen. Wenn diese Arten der geschlechtlichen Vereinigung nicht ‚widernatürlich' sind, was ist dann ‚widernatürlich'? Diese Handlungen sind auch ‚widernatürlich' oder ‚unzüchtig', wenn sie von Verheirateten in gegenseitigem Einvernehmen vorgenommen werden."

Sollten Fälle von oralem oder analem Geschlechtsverkehr den Ältesten zu Ohren kommen, müßten sie etwas dagegen unternehmen, sollten Eheleute aber daran festhalten, müßten sie aus der Versammlung entfernt werden. Als biblische Grundlage zog die WTG den Brief des Apostels Paulus an die Römer heran, wo er im ersten Kapitel, Verse 26 und 27, vom „natürlichen Gebrauch der weiblichen Person" spricht, den einige zugunsten von etwas „Widernatürlichem" aufgegeben hätten, um ihre „schändlichen Gelüste" zu befriedigen. Allerdings spricht Paulus hier eindeutig von homosexuellen Aktivitäten von Frauen und Männern, die er verurteilt. Der Wachtturm-Artikel bestätigt das auch, läßt sich aber nicht daran hindern, seine eigenen, in der Bibelstelle gar nicht ausgedrückten Schlußfolgerungen zu ziehen: *„Aber der daraus hervorgehende Grundsatz – daß die sexuelle Befriedigung ‚natürlich' oder ‚widernatürlich' sein kann – ist auch auf die obige Frage anwendbar. "*[11]

Raymond Franz, damals Mitglied der ‚Leitenden Körperschaft' in der Weltzentrale der WTG, schildert, wie es zu dieser eigenartigen Bestimmung gekommen war.[12] Ein Ältester aus Kalifornien hatte im Schlafzimmer eines Ehepaares Bilder von ungewöhnlichen Sexualpraktiken gesehen – es blieb unklar, wieso er in das Schlafzimmer gekommen war –, und festgestellt, daß das Ehepaar diese auch praktizierte.

Der Älteste fühlte sich jedenfalls bemüßigt, in der Zentrale in Brooklyn nachzufragen. Obwohl sich kein Mitglied der ,Leitenden Körperschaft' mit diesem Thema beschäftigt hatte, als Präsident Nathan Knorr es in der wöchentlichen Zusammenkunft vortrug, wurde wenige Stunden später entschieden, daß dem Ehepaar die Gemeinschaft zu entziehen sei! Daraufhin veröffentlichte man diese Entscheidung als offizielle Lehrmeinung. Eheleute fühlten sich nach der Veröffentlichung im Wachtturm vom Februar 1973 dazu verpflichtet, den Ältesten Mitteilung zu machen, daß solche Praktiken in ihrer Ehe gepflegt wurden. Denn es gilt bei den Zeugen Jehovas als reulose Haltung, sich nicht zu offenbaren. Viele Paare, vor allem solche, wo ein Teil kein Zeuge war, hatten in dieser Zeit eine schwere Ehekrise zu bestehen, manche Ehen zerbrachen. Fünf Jahre später wurde der Entscheid wieder aufgehoben. Ab 1983 wurden solche Praktiken mit dem Gemeinschaftsentzug bestraft.

Auch Ernst Böhme hatte sich als Ältester mit solchen Fällen zu befassen. Einer dieser Fälle hat auch ihn in eine schwere Krise gestürzt:

„Der schlimmste Fall von Denunziation, der mich endgültig rebellisch gemacht hat, war der Fall eines Bruders meiner Versammlung. Er war mit einer Amerikanerin verheiratet, die selbst keine Zeugin, aber religiös sehr tolerant war. Sie ist auch in die Versammlungen gekommen. Eines Tages kam nun im Wachtturm diese Regelung, wo oraler und analer Geschlechtsverkehr als sexuelle Perversion definiert wurde und von nun an bei Ausschluß verboten war. Ehepartner haben sich gegenseitig zurechtzuweisen, sollte das nicht fruchten, muß man den anderen bei den Ältesten anzeigen. Der kann ausgeschlossen werden. Das war sogar Scheidungsgrund. Dieser Bruder war in der Zwischenzeit Dienstamtsgehilfe und sehr linientreu. Er hat seiner Frau erklärt, daß von nun an der gemeinsame Bettgang nicht mehr wie bisher stattfinden könne. Das hat die Gute nicht verstanden. Sie hat gesagt, sie läßt sich nicht von irgendjemandem ins Bett hineingreifen. Es kam deswegen zu Konflikten in der Ehe, bis die Frau ihren Mann gefragt hat: ,Was muß ich tun, damit wir uns trennen können und du in der Versammlung keine Schwierigkeiten bekommst?' Sie hat dann einen Ehebruch gemacht, wurde geschieden und ist nach Amerika zurückgegangen. Jener Bruder hat in kurzer Zeit eine Glaubensschwester geheiratet. Er war nicht lange verheiratet, da kam von der WTG der Rückpfiff, daß diese sexuellen Praktiken auf keinen Fall ein Scheidungsgrund seien, sondern nur noch Ge-

wissenssache. Dieser Bruder war aber bereits geschieden, Frau und Kind waren weg und Aussöhnung aufgrund der neuerlichen Heirat nicht möglich. Da dachte ich bei mir, das darf es nicht geben. Das Schlimmste war, daß dieser Umschwenk nur eine ganz kleine Fußnote im Wachtturm war, aber mit keinem einzigen Wort ein Bedauern, wir haben geirrt oder gefehlt. Das hat mir wirklich weh getan, weil dieser Bruder mit der ersten Frau wirklich harmoniert und er sein Kind geliebt hat.“

A

Aufseher
Andere Bezeichnung für die Ältesten. Sie beaufsichtigen die Versammlung, Kreise, Bezirke, Zweige und Zonen. Die Aufseher werden nicht gewählt, sondern sie werden von der ‚Leitenden Körperschaft‘ in Brooklyn/New York zentral eingesetzt. Einige Aufseher sind verpflichtet, regelmäßig Berichte über Vollzeitdiener und deren Verhalten an die Zweigbüros zu senden.

In Brooklyn ging zu dieser Frage eine nie dagewesene Flut von Briefen ein. Die Briefschreiber äußerten ihre Bedenken, ob es überhaupt eine biblische Grundlage für diese Bestimmung gebe, sie ließen aber auch erkennen, wie absolut diese Zeugen der ‚Leitenden Körperschaft‘ vertrauten. Selbst der Intimbereich, wie weit man mit dem Ehepartner beim sexuellen Vorspiel gehen könne, wurde zu einer Frage des Gehorsams gegen Jehova, die man von der WTG für sich entscheiden ließ. Besonders tragische Fälle waren solche, wo Ehepartner aufgrund körperlicher Behinderungen ihrem Partner nur durch oralen Geschlechtsverkehr Freude bereiten konnten.

Raymond Franz berichtet, daß er sich zwar gegen das Verbot ausgesprochen, sich aber dann doch der Mehrheit in der ‚Leitenden Körperschaft‘ gefügt hatte. Fünf Jahre später wurde die Entscheidung jedenfalls umgestoßen und der Intimbereich der Eheleute wieder ihrem eigenen Gewissen anheim gestellt. Franz, der den Wachtturm-Artikel vom Februar 1973 geschrieben hatte, mußte nun die Entscheidung zurücknehmen. Dies geschah im Wachtturm vom 15. Mai 1978 – ohne jegliche Entschuldigung für die Leiden, die viele Ehepaare aufgrund der Regelung erlitten hatten.

Noch ein weiterer Fall im sexuellen Bereich demonstriert die gedankenlose Vorschnelligkeit und Wankelmütigkeit der WTG in Lehrentscheidungen und die Beliebigkeit ihrer Argumente, die oft an den Haaren herbeigezogen und so dem Gesetzesdenken verhaftet sind, daß sie am Kern der Sache vorbeigehen und zu ungerechten Entscheidungen führen. So im Falle der Definition von „Ehebruch". Daß die WTG mit dem Hinweis auf zahlreiche Bibelstellen den Ehebruch aufs äußerste brandmarkt, muß nicht verwundern. Jahrzehntelang hatte sie unter Ehebruch allerdings nur den außerehelichen Geschlechtsverkehr zwischen Mann und Frau, und zwar auf „natürliche" Weise, verstanden, es mußte also im strengen Sinne genitale Vereinigung stattgefunden haben. Für einen von der WTG „anerkannten" Ehebruch mußte man, so die biblische Begründung, mit einer anderen Person „ein Fleisch" geworden sein. Das heißt, daß jede andere Form von Geschlechtsbeziehung außerhalb der Ehe, die nicht zu diesem Verkehr im engen Sinne geführt hat, nicht als Ehebruch angesehen wurde. Mit der schmerzlichen Folge, daß sich der betrogene Ehepartner nach einer Scheidung nicht mehr rechtmäßig verheiraten durfte. Ansonsten wurde er ausgeschlossen. Aufgrund dieser Haarspalterei kam es zu zahlreichen, traurig-bizarren Einzelfällen.

„Ich hatte als Ältester mit einem Fall eines Zeugen-Ehepaares zu tun, wo die Frau lesbisch geworden ist. Damals war die lesbische Liebe im Gegensatz zur männlichen Homosexualität nicht als Hurerei eingestuft. Absurd. Diese Frau ist also lesbisch geworden und hat einen Ehebruch nach dem anderen begangen. Der Mann hat es nicht mehr ausgehalten und hat sich scheiden lassen. Das war ihm biblisch nicht erlaubt, und man hat ihn wegen der Scheidung ausgeschlossen. Er war jahrelang ausgeschlossen, eines Tages kam der WTG ein neues Licht: Auch lesbische Liebe ist Hurerei. Die Ältesten der Versammlung sind zu ihm gegangen, haben Abbitte geleistet und ihm angeboten, daß er wieder aufgenommen werden kann. Er ist wirklich wieder dazugegangen, aber man hat ihm zeitlebens angesehen, daß er ein gebrochener Mensch war."

Ernst Böhme

Die Folge davon ist, daß Zeugen Jehovas auf sexuellem Gebiet oft gehemmt sind. Das wäre vielleicht nicht so schlimm, wenn es dann nicht in einigen Fällen zu absoluten sexuellen Überreaktionen führen würde. Das Ehepaar Böhme hat die katastrophalen Auswirkungen, die der verkrampfte Umgang mit Sexualität bei den Zeugen Jehovas bewirkt, am eigenen Leib verspürt.

„Als ich eine zeitlang total im Vakuum war, haben sich die Frauen meiner angenommen. Sie waren die großen Nothelfer meiner Seele. Ich war ziemlich verzweifelt aufgrund meiner Glaubenszweifel und der Doppelmoral, die ich überall bei den Zeugen wahrgenommen habe. In einem

Michael Jackson. Probleme mit der Sozialisation bei den Zeugen Jehovas.
Foto: action press/Walter Ramirez

Stammbeisl, wo ich immer zu Mittag gegessen habe, hat mich eine Be-
kannte gefragt, was plötzlich mit mir los ist. Als sich mir das erste Mal
eine Frau genähert hat – ich war ja viel zu feig dazu, ich hatte ja keine
anderen erotischen Erfahrungen als mit meiner Frau – bin ich hinein-
gesaust wie auf Schmierseife. Als ich Lunte gerochen hatte, ist ein rich-
tiger ‚run‘ daraus geworden, und ich habe genommen, was ich bekom-
men habe, sofern die Frau einigermaßen symmetrisch im Gesicht war.
Ich hatte so einen erotischen Hunger, einen Nachholbedarf, daß Schön-
heit überhaupt keine Rolle mehr spielte. Wenn ich eine Frau gerochen
habe, war ich wie ein läufiger Hund. Das hat fünf Jahre angedauert, da
habe ich alles nachgeholt. Das hat meine Ehe natürlich ruiniert. Meine

Frau hat damals sicher schwer gelitten. Aber mein erotisches Leben hat mir damals die einzige Orientierung gegeben."

Ernst Böhme

Auch in der Jackson-Familie gab es diesen sexuellen Ausbruch. So stand La Toya Jackson Modell für Akt-Fotos im Magazin „Playboy". La Toya erinnert sich in ihrer Autobiographie an ein Gespräch mit ihrem Bruder Michael, das stattgefunden hatte, nachdem er die Fotos gesehen hatte.

> „La Toya, du mußt mir sagen, warum du das gemacht hast! Früher hast du gleich nach Mutter gerufen und mich mit irgend- welchen Gegenständen beworfen, wenn ich zu Hause in dein Schlafzimmer ging und du nur deinen Büstenhalter und Slip anhattest. Und jetzt hast du vor der Kamera posiert. Ich finde es großartig, aber ich kann es eigentlich kaum glauben. Warum? Michael Jackson errät dann selbst den Grund: „Okay …, der erste Grund ist, … du wolltest ihm (Anm.: dem Vater) zeigen, daß du jetzt erwachsen bist und deine eigenen Entscheidungen treffen kannst … Der zweite Grund ist, daß du dich an der Religion rächen wolltest."[13]

3.3 Die Familie – Stets ordentlich und sauber

„Ja, um ein glückliches Heim zu schaffen, benötigt man Weisheit, Un- terscheidungsvermögen und Erkenntnis." In der Hand des „weisen Man- nes" und der „weisen Frau" liegt es, ob ihre Ehe „glücklich und stabil oder unglücklich und brüchig ist".[14] So einfach sind die Rezepte, die die WTG ihren Anhängern zu bieten hat. Es müßte doch ein leichtes sein, diese zu befolgen und ein harmonisches Privatleben aufzubauen. Wieso gelingt es vielen Zeugen dennoch nicht? Wieso herrscht soviel Unver- ständnis hinter den Fassaden eines glücklichen Ehelebens?

Die Anweisungen, die die WTG ihren Anhängern in „Erwachet!" vom 22. Januar 1994 gibt, sind dabei richtig fortschrittlich. Es geht hier um richtiges Zuhören, Offenheit und Vertrauen, Treue und Demut, Re- spekt und Humor. Im „Paradiesbuch", das zwölf Jahre vorher erschien, lautete der Grundtenor noch völlig anders. Demnach muß man einfach die Richtlinien der Bibel beachten, um zu einem glücklichen Familienleben zu gelangen. Es heißt dort: „Jehova Gott hat in der Bibel Richtlinien über das Familienleben dargelegt." Daher sei es „unerläßlich, daß wir verstehen, wie Gott die verschiedenen Glieder der Fami-

lie geschaffen hat und welche Rolle sie nach seinem Vorsatz erfüllen sollen." Demnach ist es also der direkte Wille Gottes, daß der Mann die Führung in der Familie übernehmen soll, damit keine Unordnung herrsche. Damit habe er die zweifellos schwierigere Rolle in der Familie. Das soll nicht heißen, daß eine Frau nicht sagen darf, was sie denkt. Aber wenn der Mann eine letztgültige Entscheidung trifft, soll sie sich daran halten. Ihre Aufgabe ist es, „nahrhafte Mahlzeiten" zuzubereiten, darauf zu achten, daß die Wohnung „ordentlich und sauber" ist. Während die Frau „die ihr in der Bibel zugewiesene Rolle als Gehilfin und Gegenstück ihres Mannes erfüllt, macht sie es ihm leicht, sie zu lieben." Die Kinder sollen den Eltern „gehorchen", statt ihnen „Herzeleid" zu bereiten, denn: „Sogar Jesus war als Kind seinen Eltern untertan." Soweit die einfache, praktisch totsichere Gebrauchsanleitung für ein glückliches Eheleben.

Was für die Ohren von Außenstehenden reichlich antiquiert klingt, hat für Zeugen Jehovas allerdings höchste Brisanz. Es ist nicht so wie in der katholischen Kirche, wo die meisten Gläubigen ihre eigene Art des Umgangs mit rigiden päpstlichen Verlautbarungen entwickelt haben, wenn diese ihrer Lebensauffassung widersprechen. Die Zeugen Jehovas versuchen, sich an die Vorschriften der WTG möglichst detailgetreu zu halten. Auch was die Gestaltung des Familienlebens betrifft.

„Meine Ehe hätte sicher nicht 20 Jahre gedauert, wenn wir nicht beide bei den Zeugen Jehovas gewesen wären. Denn eines steht fest: Eheprobleme auf einer biblischen Basis zu lösen, ist absolut erfolgversprechend. Davon halte ich nach wie vor wahnsinnig viel. Wenn sich beide von der Bibel leiten lassen, gebe ich einer solchen Verbindung große Chancen. Der Moralkodex der Zeugen ist sehr hoch. Ehescheidungen kommen proportional gesehen sicher viel weniger häufig vor. Wenn ein Ehepartner ernste Schwierigkeiten hat, geht er zu den Ältesten seiner

Gemeinde, die sich mit den Problemen beschäftigen. Sie versuchen, mit dem Ehepaar anhand der Bibel ein Gespräch zu führen und die Probleme in ein biblisches Licht zu stellen. Meist geben dann beide nach und sind bereit, auf den biblischen Weg zurückzukehren. Daher werden dort viele Ehen gerettet."

Peter Pross

Ob dieser Problemlösungsmechanismus tatsächlich in vielen Fällen funktioniert, sehen viele ehemalige Zeugen weitaus skeptischer. Besonders Frauen bekommen die Negativseiten härter zu spüren. Denn daß eine Ehe lange dauert, ist gerade für Frauen nicht unbedingt ein Zeichen von gelingender Partnerschaft.

„Meine Ehe hätte sicher nicht so lange gedauert, wenn wir nicht bei den Zeugen gewesen wären. Das sehe ich heute eher negativ. Dadurch, daß mein Mann eine laute Persönlichkeit war und ich eine leise, habe ich mich nicht so gut entfalten können. Wenn ich schon vorher aus der Ehe ausgestiegen wäre, hätte man mir Vorwürfe gemacht. Ich wäre die Schuldige gewesen und hätte mich von den Zeugen wahrscheinlich ganz wegentwickelt. Dann wäre ich aber ganz alleine dagestanden. Ohne Freunde, Beruf, Wohnung.

Die WTG-Lehre hat mich in meiner Entwicklung stark gehemmt, weil ich mich nicht früher von meinem Mann frei machen konnte. Es war für mich unumstößlich, daß ich mein ganzes Leben mit ihm zusammensein muß. Ich konnte mich erst von ihm trennen, als wir von den Zeugen weggegangen sind. Dann bin ich auch viel selbständiger geworden und habe mich auf meine eigenen Füße gestellt. Ich glaube, daß viele Ehen von Zeugen nicht mehr bestehen würden, wenn sie keine Zeugen wären. Ich glaube nicht, daß das immer so schlecht wäre."

Beate Frauendorfer

Viele Eheprobleme der Zeugen Jehovas ergeben sich dadurch, daß sie zu früh heiraten. Da nicht nur vorehelicher Geschlechtsverkehr absolut verpönt ist, sondern auch andere intime Formen des Miteinandervertrautwerdens, haben Paare ja kaum Zeit, einander wirklich kennenzulernen.

„Ich habe meinen Mann bei den Pionieren kennengelernt. Das Problem bei den Zeugen ist, daß man nicht lange aufs Heiraten warten kann. Mein Mann und ich haben uns nur fünf Monate näher gekannt. Wir waren kaum miteinander allein, sondern immer mit anderen Zeugen zusammen. Dann hat man gesagt, bevor etwas passiert, was nicht passieren darf,

sollen wir heiraten. Wir haben uns sicher sehr geliebt, aber hätten nicht
so schnell geheiratet, wenn dieser Druck nicht da gewesen wäre. "

Margit Böhme

Doch nicht nur die Angst, daß „etwas passiert", treibt Zeugen Jehovas
in eine Ehe, für die sie noch nicht reif sind und mit einem Partner, den
sie kaum kennen. Für Mädchen ist es die einzige Möglichkeit, aus einem
Elternhaus zu entkommen, in dem sie keine der Freiheiten haben, über
die sonst Altersgenossen verfügen. Beate Frauendorfer und Sylvia Wolf
haben sich in eine solch überstürzte Ehe geflüchtet, um endlich dem engen Elternhaus zu entkommen. Um allerdings nahtlos von einer Abhängigkeit in die nächste zu rutschen. In die eines Ehemannes, der kaum weniger Verfügungsrechte über seine Frau hat wie Eltern über ihre Tochter.

Der Druck der Familie und der Versammlung auf eine rasche Heirat
besteht aber nicht nur bei jugendlichen Zeugen Jehovas, sondern auch
bei erwachsenen, die sich erst später zu dieser Glaubensgemeinschaft
bekehrten.

So werden auch an sich reife Menschen in eine Verbindung getrieben,
bei der der Ausgang noch lange nicht abzuschätzen ist. Die Persönlichkeit des Partners lernt man erst nach dem Ja-Wort kennen. Doch dann
ist es zu spät. Denn die Ehe muß ja, nach Anleitung der WTG-Literatur,
funktionieren. Funktioniert sie nicht, wahrt man zumindestens den
Schein.

„Als mein Mann das erste Mal in der Versammlung aufgetaucht ist, war
er damals noch ein Hippie mit langem Haar und wildester Kleidung und
hat auch Haschisch genommen. Damit hat er bald aufgehört. Nach kür-
zester Zeit tauchte er mit kurzen Haaren auf und schöner Kleidung. Die
verschiedensten Karos waren zwar noch immer wild zusammengewür-
felt, aber er hatte auch schon ein Krawatte. Man hat gesehen, er nimmt
das alles sehr ernst. Er hatte es bald auf mich abgesehen. Es ist dann
sehr schnell gegangen, weil bei den Zeugen außereheliche Kontakte
nicht geduldet werden. Es gibt nur zwei Möglichkeiten: Auseinander
oder heiraten. Sechs Monate später haben wir geheiratet. Er war ein
sehr rührender Typ, verband genau die Mischung aus Hilflosigkeit und
Energie und Liebe, die bei einer Frau den Mutterinstinkt weckt. Er hat
sich auch andauernd von mir bemuttern lassen. Die Probleme sind
gekommen, als wir unsere Kinder bekamen. Mein Mann war plötzlich
total aus der Wiege geschmissen. Es haben sich wildeste Dinge abge-
spielt. Ich selber war nicht mehr zum Gehorsam gegenüber meinem
Mann bereit und habe ihm vorgeworfen, ein ‚Nabal' zu sein. Es gibt
diese Geschichte im Alten Testament von der Begegnung des David mit

der klugen Frau des dummen Nabal, die er dann geheiratet hat. Mein Mann hat betont, daß ich zuwenig unterwürfig sei, ihm, meinem ‚Haupt‘ gegenüber. In der Versammlung hatte man keine Ahnung, wie es sich bei uns abspielt, und hat uns ständig auf unser Glück angesprochen, das in dem Sinne nicht vorhanden war.“

Annemarie Fink

Das angebliche Glück, das viele Zeugen ausstrahlen und das Außenstehende oft bewundern, beruht in vielen Fällen auf Schein. Auch Glaubensbrüdern gegenüber getraut man sich nicht, etwaige Probleme zu zeigen, weil man nicht auf Verständnis hoffen kann, sondern als schwach gelten würde.

3.4 Die Frau – Das schwächere Gefäß

Wie oben schon gezeigt werden konnte, sind die Geschlechterrollen bei den Zeugen ganz genau definiert. Das drückt sich nicht nur in den Versammlungen aus, wo zwar die Mehrheit Frauen sind und daher auch die Last des Predigtdienstes tragen, aber nur die Männer Dienstämter, wie das des Dienstamtsgehilfen oder des Ältesten, einnehmen können. Auch in der Familie sind die Rollen des Mannes als „Haupt" der Familie und der Frau als „passendes Gegenstück zu ihrem Mann" genau definiert. Diese Rollenaufteilung wird von der WTG natürlich als gottgewollt hingestellt, und es mangelt auch nicht an Bibelversen, mit denen die aus der WTG-Gründungszeit des ausgehenden vorigen Jahrhunderts nahtlos ins ausgehende 20. Jahrhundert transferierte Lehre gestützt wird.

Eine der zentralen Bibelstellen ist Epheser 5,23: „Ein Ehemann ist das Haupt seiner Frau, wie der Christus das Haupt der Versammlung ist.“ Die WTG zögert nicht, daraus den euphorischen Schluß zu ziehen: „Das ist praktisch, denn wo es keine Führung gibt, herrscht Unordnung und Verwirrung.“[15] Die WTG zieht eines ihrer beliebten, einfachen „Gleichnisse" heran. Würde die Frau ihrem Mann seine Stellung als Haupt streitig machen, wäre es so, als säßen in einem Auto zwei Fahrer, von denen jeder mit einem Lenkrad ein seperates Vorderrad lenken wollte. Bei diesen Voraussetzungen mutet es richtiggehend rücksichtsvoll an, wenn die WTG dem Mann den Rat gibt, es wäre natürlich „weise, für die Vorschläge und Wünsche der Familienmitglieder empfänglich zu sein".

Demgegenüber, so die kulturpessimistische Analyse der WTG, sei es heute üblich geworden, daß Frauen aggressiv sind und mit Männern konkurrieren. Daher der eindringliche Rat der WTG an alle Ehefrauen, diesmal nach Titus 2,4.5: Die Frauen sollen Mann und Kinder lieben, gesunden Sinnes sein, keusch, im Hause arbeiten und sich den eigenen Männern unterwerfen. Daß es aber durchaus zu einem massiven Geschlechterkampf in der Ehe kommen kann, auch wenn beide Partner sich gerne an die WTG-Erfolgsrezepte halten würden, darüber berichtet Annemarie Fink, heute bereits amüsiert, über ihren damaligen Ehealltag.

B

Babylon, die Große Hure
Bezeichnung für alle Religionen, die nach Ansicht der Zeugen Jehovas unter der Leitung Satans gegen Jehova und seine Getreuen kämpfen. Zur ‚Hure Babylon‘ gehören vor allem die Kirchen, aber auch sämtliche nichtchristlichen Religionen und das Judentum.

„Mein Mann, der kein sehr reifer Mensch war, hat alles buchstabengetreu beachtet. Er hat von mir erwartet, daß ich eine ganz unterwürfige Frau bin. Er hat gesagt: ‚Wieso widersprichst du mir, du bist nicht unterwürfig.‘ Und ich: ‚Was heißt unterwürfig? Was du da sagst, ist einfach ein Blödsinn.‘ Er: ‚Wie kannst du es wagen, so respektlos zu sein! Ich bin dein Haupt!‘ Er hat mich auch öfter absichtlich gedemütigt und gesagt: ‚Reg dich nicht auf, du mußt ja eine demütige Frau sein.‘ Dabei ging es hauptsächlich um Banalitäten, manchmal aber auch um lebenswichtige Dinge. Nach meinem Karenzjahr hatte ich eine größere finanzielle Abfindung bekommen. Er hat das Geld selbstverständlich für sich beansprucht: ‚Die Abfindung gehört mir, denn du bist meine Frau.‘ Mein Mann war Künstler und hat daher sehr unterschiedlich verdient, meist sehr wenig. Ich wollte die Abfindung als Sicherheitspolster anlegen, mußte aber zusehen, wie sie rapide dahinschwand, weil er sie für Sachen ausgegeben hat, wo ich mir nur an den Kopf greifen konnte. Als ich das Sparbuch versteckt habe, ist es zu häßlichen Szenen kommen. Er: ‚Ich als euer Haupt würde eher Steine klopfen gehen, als euch im Stich zu lassen, daher hast du kein Recht, das Sparbuch zu verstecken.‘ Ich habe ihn dann wirtschaften lassen, wie er wollte, weil es für mich nichts Widerlicheres gibt, als um Geld zu streiten. Es war dann binnen kürzester Zeit weg. Meine Achtung vor ihm hat sich dadurch nicht erhöht, er war aber in seiner ‚Haupt‘-Rolle bestätigt. Heute hat er dieses Macho-Gehabe nicht mehr, das durch die Zeugen sehr gefördert wurde. Er hilft sogar seiner neuen Lebensgefährtin im Haushalt.“

Tatsächlich prägen die Rollenvorschriften der WTG die meisten Familien bei den Zeugen Jehovas. Frauen, die nicht so durchsetzungsstark sind wie Frau Fink, bleiben dabei meist auf der Strecke. Oder explodieren eines Tages, wenn sie die ständige Unterdrückung durch Lehre und Ehemann nicht mehr aushalten. Peter Pross erinnert sich heute durchaus kritisch:

„In dieser vierten Ehe ist es mir sehr gut gegangen. Bei den Zeugen gibt es eine fixe Hierarchie: Zuerst Gott, dann Jesus, dann die 144 000 Geistgesalbten, dann, im irdischen Bereich, die Gemeinde mit den Ältesten, dann kommen Vater, Mutter und Kind. Der Mann hat in einer Ehe das Sagen und die Letztentscheidung. Das heißt nicht, daß der Mann zu Hause den Tyrannen spielen soll, sondern auf die Frau eingehen muß. Allerdings neigen die Männer bei den Zeugen Jehovas dazu, bei ihrer Partnerin jedes emanzipatorische Gedankengut abzustellen. Es hängt sicher auch mit der Persönlichkeit zusammen. Ich selbst war damals sicher sehr autoritär. Ich habe von meinem biblischen Recht Gebrauch gemacht und gesagt: ‚So hat es zu geschehen.‘ Auch bei Kleinigkeiten. Das ist mir 20 Jahre später auf den Kopf gefallen. Ich habe meine Frau zu sehr eingesperrt. Sie wäre gerne mit einer Freundin, die ohnehin eine Zeugin war, abends in ein Theater gegangen. Mir hat das nicht gepaßt. Bei meiner Frau ist über die Jahre hinweg ein Stau entstanden, der eines Tages in einen Vulkanausbruch gemündet ist. Selber habe ich das nicht mitbekommen, weil man bei den Zeugen in einer Gemeinschaft lebt, wo das üblich ist. In Wachtturmartikeln und verschiedenen Studien wird immer wieder der Apostel Petrus zitiert, der sagt, daß man die Ehefrau als das ‚schwächere Gefäß‘ betrachten müsse."

Diese Aussage von der Frau als „schwächerem Gefäß" findet sich im ersten Petrusbrief 3,7. Dort heißt es: „Ihr Ehemänner, wohnt gleicherweise weiterhin bei ihnen gemäß Erkenntnis, indem ihr ihnen als einem schwächeren Gefäß, dem weiblichen, Ehre zuteil werden laßt, da auch ihr mit ihnen Erben der unverdienten Gunst des Lebens seid, damit eure Gebete nicht behindert werden." Dieser Bibelvers ist leider nach der Neuen-Welt-Übersetzung der WTG, die nach eigenen Angaben als Bibelübersetzung in modernem Deutsch gepriesen wird, nicht sehr verständlich. Daher sei zur Verdeutlichung die Übersetzung von „Die Gute Nachricht" angefügt: „Ihr Männer müßt euch entsprechend verhalten. Seid rücksichtsvoll zu euren Frauen! Bedenkt, daß sie der schwächere Teil sind. Achtet und ehrt sie; denn Gott schenkt ihnen das Leben genauso wie euch. Handelt so, daß nichts euren Gebeten im Weg steht."
Nun dürfte das Zeitalter der Emanzipation spät, aber doch auch die

WTG erreicht haben. Denn in „Erwachet!" vom 8. Oktober 1994 setzt sich die WTG mit der Frage auseinander: „Das ‚schwächere Gefäß'. Eine Beleidigung für Frauen?"[16] Zur Veranschaulichung gebraucht die WTG ein einleuchtend einfaches Bild, das hier allerdings unfreiwillig daneben geht. So wie jemand ein stabiles und ein weniger stabiles Gefäß als gleich nützlich erachten kann, ist die Frau als schwächeres Gefäß von keineswegs geringerem Wert als der Mann. Ob sich Frauen von der Veranschaulichung „instabiler" besser getroffen fühlen als von „schwächer"? Selbst wenn die WTG den Männern gebietet, ihre Frauen zu ehren, werden auch in Zukunft gewaltbereite Charaktere die Verfügungsgewalt über ihre Ehefrau legitimiert finden. Wie weit verbreitet körperliche Gewalt innerhalb der Zeugen-Familien ist, läßt sich nicht im entferntesten abschätzen. Daß es nicht nur die Kinder, sondern auch die Ehefrauen trifft, wird immer wieder deutlich. Sylvia Wolf hat das am eigenen Leib zu spüren bekommen:

„Mein Mann war natürlich der Herr des Hauses. Ich hatte keine Wünsche und keine eigene Meinung zu haben. Was er sagte, mußte geschehen. Wenn ich etwas anders machen wollte, hat es Prügel gesetzt. Ein Mann ist ja laut Bibel das Oberhaupt einer Frau, und sie muß ihm untertan sein. Die Zeugen legen das so aus, daß die Frau etwas Minderwertiges ist, sie hat die Kinder zu versorgen, zu putzen, kochen, flicken, waschen, stopfen und zu allem Ja und Amen zu sagen. Mein Mann war außerdem krankhaft eifersüchtig. Ich durfte ohne ihn nirgends hingehen. Wenn ich beim Predigtdienst oder einkaufen war, mußte ich über jede Minute Rechenschaft ablegen: Von – bis gehe ich dort und dort hin. Mit einer Schwägerin von ihm habe ich mich sehr gut verstanden. Das war ihm ein Dorn im Auge, sie war nämlich keine Zeugin. Als ich einmal zu ihr gegangen bin, ist er mir nachgefahren, hat mir dort einige Ohrfeigen heruntergehauen, hat mich als Hure beschimpft und mir gesagt, ich soll mich nach Hause schleichen. Ich bin brav zu Fuß nach Hause gegangen, er ist mit dem Auto gefahren, nachdem er aber noch einige Stunden bei der ungläubigen Schwägerin sitzen geblieben ist."

Daß die Frau „etwas Minderwertiges" ist, wird natürlich nirgends in der WTG-Literatur gesagt, ja vielmehr heftig bestritten. Allerdings läßt sich der Wert einer Sache oder Person nicht nur durch schöne Worte definieren. Dasselbe Problem ist seit langem in der gesellschaftspolitischen Debatte über die Emanzipation virulent. Solange eine Frau nicht für die gleiche Arbeit das gleiche Einkommen bezieht wie der Mann, solange den Frauen der Zugang zu beruflicher Karriere nicht gleichermaßen offensteht, solange sie nicht die gleichen Chancen im Bildungswesen haben, solange kann man nicht von gleicher Wertigkeit sprechen. Auch in der katholischen Kirche werden sich die Frauen von den hochgemuten Worten in päpstlichen Enzykliken über ihre Würde nicht zufriedengeben, wenn nicht die Kirchenstrukturen ‚in Taten‘ sprechen.

Die WTG schafft es jedenfalls eindrucksvoll, aus einem Gemisch von passenden biblischen Zitaten ihr aus dem 19. Jahrhundert übernommenes Frauenbild einzuzementieren. „Es hat darum nichts mehr zu sagen, ob einer ein Jude ist oder ein Nichtjude, ob er Sklave ist oder frei, ob Mann oder Frau" (Galater 3,28). Das steht ja auch in der Bibel. Aber es paßt nicht in das fundamentalistische Milieu, in dem Emanzipation kein Thema sein darf.

„Die Frauen bei den Zeugen Jehovas sprechen über Emanzipation nicht. Es ist ein Tabuthema, weil es ja so in der Bibel steht. In der Versammlung ist die Frau nicht gleichberechtigt, weil sie ja keine Vorträge halten darf. Sie dürfte es nur ausnahmsweise, wenn kein Mann zur Verfügung steht, dann muß sie aber ihr Haupt bedecken. Aber Frauen gehen genauso predigen und führen Bibelstudien durch. Es wird zwar gesagt, daß es auch Prophetinnen gegeben hat, man fügt aber hinzu, nur weil es keine würdigen Männer gegeben hat. Daran ließe sich auch der miserable moralische Stand des alten Israel ablesen. Wenn Frauen auf der Bühne sind, sind sie immer zu zweit und belehren einander. Ich habe einmal auf der Bühne demonstriert, wie ich mich am Telefon verhalte. Weil ich dabei aber alleine war, hat sich schon ein Ältester bemüßigt gefühlt, auf die Bühne zu treten, damit ich nicht diejenige bin, die die anderen belehrt. Er hatte die Aufsicht, und ich durfte zeigen, was ich gelernt habe."

Margit Böhme

3.5 Alltag in einer geteilten Familie

Eine besondere Schwierigkeit ergibt sich für Zeugen Jehovas, wenn nicht alle ihre Familienmitglieder ihren Glauben teilen. Beate Frauendorfer hat bereits als Kind erlebt, was es heißt, in einer „geteilten" Familie aufzuwachsen. Ihre Mutter war aktive Zeugin, ihr Vater an Religion nicht interessiert. Die Töchter wurden daher im Glauben der Mutter, die beiden Söhne „weltlich" erzogen. Besondere Probleme ergaben sich zur Weihnachtszeit, als der Vater das christliche Fest feiern wollte, das die Mutter als „heidnisch" ablehnte. Die Mutter paßte sich aber, soweit es ihr Glaube zuließ, an den Vater an. Das hieß, daß der Vater sich um den Weihnachtsbaum und die Geschenke kümmerte, die Mutter lediglich besser auftischte. Für Frau Frauendorfer war diese Situation emotionell belastend, da ihr das Weihnachtsfest zwar einerseits gefiel, sie es sich aber nicht eingestehen durfte. Jahrzehnte später, als ihr Mann und sie die Zeugen bereits verlassen haben, macht sie die schmerzliche Erfahrung einer „geteilten Familie" wieder durch. Ihre eigene Mutter kann ihren Weggang weder verstehen noch verzeihen.

B

Bethel
(hebr.) wörtlich: Haus Gottes. Bezeichnung für die zentralen Wohn- und Arbeitsstätten der Wachtturm Bibel- und Traktat-Gesellschaft, in der die Literatur verfaßt und gedruckt wird. Die „Bethel" versuchen, wirtschaftlich unabhängig zu sein und zum Beispiel die Nahrungsmittel selbst zu produzieren. Dies ist ein wesentlicher Faktor, um Literatur billig herstellen zu können. In Deutschland ist der Bethel, der ganz Europa mit Literatur versorgt, in Selters/Taunus. Dort leben und arbeiten über 1100 Menschen.

„Meine Mutter ist immer noch aktive Zeugin Jehovas. Sie ist sicher ziemlich fertig, daß ich weg bin. Für sie bin ich verloren. Sie ist überzeugt davon, daß ich nicht das ewige Leben haben, sondern nach Harmagedon sterben werde. Andererseits verurteilt sie mich sicher, weil sie weiß, daß ich den Schritt sehr bewußt getan habe. Wir haben nur sehr losen Kontakt. Mit meiner Schwester, die schon sehr lange von den Zeugen weg ist, habe ich jetzt wieder intensiven Kontakt. Meiner Mutter geht es im Moment, auch gesundheitlich, nicht besonders gut, weil ich von den Zeugen weg bin."

Beate Frauendorfer

Diese Erfahrungen machen die meisten Zeugen Jehovas, die die Organisation verlassen, während Familienmitglieder zurückbleiben. Peter Pross muß damit leben, daß sein ältester Sohn die Straßenseite wechselt, wenn er ihm begegnet. Ernst Böhme mußte damit fertig werden, daß er im Leben seiner Mutter nicht mehr dieselbe Rolle spielte, als er der Religionsgemeinschaft den Rücken gekehrt hatte. Erst einige Wochen vor ihrem Tod ergab sich ein aussöhnendes Gespräch, in dem sie offen miteinander reden konnten. Besonders belastend ist dabei nicht nur, daß meist der Kontakt zwischen den nächsten Familienmitgliedern auf das äußerste beschränkt wird, sondern daß sich die zurückbleibenden Verwandten um den Abtrünnigen Sorgen wegen dessen ewiger Vernichtung machen. In seltenen Fällen sind die Familienbande stärker als die Bindung zum Glauben.

„Ich hatte meine Mutter auch zu den Zeugen gebracht, es gab aber die Schwierigkeit, daß sich meine Nichte, die von ihr betreut wurde, sehr dagegen sträubte. Außerdem wollte meine Schwester nicht, daß ihre Tochter als Zeugin erzogen wird. Meine Mutter wollte meine Schwester und meine Nichte bekehren und ihnen das ewige Leben retten. Die Konflikte waren also vorprogrammiert. Meine Mutter hat sich dann gesagt: ‚Wenn ich nicht erreiche, daß sich meine Angehörigen bekehren, dann möchte ich selber auch nicht so leben.‘"

Annemarie Fink

Eine solche Reaktion ist bei Zeugen Jehovas allerdings höchst ungewöhnlich. Die meisten schicken sich in das konfliktreiche Leben einer „geteilten" Familie. Besondere Schwierigkeiten entstehen natürlich dann, wenn ein Ehepaar selbst eine unterschiedliche religiöse Anschauung hat und die „Teilung" Familienmitglieder betrifft, die unter einem Dach leben müssen. In der heutigen pluralistischen Gesellschaft ist es an und für sich nicht selten, wenn Ehepaare unterschiedliche Religionsbekenntnisse haben. Man richtet sich mehr oder weniger geschickt ein. Die extremen Konflikte mit einem Zeugen Jehovas-Partner ergeben sich aber daraus, daß sein religiöses Bekenntnis die Persönlichkeit eines Menschen bis in den letzten Winkel in uniforme Zucht nimmt, ungeheuer zeitintensiv ist und viele Komponenten aufweist, die ihn von der „normalen" Gesellschaft ausgrenzen. Dabei fällt es dem „ungläubigen" Partner oft viel schwerer mit dem Problem umzugehen als dem Zeugen. Ihm bleibt meist nur ohnmächtige Argumentation oder Aggression. Die Zeugen selbst üben sich, unterstützt von ihrem Mitbrüdern und der WTG-Literatur, im gläubigen Ausharren. Im „Wachtturm" vom 1. Juni 1995 erhalten sie von der WTG Schützenhilfe für den „gottgefälligen Gehorsam in einer religiös geteilten Familie".[17] Die Frauen werden dabei wieder mit den üblichen Bibelversen bedient: „Jehova hat den Ehemann zum Haupt bestimmt. Ob der Mann Christus als Haupt anerkennt oder nicht, ändert nichts daran." Da heißt es also, Gehorsam gegenüber dem ungläubigen Ehemann zu üben und gleichzeitig den Gehorsam gegenüber Jehova an erste Stelle zu setzen. Annemarie Fink hat in ihrer ersten Ehe diesen Spagat versucht:

„Man hat nicht versucht, mich von meinem ersten, ungläubigen Mann wegzubringen. Die Zeugen haben immer gesagt, ich müsse ihn mit Liebe gewinnen, wenn er nicht möchte, soll ich es lieber lassen. Ich sollte ihm nun eine ganz besonders gute Frau sein, um ihn für die Zeugen zu gewinnen. Ich war ihm vorher nie untreu, habe aber doch ganz gerne geflirtet. Das habe ich von da an nicht mehr getan. Ich habe mich auch bemüht, ihm zu gehorchen. Das hat er mir auch öfter unter die Nase gerieben, wenn er gesagt hat, ich müsse ihm als Zeugin Jehovas nun gehorchen. Ich wollte ihm auch zeigen, daß es wirklich zu seinem Vorteil ist, wenn ich jetzt Zeugin bin. Er hat einmal gesagt: 'Seit du eine Zeugin bist, bist du wirklich eine bessere Ehefrau, aber ich kann von den Zeugen trotzdem nichts mehr hören.' Er wollte natürlich auch nicht, daß gerade die Zeugen an einer besseren Ehe Anteil haben sollten."

Die WTG fordert ihre Anhänger außerdem auf, Glaubensbrüdern in „geteilten" Familien besonderes Verständnis und Unterstützung entgegenzubringen: „Wichtig ist auch, ihnen bei jeder Gelegenheit durch positive Worte und tröstendes Zureden Mut zu machen."[18] In den Genuß dieser besonderen Anteilnahme ist auch Frau Fink gekommen. Mit der paradoxen Auswirkung, daß sich ihr Leben mit dem ungläubigen Mann viel einfacher gestaltete als das Leben mit dem gläubigen Zeugen.

„Wenn man einen ungläubigen Ehepartner hat, wird man in den Versammlungen immer sehr mitleidig gefragt: ‚Wie geht es dir?' Man wird als Märtyrer behandelt, weil man ja mit einem Ungläubigen zusammenleben muß. Man hat auch verstanden, daß ich nicht in jede Versammlung kommen konnte. Das war wirklich sehr erfreulich. Als ich aber mit meinem zweiten Mann, der auch Zeuge war, ‚in der Wahrheit' verheiratet war, ist es schwierig geworden. Jeder Streit war dann ein Streit unter Christen, das Gewissen war damit sehr belastet. Es gab auch keine Entschuldigung, wenn man nicht in jede Versammlung kam. Wir waren zu der Zeit in einer Versammlung, in der es hauptsächlich glückliche Familien gab – später bin ich draufgekommen, daß sie nicht so glücklich waren, wie es nach außen hin aussah. Wenn man nicht so glücklich war oder sich gezwungen gefühlt hat, glücklich zu tun, hat man sich automatisch als ‚Heuchler' gefühlt, es ist einem damit nicht sehr gut gegangen. Es war einfacher, Zeuge zu sein, wenn man einen ungläubigen Partner hatte."

Annemarie Fink

Für die WTG ist es natürlich ein Risiko, wenn Zeugen in einem „geteilten" Haus leben. Zu groß ist die Gefahr, daß sie sich von ihren „ungläubigen" Familienangehörigen vom „wahren Glauben" abbringen lassen. Daher auch die ernste Mahnung, trotz Streit, Spannungen oder gar körperlichen Mißhandlungen im Glauben auszuharren. Und man hat eine Reihe von geschickten Immunisierungsstrategien parat. Die betroffenen Zeugen werden an ihre Märtyrerrolle erinnert, die bei „weltlichen" Anfeindungen oft herhalten muß: „Denke an Jesus. Er wurde beleidigt und mißhandelt … Damit Jesus diese schweren Demütigungen erdulden konnte, benötigte er außerordentlichen Mut und eine unerschütterliche Liebe zu Jehova, seinem Vater."[19] Die zweite Immunisierungsstrategie ist nicht weniger geschickt. Die ablehnenden Reaktionen der Familienangehörigen, die psychologisch sehr verständlich sind, werden dämonisiert: „Satan … ist darauf aus, dich geistig zu ruinieren. Oft benutzt er dazu Familienangehörige …" Die WTG wird auch nicht müde, Betroffene zu zitieren, die ihre eigenen Erfahrungen mit Satan gemacht haben. So sagt eine gewisse Susan: „Mir wurde klar, daß er (Anm.: ihr Ehemann) von Satan benutzt wurde, um mich unter Druck zu setzen."

Trotz allem weiß die WTG natürlich, daß das Leben in einem „geteilten" Haus immer ein Risiko ist, Anhänger zu verlieren. Daher warnt sie Jugendliche – unter dem Motto „Wehret den Anfängen" –, sich in einen Andersgläubigen zu verlieben. Unter dem Titel „Was ist, wenn ich mich in einen Andersgläubigen verliebe?"[20] malt sie den Jugendlichen ein wahres Schreckensszenario an die Wand. Das wird anhand von „lebensnahen" Beispielen demonstriert. Eine gewisse Kim ließ zu, daß sie sich in einen ungläubigen Schulkameraden verliebte. Es kam, wie es in WTG-Erzählungen immer passiert, wenn Mädchen sich mit der „Welt" einlassen: heimliche Parties, Drogen, ungewollte Schwangerschaft. Der Freund landete wegen eines bewaffneten Raubüberfalls im Gefängnis. Denn, wie hat schon Paulus gesagt: „Schlechte Gesellschaft verdirbt nützliche Gewohnheiten." Bei einem anderen Mädchen endete es weniger spektakulär, aber nicht weniger traurig: Sie hatte um des lieben Friedens willen ihre Beziehung zu Jehova vernachlässigt und besuchte weder die Zusammenkünfte der Versammlung noch beteiligte sie sich am Predigtdienst, um nach Jahren draufzukommen, daß ihr ungläubiger Freund sie gar nicht liebte!

3.6 Der Zwang zum Glücklichsein und seine psychologischen Folgen

Unter Zeugen Jehovas gibt es offenbar viele Fälle von psychischen Erkrankungen. Diese Beobachtung, die Außenstehende und ehemalige Zeugen Jehovas gemacht haben, wurde vor kurzem in zwei voneinander unabhängigen Studien nachgewiesen.[21] Dazu ist vorauszuschicken, daß quantitative Untersuchungen über die psychischen Leiden von Zeugen Jehovas sehr schwer zu erheben sind, weil die Organisation an solchen Untersuchungen nie teilnehmen würde. Erstens fürchtet die WTG die Ergebnisse, die ein schlechtes Licht auf die Organisation werfen könnten. Und zweitens ist sie zu allem, was Wissenschaft und besonders Psychologie betrifft, außerordentlich ablehnend eingestellt. Die beiden Forscher Jerry Bergman und Elmar Köppl hatten dennoch die Möglichkeit, repräsentative Untersuchungen anzustellen.[22]

In welchem Prozentsatz Zeugen Jehovas eine höhere Zahl an psychischen Erkrankungen aufweisen als die „Normal"-Bevölkerung, läßt sich nicht abschätzen. Man muß außerdem eine wesentliche Unterscheidung vorausschicken: So können Menschen psychisch erkranken, *weil* sie *Zeugen Jehovas* sind, andere schließen sich den Zeugen an, *weil* sie schon *psychisch krank* sind, wobei diese Krankheit in der Sektengemeinschaft erst richtig zum Ausbruch kommen kann. Das verwundert nicht, da ein psychisches Leiden in vieler Hinsicht eine normale Anpassung an eine anormale Situation darstellt, was ein Leben innerhalb dieser Gemeinschaft zweifellos ist! Die Zeugen sind der Meinung: *„Jehovas Zeugen sind das glücklichste Volk auf Erden. Wir brauchen einen Psychiater noch weniger als sonst jemand."[23]*

Es ist natürlich ganz sicher nicht so, daß nun alle Zeugen Jehovas an psychischen Erkrankungen leiden würden. Es gibt ja auch untätige Zeugen, wenig engagierte, durchschnittlich engagierte, bis hin zu sehr aktiven. Man könnte nun meinen, daß gerade die sehr engagierten Zeugen vermehrt an psychischen Erkrankungen leiden. Das ist aber nicht unbedingt der Fall. Der ausschlaggebende Faktor ist nicht das Engagement, sondern die Enttäuschung. Besonders diejenigen Zeugen haben gesundheitliche Probleme, die in der Organisation viele Enttäuschungen hinnehmen mußten. Das trifft im allgemeinen sicher eher bei den engagierten, idealistischen Zeugen zu, unter ihnen im besonderen Maß bei solchen, die sich für den Vollzeitdienst entschieden haben, ob sie nun im Bethel leben (siehe das Kapitel „Organisation"), oder als Pioniere herumreisen. Auch die Persönlichkeit des Zeugen ist entscheidend. Schwache Charaktere oder – positiv formuliert – besonders sensible und mitfühlende Menschen erkranken häufiger an der offensichtlichen Doppelbödigkeit des Systems.

Was sind nun die Gründe, die Zeugen Jehovas besonders anfällig für psychische Erkrankungen machen, und wie äußern sich diese konkret?

3.6.1 Ständige Überforderung

Die Zeugen Jehovas sind einem permanenten zeitlichen Druck ausgesetzt. Zu den drei Zusammenkünften wöchentlich kommen persönliches Studium, Heimbibelstudium mit Interessierten und allgemeiner Predigtdienst. Darüber hinaus müssen sie sich natürlich auch um ihre Familie kümmern und einem Broterwerb nachgehen. Zeitliche Konflikte zwischen Arbeitsplatz, Familie und WTG sind daher unausweichlich. Bei diesem andauernden Druck bleibt kaum Zeit zum Verschnaufen. Dazu kommen die ständigen Ermahnungen der WTG-Literatur oder der Ältesten, noch mehr zu predigen, noch mehr Zeitschriften abzugeben. Das führt unweigerlich zu einem Minderwertigkeitsgefühl. Aus dem Schuldgefühl, nicht genug zu tun, und der Vorstellung von dem nahe bevorstehenden Harmagedon, fordern Zeugen mehr von sich, als sie eigentlich schaffen können. Dazu kommt, daß Erfolg und Versagen nicht als normale Faktoren des menschlichen Lebens gesehen werden, sondern stets in unmittelbarem Zusammenhang mit Erfolg oder Versagen vor Gott stehen. Zeugen Jehovas neigen daher stark zu Selbstzweifeln und Schuldgefühlen. Das kann zu psychosomatischen Erkrankungen führen und äußert sich in körperlichen Leiden, wie Geschwüren, Migräne, Herzinfarkt und Depression, die bis zum Selbstmord führen können.

„Es ist alles psychologisch geschickt durchdacht, man reitet sich selbst ja immer tiefer hinein. Je eifriger man ist, je besser vorbereitet, je öfter man in der Versammlung aufzeigen kann und je mehr Stunden man im Predigtdienst hat, je mehr Zeitschriften und Bücher man verkauft, umso höher steigt man vor Gott. Umso mehr darf man sich erwarten, daß man im Paradies ewig leben darf. Das bekommt man ununterbrochen eingeimpft. Alles ist auf einen freiwilligen Zwang aufgebaut. Zeitweise bin ich gern predigen gegangen, zeitweise war es mir zutiefst zuwider. Ich hatte sehr viele innere Kämpfe."

Sylvia Wolf

3.6.2 Kein Erfolgserlebnis

Dazu kommt noch, daß sich trotz dieses immensen Einsatzes selten ein Erfolgserlebnis einstellt. Selten genug bekehrt sich jemand aufgrund eines Besuches an der Tür, und wenn, sind für einen neuen Glaubensbruder Tausende von Gesprächsstunden notwendig. Selten nimmt jemand eine Zeitschrift ab und ist zu einem ernsthaften Gespräch bereit. Das verstärkt natürlich das Minderwertigkeitsgefühl, weil man meint, den Anforderungen nicht zu genügen. Selbst wenn sich einmal ein Erfolg einstellen sollte, so muß er aufgrund der WTG-Lehre sofort herabgespielt werden. Sie läßt sich auf folgende Kurzformel bringen: „Wenn ich etwas Herausragendes getan habe, war es nicht ich, sondern Jehova, wenn ich etwas Schlechtes getan habe, ist es meine Schuld."

B

**Bethelmitarbeiter/
Bethelfamilie**
Mitarbeiter, die in den zentralen Produktionsstätten der Wachtturm-Gesellschaft leben und dort ohne Lohn die Schriften der Wachtturm-Gesellschaft herstellen, bzw. in der Verwaltung helfen. Kost und Logis sind frei, es gibt ein kleines Taschengeld (ca. 200 DM monatlich) für persönliche Ausgaben. Die Frage der Versicherung der Bethelmitarbeiter ist weltweit unterschiedlich geregelt. In den meisten Fällen gibt es keine Arbeitslosenversicherungen. Verheiratete Bethelmitarbeiter dürfen keine Kinder bekommen, sonst müssen sie den Bethel verlassen. Das System der Bethelmitarbeit geht auf Ch.T. Russell zurück. Weltweit arbeiten 16 400 Mitarbeiter in den Bethelfamilien.

Ganz normale menschliche Ich-Bedürfnisse, wie Lob und Anerkennung, die als positive Antriebskräfte notwendig sind, können nicht befriedigt werden.

Darüber hinaus müßte sich ein Zeuge über die Mißerfolge beim Missionieren eigentlich freuen, weil er durch die Anfeindungen der „Welt" dem verspotteten und gekreuzigten Jesus ähnlich wird.

„Das einzige, woran sich ein Zeuge freuen darf, ist, verachtet und ausgespottet zu werden. Dies ist auch biblisch begründet. Jesus hat einmal gesagt: ,Man wird euch verspotten und demütigen, wie man es bei mir getan hat.' Darin gehen die Zeugen auf, nach dem Motto: ,Schön leiden ist auch schön.' Das ist psychologisch gesehen ein Wahnsinn."

Sylvia Wolf

3.6.3 Langeweile ohne Alternative

Zeugen Jehovas sind immer mit demselben Gedankensystem konfrontiert, das sich gebetsmühlenartig in der WTG-Literatur und in den Zusammenkünften über sie ergießt. Woche für Woche, Monat für Monat, Jahr für Jahr dieselbe „Gehirnwäsche", die unweigerlich zur geistigen Abstumpfung führt. Noch dazu, wo Zeugen keine Möglichkeit haben, das Manko an geistiger Nahrung und erfüllenden Betätigungen auszugleichen. Einerseits, weil ihnen die Zeit dazu fehlt, andererseits, weil ihnen die WTG – unter anderem auch aus Zeitgründen – davon abrät. Sport, Theater- und Konzertbesuche, Kino, Tanzveranstaltungen, Lesen (von Nicht-WTG-Literatur), alles, was den Alltag üblicherweise bereichert, fällt für Zeugen weg. Das führt dazu, daß bei wichtigen individuellen und sozialen Bedürfnissen Defizite bestehen.

Der Mangel an Selbstbestätigung führt zu Frustration und Schwermut. Andererseits hat es auch Auswirkungen auf das Leben innerhalb der Gemeinschaft. Weil sonst nirgends Bestätigung gefunden werden kann, herrscht in den Versammlungen richtiggehend ein Wettstreit um Anerkennung.

„Die Schwierigkeit für mich war, daß die geistigen Dinge mit der Zeit keinen Gehalt mehr hatten. Es ist ja immer dieselbe Suppe. Zum Schluß habe ich darin nur drei Erbsen für mich gefunden, ganz zum Schluß nur eine halbe. Es ist eine permanente Wiederholung derselben Phrasen. Die Sprache der Zeugen besteht aus weltweit identischen Phrasen. Im Laufe der Zeit habe ich das alles nur mehr überflogen. Ich bin bei der vollen Schüssel verhungert, weil nur Wassersuppe darin war. Anfangs habe ich diese Wassersuppe geschlürft und trotzdem einen geistigen Hunger gehabt. Ich wollte mehr, Essentielles. Es war ein Prozeß von zwei, drei Jahren, wo ich zumindestens gefühlsmäßig gemerkt habe, daß irgendetwas nicht stimmt."

Ernst Böhme

3.6.4 Ablehnung von Bildung

Neben einer beruflichen Karriere rät die WTG auch von einem Hochschulstudium ab. Das sei alles vergeudete Zeit, weil ohnehin bald das Ende des Systems kommt. Besser wäre es, seine Zeit in den Predigtdienst zu investieren, um noch möglichst viele Menschen zu retten.

Eine Universitätslaufbahn wird besonders mißtrauisch angesehen. Abgeraten wird auch von Berufen, die mit Musik, Schauspiel und bildnerischer Kunst zu tun haben, und solchen, die großen Einsatz und Energie abfordern. So wurde selbst der berühmte Popmusiker Michael Jackson öffentlich getadelt, weil sein Beruf angeblich zu vielen Geboten Jehovas im Widerspruch steht.

Die WTG rät gelegentlich ihren Anhängern, sich mehr um Königreichsinteressen zu kümmern, als eine berufliche Karriere anzustreben. Da viele Zeugen dieser „Anregung" nachgeben, staut sich im Laufe der Jahre ein Frustrationsgefühl an, das natürlich dann eskaliert, wenn sich Enttäuschungen über die Glaubensgemeinschaft einstellen.

Überhaupt wird Intelligenz wenig gefördert. Das ist innerhalb des WTG-Systems auch logisch: Intelligentere Menschen neigen zu emotionalen Problemen und sehen Widersprüche, während naive eher bereit sind, alles zu akzeptieren.

Ironischerweise rät die WTG sogar auf theologischem Gebiet von persönlicher Forschungstätigkeit ab. Die Zeugen werden ermahnt, der Gesellschaft in geistigen Dingen nicht vorauszueilen.

3.6.5 Keine Möglichkeit zur Aussprache

Ein Zeuge Jehovas hat keine Möglichkeit, einem Glaubensbruder ehrlich von seinen Zweifeln oder Enttäuschungen zu erzählen. Wer Kritik an Mißständen oder an Glaubensfragen äußert, gilt als schwach oder unreif oder gar als jemand, dessen sich Satan bemächtigt hat, um ihn von der Wahrheit abzubringen. Wer mit einem Mitbruder über seine negativen Gefühle spricht, muß befürchten, daß dieser davon den Ältesten berichtet. Er ist laut WTG-Lehre dazu verpflichtet und würde es guten Gewissens tun, weil er seinem „schwachen" Mitbruder helfen möchte. Die Loyalität gegenüber der WTG steht meist höher als die Freundschaft zu einem Glaubensgenossen.

Aus diesem Grund sind kaum offene Gespräche möglich. Wirkliche Freundschaften kommen bei den Zeugen Jehovas selten vor.

Die negativen Gefühle werden daher häufig nach innen gelenkt und schlagen sich in Depressionen und Schuldgefühlen, in Nervosität und anderen körperlichen Beschwerden nieder. Oder sie richten sich nach außen und entleeren sich in Form körperlicher Aggression. Nicht umsonst werden Kinder der Zeugen Jehovas häufig geschlagen! Von der WTG-Lehre ist das ja sanktioniert!

„Es war sehr schwer, sich von der Ideologie der WTG zu lösen. Vor allem die Gewissensbisse machten mir zu schaffen. Man wird ja bei den Zeugen so erzogen, daß man sich selbst anklagen geht, wenn man etwas

Falsches getan hat. Man bekommt so ein schlechtes Gewissen, daß man mit jemandem reden muß. Und weil man weiß, daß, wenn man mit jemand anderem aus der Versammlung spricht, dieser zu den Ältesten geht, kann man sich den Umweg ersparen. Ich selber habe das auch gemacht, als ich mit etwa 15 Jahren meine erste Liebe kennengelernt habe, und wir uns sehr wohl umarmt und geküßt haben. Das schlechte Gewissen war dann so massiv, daß ich mich selbst angezeigt habe. Diese Leute beeinflussen einen derart, daß man gegen sich selbst vorgeht. Das ist der reinste Masochismus."

Sylvia Wolf

3.6.6 Ausblenden der Wirklichkeit

Selbst ehrliche Fragen dürfen nicht laut ausgesprochen werden. Wer mit dem Widerspruch zwischen dem hohen Ideal und der Wirklichkeit nicht fertig wird, soll still sein und sehen, wie er selbst klar kommt. Viele Zeugen leugnen diese Widersprüche daher, auch wenn sie unübersehbar sind, und halten hartnäckig an ihren Glaubensansichten fest. Gerade Zeugen, die sich intensiv für ihren Glauben engagieren, nehmen automatisch eine Verteidigungshaltung ein. Das führt dazu, daß sie immer weniger fähig sind, die Wirklichkeit korrekt einzuschätzen. Das kann zu schweren inneren Konflikten führen, weil im Unterbewußtsein diese unausgesprochenen Zweifel natürlich weiter rumoren. Besonders akut wird dieser Mechanismus dann, wenn die zahlreichen Lehränderungen vom Betroffenen nicht als solche wahrgenommen werden und er seine diesbezügliche Verunsicherung ebenfalls in das Unterbewußtsein verschiebt. Besonders schwer werden die psychischen Störungen dann, wenn man unbewußt ahnt, sein Leben auf einer falschen Religion aufgebaut zu haben, sich diesen schicksalsschweren Irrtum aber nicht eingestehen kann.

Auch die streng autoritäre Erziehung, der viele Zeugen in ihrer Kindheit ausgesetzt waren, trägt zu diesem Verdrängungsprozeß bei. Da negative Gefühle immer bestraft wurden, können sie nicht mehr zugelassen werden. Die Folge sind Depressionen oder verschleierte Aggressionen. Die Zeugen haben auch nicht die Möglichkeit, diese Gefühle durch konstruktive Aktivitäten wie Sport abzuleiten. Die Depression erzeugt daher wiederum Schuldgefühle, weil man ja eigentlich glücklich sein müßte.

Viele überdecken ihr Unglücklichsein mit rastloser Tätigkeit. Gerade besonders eifrige Zeugen erkranken psychisch. Sie sind diesen Konflikten stärker ausgesetzt, weil sie für ihre Religion mehr investiert haben.

Psychosomatische Symptome wie Asthma, Bluthochdruck, Geschwüre und andere Störungen sind die Folge.

3.6.7 Projektion auf den Satan

Bezirk
Organisationseinheit der Zeugen Jehovas. Demnach sind mehrere Kreise zu einem Bezirk zusammengefaßt. Auf Bezirksebene wird einer der drei jährlichen Kongresse veranstaltet.

Projektion äußert sich darin, Probleme innerhalb der Gemeinschaft äußeren Ursachen zuzuschreiben. Beliebtes Projektionsobjekt der Zeugen ist dabei der Satan. In einer Kombination von Rationalisierung und Projektion werden Zweifel von Glaubensbrüdern als Einfluß Satans angesehen, der sie von der „Wahrheit Gottes" abbringen möchte. Verläßt ein Bruder die Gemeinschaft, kann Satan einen Erfolg für sich verbuchen. Das kann sogar so weit gehen, daß man ihm die Schuld für buchstäblich jedes Ereignis zuschreibt. „Der Satan" hat vor allem bei neurotischen, weniger intelligenten Personen besonders viel Einfluß. Die wohlhabenderen, erfolgreicheren Zeugen messen den Dämonen weniger Gewicht bei.

Der amerikanische Psychologieprofessor Bergmann kommt aufgrund ausführlicher Untersuchungen zu dem Ergebnis, daß gerade Menschen, die vehement ihren Glauben vertreten, an psychischen Krankheiten leiden. Bei den Zeugen Jehovas dürfen diese Erkrankten auf kein Mitgefühl rechnen, da sie wohl von Jehova aufgrund irgendeiner Verfehlung bestraft worden sind. Zeugen, die an starken psychischen Störungen leiden, gelten dabei als „dämonisiert", solche, die „nur" an Depressionen und Migräne leiden, bloß als „geistig schwach". Jedenfalls sind sie „schlechte Gesellschaft", von der man sich fernzuhalten hat. Der psychisch Kranke gerät daher immer mehr in Isolation. Mir erscheint das alarmierend, und es ist nur logisch, daß Stimmen laut werden, die dringend nach weiteren Untersuchungen rufen. Sollten sich die Ergebnisse bestätigen, wären staatliche Sanktionen wohl unvermeidlich.

3.6.8 Wer übrig bleibt

Als Anhänger der Gemeinschaft der Zeugen Jehovas bleiben solche Menschen übrig, bei denen die Abwehrmechanismen der Leugnung, Rationalisierung und Projektion gut funktionieren. Da diese immer versuchen, religiöse Konflikte zu verdecken, bleiben psychische Auswirkungen nicht aus. Die hohe Anzahl psychischer Erkrankungen bei Zeugen Jehovas beruht auf folgenden Faktoren: übergroße Starrheit beim Einhalten der Gebote, unangemessenes Eingehen auf psychisch Kranke, Angst vor Schwierigkeiten, wenn man sich anderen mitteilt, Überbetonung der Dämonen.

Es ist psychologisch anerkannt, daß ein enger Zusammenhang zwischen religiösen Konflikten und psycho-pathologischen Erscheinungen besteht. Menschen, die sehr starre religiöse Ansichten haben, sind autoritär, identifizieren sich mit Mächtigen, sind unterwürfig, wollen andere bestrafen, neigen zu Projektion. Zeugen Jehovas identifizieren sich sehr stark mit der WTG und projizieren ihre Probleme auf den Rest der Welt. Außerdem verfügen sie über eine ausgeprägte Bestrafungsmentalität.

3.6.9 Zieht die Gemeinschaft psychisch labile Personen an?

Es ist in der Fachliteratur anerkannt, daß Menschen, die mit ihren Problemen nicht fertig werden, von Sekten wie den Zeugen Jehovas angezogen werden. Sensible Menschen, die sich unfähig fühlen, den Schlägen des Lebens standzuhalten, möchten in die Wirklichkeit einer Sekte entkommen. Es ist daher anzunehmen, daß Menschen bereits vor dem Eintritt bei den Zeugen eine depressive Ader und unbestimmte Schuldgefühle haben. Durch die WTG-Lehre werden sie jedenfalls massiv verstärkt. Auch schließen viele einsame, neurotische Menschen mit ihnen Freundschaft, einfach weil Sekten sich Zeit für sie nehmen. Wer mit dem Auf und Ab des Lebens nicht fertig wird, oder wer mehr erlebt, als er verkraften kann, fühlt sich eher als andere Menschen von einer Gemeinschaft wie den Zeugen Jehovas angezogen.

Es ist aber auch Tatsache, daß viele Personen, die psychische Probleme haben, signifikant häufig ihre Sozialisation in einer Sekte erfahren haben. Das zeigt deutlich, daß die Organisation einen negativen Einfluß auf ihre Mitglieder hat.

1 „Neue Kronen Zeitung", 18. 9. 1993.
2 Du kannst für immer im Paradies auf Erden leben, Selters/Ts., 1989, S. 245.
3 Ebd.
4 Ebd.
5 Sprüche 23,13 (Neue-Welt-Übersetzung).
6 Gebt acht auf euch selbst und auf die ganze Herde. Lehrbuch für die Königreichsdienstschule, Selters/Ts. 1991, S. 92.
7 Ebd.
8 A. a. O., S. 91.
9 Vgl. dazu die Autobiographie: La Toya Jackson, Mein Leben mit dem Jackson-Clan, München, 1991.
10 Ebd.
11 Wachtturm, 15. Februar 1993, S. 126-128.
12 Franz, Raymond, Der Gewissenskonflikt, S. 48-54.
13 Jackson, La Toya, Mein Leben mit dem Jackson-Clan, München, 1991, S. 323.
14 Erwachet!, 22. Janna 1994, S. 10.
15 Du kannst für immer im Paradies auf Erden leben, Selters/Ts., 1989, S. 239-242.
16 Erwachet!, 8. Oktober 1994, S. 19-21.
17 Wachtturm, 1. Juni 1995, S. 26-29.
18 Ebd.
19 Ebd.
20 Erwachet!, 22. Mai 1994, S. 18-20.
21 Köppl, Elmar, Die Zeugen Jehovas. Eine psychologische Analyse, München, [2]1990; Bergman, Jerry R., Jehovas Zeugen und das Problem der seelischen Gesundheit, München, 1994.
22 Der Amerikaner Jerry Bergman wurde selbst als Zeuge Jehovas erzogen, studierte auf der Universität Psychologie und befaßt sich seither von diesem Blickwinkel aus mit den Zeugen Jehovas. Anhand von mehreren hundert Fallgeschichten analysierte er typische seelische Krankheitsbilder von Zeugen.
   Elmar Köppl hat in einem Zeitraum von zwei Jahren als „Interessierter der Wahrheit" Zusammenkünfte einer Versammlung besucht und ein Heimbibelstudium unter der Leitung eines Ältesten begonnen. Das war die einzige Möglichkeit, um bei den Zeugen eine Vertrauensbasis für die Kooperation zu gewinnen. Für die Untersuchung wurden 102 Fragebögen ausgewertet.
23 Erwachet!, 22. Mai 1960, S. 27f.

„Die WTG finanzierte sich, als ich noch Zeuge war, aus der Herstellung und dem Verkauf von Literatur (Zeitschriften, Bücher, Broschüren). Damals war das System perfekt. Denn jede Literatur, die die WTG herstellt, wird in eigenen Druckereien mit eigenen freiwilligen Mitarbeitern fabriziert. Diese bekommen keinen Stundenlohn, sondern nur Kost und Logis und ein kleines Taschengeld, das waren damals 14 Dollar im Monat. Die Ernährung dieser freien Mitarbeiter wird wieder von WTG-Farmen hergestellt.

Die ZJ kauften der WTG die Literatur ab, sie muß also nicht erst beim Predigen an den Türen an den Mann gebracht werden, sondern sie ist schon an den Mann gebracht, wenn sie an die Türen kommt. Damit ist der Absatz garantiert. Der Zeuge verlangte für die Literatur nur ein wenig mehr, als er selbst bezahlt hat. Wenn er Zeitschriften kostenlos abgab, war das sein persönliches Defizit. Da schaute natürlich immenses Geld für die WTG heraus. Die Versammlung hatte überhaupt nichts davon, sie war lediglich das Zwischenlager für die Literatur und den Weitervertrieb. Die Versammlung finanzierte sich nur aus den Spenden."

Ernst Böhme

„Mein Mann hat einmal gesehen, daß ein Zeuge aus dem Bethel, also jemand, der selbst kein Geld verdient, zu einem Vortrag mit einem Mercedes kam. Er hat ihn gefragt, ob das sein eigenes Hab und Gut ist. Es war aber weder von etwas Erspartem oder Ererbtem, sondern von der Organisation finanziert.

Mein Mann hat dann herausgefunden, daß nicht nur einer, sondern einige aus dem Bethel teure, repräsentative Wagen fahren. Er hat sich erlaubt, ins Bethel zu fahren und mit den Leuten zu reden, ob sie glauben, daß das ein gutes Image für einen Zeugen Jehovas darstellt. Bei den anderen Religionen regt man sich darüber auf, daß sie zuviele Reichtümer haben. Man hat ihm dann gesagt, daß er ein Zweifler an der Organisation sei, und was er sich einbilde, die Organisation zu kritisieren. Es ist eine Glaubensfrage daraus gemacht worden. Mein Mann hat das damals letztendlich doch akzeptiert, obwohl er lange damit gekämpft hat."

Margit Böhme

4. Die Organisation, „die hinter dem göttlichen Namen steht"

4.1 Hinfahrt

Auf der Autobahn Frankfurt – Köln, kurz hinter der Rastanlage Bad Camberg: Wenn man die richtige Stelle erwischt und dazu das Wetter noch gut ist, kann man mit etwas Glück die Zentrale der Zeugen Jehovas in Europa entdecken.

Etwas Glück braucht man nämlich, um die WTG von der Autobahn aus zu sehen, nicht weil die Zentrale so klein und bescheiden wäre, sondern weil sie so geschickt gebaut ist, daß man die wirkliche Größe kaum erkennen kann. Schon vor Jahrzehnten hat sich die Wachtturm Bibel- und Traktat-Gesellschaft in der Gemeinde Selters/Taunus eingekauft und ein auf einer Bergkuppe gelegenes Areal erstanden. Von den ursprünglich einigen hundert Männern und Frauen, die dort ohne Bezahlung arbeiteten, ist bis 1996 die Zahl der hier ständig wohnenden und arbeitenden Mitarbeiter auf über 1100 gestiegen.

Vor Jahren hat der Bürgermeister von Selters gegenüber einem Journalisten gesagt, *„das da oben"* sei *„ein religiöses Disneyland"*. Als wenig später ein Artikel mit dieser Überschrift erschien, meldete sich die Wachtturm-Gesellschaft aufgeregt beim Bürgermeister: Ob er dies wirklich gesagt habe? Warum er dies gesagt habe? Die Leitung der WTG Deutschland war ob dieses scherzhaften Vergleichs kaum zu beruhigen.

Vielleicht ist „Disneyland" auch nicht das richtige Wort. Wer einmal eine der kostenlosen Führungen bei der WTG in Selters mitgemacht hat, wird eher den Eindruck haben, einen durchrationalisierten Großkonzern, denn eine religiöse Organisation besucht zu haben. Geschäftigkeit, Wirtschaftlichkeit, Sauberkeit und ungeahnte Produktionsmengen, das sind die Stichworte, mit denen man den dortigen Betrieb beschreiben könnte. Täglich können in Selters bis zu 1,6 Millionen Zeitschriften und 80 000 Bücher gedruckt, gebunden, verpackt und versandt werden.[1] Nach Adam Riese wären dies pro Jahr bis zu 400 Millionen Zeitschriften und Broschüren und 20 Millionen Bücher. Und wegen der Staaten im Osten muß jetzt der Ausstoß wesentlich erhöht werden!

Was ist das für eine Organisation, die hinter den Zeugen Jehovas an unserer Tür steht?

4.2 Ein Weltkonzern

4.2.1 Finanzierung: „Mein ist das Gold! Mein ist das Silber!"

Die Zeugen, die an den Straßenecken stehen, verweisen immer mit Stolz darauf, daß es in ihren „gottesdienstlichen Versammlungen" keine Kollekten gebe. Dadurch würden sie sich von den großen Kirchen unterscheiden. Schon Russell ließ auf seine Vortragsplakate drucken: *„Eintritt frei! Es wird nicht abgesammelt. "*[2] Auf die Frage, wie die Zeitschriften finanziert werden, verweisen die Zeugen auf freiwillige Spenden.

In jedem Wachtturm steht, daß die kostenlose Abgabe der Zeitschrift *„Teil eines weltweiten gottesdienstlichen Werkes ist, das durch freiwillige Spenden unterstützt wird. "*

Wenn man allerdings weiß, daß etwa 16 400 Menschen weltweit in den Druckereien und Büros der WTG arbeiten, kann man zu Recht skeptisch sein, ob „freiwillige Spende" wirklich der angemessene Ausdruck für die Finanzkraft der Wachtturm-Gesellschaft ist.

Um es gleich vorwegzunehmen: Ganz so kollektenlos, wie behauptet, geht es bei den Zeugen nicht zu. Da unter „Kollekte" nicht nur das Herumreichen eines Sammelgefäßes, sondern auch das Aufstellen von Spendenkästen zu verstehen ist, kann man auch bei den Zeugen von eifriger Sammeltätigkeit sprechen. Es gibt keinen Königreichssaal, keinen Kongreß, wo nicht Spendenkästen aufgestellt sind. Und selbst bei der Führung durch den Bethel fallen dem Besucher regelmäßig Holzkästen mit der Aufschrift „Für das Königreichswerk" auf.

Das System der Finanzierung der WTG ruhte bis Herbst 1991 auf drei Säulen: den Spenden, der „ehrenamtlichen"[3] Tätigkeit der Angestellten und dem Buchvertrieb.

4.2.1.1 Die Spenden

Die Zeugen haben keine Pflichtabgabe, die sie regelmäßig an die Versammlungen zahlen müßten. Stolz verweisen sie darauf, daß es bei ihnen im Gegensatz zu den Kirchen keine Steuern gibt. Alles werde durch „freiwillige" Spenden gedeckt. Daß dieser Freiwilligkeit allerdings durch sanften, aber beständigen Druck nachgeholfen wird, dafür gibt es, außer den Berichten von ehemaligen Zeugen, auch offizielle Belege.

So lieferte 1968 der Zweigaufseher Konrad Franke, oberster Zeuge Jehovas in Deutschland, bei einem Bezirkskongreß in Hamburg ein eindrucksvolles Beispiel dafür, wie die WTG es versteht, die Spendenfreudigkeit ihrer Anhänger anzukurbeln. Um einen Eindruck von der geschickten Argumentationsweise zu vermitteln, die sich ungeniert biblischer Zitate bedient, zitieren wir eine längere Passage.[4]

B

Bezirksaufseher
Leiter eines Bezirks. Er hat die Aufgabe, zweimal im Jahr alle Kreise in seinem Bezirk zu besuchen und zu überprüfen. Er berichtet dem Zweig schriftlich über die Entwicklungen in seinem Bezirk und gibt den Ältesten der einzelnen Kreise Ratschläge, wie sie sie besser und effektiver leiten können.

„Jesus sagt in Lukas 16, 9–13: ‚Auch ich sage euch, macht euch Freunde mit dem ungerechten Reichtum, damit sie euch, wenn dieser versagt, in die ewigen Wohnstätten aufnehmen. Wer im Geringsten treu ist, ist auch in vielem treu, und wer im Geringsten ungerecht ist, ist auch in vielem ungerecht. Wenn ihr euch also in Verbindung mit dem ungerechten Reichtum nicht als treu erwiesen habt, wer wird euch das Wahre anvertrauen? Und wenn ihr euch in Verbindung mit dem, was einem anderen gehört, nicht als treu erwiesen habt, wer wird euch das Eure geben? Kein Hausknecht kann ein Sklave zweier Herren sein, denn entweder wird er den einen hassen und den anderen lieben, oder er wird zu dem einen halten und den anderen verachten. Ihr könnt nicht Sklaven Gottes und des Reichtums sein.
Hier sehen wir also, daß wir bereit sein müssen zu geben. Wir sollten uns Freunde damit machen. Jesus hat laut Johannes 15 Vers 13 einmal selbst gesagt, daß er sein Leben für seine Freunde

gäbe. So hat er also Freundschaft unter Beweis gestellt, daß er sogar sein Leben hingab! Wir haben die Möglichkeit, selbst mit dem ungerechten Mammon uns Freunde zu machen, indem wir es einsetzen zur Förderung des Königreichswerks. Sein Loskaufopfer schafft die Möglichkeit, das Freundschaftsverhältnis zu Jehova wieder herzustellen, sonst fahren wir in Feindschaft mit ihm. Aber so hat er als Mittler zwischen uns geamtet und wird es weiterhin tun [...]

Wir können also mit Geld Gott nicht bestechen. Aber wir können, weil diese Mittel heute noch benötigt werden – in dieser Welt müssen wir mit diesem Zeug arbeiten –, damit können wir sogar Jehova verherrlichen. Dem also, der es doch eigentlich erst gegeben hat, denn was könnte dann als Währung für die Menschen heute gelten, wenn kein Gold da wäre? Haben die das selbst erfunden? Die Schwarzkünstler haben alles mögliche schon versucht, um Gold zu machen. Dynamit haben sie daraus gemacht, aber kein Gold! Das Gold, das war da! Und so lesen wir in Haggai 2 Vers 8, in dem Jehova sagt: ,Mein ist das Gold. Mein das Silber, spricht Jehova.' Also, wir können eigentlich nur wie mit unserer ganzen Kraft, wie mit unserer Zeit, mit allem, was wir sind und haben, können wir eigentlich nur das, was uns Jehova in die Hand gegeben hat, zurückgeben. So können wir also Jehova verherrlichen. So können wir handeln! Aber, wie Paulus sagte, wir sollen so handeln, wie wir in unserem Herzen beschlossen haben.

Das ist nun die Frage. Ich habe gerade in diesen Tagen einen netten Brief in die Hand bekommen. Ein zehnjähriger Junge hat einen Brief geschrieben an die Gesellschaft. Er schrieb: ,Ich wollte mir eine Elberfelder-Bibel kaufen, doch mein Vater schenkte sie mir. Ich habe mich entschlossen, dieses Geld an die Brüder im Betheldienst in Wiesbaden zu senden. Ich weiß, daß Harmagedon nicht mehr weit ist. Dieses Geld soll zur Unterstützung der guten Botschaft vom Königreich sein. Und so will ich mit Psalm 111 einstimmen: Preisen will ich Jehova.'

Der Kleine hatte etwas in seinem Herzen beschlossen, und darauf kommt es an! Wenn wir es auf den Zufall ankommen lassen, dann wird es nie etwas ..."

Franke war auch nicht verlegen, ganz konkrete Zahlen zu nennen! Er rechnete vor, was es koste, wenn man in einem Kino den Sessel für „zwei Stunden mietet". Zwei Stunden, solange dauerten auch die Versammlungen im Königreichssaal. Er meinte, es sei doch wohl nicht zuviel verlangt, den halben Preis einer Kinokarte jedesmal in den Spendenkasten zu werfen.

Soweit im Jahre 1968. Auch heute – und noch viel unverblümter – gibt es ganz konkrete Vorschläge, wie die Zeugen ihre freiwillige Spende entrichten können. Im jährlichen Rhythmus erscheinen im Wachtturm Hinweise dazu:

Wie einige für das Königreichspredigtwerk spenden

● SPENDEN FÜR DAS KÖNIGREICHSWERK: Viele legen Geld beiseite oder planen eine bestimmte Summe ein, die sie in die Spendenkästen mit der Aufschrift „Freiwillige Spenden an die Gesellschaft zur Förderung des Königreichswerks" einwerfen (Matthäus 24:14). Die Versammlungen übersenden diese Spenden monatlich an die Gesellschaft.

● SCHENKUNGEN: Gelder, die aus freiem Entschluß der Gesellschaft geschenkt werden, können direkt an das Zweigbüro der Gesellschaft in dem Land, in dem der Spender wohnt, gesandt werden. Auch Eigentum, wie zum Beispiel Grundstücke, Schmuck oder andere Wertgegenstände, kann gespendet werden. Bei Spenden sollte immer ein kurzer Brief gesandt werden, in dem erklärt wird, daß es sich um eine Spende ohne Vorbehalt handelt.

● BEDINGTE SCHENKUNGEN: Geld kann der Gesellschaft unter dem Vorbehalt zur Verfügung gestellt werden, daß es im Fall des persönlichen Bedarfs dem Spender zu Lebzeiten zurückgezahlt wird.

● VERSICHERUNGEN: Die Gesellschaft kann als Begünstigte einer Lebensversicherung eingesetzt werden. In jedem Fall sollte die Gesellschaft davon unterrichtet werden.

Auffällig ist auch, daß in der WTG die Fließrichtung des Geldes nur eine Richtung kennt: von unten nach oben. Von den einzelnen Versammlungen gelangt es über die Zweigbüros zur Weltzentrale nach Brooklyn. Das Geld für den Königreichssaal muß jede Versammlung selbst aufbringen. Für die Finanzierung der Kongresse, für größere Bauvorhaben oder Renovierungsarbeiten wird regelmäßig im Königreichssaal gesammelt. Zu keinem Zeitpunkt darf eine Versammlung damit rechnen, Geld von der WTG zu bekommen. Allerdings kann sie einen Kredit intern aufnehmen. Die Spenden müssen nach Selters überwiesen werden, sie kommen also nicht der Versammlung zugute. Im Herbst 1995 erging an alle Älteste in Teilen Deutschlands folgender dringender Spendenappell:

AN ALLE ÄLTESTENSCHAFTEN
Eilig, bitte sofort lesen!

Liebe Brüder!

Wir wenden uns in einer besonderen Angelegenheit an Euch und bitten um Eure Unterstützung und Mithilfe.
Wie Ihr der Beilage des Königreichsdienstes für November entnehmen konntet, haben wir zur Zeit viele Druckaufträge zu erfüllen, um alle Verkündiger in mehr als 50 Ländern mit den für das Predigtwerk dringend benötigten Veröffentlichungen zu versorgen. Große Mengen Papier und anderer Materialien werden lau-

fend benötigt, um die biblischen Hilfsmittel herzustellen. Wir verrichten in einigen Abteilungen Schichtarbeit, um alle Bedürfnisse zu befriedigen.

All das bringt einen außergewöhnlich hohen Bedarf an finanziellen Mitteln mit sich, damit wir erforderliche Dinge bereitstellen können. Da wir seit einer Reihe von Monaten Rechnungen in Millionenhöhe zu bezahlen haben, bitten wir Euch, die in Euren Versammlungen bereits im Laufe des Monats Oktober für das weltweite Königreichswerk eingegangenen Spenden (Spalte „Durchlaufende Spenden an die Wachtturm-Gesellschaft" gemäß Kontenblatt) sogleich per Einziehungsauftrag der Gesellschaft zur Verfügung zu stellen. Erledigt dies bitte noch diese Woche. Vergewissert Euch bitte, daß diese Spendengelder gleich auf Euer Konto eingezahlt werden, damit die Einziehungsaufträge ohne Verzug bearbeitet werden können.

Wir freuen uns über die rasch zunehmende Mehrung in einigen Ländern, die wir mit Literatur versorgen dürfen, und wollen gemeinsam alles tun, was uns möglich ist, damit unsere Brüder vielen Menschen die gute Botschaft unverzüglich durch Bibeln und Veröffentlichungen vermitteln können. Dafür werden wöchentlich große Summen an Geld benötigt. Daher bitten wir Euch, bis Jahresende monatlich zwei Einziehungsaufträge zu erstellen und uns zuzusenden. Der erste Auftrag ist für die in Euren Versammlungen eingegangenen Spenden der ersten zwei Wochen eines Monats. Bitte sendet ihn unverzüglich um den 15. des Monats ab. Der zweite Auftrag wird dann wie bisher am Ende des Monats fertiggestellt.

Um alle uns zur Verfügung stehenden Möglichkeiten der vollen Versorgung unserer Brüder in den von Jehova mit schnellem Wachstum gesegneten Ländern zu nutzen, werden wir uns mit einem persönlichen Brief an alle Verkündiger im Lande wenden. Eure enge Zusammenarbeit in diesem sehr bedeutungsvollen Bereich des großen Verkündigungswerkes wird wirklich geschätzt und Jehovas Lobpreis in vielen fruchtbaren Gebieten sehr mehren.

Wir senden herzliche Grüße der Liebe und Verbundenheit.

Gründe zu spenden finden sich genug, auch für umfangreichere Projekte. Zum Beispiel für den Erwerb eines Grundstückes in Innenstadtlage, wo der neue Königreichssaal mit Tiefgarage errichtet werden kann. Denn: Mit dem „ungerechten Reichtum" kann man sich die Freundschaft Jehovas erwerben!

Aber weil die Gesellschaft gar zu geschickt auf der Klaviatur der Möglichkeiten spielt, verscherzt sie sich nicht selten auch die Freundschaft des nachdenklicheren Teils ihrer Mitglieder:

„Das Fußvolk geht fleißig predigen, verkaufte bis Herbst 1991 die Bücher und spendete brav. Das ist etwas sehr Geschicktes, daß es keinen Mitgliedsbeitrag oder eine Kirchensteuer gibt. Das ist viel geschickter. Sie argumentieren mit dem Beispiel, das Jesus seinen Aposteln gebracht hat: dem reichen Mann, der viel gegeben hat. Das bekommt man pausenlos injiziert. Und man gibt wirklich alles, was man kann. Als die Scheidung noch im Laufen war, habe ich von 3 000 Schilling Sozialhilfe gelebt. Ich habe von meinem Mann keinen Groschen Alimente bekommen, weil das Unterhaltsverfahren länger als der Scheidungsprozeß gedauert hat. Arbeitslosenhilfe habe ich auch nicht bekommen, weil ich vorher Heimarbeit ohne Versicherung gemacht habe. Ich habe dabei so sparsam gelebt, daß ich im Monat zwischen 500 und 1 000 Schilling in den Spendenkasten geworfen habe."

Sylvia Wolf

4.2.1.2 Die ehrenamtliche Tätigkeit

Das größte Kapital der WTG aber sind die Menschen, die ehrenamtlich, also ohne Bezahlung, predigen, arbeiten und die Publikationen verbreiten.

Mit der Taufe verpflichtet sich jeder Zeuge zu predigen. Die Missionierung von Tür zu Tür, der Straßendienst, die Tätigkeit in einem Bautrupp für die Errichtung eines neuen Königreichssaals oder gar die ständige Tätigkeit im Bethel sind Möglichkeiten, seine Liebe und Wertschätzung gegenüber Jehova zu bekunden. Aufgrund der geringen Größe der Versammlungen ist es ein leichtes, diejenigen Brüder und Schwestern anzuspornen, die in ihrer Tätigkeit für Jehova nachlässig geworden sind.

Die Dauer, wieviel Stunden jeder Verkündiger pro Monat predigen muß, ist genau vorgeschrieben und wird genau festgehalten. Sonderpionierdienst bedeutet, daß der Verkündiger keinem weltlichen Beruf mehr nachgeht. Er investiert seine ganze Zeit für die Zeugen Jehovas. Er ist aber nach dem Verständnis der WTG kein Angestellter der WTG. Er übt seine Tätigkeit freiwillig aus und erhält dafür von der Wachtturm-Gesellschaft eine kleine Aufwandsentschädigung in Höhe von ca. 370.– DM pro Monat. (Stand 1985).

Für Zeugen, die alleine leben, sind die Verpflichtungen unter Umständen kein Problem, da sie selber über ihre Zeit verfügen können, aber Verheiratete mit Kindern müssen sich sehr anstrengen, um die Normen zu erfüllen.

Bezirkskongreß
Jährliche, drei Tage dauernde Zusammenkunft aller Versammlungsmitglieder eines Bezirks. Dort wird in Form von Vorträgen Unterricht erteilt. Auf den Bezirkskongressen werden auch Taufen vorgenommen und neue Bücher freigegeben. Die Kongresse finden in eigenen Hallen oder in Fußballstadien statt. Die Themen und die Programmabfolge werden weltweit zentral von der ,Leitenden Körperschaft' vorgegeben. Einige Kongresse werden mehrsprachig abgehalten.

„In der Zeit, als ich alleine gelebt habe, habe ich sehr viel Zeit für die Zeugen aufgebracht. Fünf Stunden pro Woche für die Versammlung und vier bis sechs Stunden Predigtdienst. Auch als ich verheiratet war, habe ich noch viel gemacht, als die Kinder da waren, ging das natürlich nicht mehr. Man wird dann immer ermahnt, daß man die Kinder nicht ver-

Name	vorgeschriebene Predigttätigkeit
Hilfspionier	60 Stunden im Monat
Allgemeiner Pionier (Vollzeitdienst)	90 Stunden im Monat
Sonderpionier (Vollzeitdienst)	140 Stunden im Monat
Gilead-Missionar (Vollzeitdienst)	140 Stunden im Monat

götzen und nicht im Eifer nachlassen soll. Dann werden Beispiele ge-
nannt von Müttern mit sechs Kinder, die was weiß ich was alles leisten.
Mein Mann war viermal in der Woche auf Achse, weil er auch das eng-
lischsprachige Buchstudium besucht hat, das Wochenende war auch für
Predigtdienst verplant, dazwischen haben wir ihn auch kaum gesehen."

Annemarie Fink

Jeder Verkündiger gibt regelmäßig einen „Predigtdienstberichtzettel" in
seiner Versammlung ab, in der er notiert, wieviel Stunden er pro Monat
gepredigt hat; er zählt, wieviel Schriften er im Monat abgeben konnte;
die Versammlung zählt die Zahl der Verkündiger, der monatlich geleisteten Predigtstunden, die Zahl der Heimbibelstudien; der Zweig zählt
die geleisteten Stunden, die Zahl der Taufen, die Gedächtnismahlbesu-
cher...

Und alle diese Zahlen werden regelmäßig veröffentlicht, um zu zeigen, wie sich das Werk weiterentwickelt. In der Sicht der Zeugen kann
man an dem stetigen Wachstum der Organisation erkennen, daß der Segen Jehovas auf ihnen liegt. Im alten Empfangsgebäude des Bethels Selters hängt eine große Weltkarte. Neben jedem Land ist eine LCD-An-
zeige angebracht, auf der digital die wichtigen Erfolgszahlen angezeigt
werden – im Gegensatz zu anderen Religionsgemeinschaften, die nur
Rückgänge zu verzeichnen haben. Erfolg ist für die Zeugen offensichtlich eine Frage von Quantität, die zählbar ist.

„Ich glaube nicht, daß jemand einen falschen Bericht schreibt, weil je-
der Zeuge voll Angst vor jeder Lüge und jedem Betrug ist. Das, was er
auf seinen Predigtdienstbericht schreibt, stimmt. Es wäre aber interes-
sant zu vergleichen, wieviele Zeitschriften ein ZJ in einem Jahr bezogen
und wieviele er abgegeben hat. Denn bei vielen ZJ stapeln sich die Zeit-
schriften in Bergen, und sie wissen nicht, wohin damit, weil es blasphe-
misch ist, sie ins Altpapier zu geben oder zu verbrennen. Meistens ge-
hen die Zeugen durch ihr Gebiet und werfen die Zeitschriften in die
Briefkästen. Ich selbst habe das auch so gemacht. Als Sonderpionier
sollte man ungefähr soviele Zeitschriften abgeben, wie man Predigt-
stunden gemacht hat. Das waren etwa 150 Stunden im Monat, ich habe
aber nur die Hälfte davon an Zeitschriften abgegeben. Ich habe aber viel
mehr bezogen, weil der Literaturdiener nicht wissen sollte, daß ich
schwach bin. Es besteht der ewige Zwang zu prosperieren und nicht zu
stagnieren. Die Zeitschriften habe ich daher gestapelt und gestapelt und
gestapelt. Als es mit mir bei den Zeugen vorbei war, habe ich alles in das
Altpapier geschmissen."

Ernst Böhme

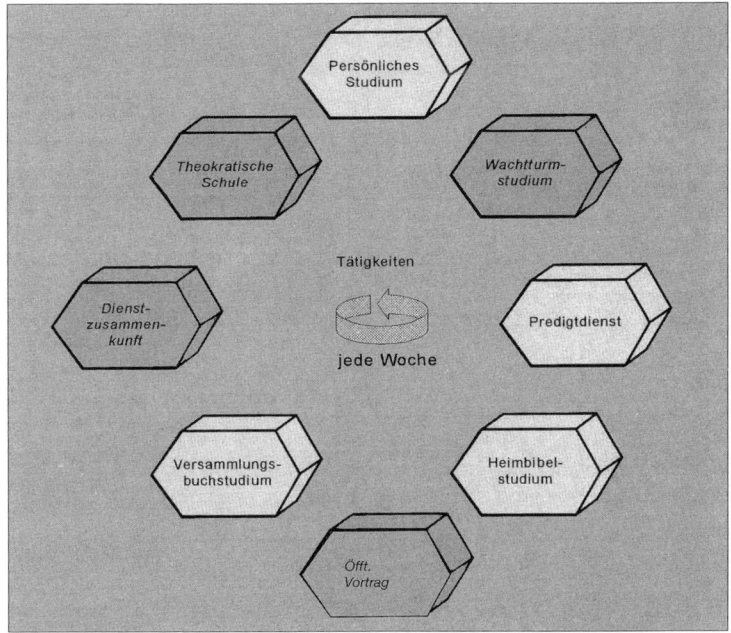

Mindestens acht Tätigkeiten müssen Verkündiger jede Woche für die WTG ausführen. Die grau unterlegten Tätigkeiten finden in den Versammlungen statt, die weiß unterlegten werden im kleinen Kreis oder alleine durchgeführt. Zeugen kommen so auf einen Mindestaufwand von über 10 Stunden.

Es sei einmal dahingestellt, ob das ein leerlaufendes System ist oder nicht. Eines steht jedenfalls fest: bei den Zeugen Jehovas ist es jederzeit möglich festzustellen, wie eifrig jeder einzelne seinem Predigtdienst nachkommt, beziehungsweise, wer im Glauben schwankt und nicht mehr ordentlich „arbeitet". In diesen Fällen sind die Ältesten gehalten, mit den entsprechenden Verkündigern ein Gespräch zu führen, um zu erfahren, warum die Leistung zurückgeht. Die Hilfestellungen, die die Ältesten dann geben, sind in der Regel Ermahnungen, z.B. daß man die Kinder nicht vergötzen und besser mehr Zeit für den Predigtdienst aufwenden solle. Man würde damit sogar den Kindern einen größeren Gefallen tun, wenn man sich um das Seelenheil kümmere, statt die Kinder zu verwöhnen.

Aber selbst kleine Kinder sollten kein Grund sein, in den Bemühungen um das Königreich nachzulassen. Durch Beispielerzählungen in den Zeitschriften und in den Versammlungen wird den Zeugen deutlich gemacht, wie man trotz der Kinder seine Leistung im Predigtdienst halten kann.

„Meine Kinder habe ich beim Predigen mitgenommen. Ich habe versucht, es für sie angenehm zu gestalten, sie durften die Zeitschriften einwerfen. Sie sind gerne mitgegangen. Mir war klar, daß das nicht so bleiben würde. Eine Schwester wollte unbedingt meine Tochter zum Predigen mitnehmen, um sie etwas zu lehren. Das war mir nicht so angenehm, weil ich meine Kinder nicht wie Papageien abrichten lassen wollte. Das Predigen an der Tür ist für beide Teile unangenehm. Das spürt man. Ich glaube, daß es weniger penetrante Möglichkeiten gibt, mit den ZJ in Kontakt zu kommen. Ganz sinnlos ist es aber wahrscheinlich nicht, weil ich selbst ja auch dadurch gewonnen wurde. Aber man hat das Gefühl, daß man die Menschen stört. Einmal habe ich eine Frau aus der Dusche geholt, die dann fürchterlich geschimpft hat. Ich habe sie gut verstehen können."

Annemarie Fink

Dadurch, daß die Kinder von klein auf mitbekommen, wie frustrierend die Erfahrungen an den Haustüren sind, werden sie schon auf die Zukunft als Verkündiger vorbereitet. Frustrationen sind wesentlicher Bestandteil des Predigtdienstes. Natürlich schafft die gemeinsame Erfahrung des Abgewiesenwerdens eine Art Verbundenheit im Martyrium für die Wahrheit.

Die Kinder erfahren von Anfang an, daß sie ignoriert, abgelehnt oder sogar angefeindet werden, weil sie in der Wahrheit leben. Es ist dann schwer, sich vorzustellen, daß es noch ein Leben außerhalb der Wahrheit gibt, in dem man nicht ständig frustriert wird. Ehemalige Zeugen, die von klein an in dem Glauben der WTG erzogen wurden, sprechen heute davon, daß ihnen „ihre Kindheit gestohlen" wurde.

„Wenn man als ZJ alles nach Vorschrift macht, hat man keine Zeit, sich mit etwas anderem zu beschäftigen. Man ist in einer Schiene drinnen, die man als Gehirnwäsche bezeichnen kann. Man hat nicht einmal Zeit, ein Buch zu lesen. Man ist geistig voll eingedeckt. Man muß sich auf die Zusammenkünfte vorbereiten. Am Sonntag ist ein Vortrag und das Wachtturmstudium, das eine Stunde dauert. Da muß man sich mindestens eine Stunde vorbereiten. Ich habe es immer schneller gemacht. Auch auf die zwei Zusammenkünfte während der Woche muß man sich

vorbereiten. Daneben geht man noch predigen. Da sind 10 Stunden im Monat das Minimum. Selbst habe ich aber oft auch weniger gemacht, vor allem in der Schlußphase. Dann hat man alle 14 Tage die Zeitschriften ‚Wachtturm' und ‚Erwachet!' bekommen, die man auch vollständig lesen sollte. Bei den jährlichen Kongressen bekam man zwei bis drei Bücher, die man auch zu lesen hatte. Man ist bis oben hin mit Material zugedeckt. Die ZJ fordern auch ganz offen dazu auf, sich nur mit der ‚Wahrheit' und nicht mit dem ‚Schmutz der Welt' zu beschäftigen. Das ist eigentlich sehr geschickt verpackt, aber im Endeffekt Gehirnwäsche. Es wird auch gesagt: ‚Die Brüder geben uns geistige Speise und kümmern sich um uns.' Man wird richtig eingelullt. Ich selber war aber nie besonders eifrig bei der Vorbereitung. Das war zu viel Religion für meinen Geschmack. Ich habe immer versucht, irgendwie über die Runden zu kommen. Es besteht schon ein gewisser Gruppendruck darin, wie sehr man sich engagiert. Ich habe aber mit einem solchen Selbstbewußtsein wenig gemacht, daß sich niemand etwas zu sagen getraut hat.“

Beate Frauendorfer

B

Bluttransfusion

Den getauften Zeugen Jehovas ist es verboten, im Rahmen von medizinischen Eingriffen Bluttransfusionen vornehmen zu lassen. Dies wird als Verstoß gegen das göttliche Gebot gesehen (Apg 15,29). Durch dieses Verbot sind schon mehrfach Menschen ums Leben gekommen. Die Wachtturm-Gesellschaft versucht, ihre Anhänger davon zu überzeugen, daß Bluttransfusionen medizinisch überflüssig, bzw. sogar gefährlich sind.

Je höher man in einer Versammlung aufsteigt, umso größer wird auch der Anspruch an die eigenen Leistungen. Abgesehen von der Vorbildfunktion, die die Ältesten beispielsweise zwingt, trotz aller Belastungen das Soll zu erfüllen, haben sie noch zusätzliche Aufgaben, denen sie nachkommen müssen.

„Für einen Ältesten bleibt nicht viel Zeit übrig für die Familie. Die Zeit, die man zu Hause wäre, muß man für die fünf Zusammenkünfte pro Woche samt den Vorbereitungen verwenden. Daneben müssen die Kinder gewaschen, geschneuzt, herausgeputzt werden, Krawatten schon für die Kleinen. Jeder ZJ ist unter einem permanenten Zeitdruck. Er muß das eigene Studienprogramm und die Vorbereitung auf die Zusammenkünfte

erfüllen. Man erkennt ja immer, ob jemand auf das Wachtturmstudium vorbereitet ist, weil er unterstrichen haben sollte. Man steht immer unter dem Zwang der Beobachtung."

Ernst Böhme

Außenstehende könnten den Verdacht haben, daß der chronische Zeitmangel bei den Zeugen durchaus gewollt ist. Wer keine Zeit hat, hat auch keine Zeit zum Nachdenken!

Wenn man sich den Zuwachs der Zeugen in den letzten Jahrzehnten ansieht, dann muß man der WTG bescheinigen, daß dieses System mit einem straff geführten Riesenheer rotierender Ehrenamtlicher erfolgreich ist. Von ursprünglich ein paar hundert Lesern des Wachtturms auf inzwischen über 5,4 Millionen Verkündiger und 12 Millionen Interessierte weltweit anzuwachsen — diese Zahlen sprechen für sich.

Allein in den letzten fünf Jahren ließen sich weltweit 1,5 Millionen Menschen bei einem Kongress der Zeugen taufen.[6] Auch die Zahl der bezahlten Mitarbeiter ist unvorstellbar gestiegen. Waren es zur Zeit Russells gerade eine Handvoll, die mit der Herstellung des Wachtturms befaßt waren, so sind es weltweit heute 16 400, die im Vollzeitdienst für die Zeugen arbeiten.

Man muß sich vor Augen halten, was es bedeutet, daß die Zeugen weltweit 1996 über 1,1 Milliarden Stunden gepredigt haben. Alleine in Deutschland wurden in diesem Zeitraum über 26,7 Millionen Stunden gepredigt. Das bedeutet, daß die Zeugen pro Bundesbürger — gleich ob erwachsen oder Kind – 20 Minuten Zeit aufwenden, um zu missionieren, zu werben, zu überreden. In Österreich sind es pro Bewohner sogar 30 Minuten. Es verwundert nicht, daß die Zeugen Erfolg haben, wenn man diese intensive Werbekampagne sieht. 1996 haben sich von 81 Millionen Deutschen 6193 taufen lassen.

4.2.1.3 „Schriftenmission"

Die augenscheinlichste Tätigkeit der Zeugen Jehovas ist die Verbreitung ihrer Publikationen. Bücher und Zeitschriften werden von der WTG in Millionenauflage hergestellt und an die einzelnen Zeugen weitergegeben.

Aus den Spenden für das „Königreichswerk" finanziert die WTG u. a. die Druckkosten. Die Schriften sind daher auf jeden Fall bezahlt.

Die Spenden der Zeugen werden von der Versammlung an das Bethel weitergeleitet. Wieviel Geld dort ankommt, und was mit dem Geld geschieht, das wissen wir nicht: die WTG hält dies vor ihren Anhängern und vor Außenstehenden geheim. Wir wissen aber, daß das englische

Zweigbüro der WTG z. B. im Jahr 1987 von den Einnahmen in Höhe von 11,7 Millionen englischen Pfund über 4,5 Millionen Pfund an die „International Bible Students Association" in den USA überwiesen hat.

Diese Organisation wird in den Büchern der WTG als Inhaberin des Copyright genannt. Vielleicht handelt es sich dabei um eine Art Lizenzzahlung? Im selben Jahr wurden Geld- und Sachleistungen in Höhe von 2,2 Millionen Pfund für das Hauptquartier und die Zweigbüros erbracht. Dies bedeutet, daß mehr als die Hälfte der Einnahmen der englischen WTG in diesem Jahr nicht im Land geblieben sind.

Wir haben aufgrund der theoretischen Organisationsstruktur der WTG keinen Zweifel daran, daß die zufällig aufgedeckten Geldströme typisch für die Wachtturmgesellschaft sind und weltweit ähnlich funktionieren.

4.3 Vom Prostituiertenwohnheim zum ‚Haus Gottes'

Bis zum 1. Juli 1923 war das deutsche Büro der WTG nichts anderes als ein Stützpunkt, von dem aus die Zeugen ihre Missionierung in Deutschland organisierten. Brüder aus den USA und ausgewählte Mitarbeiter aus Deutschland sorgten für die Verteilung der deutschen Ausgaben des Wachtturms, der damals noch aus Amerika angeliefert wurde. Sie ließen in „weltlichen" Druckereien Bücher und Traktate vervielfältigen, die sie dann weiterverkauften. Erst dann wurden – um „Kosten zu sparen", wie es in WTG-Veröffentlichungen heißt – im damaligen Büro in Barmen zwei Flachpressen aufgestellt und alle Schriften gedruckt, die nicht direkt aus der Weltzentrale kamen.

Damit war in Deutschland der Grundstein für den Bibelverlag „Wachtturm Bibel- und Traktat-Gesellschaft Deutscher Zweig" gelegt, der heute 80 Länder mit Druckschriften versorgt.

4.3.1 Von Wiesbaden nach Selters

Berlin, Elberfeld, Barmen, Magdeburg, Wiesbaden und schließlich Selters im Taunus, dies sind die Stationen, die die Wachtturm-Gesellschaft mit ihrem Zweigbüro in den letzten 80 Jahren in Deutschland durchwandert hat.

Jeder neue Umzug bedeutete automatisch eine Vergrößerung des Unternehmens. Die letzte, bedeutsamste Änderung war der Umzug von Wiesbaden nach Selters im Taunus. Im Jahr 1947 bekam die Wachtturm-

Gesellschaft von der Stadt Wiesbaden den Westflügel der Kohlheckkasernen angeboten. Bereits 1946 druckten die Zeugen in Deutschland wieder ihre eigenen Zeitschriften, und ab 1948 besaßen sie in Wiesbaden zwei Druckmaschinen, die im Mai 1949 150 000 Exemplare des Wachtturms drucken konnten. Die Zahl der Gedächtnismahl-Teilnehmer verdoppelte sich innerhalb von zwei Jahren (1947 – 1949) auf über 65 000 Personen. Allerdings war der Bethel trotz ständiger Vergrößerungen noch nicht in der Lage, Deutschland alleine mit Literatur zu versorgen. Innerhalb eines Jahres wurden aus Brooklyn über 1,5 Millionen Bücher nach Wiesbaden geschickt. 20 Jahre später war das Zweigbüro in der Lage, auch für andere Länder die Buchproduktion zu übernehmen. 1969 wurden 40 Millionen Zeitschriften, Bücher und Broschüren hergestellt, die von sieben Fahrzeugen einer eigenen LKW-Flotte verteilt wurden. Der Grund, warum die WTG erst Wiesbaden und später Selters als zentralen europäischen Stützpunkt wählte, liegt auf der Hand. Die Orte liegen so zentral in Deutschland, daß von dort aus die LKWs rasch in alle Winkel des Landes gelangen, um ihre Bücher abzuladen.

Trotz aller bisherigen Vergrößerungen mußte man in den siebziger Jahren feststellen, daß die wachsende Zahl der Zeugen eine radikale Erweiterung des Bethels erforderlich machte. Ungezählte Standorte in ganz Deutschland wurden besichtigt, bis man sich schließlich für Selters im Taunus entschied. Im Jahr 1979 begann man mit dem ersten Bauabschnitt für den neuen Bethel.

4.3.2 Die Festung auf dem Berg

Hoch über dem Tal der Ems, von zwei Seiten durch steilabfallende Felswände geschützt, liegt das deutsche Bethel. Das Gebiet, das den romantischen Namen „Am Steinfels" trägt, ist von einem dichten Baumgürtel umgeben. Hier erstreckt sich auf einem Gelände von 30 Hektar das deutsche Zweigbüro der WTG. Seit 1984 liegt hier also die deutsche Landeszentrale der Zeugen Jehovas in einem riesigen, in zwei Bauabschnitten errichteten Gebäudekomplex.

Ursprünglich hatte hier ein weniger missionarisches Unternehmen Fuß gefaßt. Ein „Geschäftsmann" des Frankfurter Rotlichtmilieus baute auf freiem Feld drei Hochhäuser, die sich zu einem extremen sozialen Brennpunkt entwickelten. Sie dienten als Unterkünfte für Prostituierte, waren aber in erster Linie ein Spekulationsobjekt. Der Investor hoffte auf das große Geschäft, wenn Bad Camberg einmal Garnisonsstadt würde. Als sich diese Hoffnung zerschlug, verwendete er einige Wohnungen selbst, den Rest stellte er dem Kreis zur Verfügung, der ihn mit „*Sozial-*

hilfeempfängern der übelsten Art"[7] belegte. In den Augen der Bürger war es ein Ghetto ohne jegliche Infrastruktur. Der Kreis beschäftigte zwei Sozialarbeiter, die allein den Steinfels betreuten. Die Bürger von Niederselters waren erleichtert, als der „Schandfleck" von den Zeugen Jehovas übernommen wurde. Die WTG bezahlte dafür rund fünf Millionen Mark, einschließlich Grund und Boden. Sie war dabei in der Lage, den Bau der Zentrale zu finanzieren, ohne daß sie *„bei weltlichen Kreditgebern Geld aufnehmen oder Schulden machen mußte"*.[8] Jeder siebte Zeuge in Deutschland half direkt bei der Errichtung der Gebäude mit!

Brüder
In der Gemeinschaft der Zeugen Jehovas haben die Männer eine besondere Stellung. Obwohl über 61 Prozent der Verkündiger Frauen sind, werden in den öffentlichen Veranstaltungen immer nur die Männer („Brüder") angesprochen. In der Regel können nur Brüder leitende Funktionen übernehmen.

4.3.3 Gesparte Steuern

Die Zeugen Jehovas werben damit, daß sie die besten, zuverlässigsten und gesetzestreuesten Staatsbürger seien. Sie würden immer pünktlich die Steuern bezahlen und sich an alle gesetzlichen Vorschriften halten.

Die WTG dürfte hier allerdings mit zweierlei Maß messen. Während den einfachen Verkündigern tadelloses Staatsbürgertum eingetrichtert wird, versucht die Organisation selbst zu sparen, wo es geht. Und zwar insbesondere bei der Steuer!

Bis September 1991 zahlte die WTG in Selters Gewerbesteuer in sechsstelliger Höhe. Das Bethel war als kommerzieller Betrieb eingestuft, der sich mit der Herstellung von religiösen Büchern und Zeitschriften beschäftigte.

Im Prinzip hat sich daran auch nichts geändert. Die WTG druckt in Selters weiter ihre Bücher und Zeitschriften, der Umfang hat in den letzten zehn Jahren sogar erheblich zugenommen. Kleiner, aber wesentlicher Unterschied: Die Organisation zahlt keinen Pfennig Gewerbesteuer mehr! Denn offiziell vertreibt die WTG ihre Publikationen nicht mehr durch Verkauf, sondern durch Gratis-Verteilung beim Predigtdienst!

Die Gemeinde Selters ist trotz des Steuerverlusts ganz zufrieden damit. Sie kommt auch so auf ihre Kosten:

Interview mit dem Bürgermeister von Selters/Taunus, Dr. Norbert Zabel:

„In den letzten Jahren hat die WTG zweistellige Millionenbeträge in Selters verbaut. Teilweise ist das auch hier in die Wirtschaft geflossen, das weiß man bestimmt. Es gibt eine Schätzung, daß das da oben 100 Millionen Mark gekostet hat, wobei die Zeugen sagen, daß es bei weitem nicht so viel gewesen sei. Sie geben viele Millionen hier in der Gegend aus. ...
Die WTG legt in den Gesprächen mit der Gemeinde ganz großen Wert darauf, daß sie sagen: ‚Wir sind für Sie ein positiver Wirtschaftsfaktor, weil unsere Besucher in dieser Gemeinde und der Umgebung essen und trinken.‘...
Fangen wir einmal mit den Nachteilen an: Es ist festzuhalten, daß die WTG seit 1991 keine Gewerbesteuer mehr zahlt. Es gab früher in einigen Jahren Zahlungen in der Höhe von ungefähr 150 000 DM. Zweitens: Keine Einkommensteuerzahlung. Die Gemeinde bekommt von der Einkommensteuer, die die Bürger bezahlen, den Gemeindeanteil zurück, der fließt in die Gemeindekasse... Bei uns fallen durch die WTG ungefähr 1000 Einkommensteuerzahler aus.
Jetzt gibt es mit den Zeugen Jehovas so eine Art Absprache...
In der Umbauphase lebten da ungefähr 1000 Leute, von denen viele nur mit dem zweiten Wohnsitz gemeldet waren. Da bin ich als Bürgermeister zu dem Herrn Rutdke (Schriftführer der WTG) gegangen und habe ihn gebeten, daß alle Leute hier mit dem ersten Wohnsitz angemeldet werden. Der Hintergrund: Die deutsche Gesetzgebung kennt zwar nicht den Sonderstatus der Zeugen Jehovas, aber man kennt Schwierigkeiten, die manche Gemeinden haben mit einem hohen Anteil von Sozialhilfeempfängern, einem hohen Anteil von Bundeswehrsoldaten, einem hohen Anteil von Geringverdienenden. Diese Kommunen haben durch den Finanzausgleich, der sich in den Schlüsselzuweisungen zeigt, ein Plus erhalten. Wir haben dem Finanzministerium die Mitteilung gemacht, wir haben soundsoviel Zeugen Jehovas hier wohnen, etwa 1000 Stück, alle verdienen nur ein Taschengeld, es ist deren persönliche Einschätzung, wie sie leben wollen, und gehören somit zu den Geringerverdienenden. Und damit stiegen bei uns die Schlüsselzuweisungen überproportional ...
während bei allen anderen Kommunen die Schlüsselzuweisungen gefallen sind ...“

Die Stadt Selters kann sich also aus dem allgemeinen Finanztopf dafür entschädigen, was ihr bei den Zeugen Jehovas an Steuereinnahmen entgeht. Daß sich das Finanzamt von der WTG keine Gewerbesteuer mehr holen kann, beruht auf einem ganz simplen System: Die Publikationen werden verschenkt, folglich gibt es auch keine Einnahmen! Und „Spenden" sind bekanntlich steuerfrei!

Möglichst sparsam mit Steuern zu sein, wurde nicht nur in Deutschland praktiziert, sondern zum Beispiel auch in Österreich:

„Die Steuerberaterin der Firma A. war einige Zeit lang auch Steuerberaterin des Zweigbüros. Da wurde folgendes eingeführt: 1967/68 ist man dahintergekommen, daß man steuerlich viel schlauer dran wäre, wenn man versucht, die Literatur nicht mit vollem Preis zu zahlen, sondern wenn man den Verkündigern in den Versammlungen einen Vorschlag macht: Aus praktischen Gründen – ich glaube Steuer ist gar nicht erwähnt worden – wäre es günstiger, wenn jeder seine Literatur getrennt bezahlt. Der Wachtturm hat damals 1 Schilling gekostet. Ihr zahlt beim Zeitschriften-Gebietsdiener 30 Groschen und 70 gebt ihr freiwillig als Spende in den Spendenkasten. Man war bei diesem Weg auf die Ehrlichkeit des Einzelnen angewiesen, aber zu 90 Prozent waren die Leute sicher ehrlich. Dieser Weg hat natürlich den Vorteil, daß das Literaturgeld gering war, aber der Großteil war als Spende deklariert und damit steuerfrei.

Dies hat eines Tags die Steuerberaterin, die übrigens keine Zeugin ist, gehört, und sie hat mich rufen lassen. Sie sagte zu mir: ‚Ich muß Ihnen jetzt eine Frage stellen. Wenn Sie sie nicht beantworten wollen, dann müssen Sie nicht. Aber mich würde folgendes interessieren. Ich habe gehört, daß das mit der Zeitschrift jetzt so gemacht wird, daß man 30 und 70 Groschen bezahlen muß. Stimmt das denn eigentlich?' ‚Ja, ja', habe ich gesagt, und ihr den ganzen Vorgang erklärt. Sie schaute mich groß an und wollte wissen, wie das der Einzelne erfährt. Ich habe gesagt, daß das in allen Versammlungen verlautbart wurde. ‚Was', sagte sie, ‚wissen Sie nicht, daß das ein Steuerbetrug ist? Wenn das stimmt, dann ist das für mich ein Grund sofort auszusteigen, denn ich bin als Beraterin der Gesellschaft nicht informiert, und wenn ich da inkludiert wäre, dann mache ich mich mitschuldig!' Sie hat ganz deutlich gesagt, daß das reiner Steuerbetrug sei. Damals war ich so naiv, daß ich das nicht richtig erfaßt habe. [...].“[9]

Preisliste.

(Gültig ab 1. August 1921.)

Zu nachfolgender Preisliste bitten wir Folgendes zu beachten: Es erspart uns viel Schreibarbeit, wenn wir bei der Erledigung der verschiedenen Bestellungen einfach nach der Verlagsnummer arbeiten können. Wir haben deshalb bei vorliegender Preisliste jeden Artikel unseres Verlages mit einer Nummer versehen. Wenn Bestellungen gemacht werden, brauchen nicht immer erst die Bücher aufgeführt zu werden, sondern man schreibt, wenn man z. B. Band IV bestellen will, einfach: 10 Stück Nr. 4, wenn man das Mannabuch bestellen will: 10 Stück Nr. 10 usw. In der Preisliste nicht aufgeführte Gegenstände bitten wir nicht zu bestellen, da nicht vorhanden.

Katalog-Nr.   **„Schriftstudien"**   Verkaufspreis

1	Band I „Der göttliche Plan der Zeitalter"	Mk. 5.—
2	„ II „Die Zeit ist herbeigekommen" ⎫ (in Vorbereitung	
3	„ III „Dein Königreich komme" . . ⎭ für Neudruck)	
4	„ IV „Der Krieg von Harmagedon" . . . Mk. 12.—	
5	„ V „Die Versöhnung des Menschen mit Gott"	„ 14.—
6	„ VI „Die Neue Schöpfung"	„ 14.—
7	„ VII „Das vollendete Geheimnis" (ill. Großformat)	„ 8.—
8	„ VII „Das vollendete Geheimnis" (ill. Kleinformat)	„ 10.—

Bücher:

9	„Kommentar" (Berder Handbuch zum Bibelunterricht. Auslegung der Bibel durch kurze Leitsätze Pastor Russells)	„ 30.—
10	„Täglich himmlisch Manna"	„ 20.—
11	„Täglich himmlisch Manna" (Geschenkausgabe) . .	„ 30.—
12	„Täglich himmlisch Manna" (Taschenausgabe ganz kleines Format)	„ 20.—
13	„Täglich himmlisch Manna" (Taschenausgabe in Leder gebunden)	„ 40.—
14	. . . .	
15	„Photo-Drama der Schöpfung" (gebunden) . . .	„ 12.—

Broschüren:

16	„Zionsliederbuch", broschiert (nur noch einzelne zu haben)	„ 6.—
16a	„Anhang des Zionsliederbuches" mit den Liedern Nr. 202—211 zum Einkleben in die alte Ausgabe	„ 0.50
17	„Photo-Drama der Schöpfung" (broschiert) . .	„ 8.—
18	„Die Stiftshütte in der Wüste"	„ 3.—
19	„Millionen jetzt lebender Menschen werden nie sterben"	„ 2.—
20	„Die Bibel gegen den Spiritismus"	„ 2.—
21	„Die Heilige Schrift über die Hölle"	„ 2.—
22	„Die Wiederkunft unseres Herrn"	„ 2.—
23	„Gesetz und Sabbat"	„ 2.—
24	„Der Stein ist im Rollen"	„ 1.50
25	„Die Bibel gegen die Evolutionstheorie" . . .	„ 1.50

Preisliste der WTG von 1921. Den Kunden wird empfohlen, möglichst zehn Stück von den Bücher zu bestellen!

Preisliste der WTG von 1986

Der biblische Grundsatz *„Zahlt also auf jeden Fall Cäsars Dinge Cäsar zurück, Gottes Dinge aber Gott"*[10], den die WTG so gerne für sich in Anspruch nimmt, gilt heute anscheinend nur noch für den einfachen Verkündiger. Die Organisation hat allerdings nicht immer so steuerschonend agiert. Denn während heute keine Preislisten für die Publikationen existieren, hat man bis Herbst 1991 die Kosten für das WTG-Schrifttum offengelegt.

In dem Buch „Jehovas Zeugen – Verkündiger des Königreiches Gottes"[11] stellt die WTG selbst ausdrücklich die Frage, ob an der Literatur Geld verdient wird. *„Viele Jahre haben sie* (Anm.: die Zeugen) *das Verbreiten der Literatur als ‚Verkaufen' bezeichnet. Aber dieser Ausdruck stiftete einige Verwirrung, und daher benutzen sie ihn ab 1929 immer seltener. Er paßt eigentlich nicht zu ihrer Tätigkeit, denn ihr Werk* *war nicht kommerziell, ihr Ziel war nicht, Geld zu verdienen.*" So stellt die WTG ihre eigenen Aktivitäten dar. Es fällt auf, daß in dem Artikel zwar gesagt wird, Geldverdienen sei nicht das Ziel der Organisation, an keiner Stelle aber wird gesagt, daß sie kein Geld verdient. Wenn es keinen Gewinn gäbe, wäre auch schlecht zu erklären, wieso die WTG in Selters bis 1991 Gewerbesteuern in der Höhe von mehreren hunderttausend Mark zu zahlen hatte!

Das System, mit dem die WTG spart, und zwar Steuern spart, funktioniert überraschend einfach: Die Schriften, die nur noch verschenkt werden, werden in der Zentrale in Selters gedruckt. Hier können ausschließlich Versammlungen ihren Bücherbedarf decken. Die WTG stellt dabei keine Rechnung für die Literaturlieferung aus, sie kann aber selbstverständlich Spenden annehmen, die allgemein für die WTG bestimmt sind. Die einzelnen Verkündiger erhalten die bestellten Bücher in ihren Versammlungen. Auch hier gibt es keine Rechnungen! Aber die Versammlungen können selbstverständlich Spenden für die „Verbreitung der Königreichsbotschaft" entgegennehmen und an die Organisation weiterleiten. Da jeder Zeuge weiß, wieviel die Bücher wert sind, kann er einen angemessenen Beitrag für die erhaltenen Publikationen in den Spendenkasten einwerfen. Regelmäßig wird in der Versammlung darauf aufmerksam gemacht, daß die Verkündiger „ihre Wertschätzung für die geistige Speise" zeigen sollen.

Auf diesem Spenden-Weg erzielt die Wachtturm-Gesellschaft weiterhin ihre Einnahmen, vermeidet es aber andererseits, an den Staat, der ja zum „bösen System" gehört, Steuern zu zahlen.

4.3.4 Der Vertrag

Zwischen der Gemeinde Selters/Ts. und der Wachtturm Bibel- und Traktat-Gesellschaft gibt es einen „Mustervertrag", der 1990, bei der ersten großen Erweiterung der WTG-Zentrale, geschlossen wurde. Als Mustervertrag kann man ihn deshalb bezeichnen, weil er immer wieder herangezogen wird, wenn die WTG der Gemeinde gegenüber Wünsche äußert.

Als die WTG die erste Erweiterung ihrer Zentrale plante, war eine Änderung des Bebauungsplans durch die Gemeinde notwendig. Die bisher bebaute Fläche von 29347,21 m^2 sollte um ungefähr 17 000 m^2 auf insgesamt über 46 000 m^2 vergrößert werden.

Das Ergebnis der Verhandlungen mit der Gemeinde, das dann auch vom Gemeindeparlament angenommen wurde, war ein sechsseitiger Vertrag, der am 13. März 1990 vom Vorstandsmitglied der WTG, Günter Künz, und dem Bürgermeister der Gemeinde, Dr. Norbert Zabel, unterschrieben wurde.

D

Dienstamtsgehilfe
Ehrenamtliche Mitarbeiter in den Versammlungen. Sie assistieren den Ältesten bei ihren Leitungsaufgaben, indem sie sich um Routinearbeiten wie Bestellung und Verteilung von Literatur und die Instandhaltung des Königreichssaals kümmern. Sie sind den Ältesten unterstellt.

In dieser Vereinbarung heißt es, daß die Gemeinde den Bebauungsplan nach den Wünschen der Organisation ändert und dafür als Gegenleistung von der WTG drei Millionen Mark erhält. „Zum Ausgleich der zu erwartenden Mehrbelastungen und Inanspruchnahmen der gemeindlichen Versorgungs- und Entsorgungsanlagen aufgrund der baulichen Erweiterungen sowie der Zunahme der Wohnbevölkerung insbesondere auf Wasser, Kanal- und Straßenanlagen zahlt die Gesellschaft an die Gemeinde einen Betrag von DM 3 000 000,– (in Worten: Deutsche Mark drei Millionen)."

Zusätzlich übernimmt die WTG die Anschaffung einer neuen Feuerwehr-Drehleiter und eines neuen Löschfahrzeuges. Denn mit den Neubauten entstanden in Selters Hochhäuser, für die die bisherige Ausrüstung der Freiwilligen Feuerwehr nicht mehr ausreichte. Alles in allem brachte diese Vereinbarung der Gemeinde eine Summe von über 4 Millionen Mark ein!

Weiter verpflichtete sich die WTG, auf Gemeindegrund nicht mehr als 75 Hektar landwirtschaftliche Fläche zu erwerben. Bei jedem Kauf, der darüber hinausgeht, muß die Gemeinde um Zustimmung gebeten werden. Dieser Punkt war bei der schriftlichen Fixierung allerdings umstritten. Die WTG war der Meinung, daß es überhaupt keiner Schriftform bedürfe und die mündliche Zusicherung ausreiche, sie seien schließlich *„Ehrenmänner, deren Wort gelte"*. Der Bürgermeister bestand trotzdem darauf, die Regelung in den Vertrag zu nehmen.

Mit diesen Punkten wurde der Vertrag dem Gemeindeparlament vorgelegt und mehrheitlich angenommen.

**Interview mit dem Bürgermeister von Selters/Taunus,
Dr. Norbert Zabel:**

„Bei allen Entscheidungen, die die Zeugen Jehovas betroffen
haben, bei dem Vertrag und so, gab es immer eine Mehrheit, die
gesagt hat: ‚Wir machen den Vertrag!' Diese Mehrheit wurde aus
allen Fraktionen rekrutiert, und eine Minderheit, die partout überhaupt nichts mit den Zeugen zu tun haben wollte, stammte ebenfalls aus allen Gruppierungen. Es ist interessant, jede Gruppe hat
sogenannte politische ‚Fundamentalisten', die sagen, mit den
Fundamentalisten da oben[13] wollen wir nichts zu tun haben. Die
Entscheidung ging – aus dem Kopf gesagt – so aus: 18 dafür und
13 dagegen … Die aufgeklärten aktiven Katholiken und Prote-
stanten, die waren bereit, die Verträge zu machen. Jene, die mit
der Kirche nichts mehr am Hut haben, das waren die, die die Verträge mit den Zeugen Jehovas abgelehnt haben."

Dr. Zabel hofft jedenfalls, daß sich die WTG nicht noch weiter vergrößern will.

Aber nicht nur die Gemeinde macht mit den Zeugen Jehovas Ge-
schäfte. Nachdem die Zeugen zwei Bauernhöfe gekauft und einen guten
Preis bezahlt hatten, haben immer mehr Bauern der WTG ihre Bauernhöfe angeboten. Selbst ortsfremde Landwirte hatten an den potentiellen
Käufern Interesse. Und sogar ursprüngliche Gegner der WTG-Ansiede-
lung in Selters boten der Organisation in privaten Verhandlungen 30
Morgen besten Ackerlandes an.

Aufgrund der Vereinbarung zwischen der Gemeinde und der WTG erfuhr der Bürgermeister von dem sich anbahnenden Deal. Die WTG verzichtete auf Wunsch der Gemeinde auf den Kauf. Und dies, obwohl die
durch den Vertrag mögliche Fläche noch nicht ausgeschöpft war. Der
Bürgermeister von Selters spricht daher nur in höchsten Tönen von der
Sektengemeinschaft: *„Sie kooperieren eng und fair mit der Gemeinde
und den Unternehmen."*

4.3.5 Geschenkter Schulanbau

Es ist in Selters kein „Geheimnis", daß die Zeugen Jehovas gerne die Mittelpunktschule „Goldener Grund", die direkt neben dem WTG-Gelände liegt, übernommen hätten.

Die Wachtturm-Gesellschaft machte dem Bürgermeister den Vorschlag, ob sie nicht anstelle einer geplanten Erweiterung die Schulgebäude übernehmen könne, für die sie gute Verwendung hätte. Der Plan der WTG war allerdings nicht, wie die damals kursierenden Gerüchte zu wissen glaubten, selbst eine Schule zu eröffnen. Ihr Interesse bezog sich mehr auf die Gebäude, die sich aufgrund der direkten Nähe zum Bethel hervorragend als Lagerräume, Büros und als Fortbildungszentrum eigneten. Die WTG wäre sogar bereit gewesen, der Gemeinde einen Ersatz für die Gebäude zu beschaffen, d.h. eine neue Schule an anderer Stelle zu bauen. Da dem Bürgermeister dieses Vorhaben politisch nicht durchsetzbar schien, verlief das Projekt nach einem ersten Gespräch im Sand.

Daraufhin wandte sich im September 1993 die Wachtturm-Gesellschaft nochmals an die Gemeinde Selters. Der Schriftführer der Bibel- und Traktat-Gesellschaft, Werner Rudtke, teilte ihr schriftlich mit, daß die Gesellschaft beabsichtige, ihre Druckerei an der Ostseite zu erweitern, den Bauhof zu unterkellern und ihn gleichzeitig um eine Etage aufzustocken. Er schlug vor, wieder den „Mustervertrag" anzuwenden. Demnach würde die Gemeinde für ihre Zustimmung von der WTG eine Zahlung in Höhe von etwa 800 000 Mark bekommen!

In einer genauen Aufstellung legte Rudtke dar, wie die WTG die Summe von 800 000 Mark errechnet hatte.

Wie es der Zufall wollte, trug sich der Bürgermeister just zu diesem Zeitpunkt mit dem Gedanken, die Mittelpunktschule „Goldener Grund" zu erweitern. Konkret dachte man daran, einen Realschulzweig zu eröffnen. Diesem Vorhaben stellten sich allerdings erhebliche Probleme in den Weg. Die bauliche Erweiterung, für die der Landkreis zuständig war, schien auf Kreisebene politisch nicht durchsetzbar. Zum einen stand die Schule nicht im Schulentwicklungsplan, zum anderen waren die Kreiskassen leer. Der Gemeinde kam daher auf die Idee, bei der WTG anzufragen, ob nicht sie für Selters – als Gegenleistung für die Genehmigung – im Wert der 800 000 Mark einen Schulanbau errichten könnte!

Um das Kuriose an dieser Idee zu verstehen, muß man die Hessische Schulgesetzgebung kennen. Demnach sind die Landkreise und die kreisfreien Städte für den Schulbau und die Unterhaltung der Schulgebäude zuständig, der Kultusminister für die Lehrkräfte. Wenn bauliche Projekte in Angriff genommen werden, ist dies somit Sache des Landkreises. Für größere Investitionen gibt es den sogenannten „Schulentwick-

Schulerweiterung in Selters/Ts. Sommer 1995. Das Projekt wurde in „Nachbarschaftshilfe" errichtet. (Foto: Rausch)

lungsplan", in dem alle Projekte nach ihrer Wichtigkeit aufgelistet sind. Je nach Budgetsituation werden die Projekte der Reihe nach verwirklicht. Auch im Fall der Gemeinde Selters wäre der Landkreis zuständig gewesen, aber dieser hatte die Erweiterung der Mittelpunktschule „Goldener Grund" noch nicht einmal auf seiner Liste!

Für die Gemeinde Selters stellte daher die Möglichkeit, sich den Anbau durch Vermittlung von der Wachtturm-Gesellschaft errichten zu lassen, eine rasche und noch dazu billige Variante dar. Die Tatsache, daß man damit die Hilfe einer Sekte in Anspruch nahm, störte die Gemeindeväter dabei nicht im geringsten!

Die WTG, die sonst öffentliche Institutionen als Teil des „bösen Systems der Dinge" und damit Satans verteufeln, sah keine Schwierigkeiten darin, diesem der Vernichtung bestimmten System ein Gebäude zu errichten. In der Zeugen-Zentrale zierte man sich anfangs zwar, fand aber doch Mittel und Wege, auf den Vorschlag der Gemeinde einzugehen. Offiziell fungiert die WTG nicht als Bauträger. Sie vermittelte aber einen aktiven Zeugen aus dem bayerischen Raum, einen früheren Bauunternehmer, der mit 10 bis 20 Glaubensbrüdern die Schulerweiterung

94

hochzog. Der Kreis bezahlte die Materialkosten, die Gemeinde übernahm die Bauleitung und stellte auch zwei ständige Bauarbeiter zur Verfügung. Schriftstücke liegen darüber nicht vor, auch keine Vereinbarungen, welcher Anteil der WTG an dem Bau zukommt.

Dienstaufseher
Derjenige Älteste in der Versammlung, der den Predigtdienst organisiert und überwacht.

Die Gemeinde Selters hat auf diesem Wege jedenfalls über eine halbe Million Mark erspart!

Der einzige, der diese Art von „Nachbarschaftshilfe" zwischen einer gewählten, öffentlichen Institution und einer Sekte bedenklich fand, war der Kreiselternbeirat. Doch dieser wurde nicht nur nicht gefragt, sondern, als von ihm Fragen kamen, hartnäckig übergangen (siehe Gespräch mit dem Vorsitzenden, S. 96).

Die vom Kreiseltern-Beiratsvorsitzenden angedeutete Informationspolitik spiegelt sich auch in den Veröffentlichungen der lokalen Presse wieder. Zu Anfang war in den Lokalzeitungen nur die Rede vom geplanten Schulanbau, später wurde auch „eine große Zahl freiwilliger Helfer"[14] der Gemeinde erwähnt. Doch erst als der Anbau eröffnet wurde, kam in den Zeitungen auch die Beteiligung der Wachtturm-Gesellschaft zur Sprache. Hatte man etwa doch das Gefühl, daß an der Angelegenheit irgendetwas nicht ganz koscher ist?

Wir waren bei unserer Recherche höchst verwundert, daß einzig die Eltern-Vertreter auf Kreisebene die Kooperation von Gemeinde und Sekte ablehnten. Weder die politischen Repräsentanten von Gemeinde und Kreis, noch die Schule und die Eltern der zuükünftigen Schüler, nicht einmal die Journalisten fanden etwas Bedenkliches an dem Deal. Sind die Zeugen Jehovas bereits eine dermaßen anerkannte gesellschaftliche Gruppe? Sind die Folgen ihrer zweifelhaften Lehren und Organisations-Strukturen für einzelne Menschen noch so wenig an die Öffentlichkeit gedrungen? Die Doppelbödigkeit der WTG mag man noch zur Kenntnis nehmen. Aber können es sich Politiker wirklich leisten, auf die finanzielle Hilfe einer Organisation zurückzugreifen, die den Staat und die Gesellschaft nicht nur ablehnt, sondern in ihrem Selbstverständnis auf deren Untergang hofft?

Vielleicht arbeitet man mit den Zeugen Jehovas deshalb so unbedenklich zusammen, weil sie nach außen so harmlos wirken. Man sieht in ihnen zwar Sektenmitglieder, aufgrund ihres höflichen Auftretens scheinen sie aber ungefährlich. Nur: ...Wo zieht man die Grenze? Es

**Gespräch mit dem Kreiseltern-Beiratsvorsitzenden
Hans D. Ries-Züchner:**

„Der Kreiseltern-Beirat Limburg-Weilburg wurde in seiner
Sitzung am 23.03.1994 mit Gerüchten konfrontiert, wonach in
Selters ein Schulneubau unter Beteiligung der Zeugen Jehovas
geplant sei.

Die Nachfrage eines Beiratsmitglieds beim Bürgermeister der
Gemeinde Selters, Herrn Dr. Zabel, und dem Leiter des Kreis-
bauamtes, Herrn Richard, hat ergeben, daß es zumindest vorver-
tragliche Absprachen zwischen dem Kreis und der Gemeinde
Selters gibt und daß das Kreisbauamt die Bauplanung bereits
begonnen hat. Die Reaktion auf die Nachfrage und die Art der
Auskunftserteilung ließ vermuten, daß hier hinter dem Rücken
des Kreiseltern-Beirats und der Öffentlichkeit vollendete Tatsachen geschaffen werden sollten. Die Schulgemeinde war offensichtlich zu diesem Zeitpunkt nicht in das beabsichtigte Verfahren einbezogen! Der Schulleiter erklärte in der vorangegangenen
Schulelternbeiratssitzung, zu den Gerüchten befragt, daß es keine
Pläne für einen Schulneubau gebe.

Der Kreiseltern-Beirat war empört darüber, daß hier eine
öffentliche Schule unter aktiver Beteiligung einer als fragwürdig
zu bezeichnenden Sekte errichtet werden sollte! Diese Haltung
wurde schriftlich gegenüber dem Kreisausschuß und dem Staatlichen Schulamt dargelegt.

Das Staatliche Schulamt erklärte sich für nicht zuständig. Die
Frage der Eltern, wie man einen zu befürchtenden Einfluß der
Zeugen Jehovas auf die Schule verhindern wolle, blieb unbeant-
wortet.

Der Kreis fühlte sich zumindest aufgerufen, Aufklärung zu
betreiben…

Diese Erklärungen konnten den Kreiseltern-Beirat nicht dazu
bewegen, seine massiven Bedenken aufzugeben. Es war bekannt,
daß der Kreis Limburg-Weilburg aufgrund seiner Finanzlage nur
beschränkte Mittel für Schulbaumaßnahmen zur Verfügung hatte.
Der Verlockung, in Selters ein Projekt durchführen zu können,
bei dem der Schulträger nur etwa die Hälfte der Gesamtkosten
übernehmen mußte, scheint für die Kreispolitiker und -politike-
rinnen unwiderstehlich gewesen zu sein. Man hat den Eindruck,
daß nach dem Motto „Geld stinkt nicht" vorgegangen wurde.

> …Ich bekräftigte unsere Bedenken, daß durch die unentgeltliche Bautätigkeit zumindest eine moralische Abhängigkeit entstehe, die es für die Schulgemeinde erschwere, möglichen Einflußversuchen der Zeugen Jehovas zu widerstehen, wenn man andererseits ihnen für den schönen Schulanbau zu Dank verpflichtet sei. Das äußere Erscheinungsbild dürfe nicht über bedenkliche Strukturen und Praktiken hinwegtäuschen, da man sonst mit der gleichen Rechtfertigung auch Gelder von einem Drogenboß annehmen könne, wenn dieser nur ordentlich gekleidet ist und höflich auftritt."

geht schließlich um eine ganz prinzipielle Frage, die sich auch andernorts stellt. Wo zieht man die Grenze bei sektenhaften Gemeinschaften? Der Bürgermeister von Selters meinte, daß 98 von 100 Bürgermeistern in seiner Situation genauso gehandelt hätten wie er. Doch was würde er tun, wenn er mit geldkräftigen Angeboten beispielsweise der Sekte „Universelles Leben"[15] konfrontiert würde, wovon ihm seine Kollegen in Unterfranken ein Lied singen können?

4.3.6 Wenn Zeugen wählen dürften

Um unsere Bedenken gegen eine Kooperation zwischen Wachtturm-Gesellschaft und einer politischen Gemeinde zu veranschaulichen, greifen wir die derzeitige Situation in Selters auf und laden zu einem Gedankenspiel ein.

In der Gemeinde Selters/Ts. leben nach amtlicher Statistik derzeit etwa 7 700 Menschen, darunter ungefähr 1 000 Zeugen Jehovas, die Mitarbeiter des Bethel. Nicht alle von ihnen sind wahlberechtigt, da sich immer auch ausländische Zeugen zu Schulungskursen oder als Übersetzer und Sprachlehrer dort aufhalten. Trotzdem würden die Zeugen etwa ein Sechstel der Wahlbevölkerung von Selters und damit, wenn alle geschlossen zur Wahl gingen, ungefähr 20 bis 25 Prozent der Stimmen ausmachen.[16]

Nun muß man vorausschicken, daß sich Zeugen Jehovas streng aller politischen Aktivitäten enthalten. Sie nehmen an keiner Wahl, welcher Art auch immer, teil und lassen sich niemals in ein Amt wählen. Mit dem „System" wollen sie nichts zu schaffen haben.

Nehmen wir aber dennoch an, daß eines schönen Tages die Zeugen in Selters geschlossen zur Gemeindewahl gingen. Die Leitung hat – wie schon oft – entdeckt, daß „neues Licht die Wahrheit erhellt" und eine Lehränderung den Zeugen die Wahlbeteiligung erlaubt. Dies geschieht, sei es, weil sie wirklich der Überzeugung sind, daß sie die Bibel bisher falsch verstanden haben, sei es, weil es einfach um eigene Interessen geht. Denn gegen die bösen Feinde Jehovas können viele Mittel angewandt werden, warum nicht auch das einer Wahl? Sie bräuchten ja nicht einmal wirklich zur Wahl zu gehen, es könnte eine Ankündigung reichen. In diskreten Gesprächen würde man versprechen, diejenige Partei zu unterstützen, die etwaige Bauvorhaben der WTG durchgehen ließe. Die Zeugen könnten jedenfalls bis zu 25 Prozent der Sitze im Gemeindeparlament bringen oder kosten!

Die WTG könnte somit, wenn sie wollte, die Gemeindepolitik zu einem guten Teil mitbestimmen, zumindest in den Fragen, die die Organisation betreffen. Wer kann dafür garantieren, wie sich Politiker und Parteien, die heute einstimmig eine neue Erweiterung des Bethels ablehnen würden, dann verhalten werden, wenn sie eines Tages vor die Alternative gestellt werden: Stimmen für Zustimmung! Für uns liegt hier eine Gefahr für die Demokratie, zumal wenn man weiß, daß die WTG-Führung in der Wahl ihrer Mittel nicht sehr wählerisch ist. So heißt es in einem Wachtturm: *„Da die unchristlichen ‚Wölfe' den Schafen* (Anm.: Zeugen Jehovas) *den Krieg erklären und ‚tatsächlich wider Gott streiten' wollen, ist es angebracht, daß die harmlosen ‚Schafe' im Interesse des Werkes Gottes gegenüber den ‚Wölfen' Kriegslist anwenden."*[17] Eine Gefahr, die man nicht unterschätzen sollte!

4.4 Leben und Arbeiten im Bethel

4.4.1 Immer nur lächeln

Die Zeugen Jehovas haben eine interne Sprache entwickelt, die auf Außenstehende zumindestens komisch wirkt. Die WTG bemüht sich, allen wichtigen Bereichen ihrer Organisation einen biblischen Hintergrund zu geben. Daher ist es nur logisch, daß die Fabriken und zentralen Organisationsbüros intern nicht als das bezeichnet werden, was sie sind, sondern als Bethel (hebräisch), als „Haus Gottes".

Mit Schülern habe ich einmal das „Haus Gottes" in Selters besichtigt. Aufgeteilt in zwei Kleingruppen wurden wir durch einen Teil des An-

wesens geführt. Die erste Reaktion der Schüler: „Das hat
doch nichts mit Religion
zu tun!", obwohl die beiden
jungen Bethel-Mitarbeiter ihre technischen Ausführungen
immer mit einem biblischen
Zitat unterlegten, konnten sie
den Besuchern nicht den Eindruck vermitteln, daß es sich
um ein biblisches Werk handelt.

Dienstzusammenkunft
Wöchentliches Treffen der Versammlungen, in dem Fragen, die
den Predigtdienst und die Versammlung betreffen, besprochen
werden. Die Themen für die
Dienstzusammenkunft werden
dem Anweisungsblatt ‚Unser
Königreichsdienst' entnommen.

Noch etwas anderes fiel
den Schülerinnen und Schülern auf: Alle Mitarbeiter, denen wir be-
gegneten, lächelten uns an und grüßten sehr freundlich. Bei den ersten
zehn Mal fanden das die Schüler noch nett. Dann jedoch begann es, an-
strengend zu werden. Diese dauernde Freundlichkeit kam ihnen aufge-
setzt und zwanghaft vor und ging ihnen massiv auf die Nerven. Ihre
nächste, logische Frage war: „Müssen die lächeln? Ist das hier Vorschrift?"

Eine Vorschrift „Bitte immer Lächeln!" gibt es sicher nicht. Die
Bethel-Mitarbeiter leben allerdings in einer Atmosphäre, die sie zum
Glücklichsein nahezu zwingt. Im Bethel soll, wie ein Zeitungsartikel
über Selters treffend formulierte, bereits das „Paradies auf Erden" vor-
weggenommen werden. Wer im Paradies lebt, kann natürlich nicht gut
unglücklich sein. Ob allerdings die Bewohner des Bethels, könnten sie
frei reden, wirklich von paradiesischen Zuständen im Bethel sprechen
würden?

4.4.2 Ranklotzen um Gotteslohn

Die Wachtturm-Gesellschaft hat in Selters einen hohen Personalbedarf.
Allerdings sind die wenigsten der dort lebenden Männer und Frauen
in der Druckerei beschäftigt. Diese befindet sich auf dem modernsten
technischen Stand, so daß nur eine recht überschaubare Gruppe von
Personen für den eigentlichen Herstellungsprozeß von Büchern und
Broschüren notwendig sind.

Das Personal wird vor allem in der Verwaltung der WTG gebraucht
für die Übersetzungen der Schriften aus Amerika, für die Betreuung der
2 013 Versammlungen, für die Betreuung der Vollzeitdiener und schließlich für die Versorgung der Bethel-Mitarbeiter.

Abteilungen im „Haus Gottes"

Zeitschriftenversand
Versandabteilung
Versand
Tonstudio
Rollenoffset-Druckanlage
Reproduktionsabteilung
Krankenhausinformation
Korrektorat
Übersetzungsabteilung
Kassettenkopieranlage
Fotosatzabteilung
Dienstabteilung
De-luxe-Abteilung
Buchbinderei
Bogenoffset
Bauhof
Bauernhöfe
Autowerkstatt
Auslandsversand

Um möglichst billig leben zu können, versucht die WTG, das Bethel weitgehend autark zu führen. Zwei Bauernhöfe wurden in der Nähe der Produktionsstätte gekauft, um dort – wieder von Ehrenamtlichen – einen Großteil der Nahrungsmittel herzustellen.

Die WTG hat mit dem Kauf dieser Bauernhöfe eine glückliche Hand bewiesen. Im einen Fall konnten die Erben des bankrotten Anwesens durch einen günstigen Preis zufriedengestellt werden. Der andere Bauernhof sollte von einem Immobilienspekulanten gekauft werden, der ihn für Vermietung an Asylanten verwenden wollte. Hier waren der Ortsgemeinde die Zeugen Jehovas bedeutend lieber als die „drohende" Aussicht auf ein Asylantenheim.

Um im Bethel arbeiten zu können, muß man vier Grundbedingungen erfüllen: Man muß jung, gesund, unverheiratet oder – als Ehepaar – kinderlos und ein bewährter Zeuge Jehovas sein. Wenn man diese Voraussetzungen erfüllt, kann man sich um eine Tätigkeit im Bethel bewerben.

Im „Haus Gottes" erwarten einen dann freie Unterkunft und Verpflegung, ein kleines Taschengeld und harte Arbeit bei seltener Freizeit. Mit einer Versicherung gegen Arbeitslosigkeit darf man dagegen nicht rechnen. Und man darf sich auch nicht darauf verlassen, daß man weiter im Bethel leben darf, wenn man chronisch krank oder arbeitsunfähig wird. Auch Ehepaare, die Kinder bekommen, müssen das Bethel verlassen.

> **Ernste Bibelforscher**
> Ursprünglicher Name der Zeugen Jehovas. Im Jahr 1931 kam es unter dem Präsidenten Joseph F. Rutherford zur Umbenennung in ‚Zeugen Jehovas' (engl. Jehova's Witnesses).

Die dahinterstehende Überlegung der WTG liegt auf der Hand: Es ist alles zu vermeiden, was unnötige Kosten verursachen könnte. Diese Art von Sparsamkeit ermöglicht einen maximalen Gewinn. Und Gewinn, das darf man vermuten, ist das oberste Ziel der Wachtturm-Gesellschaft.

Bei unseren Recherchen fiel uns auf, daß keiner der ehemaligen Bethel-Mitarbeiter von Selters bereit ist, und sei es anonym, über die Erfahrungen im Bethel zu sprechen. Wovor haben sie Angst?

4.4.3 Alltag im Ghetto

Sobald ein bewährter, unverheirateter Verkündiger oder ein bewährtes, kinderloses Ehepaar in das Bethel eingezogen sind, unterwerfen sie sich einer strengen Ordnung. Neben ihren gewöhnlichen Pflichten als Zeugen Jehovas leben sie nun auf engstem Raum mit über 1 100 anderen Zeugen zusammen. Sie müssen ein Gelübde ablegen, in dem sie sich verpflichten, ihr Leben nach den Regeln der WTG zu gestalten (siehe Kasten S. 102).

Auf 32 eng bedruckten Seiten gibt die ‚Leitende Körperschaft' die Hausordnung, die in allen Betheln der Welt gleich lautet, heraus. Bis ins kleinste sind alle Angelegenheiten geregelt.

Angefangen bei der Arbeitszeit, über die Urlaubsregelung bis zum Verhalten, wenn ein unverheirateter Mann und eine Frau sich alleine in einem Zimmer aufhalten.

Die reine Arbeitszeit im Bethel beträgt täglich acht Stunden, an fünf Tagen in der Woche, an Samstagen nur vier Stunden. Alle Männer im Bethel haben an drei Samstagen im Monat, alle Frauen an zwei Samstagen zu arbeiten. Im Alter bekommt man zusätzliche Samstage frei. Um

„Ich gelobe folgendes:

1. entsprechend der üblichen Lebensweise der Familie zu leben,
   wie sie traditionell im Bethel gepflegt wird;
2. freiwillig meine Dienste für jede Aufgabe zur Verfügung zu
   stellen, die mir zugewiesen wird;
3. mich der theokratischen Einrichtung im Bethel unterzuordnen;
4. meine vollen Anstrengungen den Bethelzuteilungen zu widmen;
5. auf jegliche Erwerbstätigkeit zu verzichten;
6. für den Zeitraum, in dem ich ein Glied der Bethelfamilie bin,
   auf jegliche Ansprüche zu verzichten, die über den üblichen
   Unterhalt hinausgehen;
7. Mahlzeiten, Unterkunft und Zuwendungen in gleicher Weise,
   wie sie alle anderen Glieder der Bethelfamilie erhalten, anzunehmen, ungeachtet des Grades meiner Verantwortung oder
   wie wertvoll meine Dienste sein mögen;
8. mich an die Grundsätze zu halten, wie sie in den Anweisungen
   der Broschüre In Einheit beisammen wohnen, die von Zeit zu
   Zeit ergänzt werden mögen, zum Ausdruck kommen."[18]

als Mann alle vier Samstage frei zu haben, muß man mindestens 70 Jahre
alt sein!

Allerdings wird in der Hausordnung schon gesagt, was man mit diesen freien Vormittagen anfangen könnte: *„für vermehrte Zusammenarbeit mit den Versammlungen"*.

Die Tätigkeit als Mitglied der Bethelfamilie bedeutet nicht, daß man
die normalen Tätigkeiten der Verkündiger erlassen bekommt. Alle Mitarbeiter sind einer Versammlung zugeordnet, die bis zu 100 km von Selters entfernt liegen kann. In diesen Versammlungen nehmen sie an den
regelmäßigen Zusammenkünften teil, in dem Gebiet dieser Versammlung predigen sie von Tür zu Tür. Dies bedeutet, daß fast alle Mitarbeiter ein Auto unterhalten müssen, um in ihre Versammlung zu kommen,
und daß sie teilweise erhebliche Zeit benötigen, um in ihr Missionie-
rungsgebiet zu gelangen. Sie haben zwar die Möglichkeit, in der WTG-
eigenen Werkstatt auf dem Bethelgelände ihr Auto reparieren zu lassen
(gegen den Kostenersatz für die Materialien), aber mit dem bescheidenen Taschengeld der Wachtturm-Gesellschaft ist dies kaum möglich.
Deshalb bekommen die meisten Bethelmitarbeiter – wie übrigens viele

Vollzeitdiener – entweder von ihren Familien oder in den Versammlungen privat Zuwendungen.

Durch die Tätigkeit im Bethel erwerben die Mitarbeiter pro gearbeitetem Monat Anspruch auf einen Urlaubstag. Der Jahresurlaub beträgt somit insgesamt 12 (in Worten: zwölf!) Tage. Pro zwei vollständige Jahre im Vollzeitdienst gibt es einen zusätzlichen Urlaubstag. Wenn jemand 24 Jahre für die WTG ununterbrochen gearbeitet hat, dann hat er insgesamt auf 24 Tage Urlaub (12 reguläre plus 24 durch 2) Anspruch. So wird es ausdrücklich in der Hausordnung vorgerechnet, damit es zu keinen Mißverständnissen bei den Bethelbewohner kommt.

Anders als bei religiösen Orden, die selbstverständlich für ihre Ordensmitglieder sorgen, wenn sie längere Zeit krank sind, weigert sich die WTG. In der Hausordnung heißt es dazu:

> „Wenn Du ein gesundheitliches Problem hattest, bevor du ins Bethel kamst, und vielleicht eine Operation oder eine längere Behandlung notwendig ist, dann ist die Gesellschaft nicht verpflichtet, sich dieses Problems anzunehmen. Du hättest es erledigen müssen, bevor du die Einladung, ins Bethel zu kommen, annahmst.
>
> Solltest du nach deiner Ankunft im Bethel chronisch krank werden und nicht in der Lage sein, den Zeitplan und die Arbeitsroutine im Bethel einzuhalten, dann wäre es für dich besser, nach Hause zurückzukehren, wo du eher etwas für deine Gesundheit tun kannst."[19]

Es wird jedem nahegelegt, sobald man der Gesellschaft, sei es durch Krankheit, sei es durch Kinder finanziell zur Last fällt, bzw. wenn man die geforderte Arbeitsleistung nicht mehr erbringen kann, das Bethel zu verlassen.

In diesem Zusammenhang ist interessant, daß die Wachtturm-Gesellschaft am 10.12.1991 in einem Gespräch mit der Bundesversicherungsanstalt für Angestellte behauptet hat, daß die bei ihr tätigen Personen *„auch in kranken und alten Tagen freie gemeinschaftliche Unterkunft und Verpflegung sowie ein geringes Taschengeld"* erhalten würden.

Warum wird immer nach außen behauptet, im Bethel sei eine „ordensähnliche Gemeinschaft", wenn die gegenseitige Sorge nur eingeschränkt gilt, solange man auch Leistung erbringen kann?

Auch in die ganz persönlichen Angelegenheiten mischt sich die WTG per Hausordnung ein:

„Eine Mahnung zur Vorsicht: Wie zuvor in der Broschüre erwähnt, muß jemand, der sich mit einer Person vom anderen Geschlecht aufhält, die Zimmertür weit offenlassen, es sei denn, es handelt sich dabei um seinen Ehepartner, seine Eltern, seinen leiblichen Bruder, seine leibliche Schwester oder einen anderen nahen Verwandten.[20]

Nicht genug damit. An höherer Stelle wird sogar entschieden, ob und wen der Bethelmitarbeiter heiraten darf, und wer wegen der Heirat besser das Bethel verlassen muß.

„Da die Arbeit im Bethel gesunde, starke Personen erfordert, werden gewöhnlich ledige Personen ins Bethel gerufen. Als allgemeiner Grundsatz gilt, daß der größte Teil der Arbeit am besten von ledigen Brüdern verrichtet werden kann. …Normalerweise wird eine ledige Person, die ins Bethel gerufen worden ist, nicht vor Beendigung ihres ersten Dienstjahres heiraten und einen Antrag stellen wollen, im Bethel zu bleiben. … Er sollte sich jedoch im klaren sein, daß er bzw. sie nach einem Jahr noch verhältnismäßig neu ist, und der Antrag, zu heiraten und mit dem Ehepartner den Betheldienst fortzusetzen, wahrscheinlich abgelehnt wird. … Wenn sich zwei ledige Mitglieder der Bethelfamilie verloben und weiterhin im Bethel bleiben wollen, muß jeder von ihnen eine Bethelbewerbung ausfüllen und einreichen. Das ist notwendig, weil sie, während sie im Bethel sind, das Ledigsein aufgeben und in den Stand der Ehe treten möchten.[21]

Und wenn ein Bethelmitarbeiter einen Menschen außerhalb des Bethels heiraten will, dann wird ihm zwar „der reiche Segen Jehovas" gewünscht, aber auch er muß das Bethel verlassen.

4.4.4 Merkwürdige Dinge

Es gibt einige Besonderheiten, die die WTG eingeführt hat, die nach außen nicht leicht verständlich sind.

1. So müssen alle Hauptamtlichen, gleich ob sie im Bethel oder an anderer Stelle arbeiten, in Selters ihre Lohnsteuerkarte abgeben. Diese Mitarbeiter erhalten keinen Lohn, sondern ein kleines Taschengeld, das nicht versteuert werden muß. Die Lohnsteuerkarten werden also nicht verwendet, müssen aber trotzdem in Selters abgegeben werden! Ein Zeuge, der die Lohnsteuerkarte zurückhaben wollte, bekam sie auch auf hartnäckige Nachfrage nicht zurück – er brauche sie nicht. Er wurde sogar aufgefordert, keinen Lohnsteuerjahresausgleich zu beantragen. Ein Einzelfall? Es

würde mich wundern. Das bedeutet, daß Zeugen, die vorher einer „weltlichen Tätigkeit" nachgegangen sind, für die Lohnsteuer bezahlt wurde, nicht ihr Recht auf Rückzahlung der Lohnsteuer in Anspruch nehmen dürfen! Warum die WTG so agiert, ist völlig unklar. Hat sie Angst, daß ihre hauptamtlichen Mitarbeiter einem Teilzeitjob nachgehen? Fürchtet sie, daß es aufgrund der Lohnsteuerkarten zu unangenehmen Rückfragen kommen könnte? Kann die WTG mit den Lohnsteuerkarten etwas anderes anfangen? Ist es einfach ein Schritt, um ihre Mitarbeiter noch stärker in ihre Abhängigkeit zu bringen, ein weiteres Zeichen der Entmündigung?

2. Die Sondervollzeitdiener sind, so sagte ihnen die WTG in den 80er Jahren, während

Erwachet!
Zeitschrift der Zeugen Jehovas, die abwechselnd zu ‚Der Wachtturm' weltweit halbmonatlich erscheint. Sie erscheint in einer weltweiten Auflage von über 12 Millionen Exemplaren in 75 Sprachen. Sie ist eine Art Illustrierte der Wachtturm-Gesellschaft, in der über Kultur, Pflanzen, Tiere, aber auch über religiöse Themen berichtet wird. Bis zum 8. November 1995 wurde im Impressum darauf hingewiesen, daß die ‚Generation, die die Ereignisse des Jahres 1914 erlebt hat', die Schaffung des 1000jährigen Friedensreichs miterleben würde. Ab jener Ausgabe ist dieser Hinweis gestrichen worden.

ihrer Dienstzeit nicht krankenversichert. Sie könnten deshalb Unfälle, die während ihres Dienstes passieren, nicht bei der Krankenkasse melden, bei der die WTG ihre Vollzeitdiener versichert, sondern müßten alle Kosten selbst tragen. Im Zweifelsfall sei die WTG bereit, finanziell einzuspringen, es müsse aber alles später zurückgezahlt werden. Wie man allerdings bei jeder Krankenkasse erfahren kann, gibt es eine solche Versicherungsform – Krankenversicherung nur für die Freizeit – nicht! Warum informiert die WTG ihre Diener falsch? Befürchtet sie, daß sie im Falle eines Arbeitsunfalls die Kosten übernehmen muß?

3. Alle Sondervollzeitdiener, gleich welche Zuteilung sie haben, sind nicht arbeitslosenversichert. Sie haben zum Beispiel mit ihrem Eintritt in den Betheldienst darauf verzichtet, gegenüber der WTG Ansprüche zu erheben, die über den reinen Unterhalt hinausgehen. Die WTG vertritt die Meinung, daß die Tätigkeit bei ihr eine rein freiwillige, religiöse Tätigkeit sei, aus der sich keine Ansprüche ableiten lassen, die man sonst bei einem Arbeitsverhältnis hätte.

Wenn einer der Diener den Vollzeitdienst verläßt, dann steht er buchstäblich mit leeren Händen da. Er hat keine Möglichkeit gehabt, sich eine Existenz zu sichern, und die Wachtturm-Gesellschaft weigert sich, ihren Beitrag als Arbeitgeber zu leisten.

Diese Situation erschwert natürlich den Ausstieg aus der Sekte ganz erheblich. Man weiß, daß man zum Beispiel nach 40jähriger Tätigkeit in ein materielles Loch fällt, daß der Lebensunterhalt, wenn man keine wohlwollenden Verwandten hat, nur noch mit Hilfe der Sozialhilfe bestritten werden kann. Aus Angst vor dieser Situation bleiben wohl viele Zeugen weiter Vertreter dieses Systems, obwohl sie sich inhaltlich schon längst entfernt haben. Sie sind gefangen in einem unsichtbaren Gefängnis, dessen Gitterstäbe zu Beginn der Tätigkeit nicht so deutlich zu spüren waren.

Ein deutscher Zeuge, der ehemals im Sondervollzeitdienst stand, wollte sich nach seinem Austritt mit dieser Situation nicht zufrieden geben. Er vertrat die Meinung, daß er sich bei der WTG in einem arbeitsähnlichen Verhältnis befand. Er habe deshalb Anspruch auf ein Arbeitszeugnis und eine Nachzahlung für die Rentenversicherung.

Das Arbeitszeugnis erkämpfte er sich mit juristischer Hilfe. Für die Rentennachversicherung wandte er sich an die BfA (Bundesversicherungsanstalt für Angestellte) in Berlin. Die BfA schrieb an die WTG mit der Bitte um Auskunft, ob der betreffende Zeuge in einem Arbeitsverhältnis bei der WTG gestanden habe. Mitte 1990 teilte der Schriftführer der Wachtturm-Gesellschaft der BfA mit:

„…im übrigen erwähnen wir, daß überhaupt alle Mitarbeit in unserem gottesdienstlichen Werk als freiwilliger Beitrag zu unserem Gottesdienstlichen Werk ohne Zahlung eines Entgelt, das heißt, ohne Begründung eines arbeitsrechtlichen Dienstverhältnisses, geschieht. Das Unterordnungsverhältnis unserer Mitarbeiter beruht auf dem rein gottesdienstlichen Charakter unseres Werks, in dem ausschließlich Personen dienen, die sich Gott hingegeben haben und darauf verzichten, materiellen Gewinn aus ihrem Dienst zu ziehen. In Ermangelung eines versicherungspflichtigen Dienstverhältnisses ist es uns nicht möglich, Ihren Fragebogen auszufüllen.“[22]

Die BfA schloß sich der Sicht der Sekte an und teilte dem Ex-Zeugen mit, daß er keinen Anspruch darauf habe, daß die WTG rückwirkend für seine Tätigkeiten die Rentenversicherungsbeiträge entrichtet. Dies würde bedeuten, daß er acht Jahre lang hart gearbeitet hat, ohne daß dieses auf irgendeinem Weg für die Rentenversicherung abzudecken ist.

Er klagte deshalb gegen die BfA mit einer Untätigkeitsklage vor dem Sozialgericht. Er war der Meinung, daß die Bundesversicherungsanstalt dafür sorgen muß, daß die WTG in seinem Fall nachträglich die Rentenbeiträge entrichtet.

1991 fanden Gespräche zwischen der Bundesversicherungsanstalt und der Wachtturm-Gesellschaft statt, mit dem Ergebnis, daß die WTG bereit war, alle, die nach 1986 ausgeschieden sind, freiwillig nachzuversichern, diejenigen, die zwischen 1973 und 1986 ausgeschieden sind, nur dann, wenn sie ausdrücklich darum bitten.

Durch diesen Handel mit der BfA entledigte sich die WTG elegant derjenigen Mitarbeiter, die vor 1973 ausgeschieden sind. Es wurde nämlich Bestandteil der Abmachung, daß diese Gruppe überhaupt nicht nachversichert wird.

Und so erhielt der Ex-Zeuge im Jahr 1992 eine Nachricht aus Selters, daß seine Beiträge bereits im Jahr 1991 für ihn nachgezahlt wurden.

Im selben Jahr, mehrere Monate nach diesem Schreiben, erhielt eine andere Ex-Zeugin ebenfalls Post von der WTG in Selters. Ihr wurde mitgeteilt, daß ihre Ansprüche auf eine Nachversicherung für die Jahre 1972–1976 bereits verjährt wären.

„Und obwohl von einer Verpflichtung der Nachversicherung unsererseits keine Rede sein kann, haben wir dennoch die Nachversicherung in Ihrem Fall vorgenommen. Eine Unterlage geht Ihnen zu gegebener Zeit zu. Unterschrift: R. Kelsey, Vorstandsmitglied."

Kein Wort wird in diesem Brief davon gesagt, daß sich die WTG 1991 gegenüber der BfA verpflichtet hat, in solchen Fällen unter Verzicht der Einrede auf Verjährung eine Nachversicherung zu entrichten. Sie stellt

---

G

Gedächtnismahl
Jährliches Treffen der Zeugen Jehovas zum Gedächtnis an das letzte Abendmahl Jesu Christi. Während dieser Feier stehen Brot und Wein bereit, von denen allerdings nur die ‚Geistgesalbten' nehmen dürfen. Weltweit leben von den 144 000 jedoch nur noch 8757, die die Symbole nehmen können. Der Termin wird nach dem jüdischen Kalender berechnet und fällt auf den 14. Nissan.

es gegenüber der Ex-Zeugin so dar, als wäre dies eine freiwillige, großzügige Leistung, die sie erbringen würden.

In diesem Fall gibt es drei Besonderheiten, die zum Nachdenken anregen.

1. Warum handelt die BfA mit der WTG eine Vereinbarung aus, die alle Fälle vor 1973 unberücksichtigt läßt?

2. Warum ist die WTG so großzügig, auch die Fälle, die mehr als vier Jahre zurückliegen, nachzuversichern, obwohl sie der Meinung ist, daß diese bereits verjährt wären? Hat die WTG Angst davor, daß der Teil der Sozialgesetzgebung auf sie angewandt wird, nachdem die Verjährungspflicht erst nach 30 Jahren abläuft, wenn der Arbeitgeber vorsätzlich die Rentenbeiträge einbehält?

3. Warum behauptet ein Vorstandsmitglied, daß es keine Grund für Nachversicherungen gäbe, obwohl darüber vorher bereits eine Vereinbarung mit der BfA geschlossen wurde?

Bedeutet Wahrhaftigkeit für die WTG nichts?

4.5 Der seltsame Handel mit Büchern und Zeitschriften

„Wir möchten Ihnen gerne diese Broschüre schenken." Mit diesen Worten drücken die beiden Zeugen dem Wohnungsinhaber ein Wachtturm- und ein Erwachet-Heft in die Hand, bevor sie sich verabschieden. Sie hatten ein paar Minuten lang Zeugnis gegeben, um sich dann schnell zu verabschieden. Es sind noch viele Wohnungstüren, an denen geklingelt werden soll, um die Königreichsbotschaft zu verkünden.

4.5.1 Wer wirklich bezahlt

Wenn man im Bethel danach fragt, wer die Bücher und Zeitschriften finanziert, wird man hören, daß dies Bestandteil eines weltweiten, nichtkommerziellen biblischen Schulungsprogramms sei, welches sich ausschließlich durch Spenden finanziert.

Im Klartext heißt das, daß die einfachen Prediger, die von Tür zu Tür gehen, durch ihre Tätigkeit den Wachtturm-Konzern finanzieren. Die Bücher und die Zeitschriften, die sie an den Haustüren verschenken, haben sie bereits vorfinanziert. Jeder Zeuge wirft Spenden in den Spendenkasten seines Königreichssaales. Diese Spenden dienen auch der Deckung der Druckkosten. Es könnte sein, daß ein Zeuge einmal eine Spende „vergißt", aber unsere Aussteiger halten das nicht für denkbar.

An den Haustüren können die Zeugen zwar eine freiwillige Spende entgegennehmen, sie sind aber gehalten, niemals ausdrücklich um Geld zu bitten. In der Praxis bedeutet das, daß die Kosten für die Literatur meist bei den Verkündigern hängen bleiben.

4.5.2 Gewinn- und Verlustrechnung

Die WTG hat seit ihren Anfängen noch nie eine Bilanz über ihre geschäftlichen Aktivitäten veröffentlicht.[23] So ist es selbst für Insider unmöglich, genau zu wissen, wie reich die WTG wirklich ist, welche Umsätze sie pro Jahr macht und wieviel Gewinn übrig bleibt. Die einzige Zahl, die regelmäßig veröffentlicht wird, sind die Unterstützungs-Zahlungen der Watch Tower Society für Sonderpioniere, Missionare und reisende Aufseher. Dies waren im Jahr 1996 über 60 Millionen US Dollar.[24] In allen anderen Bereichen ist man auf Schätzungen angewiesen.

Bei dem Buch, das Sie gerade in den Händen halten, war der größte Teil des Endpreises für den Vertrieb (Buchhandlung, Grossist, Auslieferung ...) und für die Sozialabgaben der am Entstehungsprozeß beteiligten Mitarbeiter zu bezahlen. Alle diese Kosten fallen bei der WTG weg! Der Vertrieb geschieht durch ehrenamtliche Verkündiger, die Mitarbeiter im Bethel, die für den Druck zuständig sind, werden nicht sozialversichert und erhalten keinen Lohn. Der niedrige Preis in der Herstellung erklärt sich auch damit, daß die WTG mit großen Auflagen kalkuliert, die sie sicher absetzen kann. Alleine für die deutschsprachigen Ausgaben ihrer Bücher kann die WTG mit einem sicheren Absatz von 200 000 Stück rechnen, wenn jeder Verkündiger in Deutschland, Österreich und der Schweiz nur ein Exemplar abnimmt. In der Regel werden aber bei Erscheinen eines neuen Buches mehrere Exemplare bezogen, die für die Kinder und Interessierte bestimmt sind. In einer Ausgabe des „Königreichsdienstes"[25] wird noch einmal ausdrücklich darauf hingewiesen, daß *jedes* Kind für die Versammlung ein eigenes Buch haben sollte! In dem internen Anweisungsblatt „Unser Königreichsdienst" bekommen die Verkündiger mitgeteilt, welche Broschüren und Bücher in welchem Monat von Haus zu Haus verbreitet werden sollen. Der Verkündiger deckt sich dann mit einer ausreichenden Menge ein, die er hofft, in diesem Monat verbreiten zu können.

Durch dieses System hat die WTG einen sicheren, kaum einer Schwankung unterworfenen Markt, der ihr so große Auflagen ermöglicht, daß z. B. bei den Heften „Wachtturm" und „Erwachet!" der Herstellungspreis in den Groschenbereich rutscht!

Es gibt Schätzungen, nach denen die Herstellungskosten der Literatur höchstens 10 bis 16 Prozent der Verkaufs-Kosten ausmachten.[26] So hat der britische Zweig zwischen 1983 und 1987 18 Millionen Pfund (= 40 Millionen Mark) durch den Verkauf von Büchern und Zeitschriften umgesetzt. Der Gewinn liegt dabei bei ungefähr 15 Millionen Pfund (= 32 Millionen Mark). Hinzu kommen noch Spenden in Höhe von 2,76 Millionen Pfund (= 6 Millionen Mark).

Anhand einer Schätzung wollen wir veranschaulichen, welches Ausmaß die wirtschaftlichen Aktivitäten im Deutschen Zweigbüro haben müssen. Dabei nehmen wir jeweils die unterste Größenordnung an. So wird zum Beispiel nicht berücksichtigt, daß durch die letzte Erweiterung des Bethels eine weitere Rationalisierung möglich wurde, die sich selbstverständlich in den Kosten bemerkbar macht.

Nach eigenen Angaben werden in Selters *täglich* bis zu 1,6 Millionen Zeitschriften und 80 000 Bücher gedruckt. Eine Zeitschrift hat 1986 50 Pfennige gekostet. Nehmen wir realistischerweise an, daß der Gewinn bei über 30 Pfennig pro Heft liegt, dann kann alleine durch die Zeitschriften ein Gewinn von 480 000 DM erwirtschaftet werden. Bei den Büchern, bei denen eine durchschnittliche Spende von 4 DM und ein Gewinn von 3 DM angenommen werden kann, wäre ein Gewinn von 240 000 DM zu erreichen. Der tägliche Gewinn betrüge damit über 720 000 DM! In einem Jahr mit nur 200 Arbeitstagen ergäbe dies theoretisch einen Gewinn von 144 Millionen Mark! Hinzu kommen noch die Spenden und Erbschaften der Verkündiger, die nicht abschätzbar sind. Wenn diese Schätzung auch nur annähernd stimmen sollte, dann ist es nicht verwunderlich, daß die WTG ihre Umsatzzahlen nicht veröffentlicht. Könnte es sein, daß sich die WTG davor fürchtet, die Spendenmoral der einzelnen Zeugen könnte rapide zurückgehen?

4.6 Religionsgemeinschaft oder Konzern?

„Die Wachtturm-Gesellschaft (ist) ein Bibelverlag"[27], so stellt sich das Bethel Selters selbst seinen Besuchern vor. Von einem Verlag ist die Rede, und an keiner Stelle in dem Vier-Farben-Hochglanzprospekt ist die Rede davon, daß es sich um ein nichtkommerzielles Unternehmen handelt, das keinen Gewinn erwirtschaftet. Bei den kostenlosen Führungen hingegen, an denen jeder teilnehmen kann, werden fast ausschließ-

lich die Größe, die Effektivität, die Leistungsfähigkeit, die Wirtschaftlichkeit und die internationale Bedeutung hervorgehoben.

Das Video „*Jehovas Zeugen – Die Organisation, die hinter dem göttlichen Namen steht*" zeigt noch ungeschminkter das wahre Bild der WTG: Über 55 Minuten lang stellt sich die WTG von ihrer besten Seite dar als durchorganisiertes Unternehmen, das höchst effektiv produziert und ständig weiter expandiert.

Schülerinnen und Schüler, die eine Führung gemacht und das Video gesehen hatten, stellten danach fest: „*Das ist ja keine Religion, sondern eine Firma!*"[28] Dieser spontane Eindruck ist richtig und

Gemeinschaftsentzug (Gemeinschaftsausschluß)
Ausschluß aus einer Versammlung. Grund für den Ausschluß können die Verbreitung von Irrlehren oder ein unmoralischer Lebenswandel sein. Der Ausschluß wird von einem Rechtskomitee aus drei Ältesten nach einer Anhörung des Beschuldigten beschlossen. Der Gemeinschaftsentzug wird der Versammlung ohne Angabe von Gründen bekanntgegeben. Mitglieder einer Versammlung dürfen mit einem Ausgeschlossenen keinerlei Kontakt pflegen.

beschreibt die andere, in der Öffentlichkeit unbekannte Seite der Zeugen Jehovas: die des Großkonzerns WTG!

Es mag daher überraschen, daß die WTG keine Hemmungen hat, neben ihrer Selbstdarstellung als Konzern, die nichtkommerzielle Anfangszeit ihrer Religionsgemeinschaft und ihres Gründers hochzujubeln.

Kein Dienst aus Gewinnsucht

Niemand schlägt Profit aus der Arbeit der Zeugen Jehovas, weder irgendein Mitglied der ‚Leitenden Körperschaft', noch die geschäftsführenden Vorstandsmitglieder ihrer gesetzlichen Organe, noch andere angesehene, mit der Organisation verbundene Personen.

Über C. T. Russell, der über 30 Jahre als Präsident der Watch Tower Society diente, schrieb einer seiner Gefährten „Um sich darüber klar zu werden, ob sein Vorhaben in Harmonie mit der

Schrift stehe, und um einen Beweis seiner eigenen Aufrichtigkeit zu geben, beschloß er, in folgender Weise des Herrn Billigung zu suchen: 1. Sein ganzes Leben der Sache zu weihen; 2. sein Vermögen für die Verkündigung des Werkes anzulegen; 3. das Sammeln von Beiträgen in allen Versammlungen zu verbieten; 4. nachdem sein Vermögen erschöpft wäre, das Werk, nur von freiwilligen Beiträgen getragen, weiterzuführen."

Statt durch seine religiöse Tätigkeit reich zu werden, verbrauchte Bruder Russell alle seine Mittel für das Werk des Herrn. Nach seinem Tod berichtete Der Wacht-Turm: „Er opferte sein Privatvermögen völlig der Sache, der er auch sein Leben weihte. Er erhielt für seine Privatausgaben monatlich die Summe von 11 Dollar. Er starb, ohne irgendwelche Besitztümer zu hinterlassen."

Im Hinblick auf diejenigen, die das Werk der Gesellschaft weiterführen sollten, legte Bruder Russell in seinem Testament folgendes fest: „Ich halte es für weise, in Bezug auf die Entschädigung die Gepflogenheit der Gesellschaft in der Vergangenheit aufrechtzuerhalten, nämlich die, daß kein Gehalt gezahlt wird, sondern daß nur vernünftige Ausgaben für diejenigen zulässig sind, die der Gesellschaft oder ihrem Werke in irgendeiner Weise dienen."

Diejenigen, die im Bethel dienten, sei es im Heim, in den Büros oder Druckereien, sowie die reisenden Beauftragten der Gesellschaft, sollten lediglich mit Nahrung und Unterkunft versorgt werden und einen geringen Betrag für die Unkosten erhalten – er sollte für unmittelbare Bedürfnisse ausreichen, jedoch „nicht so hoch sein, daß von dem Gelde zurückgelegt werden kann". Derselbe Standard gilt heute.

Alle, die im Sondervollzeitdienst in der Weltzentrale der Zeugen Jehovas stehen, legen ein Armutsgelübde ab, wie es sowohl alle Mitglieder der ‚Leitenden Körperschaft' als auch alle anderen Mitglieder der Bethelfamilie dort getan haben. Das bedeutet nicht, daß sie ein tristes Dasein führen, ohne jeglichen Komfort. Vielmehr bedeutet es, daß die bescheidenen Vorkehrungen für Nahrung, Unterkunft und Taschengeld unterschiedslos allen, die in diesem Dienst stehen, gewährt werden.

Somit führt die Organisation ihr Werk in vollständiger Abhängigkeit von Gottes Hilfe durch."[29]

Die WTG scheint der Meinung zu sein, daß nur Personen finanziellen Profit erzielen können. Ein solch persönlicher Profit wird nicht erzielt, sagt die WTG. Hier unterscheiden sich die Zeugen Jehovas sicher von anderen Sekten, in denen sich einzelne Personen oder eine Führungsschicht bereichert.

4.6.1 Ein expandierendes System

Aber auch eine Organisation kann zu einem sich ständig bereichernden System werden. Ein System kann eine Dynamik entwickeln, die sie zu immer größerem Wachstum, zu immer größerer Profitgier treibt.

Genau dies geschieht im Falle des Wachtturm-Konzerns.[30] Jedes Jahr vermeldet die WTG in ihren Jahrbüchern stolz, wo auf der Erde welche Bauprojekte in Angriff genommen, welche Immobilien für die Zwecke der Zeugen umgebaut wurden. Der Erfolg, und zwar nicht der geistliche, sondern der wirtschaftliche Erfolg, nimmt immer einen zentralen Stellenwert in den Veröffentlichungen aus Brooklyn ein.

An einer anderen Stelle im Bethel-Prospekt heißt es auch, daß es sich bei dem Bethel um eine *„ordensähnliche Gemeinschaft"*[31] handle, die sich dem *„Dienst Gottes"* widme.

Die persönliche Armut, der Verzicht auf ein Gehalt, der Verzicht auf Rentenversicherung und soziale Absicherungen, das wird bei den Bethel-Mitarbeitern besonders hervorgehoben. Interessant scheint hierbei, was die WTG unter „Armutsgelübde" versteht. Damit ist nicht gemeint, daß man unter Verzicht auf Komfort lebt, sondern daß *„unterschiedslos allen die gleichen Vorkehrungen gewährt werden"*. Und diese dürfen durchaus komfortabel sein!

Allerdings gibt es berechtigte Zweifel, ob wirklich alle Mitglieder eines Bethel unterschiedslos die gleichen „Vorkehrungen" in Anspruch nehmen können. Raymond Franz, ein ehemaliges Mitglied der ‚Leitenden Körperschaft' in der Weltzentrale der WTG, berichtete nach seinem Ausschluß über das Leben im Bethel von Brooklyn. Demnach hat es unter den „Gleichen" noch einige „Gleichere" gegeben:

> „Wäre es mir um Sicherheit und Bequemlichkeit gegangen, so hätte ich mich ganz sicher entschieden zu bleiben, denn den Mitarbeitern in der Weltzentrale wurden alle physischen Bedürfnisse erfüllt. Wegen unserer vielen Dienstjahre stünde uns die freie Auswahl unter den besseren Zimmern zu, die in den vielen

Wohngebäuden der Gesellschaft von Zeit zu Zeit frei wurden. Wir würden mehr als sechs Wochen Urlaub im Jahr haben, und diese könnten, da ich der ‚Leitenden Körperschaft' angehörte, jederzeit mit Gastvorträgen in allen Teilen der USA und Kanadas verbunden werden, oder auch mit Zonenreisen in Gegenden rund um den Erdball. (Die Mitglieder der ‚Leitenden Körperschaft' können ihren Urlaub regelmäßig an Orten verbringen, von denen andere nur träumen.) Allein 1978 waren meine Frau und ich mehr als fünfzigmal mit dem Flugzeug unterwegs. Im Laufe der Jahre hatten wir Reisen nach Mittel- und Südamerika, nach Asien, Europa, Afrika und in den Mittleren Osten unternommen.

Wäre es mein Ziel gewesen, angesehen und prominent zu sein, so hätte ich mir gar nicht mehr wünschen können. Pro Vortragseinladung, die ich im Monat annahm, mußte ich drei bis vier weitere ablehnen. Kam ich nach Paris, Athen, Madrid, Lissabon, Mexiko City, Sao Paulo oder in fast jede andere Weltstadt, so brauchte ich nur dem dortigen Zweigbüro Bescheid zu geben, und schon wurde eine Veranstaltung organisiert, zu der Tausende von Zeugen Jehovas strömten. Vor Menschenmengen von 5 000 bis 30 000 Personen zu sprechen wurde fast etwas Alltägliches. Wohin auch immer ein Mitglied der ‚Leitenden Körperschaft' reist, praktisch immer ist er Ehrengast bei seinen Glaubensgenossen.“[32]

Und an einer andere Stelle:

„Die monatlichen Zuwendungen in Höhe von 14 Dollar [für die Bethelmitarbeiter] reichte oft nicht einmal für das monatliche Fahrgeld zu den Zusammenkünften im Königreichssaal ihrer jeweiligen Versammlung. Wer von wohlhabenden Freunden und Verwandten unterstützt wurde, hatte keine Probleme, doch die anderen konnten sich oft kaum mehr als das zum Leben absolut Notwendige leisten. Mitarbeiter, die aus weit entfernten Landesteilen kamen, […] sahen sich oft außerstande, im Urlaub zu ihrer Familie nach Hause zu reisen, wenn daheim die Kasse knapp war. Und unterdessen mußten sie ständig mitanhören, wie leitende Mitarbeiter durch das ganze Land und zu anderen Kontinenten reisten, dort Vorträge hielten und der Bethelfamilie ihre Grüße ausrichten ließen. Ihnen entging auch nicht, daß die Spitzenbeamten der Gesellschaft in neuen Wagen der Edelmarke Oldsmobile herumfuhren, die auf Kosten der Gesellschaft angeschafft worden waren.“[33]

Die Zeugen Jehovas sind ein Bestandteil eines Systems geworden, in dem jeder einzelne sich selbst ausbeutet, zum Wohl einer Organisation, von der der einzelne nicht durchschauen kann, was sie genau ist, wer dahinter steht, welche Ziele sie wirklich verfolgt. Die Strukturen in diesem System sind so subtil, daß sich ihm der einzelne Mensch vollkommen unterordnet. Er hat keine Chance mehr, sich als individuelle Persönlichkeit zu entwickeln.

Geistgesalbte
Ausgewählte Menschen, die zusammen mit Jesus Christus nach Harmagedon das 1000jährige Reich regieren werden. Die Geistgesalbten kommen als einzige Menschen in den Himmel. Sie unterscheiden sich dadurch von den ‚anderen Schafen‘, die nur das irdische ‚Paradies‘ erleben werden.

Die Kontroll- und Bestrafungsmechanismen der WTG-Ideologie lassen vermuten, daß das Hauptziel der Organisation nicht mehr die Verkündigung Jehovas ist, sondern Wachstum und Vermehrung ihrer Wirtschaftskapazität. Warum wird es sonst den einfachen Anhängern so schwer gemacht auszusteigen? Warum dürfen sie nicht mit Abtrünnigen und Kritikern reden, um selbst zu entscheiden, ob sie von der WTG-Lehre überzeugt sind?

4.6.2 Geld und Glaube

Selbstverständlich kann eine Religionsgemeinschaft Geld verdienen, muß es sogar, wenn sie zur Verbreitung ihrer Überzeugung eine dauerhafte Institution aufbaut. Selbstverständlich kann eine Gemeinschaft auch wirtschaftliche Aktivitäten entfalten. Für uns und viele ehemalige Zeugen stellt sich aber die Frage, inwiefern bei der WTG das Geschäftliche zum Selbstzweck geworden ist. Allein die Tatsache der absoluten Geheimhaltung aller geschäftlichen Aktivitäten stimmt bedenklich. Auch ihre zweifelhaften Methoden, einerseits möglichst viele Vorteile aus den staatlichen Gesetzen zu erzielen, andererseits aber möglichst wenig zu diesem Gemeinwohl beizutragen, stößt auf massive Kritik. Wenn für die WTG ihre wirtschaftlichen Aktivitäten nur im Dienste der Verkündigung stehen, dann könnte sie doch problemlos zumindestens ihren Anhängern regelmäßig eine Bilanz vorlegen. Oder müßte sie dann befürchten, daß die einfachen Zeugen an den Machenschaften der WTG zu zweifeln beginnen und die Organisation verlassen? Wäre es dann zu offensichtlich, daß sie einem Geschäftskonzern dienen und keiner Glaubensgemeinschaft? Daß die Bibelauslegung nicht aus religiösen Gründen, sondern zum Nutzen eines steigenden Geschäftserfolges verändert wird? Müßten die Zeugen erkennen, daß die Zucht in den Versammlungen vor allem deshalb eingehalten wird, um die Geschäftsbilanz aufzufetten?

Auf uns wirken die religiösen Elemente der morgendlichen Bibellektüre im Bethel, des wöchentlichen Wachtturmstudiums und die Mitarbeit der Bethel-Mitarbeiter im Predigtdienst eher wie ein „religiöses Feigenblatt", das die geschäftlichen Aktivitäten nur wenig verhüllen kann.

1 Jahrbuch der Zeugen Jehovas 1995, Selters/Ts., 1995, Seite 30.
2 Hellmund, Dietrich, Die Geschichte der Zeugen Jehovas, Hamburg, 1972, [o. S.].
3 Diese Bezeichnung ist ungenau. Die meisten Mitarbeiter arbeiten tatsächlich ehrenamtlich und damit unentgeltlich. Einige wenige, die im Bethel leben, arbeiten formal auch ohne Bezahlung, erhalten aber als Taschengeld von der WTG eine kleine finanzielle Zuwendung.
4 Der Vortrag liegt auf Tonbandkassette vor.
5 Der Wachtturm - 1. Dezember 1994, Selters/Ts., S. 19.
6 Vergleiche zum Folgenden: Willkommen im deutschen Zweigbüro der Zeugen Jehovas, Selters/Ts., [o.J].
7 So der Bürgermeister von Selters, Norbert Zabel.
8 Jehovas Zeugen – Verkündiger des Königreiches Gottes, Selters/Ts., 1993, S. 346.
9 Gespräch mit Gerd Schreiber-Borchers.
10 Lukas 20, 25 parr (Neue-Welt-Übersetzung): Mit dieser Rede beantwortete Jesus die Frage der Pharisäer, ob man dem Kaiser Steuern zahlen solle.
11 Jehovas Zeugen - Verkündiger des Königreiches Gottes, Selters/Ts., 1993, S. 347 ff.
12 Vergleiche zum Folgenden: Marten, D., „Das Wirtschaftsunternehmen Wachtturm-, Bibel- und Traktatgesellschaft", in: Aus Christlicher Verantwortung 1/1993, Tübingen 1993, S. 18-20.
13 Gemeint sind die Zeugen Jehovas.
14 „Nassauische Neue Presse", 9. Juni 1995.
15 Vgl. Hans-Walter Jungen, Universelles Leben – Die Prophetin und ihr Management, Augsburg 1996.
16 Schätzung des 1995 verstorbenen CDU-Fraktionsvorsitzenden Seidel.
17 Der Wachtturm 15.4.1956, S. 246. Vergleiche: Auch du kannst Harmagedon überleben und in Gottes neue Welt gelangen, Wiesbaden, 1958, S. 287.
18 In Einheit beisammenwohnen, Selters/Ts. 1990, S. 15.
19 Ebd., S. 19.

20 Ebd., S. 28.

21 Ebd., S. 29/30.

22 Brief der WTG, Deutscher Zweig, an die BfA, Berlin aus dem Jahr 1990.

23 Vergleiche zum Folgenden: Marten, D., „Das Wirtschaftsunternehmen Wacht-turm-, Bibel- und Traktatgesellschaft", in: ACV 1/93, S. 13 ff.

24 Jahrbuch der Zeugen Jehovas 1997, Selters/Ts., 1996, S. 33.

25 Das interne Mitteilungsblatt der WTG, das alle Verkündiger regelmäßig erhal-ten. Neben theologische Artikeln gibt es hier auch genaue Anweisungen, wel-che Bücher und Zeitschriften in welchem Monat verbreitet werden sollen. Diese Zeitschrift wird von der WTG übrigens nicht an die Deutsche Bibliothek abge-liefert, obwohl die deutsche Auflage fast 170 000 Exemplare beträgt!

26 Pape, Günter, Die Wahrheit über die Zeugen Jehovas, Rottweil, 1970, S. 46.; Marten, D., „Das Wirtschaftsunternehmen Wachtturm-, Bibel- und Traktat-gesellschaft", in: ACV 1/93, S. 13 ff.

27 Willkommen im deutschen Zweigbüro der Zeugen Jehovas, Selters/Ts., [o.J].

28 So zum Beispiel Azubis der Telekom nach einer Führung durch Selters.

29 Aus: Jehovas Zeugen - Verkündiger des Königreiches Gottes, Selters/Ts., 1993, S. 351.

30 Twisselmann, Hans-Jürgen, Der Wachtturmkonzern der Zeugen Jehovas – An-spruch und Wirklichkeit, Gießen, 1995.

31 Willkommen im deutschen Zweigbüro der Zeugen Jehovas, Selters/Ts., o.J.

32 Franz, Raymond, Der Gewissenskonflikt, München, 1988, S. 218 f.

33 A. a. O., S. 74 f.

5. Die Präsidenten: treue Sklaven?

Fünf Millionen Zeugen Jehovas schauen ehrfürchtig nach Brooklyn, New York. Dort, in der Weltzentrale der Wachtturm-Gesellschaft, residieren die elf Männer, die derzeit an der Spitze der irdischen Organisation Jehovas stehen. Sie sind – ihrem nicht gerade bescheidenen Selbstverständnis nach – die „leitende Körperschaft" und der „Kanal Gottes". Biblisch gesprochen verstehen sie sich nach Matthäus 24, 45 als der „treue und verständige Sklave, den sein Herr über seine Hausknechte gesetzt hat, um ihnen ihre [geistige] Speise zur rechten Zeit zu geben".

Die Präsidenten der WTG und ihre leitende Körperschaft – die es de facto erst seit 1976 gibt – haben allerdings nicht viel gemein mit dem verklärten Bild, das sie von sich selbst zeichnen. Es sind tüchtige Geschäftsleute, die im Laufe von Jahrzehnten einen expandierenden Konzern aufgebaut haben und Lehrfragen bedenkenlos ihren Geschäftsinteressen unterordnen.

Auch wenn heute die Machtbefugnisse der WTG in den Händen eines Kollegiums liegen, ist es wie eh und je der Präsident, der den Kurs der Organisation mitbestimmt. Die Persönlichkeit und das Lebensschicksal der Präsidenten haben die Geschichte der Zeugen Jehovas wesentlich geprägt.

5.1 Charles T. Russell – Ein „Pastor" mit Sinn fürs Geschäft

5.1.1 Der Geschäftsmann

Der Geschäftssinn wurde Charles Taze Russell bereits in die Wiege gelegt. Sein Vater Joseph L. Russell war Besitzer eines florierenden Textilwarengeschäftes, an dem er seinen zweitgeborenen Sohn Charles

Die WTG zeichnet gerne ein verklärtes Bild von ihrem Gründer und ersten Präsidenten Charles T. Russell (1852–1916). Doch das „ernste Bibelforschen" nahm nur einen Teil seiner Interessen in Anspruch. Mit untrüglichem Geschäftssinn baute er eine florierende Firma auf.

schon früh beteiligte. Geboren wurde Charles Russell am 16. Februar 1852 in Allengheny (Pennsylvanien, USA), das heute zu Pittsburgh gehört.[1] Seine Eltern waren schottisch-irischer Abkunft, die Mutter verlor er bereits im Alter von neun Jahren. Der Junge wurde für den kaufmännischen Beruf ausgebildet und war bereits im Alter von elf Jahren – in anderen WTG-Darstellungen allerdings erst mit fünfzehn (!)[2] – Teilhaber im Geschäft seines Vaters. In der Folge baute er mit seinem Vater eine ganze Firmenkette auf und leitete schließlich eine Reihe von Läden selbst.

Der berufliche Erfolg schien ihn nicht zu befriedigen, sein religiöses Interesse erwachte.[3] Doch auch die Religion ließ sich bald mit geschäftlichen Interessen verbinden. Nachdem der gebürtige Presbyterianer zu den Kongregationalisten gewechselt war und sich dort besonders an den Lehren von der Vorherbestimmung und dem ewigen Höllenfeuer gestoßen hatte, schloß er sich den Adventisten an. 1870 gründete er eine eigene Bibelstudiengruppe. Sechs Jahre später lernte er den Herausgeber des „Herald of the Morning", Nelson H. Barbour, kennen, beteiligte sich an seiner Zeitschrift und rettete sie durch finanzielle Zuwendungen. 1877 gab er seine Tätigkeit im Bekleidungsgeschäft auf und widmete sich ausschließlich seiner religiösen Tätigkeit. Für seine Geschäftsanteile erhielt er einen Betrag von einer Viertelmillion Dollar. Diese immense Summe war ein bedeutendes Startkapital für sein religiöses Unternehmen.[4] Nun ging alles Schlag auf Schlag. Nach dem Zerwürfnis mit Barbour gründete Russell 1879 seine eigene Zeitschrift, „Zions Wachtturm und Verkünder der Gegenwart Christi". Zwei Jahre später folgte als wirtschaftliches Standbein für die Zeitung die Gründung der Wachtturm-Gesellschaft, die 1884 mit dem Status einer Aktiengesellschaft gesetzlich eingetragen wurde.

Den Beginn der Zeugen Jehovas markierte also nicht die Gründung einer neuen Religionsgemeinschaft oder gar Kirche, sondern die Eröffnung eines Unternehmens, das mit der Herstellung und dem Vertrieb einer Zeitschrift beschäftigt war. 1915, ein Jahr vor Russells Tod, erreichte sie bereits eine Auflage von 55 000 Stück – gegenüber den 6 000 Exemplaren der ersten Ausgabe.

Gileadschule
Fünfmonatige Ausbildung von ausgewählten Zeugen Jehovas zu Missionaren, die dann von der Wachtturm-Gesellschaft in ‚Entwicklungsgebiete‘ geschickt werden, um die Ausbreitung der Zeugen Jehovas zu forcieren. Voraussetzung zum Besuch der Gileadschule ist, daß man sich bereits als Vollzeitdiener bewährt hat. In erster Linie werden organisatorisches Wissen und Sprachkenntnisse vermittelt.

Dieser Erfolg kam nicht von ungefähr. Russell verstand es geschickt, dank der langjährigen kaufmännischen Erfahrung im Betrieb seines Vaters, die Firma kontinuierlich zu vergrößern. Als beispielsweise „The Last Trump", eine Konkurrenzzeitung mit ähnlichen Inhalten und Zielsetzungen wie der „Wachtturm", in finanzielle Nöte geriet, übernahm er kurzerhand deren Herausgeber in seine Redaktion und erhielt dafür im Gegenzug die Kundenkartei.[5] Abgesehen von seinem beträchtlichen Startkapital und seinem Geschäftssinn, vertraute Russell auf einen weiteren wichtigen unternehmerischen Faktor: die Produktionskosten so gering wie möglich zu halten. Damit Mitarbeiter für geringes Taschengeld bei freier Kost und Logis die WTG-Literatur herstellten, gründete Russell die „Bethelfamilie", die bis heute nach demselben Prinzip funktioniert. Auch was den kostengünstigen Vertrieb des „Wachtturms" betraf, war Russell einfallsreich. Er rief in flammenden Appellen seine Leser und Anhänger dazu auf, wenigstens die Hälfte ihrer Zeit dem Predigtdienst zu widmen und bei der Suche nach „ernsten Christen" seine Literatur zu vertreiben. Russell war ein erstaunliches PR-Talent. Er stellte den großen Tageszeitungen seine Predigten zur Verfügung, um als „Pastor Russell" einen größeren Bekanntheitsgrad zu erreichen. Ab 1890 führte ihn die Suche nach neuen Absatzmärkten auf ausgedehnte Reisen nach Europa und Australien.

Der gigantische wirtschaftliche Erfolg, den die WTG bis heute verzeichnen kann, kam also nicht erst im Laufe der Jahre als störendes oder wesensfremdes Beiwerk zu einem religiösen Unternehmen dazu, sondern lag durch die Persönlichkeit des Gründers Russell bereits in der Wiege der Organisation.

5.1.2 Der charismatische Führer

Charles T. Russell nur als Geschäftsmann zu sehen, würde allerdings zu kurz greifen. Um so viele Menschen von seinen Ideen begeistern zu können, muß er auch eine starke Persönlichkeit mit charismatischer Ausstrahlung gewesen sein. Es ist heute, nach Jahrzehnten verehrender WTG-Literatur, naturgemäß schwierig, seinen Charakter nachzuzeichnen. Seine Mitarbeiter attestierten ihm Güte, Freundlichkeit und würdigen Ernst. Er galt als großzügig und war in Diskussionen ein wortgewandter Gesprächspartner, dem auch seine Gegner Respekt zollten. Er reiste unermüdlich herum, um die zahlreichen Bibelstudiengruppen in den USA und Kanada zu besuchen und biblische Vorträge zu halten. Dabei war er ein Autodidakt, der niemals ein College besucht hatte. Kritik brachte ihm allerdings ein, daß er sich mit dem Titel „Pastor" schmückte, der auf keine offiziell anerkannten Qualifikationen zurückging. Doch es dürfte gerade seine Laien-Theologie gewesen sein, die seine Zeitgenossen beeindruckt hat. Seine Lehre zielte auf ein persönliches Glaubensleben, auf die persönliche Hinwendung zu Christus und die Abkehr vom sündigen Treiben. Dabei – und das war im Vergleich mit anderen Erweckungsbewegungen erstaunlich – bediente er sich keiner gefühlsbetonten Sprache, sondern argumentierte rational und appellierte an den Verstand der Menschen.

Neben der geschäftlichen Tätigkeit und seinen Vortragsreisen war Russell auch schriftstellerisch ungeheuer produktiv. Er soll nach Darstellung der WTG 50 000 (!) Druckseiten geschrieben haben. Das ist zwar mehr als übertrieben, tatsächlich hat er aber neben den zahlreichen Wachtturm-Artikeln sechs umfangreiche Bände „Schriftstudien" verfaßt.

Charles T. Russell war in seinem religiösen Engagement von einem hohen Sendungsbewußtsein getragen und von der Richtigkeit seiner Lehren und seines Bibelverständnisses absolut überzeugt. Durch ihn wolle Gott den Menschen bislang verschlossene Wahrheiten der Bibel zugänglich machen. 1907 bezeichnete er sich in einem Wachtturm-Artikel gar als „Gottes Mundstück": „Nein, die Wahrheiten, die wir als Gottes Mundstück vortragen, sind uns nicht in Gesichten und Träumen offenbart worden, nicht durch eine hörbare Stimme Gottes, auch nicht zugleich auf einmal, sondern allmählich fortschreitend, besonders seit 1870, und ganz besonders seit 1880."[6] Es ist daher klar, daß die Menschen ohne seine Schriften und Lehren die Bibel gar nicht richtig verstehen können. Russell behauptete zwar nicht, selbst „inspiriert" zu sein – besonders, nachdem sich die Vorhersagen für 1914 nicht erfüllt hatten –, verstand sich jedoch sehr wohl als der „Kanal Gottes", als der „treue und verständige Knecht", der den die Menschen die geistige „Speise" Gottes weitergibt: „Nach unserem Verständnis wird dieser Knecht oder Verwalter, der als Kanal dient, die Speise, die er verteilen soll, nicht selber herstellen ... Er

H

Harmagedon
Krieg, der das Ende der Welt einleitet (Offb 16,16). In einem blutigen Kampf werden alle Feinde Gottes, die unter der Führung Satans stehen, endgültig vernichtet. Danach beginnt das 1 000jährige Friedensreich. Bis Oktober 1995 waren die Zeugen der Meinung, daß dieser Krieg beginnt, wenn noch Menschen leben, die das Jahr 1914 erlebt haben. Jetzt ist der Beginn für diesen Endkampf offen.

wird die Wahrheit ... als Gabe seines Herrn den anderen Knechten seines Herrn und dem Haushalt weitergeben."[7]

Sein Selbstbewußtsein als „Kanal Gottes" hinderte Russell allerdings nicht daran, einen peinlichen Fehltritt zu begehen, der ihn vor aller Welt als Lügner bloßstellte: Um seinen Ruf als Bibelgelehrter sicherzustellen, schreckte er nicht davor zurück, vor Gericht einen Meineid zu schwören. Als einer seiner Kritiker, J.J. Ross, im Jahr 1912 eine Broschüre gegen den „selbsternannten ‚Pastor' Charles T. Russell" herausbrachte und behauptete, Russell sei der biblischen Sprachen nicht mächtig, klagte Russell – und verlor. Vor Gericht befragt, ob er das griechische Alphabet kenne, hatte er es zunächst bejaht. Als man ihm aber ein griechisches Neues Testament vorlegte und aufforderte, die griechischen Buchstaben vorzulesen, war er überfordert und mußte zugeben, die Sprache nicht zu beherrschen.

5.1.3 Der Autokrat

Die WTG möchte gerne glauben machen, daß die heutige leitende Körperschaft bereits in die Anfänge der Organisation zurückgeht. Dem ist allerdings nicht so. Bis in die 70er Jahre lag die Leitung des Unternehmens fest in der Hand des jeweiligen Präsidenten. Den Grundstock dazu hatte ebenfalls bereits Charles T. Russell gelegt. Er hatte den „Wachtturm" als seine ganz persönliche Zeitschrift gegründet und war ihr alleiniger Herausgeber. Auch den Kurs der Wachtturmgesellschaft bestimmte er allein – was nicht verwunderlich ist. Brachte er doch den größten Teil des Firmen-Vermögens ein. Bei seinem Tod verfügte er über ein Sechstel der Anteilscheine, der Rest verteilte sich auf 600 Anteilscheininhaber. Damit war ihm die Entscheidungsgewalt sicher. Die sieben Direktoren und anderen leitenden Angestellten, die in der WTG-Literatur heute als erste leitende Körperschaft hingestellt werden, hatten dabei keinerlei Entscheidungsbefugnis. Russell selbst 1894 im Originalton: „Da Schwester Russell und ich über 3 705 von insgesamt 6 383 Stimmanteilen verfügen, wählen wir natürlich die Vorstandsmitglieder aus und haben damit die Kontrolle über die Gesellschaft. Damit waren die Vorstandsmitglieder auch von Anfang an einverstanden. Sie sollten vereinbarungsgemäß nur im Fall unseres Ablebens in Funktion treten."[8]

5.1.4 Sein Ehedebakel

Einen häßlichen schwarzen Fleck, den selbst die WTG-Literatur nicht übergehen kann, bekam Charles T. Russells weiße Weste durch die Scheidung von seiner Frau Maria. Zu seinen Lebzeiten wurde die Affäre von der Presse genüßlich ausgeschlachtet.[9]

Russell hatte Maria Frances Ackley im Jahr 1879, noch vor der Gründung der Wachtturm Bibel- und Traktatgesellschaft, geheiratet.[10] Seine Frau bekam in der Organisation – entgegen heutiger Gepflogenheiten – eine verantwortungsvolle Stellung. Sie war während einer Reihe von Jahren Direktionsmitglied der Gesellschaft und hatte neben der Tätigkeit als Sekretärin auch die wichtige Funktion einer Kassiererin inne.[11] Darüber hinaus schrieb sie als Redakteurin des „Wachtturms" selbst Artikel für die Zeitschrift. Grund für das Zerwürfnis mit ihrem Mann war – nach offizieller WTG-Darstellung –, daß sie nach mehr Einfluß in der Organisation strebte. Das liest sich so: „Dann wurde das Verhältnis [Anm.: zu ihrem Mann] dadurch untergraben, daß man Maria schmeichelte und an ihren Stolz appellierte ... Sie wollte sich ein stärkeres Mitspracherecht sichern bei der Entscheidung, was im *Wacht-Turm* erscheinen sollte."[12] Als Maria Russell merkte, daß keiner ihrer Artikel veröffentlicht wurde, wenn Russell mit dem Inhalt nicht einverstanden war, „geriet sie völlig aus der Fassung". Das hatte zur Konsequenz, daß sie ab 1896 nicht mehr zum Redaktions-Team gehörte, und sich ein Jahr später von ihrem Mann trennte.

Anderen Berichten zufolge ging es nicht so sehr um *ihre*, sondern um *seine* Artikel. So klagte Russell, daß „nichts mehr ganz recht sei für den *Wacht-Turm*, außer was sie geschrieben hatte, und ich wurde beständig

124

mit Vorschlägen von Abänderungen in meinen Artikeln belästigt".[13] Es rührte der Streitpunkt aber wohl an eine noch prinzipiellere Frage, nämlich ob eine Frau überhaupt lehren dürfe oder nicht. Folgerichtig wird in der WTG-Literatur die Trennung Maria Russells von ihrem Mann mit dem „Aufstand" Mirjams, der Schwester des Mose, gegen ihren Bruder gleichgesetzt.[14]

Maria Russell gehörte jedenfalls noch bis zum Jahre 1900 dem Direktorium der Gesellschaft an.[15] 1903 reichte sie die Scheidung ein, die einige Jahre später – die Angaben schwanken zwischen 1906 und 1908 – gültig vollzogen wurde. Das Urteil lautete auf Trennung von Tisch und Bett sowie Zahlung von mehreren tausend Dollar.[16] Interessant ist die Scheidungsklage, die Maria Russell gegen ihren Mann einbrachte. Sie warf ihm seelische Grausamkeit und unrechtes Verhalten gegenüber anderen Frauen vor. Die WTG-Literatur beeilt sich festzustellen, daß Russell nicht des Ehebruchs beschuldigt worden sei. Das ist auch richtig, die Anschuldigungen zielten vielmehr auf körperliche Kontakte Russells mit seiner Adoptivtochter Rose Ball. Aufsehen erregte folgende Aus-

Ein Bild aus glücklichen Tagen.
Die Harmonie zwischen Charles T. Russell und seiner Frau Maria währte 13 Jahre. Aufgrund von Rivalitäten in der WTG-Führung, aber auch wegen Russels unzüchtigem Verhalten gegenüber seiner Adoptivtochter, kam es zur Scheidung.

sage, die er ihr gegenüber gemacht haben soll: „Ich bin wie eine Qualle; ich schwimme überall herum. Ich berühre diese und jene, und wenn sie reagiert, nehme ich sie zu mir – wenn nicht, schwimme ich weiter zu anderen."[17] Russells Ansehen litt infolge der in der Presse hochgespielten „Quallen-Affäre" beträchtlich. Für die WTG-Literatur sind das natürlich falsche Beschuldigungen. Bedenkenswert ist in diesem Zusammenhang jedenfalls ein „Gelübde", das Russell öffentlich ablegte und in der Folge auch von allen seinen Anhängern verlangte: Niemals einen Raum zu betreten, wo sich ein weibliches Wesen allein befinde, es sei denn, es handle sich um ein Familienmitglied.

Russell erhob wiederholt Einspruch gegen das Scheidungsurteil – ohne Erfolg. Tatsächlich gereichte es der Persönlichkeit des ersten WTG-Präsidenten nicht gerade zu Ehre. Es lautete: „Sein Verhalten seiner Frau gegenüber zeigt einen derart ausgeprägten Egoismus und so extravagantes Eigenlob, daß die Geschworenen davon überzeugt sind, daß sein Verhalten ihr gegenüber von ständiger Herrschsucht geprägt war, so daß dadurch das Leben jeder christlichen Frau zu einer Last und ihre Lage unerträglich werden mußte."

5.2 Joseph F. Rutherford – Der „Richter" als Diktator

5.2.1 Der Taktiker

Als die Ernsten Bibelforscher und ihre Organisation, die WTG, nach Russells Tod 1916 in eine schwere Krise gerieten, ging ein Mann als Sieger aus dem Kampf um die Nachfolge hervor: der Anwalt Joseph Franklin Rutherford.[18] Rutherford war bereits seit 1907 Rechtsberater Russells und der Wachtturm-Gesellschaft. Als solcher hatte er daran mitgearbeitet, die Entscheidungsgewalt beim Präsidenten zu konzentrieren. Nun wollte er die Früchte seiner Bemühungen ernten. Das Testament Russells, das eine Dezentralisierung der Macht vorsah, setzte der gewiefte Jurist gekonnt außer Kraft. Russell hatte neben dem siebenköpfigen Direktorium ein Herausgeber-Komitee von fünf Männern vorgesehen, das für die Zeitschrift „Wachtturm" verantwortlich zeichnen sollte – Rutherford war dafür übrigens nicht nominiert. Einem zweiten

Fünfer-Komitee hatte Russell seine Stimmrechte an der WTG übertragen.

Als Rutherford 1917 auf der Jahreshauptversammlung der Gesellschaft zum neuen Präsidenten gewählt wurde, begann er Schritt für Schritt mit der Machtübernahme. Das Gremium zur Verwaltung von Russells Stimmrechte schaltete er aus, indem er diese Anteile überhaupt annullierte. Juristische Begründung: Mit dem Tod Russells seien naturgemäß auch seine Stimmrechte erloschen. Als es kurz nach der Amtsübernahme zu Auseinandersetzungen zwischen ihm und vier der sieben Direktoren kam, weil er ihrer Ansicht nach zu eigenmächtig vorging, setzte er sie kurzerhand ab. Dabei kam ihm ebenfalls sein juristisches Wissen zugute. Er fand heraus, daß die Direktoren zwar von Russell bestellt, aber nie bei einer Jahreshauptversammlung bestätigt worden waren, weshalb ihre Entlassung rein rechtlich möglich war. Rutherford entließ die aufmüpfigen Direktoren und ersetzte sie durch Männer seines Vertrauens. Auch das Wachtturm-Herausgeber-Komitee setzte er außer Kraft, als es 1925 gegen die Veröffentlichung eines seiner Artikel Einwände erhob.

H

Heimbibelstudium
Kostenloses, aber nicht folgenloses Angebot an Nicht-Zeugen, die Bibel kennenzulernen. Das Studium führen Zeugen einer örtlichen Versammlung mit Interessierten durch. Studiert wird allerdings nicht die Bibel, sondern ein Buch der Wachtturm-Gesellschaft. Lediglich die angegebenen Bibelstellen werden nachgeschlagen. Das Heimbibelstudium dient dazu, in die Lehren der Wachtturm-Gesellschaft einzuführen und auf die Taufe vorzubereiten.

5.2.3 Der falsche Richter

Nach allem, was aus J.F. Rutherfords Leben bekannt ist, war er es gewohnt, sich durchzusetzen. Er hatte es sich von Jugend auf angewöhnt. Am 8. November 1869 wurde er als Sohn eines Farmers in Missouri geboren. Als der 16jährige das College besuchen wollte, erlaubte es ihm sein Vater nur unter der Bedingung, daß er nicht nur sein Studium selbst finanzierte, sondern auch eine Hilfskraft bezahlte, die an seiner Stelle auf der Farm arbeiten sollte. Der junge Rutherford lieh sich Geld von einem Freund und absolvierte das Jurastudium. Während des Studiums verdiente er sich Geld als Gerichtsstenograf und als Verkäufer von En-

Die Gemütlichkeit des Bildes trügt. Joseph F. Rutherford (1869–1942), der zweite Präsident der WTG, verfolgte einen autoritären, zentralistischen Kurs, der die Gemeinschaft der Ernsten Bibelforscher zu einer straffen Organisation umformte.

zyklopädien. Laut WTG-Darstellung war das der Grund, daß er mit den Ernsten Bibelforschern in Berührung kam. Da er bei seinen Haus-zu-Haus Verkaufstouren oft schroff abgewiesen wurde, habe er sich geschworen, „daß, wenn er Anwalt würde und je ein Bücherverkäufer in sein Büro käme, er ihm Bücher abkaufen würde".[19] Als 1894 zwei WTG-Kolporteurinnen bei ihm auftauchten, kaufte er ihnen Bücher ab und war davon so angetan, daß er der Gesellschaft einen Brief schrieb. 1906 ließ Rutherford sich taufen.

Auch Rutherford schmückte sich, ähnlich wie „Pastor" Russell, unrechtmäßigerweise mit einem Titel. Obwohl er sich zeitlebens „Richter" Rutherford nannte, hatte er ein solches Amt niemals inne gehabt. Er half lediglich bei seiner frühen Gerichtstätigkeit in Missouri als stellvertretender Richter aus, wenn der ordentliche Richter verhindert war. Nichtsdestotrotz kann Rutherford als blendender Jurist bezeichnet werden, der sich auf die hohe Kunst der Verhandlungstaktik verstand. Das kam ihm auch in seiner Tätigkeit für die WTG zugute. So trat er 1915 anstelle des erkrankten Russell zu einem öffentlichen Rede-Duell mit einem baptistischen Prediger an. Es war zu erwarten, daß der Prediger vor allem auf die unerfüllten Endzeitprophezeiung von 1914 eingehen würde. Rutherford schloß wenige Tage vor der Veranstaltung ein schriftliches gentlemen-agreement mit dem Prediger, daß man bei dem Streitgespräch keinesfalls über persönliche Dinge sprechen würde. Um der Vereinbarung Nachdruck zu verleihen, sollte jeder 1 000 Dollar als Garantie hinterlegen. Wenige Minuten vor Beginn des Duells nahm Rutherford seinen Gegner noch einmal beiseite und schärfte ihm ein, daß er aufgrund der Vereinbarung keine Personen angreifen, nicht einmal Präsident Russell beim Namen nennen dürfe. Der Prediger war darob stark verunsichert und mußte sich in aller Kürze eine neue Strategie zurechtlegen. Rutherford ging als klarer Sieger hervor.[20]

5.2.4 Der „Theokrat"

Die Persönlichkeit Rutherfords, die nach einer Machtkonzentration in seinen Händen verlangte und dies geschickt durchsetzte, drückte der Wachtturm-Gesellschaft insgesamt seinen Stempel auf. Unter dem Schlagwort „theokratische Organisation" führte er eine zentralistische Leitung ein. Gott Jehova galt als oberster Befehlsgeber, demokratische Strukturen waren daher ausgeschlossen. Hatten zur Zeit Russells noch die einzelnen Versammlungen ihre Ältesten gewählt, machte Rutherford dem ein Ende. Streitpunkt war nämlich, daß Rutherford den Vertrieb der Literatur vorantreiben wollte, viele Älteste sich aber nicht in die Rolle eines WTG-Bücherverkäufers fügten. Da Rutherford die Ältesten nicht einfach absetzen konnte, stellte er zunächst jeder Versammlung einen Dienstleiter an die Spitze. 1932 ging er einen Schritt weiter. Unter dem Titel „theokratische Organisation" erklärte er in einem Wachtturm-Artikel das Wählen von Ältesten für unbiblisch. Sechs Jahre später forderte er alle Versammlungen auf, eine Resolution anzunehmen, wonach alle leitenden Funktionäre vom jeweiligen Zweigbüro eingesetzt werden mußten. Begründung im „Wachtturm" von 1938: „Jehovas Organisation ist in keiner Weise demokratisch. Jehova ist der Höchste, und seine Herrschaft oder Organisation ist streng theokratisch."[21]

Der autoritäre, um nicht zu sagen diktatorische Charakterzug Rutherfords spiegelte sich aber nicht nur im Umgang mit Machtstrukturen und Mitarbeitern wider, sondern auch in seinem Umgang mit der Glaubenswahrheit. Als er einmal seinem biblisch äußerst versierten Mitarbeiter, dem späteren Präsidenten Fred Franz, eine neue Ansicht mitteilte, ließ er sich keineswegs davon beeindrucken, als dieser ihm erläuterte, sie sei biblisch nicht haltbar. Er verlangte darüber hinaus von Franz, einen Wachtturm-Artikel über die neue Lehrmeinung zu schreiben. Daß die Bibel seinen Ansichten widersprach, schien Rutherford nicht zu stören.[22]

5.2.5 Der Blamierte

Angesichts seines taktischen Talents mutet es seltsam an, daß sich Rutherford einmal zu einer irrationalen und vollkommen ungeschickten Aktion hinreißen ließ: Als er mit großer Propaganda den neuen Endzeittermin für 1925 veröffentlichte! In der Broschüre „Millionen jetzt lebender Menschen werden nie sterben" (1920) sagte er dezidiert voraus, daß sich das Königreich Jehovas, das 1914 im Himmel begonnen habe, 1925 auf der Erde ausbreiten werde. Es folgte ein mehrjähriger „Millionenfeldzug", bei dem in Form von Plakaten, Zeitungsannoncen und einer Vielzahl von Vorträgen für die Prophezeiung Rutherfords geworben wurde. In Büchern erging man sich in anschaulichen Details über die Beschaffenheit der neuen Welt: Jerusalem werde die Hauptstadt sein mit schnellen Verbindungen in alle Richtungen, es werde köstliche Früchte im Überfluß geben, jeder werde ein Häuschen mit Garten haben, in dem er seine Angehörigen nach der Auferstehung empfangen werde.

Als das Jahr 1926 kam, ohne daß etwas aufsehenerregendes eingetroffen wäre, hieß es im „Wachtturm" lediglich: „Einige dachten, daß das Werk 1925 enden würde, aber der Herr hat dies nicht gesagt." Während die WTG-Literatur in gewohnter Manier ihre Niederlagen verschleierte, entschlüpfte Rutherford im internen Kreis die ganze Frustration seiner Niederlage: „Ich habe mich lächerlich gemacht".[23]

5.2.6 Im Haus der Fürsten

Die Prophezeiung des baldigen Endes hatte eine weitere kuriose Auswirkung, die der WTG eine spöttelnde Presse einbrachte: „Beth Sarim", das „Haus der Fürsten" in San Diego im südlichen Kalifornien. Die WTG hatte 1929 ein großes Grundstück erworben und dort ein Haus bauen lassen. Es sollte den „treuen" Männern der alttestamentlichen Zeit wie Abraham, Josef und David, an deren baldiges Kommen noch vor dem Ende der Zeit man glaubte, als Wohnung dienen. Bis zu deren Auferstehung wurde es jedoch vom Präsidenten und anderen leitenden Funktionären der WTG als Urlaubsdomizil benutzt. Besonders Rutherford suchte es häufig zur Erholung auf und verbrachte dort vor allem die Winter wegen seines Lungenleidens. Das „Haus der Fürsten" entsprach durchaus seinem Hang zum standesgemäßen Lebensstil. Das ehemalige Mitglied der leitenden Körperschaft, Raymond Franz, der in seiner Jugend einige Tage in dem Haus verbrachte, schreibt darüber: „Ich weiß noch, wie mir dieser Ort etwas unwirklich vorkam. San Diego war zwar eine schöne Stadt, und das Gebäude war ein wunderschöner Wohnsitz für wohlhabende Leute, doch mir konnte nicht einleuchten, weshalb die Menschen, von denen ich in der Bibel gelesen hatte, ein Interesse daran haben konnten, hier ihren Wohnsitz zugewiesen zu bekommen. Irgend etwas schien nicht zu passen."[24]

Als das Haus 1948 verkauft wurde, stand in einer Lokalzeitung spöttisch zu lesen, daß „Daniel und die anderen bei ihrem Eintreffen nun selbst für ihre Unterkunft sorgen" müßten.[25]

Hilfspionierdienst
Verpflichtung von Zeugen Jehovas, sich eine begrenzte Zeit ausschließlich dem Predigtdienst zu widmen. Mit diesem besonderen Engagement soll die Tätigkeit der allgemeinen Pioniere unterstützt werden. Zeugen Jehovas sind angehalten, während der Urlaubszeit als Hilfspioniere zu arbeiten. Hilfspioniere predigen in der Regel 60 Stunden im Monat.

In Beth-Sarim, dem Ort der Hoffnung auf die neue Welt, war es, wo Rutherford am 8. Januar 1942 sein Leben beschloß. Getrauert wurde um ihn kaum. Er hinterließ eine kränkliche Frau Mary, die lange Jahre von ihm getrennt gelebt hatte, und den gemeinsamen Sohn Malcolm, der an der Religion seines Vaters kein Interesse zeigte.[26]

5.3 Nathan H. Knorr – Der Manager am Beginn einer neuen Ära

5.3.1 Die neue Ära

Mit dem Tod von Präsident Rutherford brach für die WTG eine neue Ära an. Hatten bisher 60 Jahre lang zwei führungsstarke Männer die Geschicke der WTG bestimmt, die als Einzelpersönlichkeit neben der geschäftlichen Organisation auch eine Vielzahl von Schriften und neue Lehren produzierten, fehlte nun ein ebenbürtiger Nachfolger. An ihre Stelle trat ein leistungsfähiges Team, das vorerst jedoch das Machtmonopol des Präsidenten unangetastet ließ.[27] In einem unspektakulären Machtwechsel wurde Nathan H. Knorr vom Vorstand zum neuen Präsidenten gewählt. Einer seiner engsten Mitarbeiter – und ab 1945 auch Vi-

zepräsident – wurde der exzellente Bibelkenner Fred Franz, auf dessen
Wissen sich bereits Rutherford verlassen hatte. Als persönlichen Sekretär berief er Milton Henschel, der ihn ab 1945 auf seinen ausge-
dehnten Weltreisen begleitete. Beide, Franz und Henschel, folgten
Knorr als Präsidenten nach. Die neue Epoche, die für die WTG nach dem
Tod Rutherfords anbrach, war also maßgeblich von diesen drei Männern
bestimmt. Henschel bestimmt sie noch heute mit.

5.3.2 Der kühle Manager

Nathan Homer Knorr, am 23. April 1905 in Bethlehem (Pennsylvanien,
USA) geboren, hatte sich bereits als 16jähriger den Ernsten Bibelforschern angeschlossen. Zwei Jahre später ließ er sich taufen und trat in
den hauptberuflichen Dienst im „Bethel" ein. Er arbeitete im Verwal-
tungsbereich und machte rasch Karriere. Bereits als 27jähriger war er
verantwortlicher Koordinator für das gesamte Druckereiwesen, im Alter
von 35 wurde er Rutherfords Vizepräsident.

Nicht nur, was seine steile Karriere in der WTG betrifft, entspricht
Knorr dem Typ eines modernen Managers. Auch seine Persönlichkeit

*Mit Nathan H. Knorr
(1905–1977) kam ein
Managertyp an die Spitze
der WTG. Mit moderenen
Methoden der Betriebsführung,
zu denen auch ausgedehnte
Weltreisen gehörten, machte
er aus der WTG ein multi-
nationales Unternehmen.*

dürfte dem Klischee sehr nahe kommen. Als Präsident verhielt er sich seiner Umgebung gegenüber zwar freundlich und korrekt, jedoch ohne zwischenmenschliche Regungen erkennen zu lassen. Er wahrte stets eine kühle Distanz. So berichtet Hans-Jürgen Twisselmann, der Nathan Knorr 1955 bei einem Kongreß persönlich erlebte, wie sich der Präsident gegen die herandrängenden „gewöhnlichen" Zeugen schützte: indem er sich in Schweigen hüllte und durch sie „hindurchsah". Doch auch was seine Mitarbeiter im Bethel betraf, zeigte er wenig Gespür für den Umgang mit Menschen. Als ein langjähriger Bethel-Mitarbeiter an einer äußerst schmerzhaften Nervenentzündung erkrankte, vermutete Knorr, es handle sich nicht um ein körperliches, sondern um ein seelisches Leiden. Anstatt einen Arzt mit der Untersuchung zu beauftragen, unterhielt er sich mit ihm über mögliche Probleme im Eheleben. Um dem Mitarbeiter zu mehr körperlicher Betätigung zu verhelfen, versetzte er ihn in die Druckerei, ohne zu bedenken, welche Qual diese Arbeit für ihn bedeutete. Erst Jahre später wurde das Leiden von einem Arzt chirurgisch behandelt.[28]

Unter Freunden konnte sich Knorr als offener Gesprächspartner erweisen. Raymond Franz bezeichnet ihn in seinem Buch als umgänglichen, oft warmherzigen Menschen, mit dem man gerne zusammen war, wenn er nicht seine „Präsidentenrolle" spielte. Seine Persönlichkeit sei aber wegen des Amtes oft nicht sichtbar gewesen.[29]

5.2.3 Der Money-Maker

Nathan Knorr hatte den Ruf, ein absoluter Fachmann in Geldangelegenheiten zu sein. So berichtete der frühere Leiter des Wiener Zweigbüros, Walter Voigt, über ein einschlägiges Erlebnis mit dem Präsidenten. Als es darum ging, ein deutsches Jahrbuch herauszugeben, habe Knorr gefragt, wieviele Zeugen Jehovas im deutschsprachigen Raum als Leser in Frage kämen. Dann zückte er seinen Notizblock, rechnete kurz nach und sagte: „Well, we can make much money ..." – Wir können eine Menge Geld machen.

Unter der Maxime des Geldmachens stand daher auch seine Präsidentschaftszeit von 1942 bis 1977. Er führte moderne Wirtschaftsprinzipien in die WTG-Organisation ein, die sich an der Verbesserung der Produktion, der Steigerung von Umsatzzahlen und der Erschließung neuer Absatzmärkte orientierten. Noch ein anderes modernes Management-Prinzip führte er ein: die Mitarbeiter-Schulung. Die Zeugen Jehovas sollten die Literatur nicht mehr als einfache Kolporteure verbreiten, sondern als eloquente Prediger. Damit sollte auch der Anschein des Hausierens, des Literaturverkaufs als Selbstzweck, vermieden werden. Bereits ein Jahr nach seiner Amtsübernahme, 1943, leitete er ein großangelegtes Schulungswerk ein. In der Nähe von New York City wurde die Bibelschule „Gilead" errichtet, wo auch heute noch in fünfmonatigen Kursen jüngere Zeugen zu Missionaren ausgebildet werden. Auf Versammlungs-Ebene führte man die „Theokratische Predigtdienstschule" ein, bei der die Zeugen einmal wöchentlich in der Versammlung Gesprächsführung trainieren.

Einen psychologisch äußerst geschickten Effekt hatte die Einrichtung von Kreis-, Bezirks-, und internationalen Kongressen. Hier konnten sich die Zeugen, die im Alltag immer eine Minderheit waren, als Teil einer großen Masse erleben, als Teil der „neuen Welt", die die Vernichtung des bestehenden Systems erwartet. Diesem neuen Zusammengehörigkeitsgefühl der Anhänger dienlich war auch die Schaffung einer eigenen Bibelübersetzung – zunächst des Neuen Testaments –, die 1950 bei einem Kongreß im New Yorker Yankee-Stadion präsentiert wurde.

5.3.4 Bereinigung der „Wahrheit"

Auch was die WTG-Lehre betrifft, legte Präsident Knorr die Kühle eines Managers an den Tag. War die Ära Rutherfords noch von zahlreichen, sprunghaften Lehränderungen geprägt, führte er eine Kontinuität ein. Problematische Lehren von Rutherford änderte man jetzt nicht ab, „verpackte" sie aber neu, so daß ihnen einerseits ihre Schärfe genommen wurde, die Anhänger aber auch nicht verunsichert wurden. So war die Bibelstelle Römer 13, 1–7, wo der Apostel Paulus die Christen zum Gehorsam gegenüber der staatlichen Gewalt aufruft, von Rutherford auf den Gehorsam gegenüber Jehova uminterpretiert worden. Das bedeutete für Zeugen Jehovas, daß sie Gott mehr gehorchen müßten als staatlichen Regierungen, ein Gebot, das während des Nazi-Regimes in Deutschland und bei Verfolgungen in afrikanischen Staaten blutige Höhepunkte fand. Schritt für Schritt und dezidiert 1963 führte die WTG den eigentlichen Sinn der Schriftstelle, den auch Russell schon vertreten hatte, wieder ein. In der Praxis bedeutete das, daß Zeugen Jehovas sich nun bemühen sollten, mit Regierungen und Behörden gut auszukommen. Der Grund dafür war ein ganz pragmatischer: Nur wer friedlich mit staatlichen Stellen auskommt, kann in Ruhe seinen Geschäften nachgehen. Auch eine zweite Änderung paßt in dieses Bild des neuen „Arrangements" mit der „Welt": Die Verteufelung der anderen Religionsgemeinschaften mußte aufgegeben werden. Hatte Rutherford die Kirchen als „Religionisten" verurteilt und gelehrt, die WTG sei *keine* Religion, wurde ab 1953 vertreten, die Zeugen Jehovas hätten die *wahre* Religion. Auch hier liegt der pragmatische Grund auf der Hand: Wer den Status einer anerkannten Religionsgemeinschaft gewinnen möchte, um den sich die Zeugen in europäischen Ländern schon lange bemühen, kann sein Selbstverständnis nicht allein von der rechtlichen Stellung als eingetragener Verein beziehen!

Daß sich Präsident Knorr bei Fragen der Unternehmensführung auf sichererem Boden fühlte als in Fragen des Glaubens kam in einer Sitzung der Leitenden Körperschaft ans Licht. Während die WTG-Führung ihre Anhänger auf unbedingten Gehorsam gegenüber ihren Lehren verpflichtet, leistet sie sich selbst so manchen Zweifel. Präsident Knorr sagte im Zusammenhang mit der Endzeitprophezeiung von 1975 über das Jahr 1914: „Bei manchen Dingen bin ich mir sicher: Ich weiß, daß Jehova unser Gott ist, daß Christus Jesus sein Sohn ist, daß Jesus sein Leben als Lösegeld für uns gab, daß es eine Auferstehung gibt. Bei anderen Dingen bin ich mir nicht so sicher. Zum Beispiel bei 1914. Davon reden wir schon sehr lange. Es mag sein, daß wir recht haben. Ich will es hoffen."[30]

Jehova
Name Gottes. Entgegen den Erkenntnissen der modernen Bibelwissenschaften halten die Zeugen Jehovas an diesem Gottesnamen fest. Das Wort ‚Jehova' entsteht durch die Verbindung der Konsonanten des alttestamentlichen Gottesnamens **Jahwe** und den Vokalen des hebräischen Gottestitels **Adonai** (Herr). Die Zeugen behaupten, daß nur diejenigen, die den Namen ‚Jehova' für Gott kennen und benutzen, in das 1 000jährige Friedensreich gelangen können. An einigen wenigen Stellen läßt die Wachtturm-Gesellschaft durchblicken, daß sie um die Richtigkeit von ‚Jahwe' als alttestamentlichen Gottesnamen weiß. Trotzdem verpflichtet sie die Zeugen auf den Titel „Jehova".

5.3.5 Eine „leitende Körperschaft", die nicht leitet

Was die Leitung des Unternehmens WTG betrifft, war Präsident Knorr von weniger Zweifeln befallen. Es war klar, daß er als Präsident die Entscheidungsgewalt über die organisatorische und inhaltliche Ausrichtung hatte, obwohl gerade unter seiner Amtszeit der Ausdruck „leitende Körperschaft" häufiger gebraucht wurde.[31] Mit diesem Begriff waren die sieben Direktoren der WTG gemeint. Doch bis Mitte der siebziger Jahre hatten diese – genauso wie unter der Präsidentschaft Russells und Rutherfords – de facto nichts zu leiten. Augenfällig wurde das dadurch, daß Knorr 1949 die Direktoren mit der Tatsache konfrontierte, daß eine Bibelübersetzungskommission die „Neue-Welt-Übersetzung" des Neuen Testaments vorgenommen hatte und diese druckfertig vorlag. Die Direktoren hatten von der Existenz der Übersetzungskommission, ja nicht einmal vom Plan einer WTG-Bibelübersetzung etwas gewußt – obwohl es sich dabei um eines der größten Projekte handelte, die die WTG je in Angriff nahm!

Als das Gremium mehr Macht für sich beanspruchte, wehrten sich Präsident Knorr und Vizepräsident Fred Franz bis zuletzt dagegen. 1971 wurde dann endlich ein Gremium geschaffen, das zumindest den Namen „leitende Körperschaft" trug und anfangs aus elf, später aus 18 Mitgliedern bestand. Zu leiten hatte es allerdings immer noch nichts.

De facto sah die Tätigkeit der Leitenden Körperschaft so aus, daß die Tagesordnungspunkte für die wöchentlichen Sitzungen allein von Präsident Knorr bestimmt wurden. Beschlüsse über die einzelnen Punkte kamen durch eher zufällige Abstimmungsergebnisse zustande. Die Mitglieder hatten keine Gelegenheit, sich inhaltlich darauf vorzubereiten. In den Wachtturm-Artikeln wurden die Ergebnisse aber als Gebote Jehovas präsentiert, die von den Zeugen unbedingten Gehorsam erforderten! Alle Entscheidungsbefugnis über Organisation und Lehre lag somit trotz der formellen Existenz einer Leitenden Körperschaft bei Präsident Knorr.

Der Unmut der Gremiumsmitglieder darüber gipfelte – nach langen vergeblichen Diskussionen über eine mögliche Neustrukturierung der Machtbefugnisse im Mai 1975 – in einem emotionalen Ausruf von Granz Suiter, einem Mitglied des Gremiums: „Wenn wir jetzt eine leitende Körperschaft sein sollen, dann soll es aber auch losgehen mit dem Leiten! Ich habe bisher jedenfalls noch nichts zu leiten gehabt."[32]

Knorr hatte sich schon 1971 in emotionaler Weise gegen die Umstrukturierung gewehrt. Die Änderungswünsche seiner Mitarbeiter faßte er als gegen ihn persönlich gerichtet auf. Er unterstellte, man sei mit seiner Arbeit nicht zufrieden und wolle ihm seine Verantwortung und seine Arbeit wegnehmen. Die Vorstellung, man könne die Aufgaben, die er vorher allein erledigt hatte, einem Kollegium anvertrauen, reizten regelrecht seinen Zorn. Seiner Ansicht nach sollte sich die Leitende Körperschaft lediglich mit den „geistigen Dingen" beschäftigen.

Als wiederholte Klagen von Bethelmitarbeitern über die negative Stimmung in der Weltzentrale und den ungeheuren Leistungsdruck laut wurden, kam es 1975 zur längst fälligen Umgestaltung. Präsident Knorr überraschte dabei zuerst selbst mit dem Antrag, Beschlüsse sollten künftig mit einer Zweidrittelmehrheit gefällt werden. Obwohl es nun so aussah, als würde bezüglich der Leitenden Körperschaft all das verwirklicht, was seit Jahrzehnten im „Wachtturm" geschrieben stand, kam es noch zu einer großen Auseinandersetzung. Präsident Knorr hatte anscheinend unüberwindliche Schwierigkeit damit, Teile seiner Machtbefugnisse abzutreten. Bei Vorträgen vor den 1 200 Bethelmitarbeitern in Brooklyn polemisierte er gegen die geplante Organisationsreform. Da brach der erregte Satz aus ihm heraus, das „wird es nur über meine Leiche geben". Diesen Worten kommt beinahe prophetische Bedeutung zu. Die Umstrukturierung, die am 1. Januar 1976 in Kraft trat, überlebte Knorr nur um eineinhalb Jahre – er starb am 8. Juni 1977. Seine Managementfähigkeiten hatten nicht so weit gereicht, sich mit dem modernen Prinzip der Aufgabenteilung abzufinden.

5.4 Frederick W. Franz – Der Bibelgelehrte mit Sendungsbewußtsein

Frederick William Franz hat beinahe die gesamte Epoche der Zeugen Jehovas selbst miterlebt und noch dazu an entscheidender Stelle mitgestaltet.[33]

Sein Neffe Raymond Franz beschreibt ihn als „Führerpersönlichkeit" mit starker charismatischer Ausstrahlung. Sein persönlicher Einfluß auf

Im Alter von 85 Jahren wurde Frederick W. Franz (1893–1992) zum Präsidenten der Leitenden Körperschaft gewählt und blieb es bis zu seinem Tod im wahrhaft biblischen Alter von 99 Jahren.

die Leitende Körperschaft ist sehr groß gewesen, auch wenn er die Macht nach den neuen Statuten mit dem Kollegium teilen mußte. Das gesamte Lehrgebäude nach dem Tod von Präsident Rutherford war praktisch sein Werk.[34] Er hatte ein umfassendes Bibelwissen und war ein originärer Schreiber mit der Fähigkeit, neue Bibelauslegungen mit geschickten Argumentationsketten zu untermauern. Seine Achtung vor der Bibel ging dabei über die der WTG-Lehre hinaus. Er scheute sich nicht, seinem Neffen auch Bibelkommentare katholischer und protestantischer Theologen zu empfehlen und ließ es zu, daß in dem achtbändigen Werk „Hilfe zum Verständnis der Bibel" (1971) Ansichten geäußert wurden, die mit der Organisationsform der WTG nicht in Einklang standen. Später wirkte er daran mit, auf Versammlungsebene nach biblischen Vorbild die Ältestenschaft wieder einzuführen, die Rutherford abgeschafft hatte. Fred Franz hatte auch dem Bibelübersetzungskomitee für die Neue-Welt-Übersetzung angehört. Da er als einziger Griechisch gelernt hatte, kann sie als sein Werk bezeichnet werden.

5.4.1 Ein Gelehrter mit Macht

Präsident Knorr, der selbst nicht so gut Bücher schreiben konnte und sich nicht in biblische Studien vertiefen mochte, stützte sich in biblischen Fragen und als Hauptverfasser der WTG-Schriften auf Fred Franz. Insofern hatte dieser bereits seit dem Beginn der Präsidentschaft Knorrs einen großen Einfluß auf die Organisation. Fragen, die der Leitenden Körperschaft vorgelegt werden sollten, wurden in der Regel zwischen Knorr und Franz unter vier Augen abgesprochen. Auch die Hauptartikel für den Wachtturm wurden vom Vizepräsidenten gegengelesen. Während die Schreibabteilung im allgemeinen große redaktionelle Freiheit besaß, durfte in Artikel, die Franz verfaßt hatte, nicht mehr eingegriffen werden.[35]

Der Einfluß, den sich Frederick William Franz in der WTG erworben hatte, beruhte aber nicht nur auf seiner Bibelkompetenz, sondern auch auf der großen Anzahl von Jahren, die er bereits in der Organisation tätig war. Er wurde am 12. September 1893 in Covington (Kentucky, USA) geboren. Nach der High-School studierte er an der Universität Cincinnati Geisteswissenschaften.[36] Da er presbyterianischer Prediger werden wollte, besuchte er zwei Jahre lang Griechischkurse. Er erhielt sogar ein Stipendium für die Universität Oxford in England, das er aber nie nutze. Von seinem Bruder Albert hatte er Literatur der Ernsten Bibelforscher erhalten und war davon so begeistert, daß er sich von den Presbyterianern trennte und 1913 von Zeugen taufen ließ. Im Mai 1914 verließ er die Universität und wurde – wohl in Erwartung des von Russell vorhergesagten Endes – Kolporteur der WTG. In das zentrale Bethel in Brooklyn trat er 1920 ein, wo er über 70 Jahre, bis zu seinem Tod 1992, in leitender Stellung blieb. Bereits Präsident Rutherford hatte ihn als Autor für den „Wachtturm" eingesetzt. 1945 wurde er Vizepräsident unter Knorr, bis er 1977 selbst das Präsidentenamt übernahm.

5.4.2 Der Prophet

Auch Fred Franz war wie seine Vorgänger von einem tiefen Sendungsbewußtsein durchdrungen. 1941 war er gemeinsam mit Nathan Knorr und Hayden Covington ans Sterbebett von Präsident Rutherford nach Beth-Sarim gerufen und mit ihnen zusammen beauftragt worden, sein Werk weiterzuführen. Franz war davon überzeugt, bei diesem denkwürdigen Ereignis von Rutherford den „Prophetenmantel" übernommen zu haben – in Analogie zu der Mantel-Übergabe des Propheten Elija an Elischa in 2 Könige 2,1–14.[37] Er vertrat seinem Neffen Raymond gegenüber auch die Meinung, er sei der einzig „rechtmäßige" Lehrer der Christenversammlung – neben wenigen anderen, die er nicht namentlich nannte. Konkret äußerte sich das darin, daß er als Lehrer in der „Gilead"-Schule für Ansichten eintrat, die der offiziellen Lehre widersprachen und erst nachträglich von der Leitenden Körperschaft angenommen und im Wachtturm veröffentlicht wurden.[38]

Wahrscheinlich ist es mit diesem großen Sendungsbewußtsein zu erklären, daß Fred Franz nach den ausgebliebenen Endzeitterminen von 1914 und 1925, die er selbst miterlebt hatte, den abenteuerlichen Schritt einer neuen Endzeitvorhersage für das Jahr 1975 wagte. In dem 1966 erschienen Buch „Ewiges Leben – in der Freiheit der Söhne Gottes" lenkte er das erste Mal die Aufmerksamkeit auf 1975. In seiner 1969 erschienenen Broschüre „Tausend Jahre Frieden nahen" wurde er noch konkreter – sie glich auffällig der „Millionenbroschüre" Rutherfords, die fast ein halbes Jahrhundert vorher entstanden war.

Während sein Neffe Raymond in Vorträgen davor warnte, die Erwartungen der Zeugen für 1975 zu hoch zu schrauben, war der Vizepräsident Franz fest von seiner Vorhersage überzeugt: „Ja, warum sollten sie denn *keine* großen Erwartungen haben? Das *muß* einen doch begeistern!"[39] Selbst als sogar in der Leitenden Körperschaft im Jahr 1975 besorgte Stimmen laut wurden, man könne zu detaillierte Voraussagen gemacht haben, ließ Franz sich nicht bremsen. Erst nachdem das erwartete Jahr ohne nennenswerte Ereignisse verstrichen war, spielte die WTG ihre Voraussagen wieder herunter. Fred Franz, der im Dezember 1992 starb, hatte wohl bis zuletzt gehofft, den Krieg von Harmagedon zu erleben.

5.5 Milton G. Henschel – Ein Mann des status quo

Über den seit 1992 amtierenden Präsidenten der WTG ist kaum etwas bekannt. Weder berichtete die WTG-Literatur über ihn – seine Wahl wurde einige Monate später im „Wachtturm" nur mit einem Satz erwähnt – noch verlauten aus internen Kreisen detailliertere Informationen. Dabei ist auch er bereits seit etlichen Jahrzehnten in der Weltzentrale in Brooklyn tätig.

Milton Henschel ist der erste WTG-Präsident, der von Geburt an Zeuge Jehovas ist. Am 9. August 1920 wurde er in Ponoma (New Jersey, USA) in eine alte Bibelforscher-Familie geboren.[40] Schon seine

Milton G. Henschel (geb. 1920) ist derzeit der Mann an der Spitze der leitenden Körperschaft und damit von fünf Millionen Zeugen Jehovas. Er wird den straffen, konservativen Kurs der WTG weiterführen.

Großeltern waren Anhänger Russells. 1934 ließ sich der 14jährige taufen und trat in den Bethel-Dienst ein. Als Nathan Knorr das Präsidentenamt übernahm, war Henschel sein persönlicher Sekretär und begleitete ihn auf einer Reise durch Europa, die der Reorganisation nach dem Krieg diente.[41] Man sorgte für Nahrungsmittel und Kleidung und half den Zweigbüros, ihre Tätigkeit wieder aufzunehmen. In den folgenden Jahren begleitete Henschel den Präsidenten auf seinen Reisen rund

um die Welt. Er kümmerte sich gemeinsam mit Knorr um die Verwaltungsaufgaben der WTG[42] und war ab dem Jahr 1976 – der Umstrukturierung der Leitenden Körperschaft – Mitglied des Verlagskomitees und des Vorsitzendenkomitees.

5.5.1 Der konservative Pragmatiker

Milton Henschel hatte eine gute Stellung innerhalb der Leitenden Körperschaft. Er war schon nach dem Tod von Nathan Knorr als Nachfolger im Gespräch, plädierte aber selbst für die Wahl von Fred Franz zum neuen Präsidenten.[43] Raymond Franz, ehemaliges Mitglied der Leitenden Körperschaft, urteilt über ihn: „Milton Henschel, ein hochgewachsener und meist sehr ernst wirkender Mann, beteiligte sich selten an den Diskussionen. Wenn er es aber tat, dann meist mit großer Bestimmtheit und Endgültigkeit."[44] Er nahm in der Leitenden Körperschaft jedenfalls immer eine konservative Stellung ein und sprach sich häufig für die Beibehaltung des Status quo aus.[45] So kam es 1978 in der Leitenden Körperschaft zu Abstimmungen, ob die geltende Ablehnung des Zivildienstes geändert werden sollte. Die WTG vertrat ja die Ansicht, daß Zeugen Jehovas nicht nur keinen Militärdienst, sondern nicht einmal den Zivildienst leisten dürfen, den viele Staaten den Militärdienstverweigerern aus Gewissensgründen einräumen. Im Jahr 1978 gab es nach kritischen Anfragen von einzelnen Zeugen in Brooklyn Diskussionen darüber in der Leitenden Körperschaft. Die Zweidrittelmehrheit für eine Änderung

WELTZENTRALE
DER ZEUGEN JEHOVAS

Das ist die Weltzentrale der Zeugen Jehovas in Brooklyn, New Jersey, USA, an deren Spitze Milton Henschel und die Leitende Körperschaft steht. Die WTG hat keine Hemmungen, sich vor ihren Anhängern als expandierendes Wirtschaftsunternehmen zu präsentieren. Es ist doch alles nur Teil eines riesigen Predigtwerkes zu Ehren Jehovas.

wurde nur mit einer Stimme verfehlt. Aufgrund dieser Stimme saßen in den folgenden 18 Jahren junge Zeugen im Gefängnis, weil sie glaubten, bei der Absolvierung des Zivildienstes gegen ein göttliches Gebot zu verstoßen. Henschel gehörte damals zu der Minderheit, die für Beibehaltung des Zivildienstverbots war.

Henschels Maxime lautete stets, so Raymond Franz, „praktikable" Wege für delikate Fragen zu finden. Damit meinte er, es sei wichtiger, die Interessen der weltweiten Organisation als Ganzes im Auge zu behalten statt die Interessen einzelner. Umgekehrt formuliert wird es deutlicher: Einzelne können für das Wohl der Organisation geopfert werden. Henschel im Originalton: „Wenn wir den Brüdern *das* erlauben, wer weiß, wie weit sie dann noch gehen werden."[46] Der Reaktion von Raymond Franz, daß es nicht der Leitenden Körperschaft, sondern allein Gott zustehe, etwas gutzuheißen oder zu verbieten, fand bei ihm keine besondere Resonanz.

142

Ein weiteres Beispiel dafür, daß der jetzige WTG-Präsident ein kühler Pragmatiker ist, zeigte sich im Umgang mit dem ausgebliebenen Endzeittermin von 1975. Als 1976 innerhalb der Leitenden Körperschaft die Diskussion aufkam, man sollte in einem Wachtturm-Artikel eingestehen, daß sich die WTG geirrt habe, war der heutige Präsident dagegen: „Milton Henschel hielt es für das Ratsamste, die Sache einfach totzuschweigen; nach einiger Zeit würden dann auch die Brüder nicht mehr davon reden."[47]

Dieses Persönlichkeitsprofil von Milton Henschel, das sich aus den spärlichen Informationen zeichnen läßt, deutet nicht darauf hin, daß sich

Königreichsherrschaft Gottes
Die Zeugen Jehovas gehen davon aus, daß Gott selbst durch seinen König Jesus die Herrschaft über die Erde übernehmen wird. Die Königreichsherrschaft wurde mit der unsichtbaren Inthronisation Jesu im Himmel im Jahre 1914 eingeleitet. Im Krieg von Harmagedon werden alle irdischen Regierungen gestürzt, bevor Jesus die Weltherrschaft antritt. Die ‚Leitende Körperschaft' sieht sich als verlängerter Arm Gottes, der die Königreichsherrschaft auf Erden vorbereitet. Ihren Anweisungen und Veröffentlichungen kommt beinahe göttliche Qualität zu.

in der Leitung der WTG etwas ändern dürfte. Die Organisation wird weiter auf einen wirtschaftlichen Expansionskurs setzen. Notwendige Lehränderungen werden daher den geänderten Zeitumständen angepaßt werden. Das beweist bereits die jüngst fallengelassene Lehre über die „Generation von 1914" (siehe Kapitel 7). Eines wird es jedenfalls mit Sicherheit nicht mehr geben: einen neuen Endzeittermin. Zu oft schon mußte die WTG damit eine schmähliche Niederlage einstecken. Wie die Glaubensgemeinschaft der Zeugen Jehovas das Fehlen eines konkreten Datums verkraften wird – ihr wesentlicher Ursprung ist ja die Erwartung eines baldigen Weltendes –, läßt sich noch nicht abschätzen. Derzeit sieht es so aus, als biete die wirtschaftliche Potenz ausreichend Substanz, um die Gemeinschaft „im Innersten" zusammenzuhalten.

1 Jehovas Zeugen – Verkündiger des Königreiches Gottes, Selters/Ts., 1993, S. 42.

2 Jehovas Zeugen in Gottes Vorhaben, Wiesbaden 1960, S. 17.

3 Vgl. Hans-Jürgen Twisselmann, Der Wachtturm-Konzern der Zeugen Jehovas. Anspruch und Wirklichkeit, Gießen 1995, S. 27–69.

4 Franz Stuhlhofer, Charles T. Russell und die Zeugen Jehovas. Der unbelehrbare Prophet, Berneck, ²1992, S. 31.

5 Hans-Jürgen Twisselmann, Der Wachtturm-Konzern der Zeugen Jehovas. Anspruch und Wirklichkeit, Gießen 1995, S. 47–49.

6 Zitiert nach Raymond Franz, Der Gewissenskonflikt, München 1988, S. 59.

7 Zitiert nach Franz Stuhlhofer, Charles T. Russell und die Zeugen Jehovas. Der unbelehrbare Prohet, Berneck, ²1992, S. 60; Vgl. S. 54–61.

8 Wachtturm, 25. April 1894, zitiert nach Raymond Franz, Der Gewissenskonflikt, München 1988, S. 59.

9 Vgl. Hans-Jürgen Twisselmann, Der Wachtturm-Konzern der Zeugen Jehovas. Anspruch und Wirklichkeit, Gießen 1995, S. 61–63.

10 Jehovas Zeugen – Verkündiger des Königreiches Gottes, Selters/Ts. 1993, S. 645–647.

11 Jehovas Zeugen in Gottes Vorhaben, Wiesbaden 1960, S. 45.

12 Zitiert nach Jehovas Zeugen – Verkündiger des Königreiches Gottes, Selters/Ts. 1993, S. 645.

13 Zitiert nach Franz Stuhlhofer, Charles T. Russell und die Zeugen Jehovas. Der unbelehrbare Prophet, Berneck, ²1992, S. 242.

14 Jehovas Zeugen in Gottes Vorhaben, Wiesbaden 1960, S. 45.

15 Raymond Franz, Der Gewissenskonflikt, München 1988, S. 59.

16 Jehovas Zeugen in Gottes Vorhaben, Wiesbaden 1960, S. 45.

17 Zitiert nach Hans-Jürgen Twisselmann, Der Wachtturm-Konzern der Zeugen Jehovas. Anspruch und Wirklichkeit, Gießen 1995, S. 61f.

18 Vgl. Hans-Jürgen Twisselmann, Der Wachtturm-Konzern der Zeugen Jehovas. Anspruch und Wirklichkeit, Gießen 1995, S. 86–163; Raymond Franz, Der Gewissenskonflikt, München 1988, S. 60–65.

19 Jehovas Zeugen – Verkündiger des Königreiches Gottes, Selters/Ts. 1993, S. 67.

20 Hans-Jürgen Twisselmann, Der Wachtturm-Konzern der Zeugen Jehovas. Anspruch und Wirklichkeit, Gießen 1995, S. 96f.

21 Zitiert nach Hans-Jürgen Twisselmann, Der Wachtturm-Konzern der Zeugen Jehovas. Anspruch und Wirklichkeit, Gießen 1995, S. 123.

22 Raymond Franz, Der Gewissenskonflikt, München 1988, S. 65.

23 Ebd.

24 Ebd.

25 Zitiert nach Hans-Jürgen Twisselmann, Der Wachtturm-Konzern der Zeugen Jehovas. Anspruch und Wirklichkeit, Gießen 1995, S. 161f.

26 Raymond Franz, Der Gewissenskonflikt, München 1988, S. 22.

27 Zietiert nach Hans-Jürgen Twisselmann, Der Wachtturm-Konzern der Zeugen Jehovas. Anspruch und Wirklichkeit, Gießen 1995, S. 164–205.

28 Raymond Franz, Der Gewissenskonflikt, München 1988, S. 228f.

29 Ebd.

30 Zitiert nach Raymond Franz, Der Gewissenskonflikt, München 1988, S. 209.

31 A. a. O., S. 68.

32 Zitiert nach Raymond Franz, Der Gewissenskonflikt, München 1988, S. 77.
33 Zitiert nach Hans-Jürgen Twisselmann, Der Wachtturm-Konzern der Zeugen Jehovas. Anspruch und Wirklichkeit, Gießen, 1995, S. 240–253
34 Raymond Franz, Der Gewissenskonflikt, München 1988, S. 28–30, 328
35 Ebd.
36 Jehovas Zeugen – Verkündiger des Königreiches Gottes, Selters/Ts. 1993, S. 111
37 Raymond Franz, Der Gewissenskonflikt, München 1988, S. 87
38 Ebd.
39 Ebd.
40 Zitiert nach Hans-Jürgen Twisselmann, Der Wachtturm-Konzern der Zeugen Jehovas. Anspruch und Wirklichkeit, Gießen 1995, S. 253
41 Jehovas Zeugen – Verkündiger des Königreiches Gottes, 1988, S. 82
42 Raymond Franz, Der Gewissenskonflikt, München 1988, S. 82
43 Ebd.
44 Ebd.
45 Ebd.
46 Ebd.
47 Ebd.

„Meine Mutter hat uns von klein auf in die Versammlungen und zum Predigtdienst mitgenommen. Ich habe mich dabei oft fürchterlich geschämt. Man geht ja meistens im eigenen Wohnbezirk, in denen die Mitschüler und ihre Eltern die Ansprechpartner sind. Ich bin dafür furchtbar gehänselt worden. Ich war im Kindergarten und in der Schule eine Außenseiterin, schon allein deshalb, weil ich mir keine Freunde suchen durfte. In der Pause, wenn die anderen beisammen sitzen, bleibt man am besten auf seinem Platz und darf mit ihnen weder reden noch blödeln noch sonst irgendetwas. Ich habe mich da streng daran gehalten. In der Volksschule gab es zwar einen anderen Zeugen-Jungen, mit dessen Familie wir auch privat Kontakt hatten. Aber wir zwei waren die Außenseiter. Wir durften bei keinem Faschingsfest mitmachen, uns nicht verkleiden, nicht mitspielen. Ich habe von zu Hause nicht einmal die fünf Schilling bekommen für einen Krapfen und einen Himbeersaft, wie es alle anderen Kinder hatten, weil es ja ein heidnisches Fest ist. Ob das stimmt, weiß ich bis heute nicht, das ist mir auch egal. Ich feiere heute alle Feste, Fasching, Weihnachten, Geburtstag, Silvester, Ostern, alles. Es gibt ja auch keinen Muttertag bei den ZJ. Wir waren auch da ausgeschlossen, weil alle Muttertagskarten schrieben und Gedichte lernten. Dasselbe bei den Weihnachtsvorbereitungen, den Adventsfeiern jeden Samstag. Wir mußten dabei den Raum verlassen, nicht von der Lehrkraft, sondern von den Eltern aus. Wir mußten uns auf den Gang stellen, in der Volksschule zu zweit, später alleine. Das ist ein Wahnsinn für ein Kind. Von den Mitschülern wurde ich natürlich sehr verspottet."

Sylvia Wolf

„Ich bin bereits im Vorschulalter zu den Zeugen Jehovas gekommen. Als meine Eltern umzogen, hat meine Mutter durch eine Nachbarin die Zeugen kennengelernt. In der Schule hatte ich als Zeugin einige Probleme. Nicht weil mich die anderen Kinder abgelehnt hätten, sondern weil ich mich selber ausgegrenzt gefühlt habe... Mir selber war es immer unangenehm, daß ich ständig aussteigen mußte. Bei den Weihnachtsfeiern bin ich in der Klasse geblieben und ruhig dabeigesessen und habe mir gedacht: Eigentlich gehörst du nicht dazu."

Beate Frauendorfer

6. Ihr seid kein Teil der Welt

6.1 Die Außenseite und die Innenseite

Irgendwie hat jeder schon einmal mit Zeugen Jehovas Kontakt gehabt und sich ein Urteil über sie gebildet. Sicher, gelegentlich empfindet man sie als aufdringlich, aber kaum jemand hat ein wirklich negatives Bild von ihnen. Man empfindet sie eher als seltsam, da sie sehr zurückgezogen leben und kaum zwischenmenschliche Kontakte, etwa mit den Nachbarn, pflegen. In der Schule fallen die Kinder von Zeugen auf ähn-

Zeugen Jehovas zu unbedingten Freiheitsstrafen verurteilt
Der Einberufung widersetzt

SALZBURG (SN-neu). „Ich werde es wieder tun. Es ist meine Gewissensentscheidung." Mit diesen Worten verantwortete sich am Donnerstag vor dem Salzburger Einzelrichter Mag. Donabauer ein 20jähriges Mitglied der Glaubensgemeinschaft der „Zeugen Jehovas", das sich wegen eines Vergehens nach dem Militärstrafgesetz zu verantworten hatte. Der junge Mann hatte zunächst dem Einberufungsbefehl mit dem Hinweis auf seinen Glauben nicht Folge geleistet.
Als ihn die Militärstreife schließlich in die Salzburger Schwarzenbergkaserne brachte, weigerte er sich, Kleidung zu fassen und „leichte Reinigungsarbeiten" durchzuführen. Er wisse aber, daß er gegen Gesetze verstoße, habe jedoch eine Entscheidung getroffen und werde diese immer wieder fällen. „Wie lange wollen Sie das durchstehen?" wollte der Richter von dem Angeklagten wissen. Seine Antwort: „Mein ganzes Leben lang, wenn es sein muß." Der Mann wurde zu eineinhalb Monaten unbedingter Haft verurteilt."[1]

liche Weise auf: Am Klassenleben, das über den normalen Unterricht hinausgeht, dürfen sie sich nur in Ausnahmefällen beteiligen. Wer über den Arbeitsplatz Kontakt zu Zeugen hat, weiß, daß sie nach sehr strengen Maßstäben leben. So sind die Zeugen nicht bereit, den Wehrdienst abzuleisten. Lieber gehen sie ins Gefängnis.

Das von der Wachtturm-Gesellschaft aufgebaute System von Regeln, Verhaltensmaßstäben und Anweisungen wirkt auf Außenstehende meist abstrus und undurchsichtig. Die Zeugen Jehovas sind jedoch nicht einfach nur bibeltreue Exoten, die ihre fundamentalistische Lebensweise für sich allein praktizieren. Ihre Lehre stellt eine Gefahr für einzelne Menschen und Familien dar.

6.2 Kinder und Schule

Lehrer, die ein Kind von Zeugen Jehovas in ihrer Klasse unterrichten, müssen sich darauf gefaßt machen, daß die Eltern zu einem Gespräch vorbeikommen.

Ziel dieses Gesprächs ist es, dem Lehrer klar zu machen, an welchen Schulaktivitäten ihr Kind aus Glaubensgründen nicht teilnehmen kann. Zu guter Letzt bekamen sie die 32seitige Broschüre „Jehovas Zeugen und die Schule"[2] in die Hand gedrückt.

Dieses 1983 in englisch und deutsch erschienene Heft wird seit März 1997 durch die neue Broschüre „Jehovas Zeugen" und die Schulbildung"[3] abgelöst, die in einer englischen Erstauflage von fünf Millionen Stück (!) gedruckt wurde. Der Grundtenor in beiden Heften ist der gleiche, allerdings ist die neue Broschüre viel geschickter angelegt. Das ist ein neuerlicher Hinweis darauf, daß die WTG im Umgang mit dem „bösen System der Dinge" immer gewandter wird. Von den zahlreichen Vorschriften,

Aktivitäten, die verpönt sind

Die folgenden Aktivitäten sind bei Zeugen Jehovas verpönt, oder die WTG rät dringend davon ab. Wer sich an ihnen beteiligt, hat mit Konsequenzen zu rechnen, die bis zum Ausschluß führen können. Die Liste stellt dabei nur einen Auszug dar.

- Alkoholische Getränke im Übermaß
- Ärztliche Behandlung mit Bluttransfusionen
- Auffällige Kleidung
- Besitz von religiösen oder weltlichen Symbolen
- Beteiligung an außerschulischen Aktivitäten
- Blutspenden
- Drogen nehmen
- Ehrgeiz in der Berufsausbildung
- Fluchen
- Geburtstage feiern
- Glücksspiele
- Grüßen der Landesfahne
- Homosexualität
- Kontakt mit Ausgeschlossenen pflegen
- Lesen alter Wachtturm-Literatur
- Lesen von WTG-kritischer Literatur
- Militärdienst oder Zivildienst (bis Mai 1996 verboten) leisten
- Nachahmung von Stars
- Namenstag feiern
- Neujahr feiern
- Nationalhymne singen
- Ostern feiern
- Partys und Diskotheken besuchen
- Politische Feiertage begehen
- Politische Symbole verehren
- Rauchen
- Rockkonzerte besuchen
- Schulbälle besuchen
- Schultheater
- Sich wählen lassen
- Singen von Nationalhymnen
- Singen von religiösen Liedern

- Sportliche Aktivitäten
- Spenden für Hilfsorganisationen
- Sylvester feiern
- Tätigkeit in Vereinen
- Teilnahme an religiösen Veranstaltungen von anderen Religionen
- Teilnahme an der Sexualerziehung
- Teilnahme an Wahlen
- Tragen von Trauerkleidung
- Verabredungen ohne Heiratsabsichten
- Verehrung von Pop- oder Filmstars
- Vorehelicher Geschlechtsverkehr
- Wählen gehen
- Weihnachten feiern
- Zweifel an der Wachtturm-Organisation und deren Lehren

Quelle: Zeugen Jehovas und die Schule, Selters/Ts., 1983 und andere Wachtturm-Publikationen

mit denen sie ihre Jugendlichen von der „Welt" fernzuhalten versucht, ist sie nämlich in keiner Weise abgerückt. Mit Hilfe aufklärerischer Begriffe wie „Gewissensfreiheit" versteht es die sonst so aufklärungsfeindliche Organisation immer besser, um Verständnis für ihr Lehrsystem zu werben.

Diese ganze Verbotsliste, die sich, soweit sie Jugendliche betrifft, in der „alten" Schul-Broschüre findet, wurde in der neuen Ausgabe weggelassen. Dahinter steckt wohl die berechtigte Befürchtung, daß eine lückenlose Aufzählung der verbotenen Dinge auf Lehrer eher abschreckend wirken dürfte, als daß sie Sympathie für die WTG-Lehren weckte. Einer Änderung der Lehre in der Weise, daß sich junge Zeugen Jehovas nun stärker am Leben der „Welt" beteiligen dürfen, ist damit nicht angedeutet. Denn wenn die WTG das strenge Korsett, in das sie ihre Zeugen Jehovas zwängt, aufzuschnüren begänne, würde die Gemeinschaft rasch auseinanderfallen. Das weiß sie ganz genau!

6.2.1 Gründe für die Verbote

Die Schul-Broschüre eignet sich gut, um zu demonstrieren, mit welchen Argumentationsstrukturen die WTG ihr Lehrsystem festigt.

Schülerbälle: Wie der Sport kann auch das Tanzen eine gesunde, nützliche Betätigung sein. Offensichtlich hieß Jesus Christus das Tanzen gut, denn er erwähnte es im Gleichnis vom verlorenen Sohn in Verbindung mit einer angebrachten Feier (Lukas 15:25). Es mag Ihnen jedoch aufgefallen sein, daß jugendliche Zeugen Jehovas gewöhnlich nicht an Schülerbällen oder anderen von der Schule geförderten Tanzveranstaltungen teilnehmen. Warum nicht?

In erster Linie wegen der ungünstigen Begleiterscheinungen, die oft mit Schülerbällen verbunden sind. Gewöhnlich wird dabei geraucht und übermäßig viel getrunken, und es kommt sogar zu Drogenmißbrauch und skandalösem sexuellen Verhalten. Wer an solchen Bällen teilnimmt, gerät fast unvermeidlich in schlechte Gesellschaft.

In Übereinstimmung mit der biblischen Ermahnung, unsere Aktivitäten ‚zusammen mit denen, die den Herrn aus reinem Herzen anrufen‘, durchzuführen, bleiben Jehovas Zeugen von Schülerbällen gewöhnlich fern.[4]

Die Argumentationsweise ist dabei geschickt gewählt. Zuerst kommen einige allgemeine Aussagen über Schulbälle, denen jeder zustimmen kann: Tanzen kann gesundheitsfördernd sein, und Jesus hatte nichts gegen das Tanzen. Der Hinweis, daß Kinder von Zeugen „gewöhnlich" nicht daran teilnehmen, wird dann mit einer ganzen Palette an negativen Auswirkungen begründet. Zuerst spricht der WTG-Autor noch moderat von „ungünstigen Begleiterscheinungen" wie Rauchen und Alkoholkonsum, denen auch die Lehrer und Eltern im allgemeinen wenig abgewinnen dürften. Dann offenbart die WTG den eigentlichen Beweggrund des Verbotes, die „schlechte Gesellschaft". Hier dürften die Lehrer zu schlucken beginnen, wenn sie lesen, daß sich auf ihren Schulbällen anscheinend nur Junkies und Lustmolche herumtreiben, sie und ihre Schüler natürlich eingeschlossen. Die WTG verrät nämlich nicht, was sie eigentlich unter „schlechter Gesellschaft" versteht: Alle, die nicht zu den Zeugen Jehovas gehören. Denn – wie sie genau weiß – die Gefahr ist groß, daß Zeugen-Jugendliche bei Tanz und Amüsement mit ihren Klassenkameraden abgelenkt werden und das Interesse am WTG-Predigtwerk verlieren könnten.

Sport: Leibesübung tut uns gut. Die Bibel gibt ihr aber den richtigen Stellenwert, indem sie sagt: „Übe dich andererseits mit Gottergebenheit als deinem Ziel. Denn die Leibesübung ist zu wenigem nützlich; Gottergebenheit aber ist für alle Dinge nützlich" (1. Timotheus 4:7, 8). In Übereinstimmung mit diesem Rat erkennen Jehovas Zeugen an, daß die Leibesübung einen gewissen Nutzen hat und schätzen das, was im Rahmen des Lehrplans in dieser Hinsicht getan wird.

Gleichzeitig haben Eltern von Zeugen Jehovas den Eindruck, daß in der Schule manchmal zu großer Nachdruck auf Sport gelegt wird. Bei ihrer Kindererziehung versuchen sie daher, den Nachdruck, der auf sportliche Leistungen gelegt wird, etwas abzuschwächen. Sie hoffen, daß ihre Kinder einmal eine Laufbahn als Diener Gottes einschlagen und nicht als Athleten. Eltern, die Zeugen Jehovas sind, ermuntern ihre Kinder daher, die Zeit außerhalb der Schule hauptsächlich geistigen Interessen zu widmen, anstatt besondere Fähigkeiten auf sportlichem Gebiet zu erwerben.

Wir glauben, daß jugendliche Zeugen Jehovas durch die Teilnahme am organisierten Sport ungünstigem Umgang ausgesetzt würden. Auch sind wir der Ansicht, daß der Wettbewerbsgeist im modernen Sport – die Einstellung: „Gewinnen ist nicht alles, es ist das EINZIGE" – schädlich ist. Wenn daher jugendliche Zeugen das Bedürfnis danach haben, sich in ihrer Freizeit etwas sportlich zu betätigen, dann ermuntern ihre Eltern sie, dies in Gemeinschaft mit Glaubensbrüdern zu tun, ja „zusammen mit denen, die den Herrn aus reinem Herzen anrufen" (2. Timotheus 2:22).[5]

In diesem Absatz liefert die WTG ein Musterbeispiel für ihre oft an den Haaren herbeigezogene Bibelauslegung. In der zitierten Bibelstelle 1. Timotheus 4,7.8 geht es in keinster Weise um „Leibesübung", also um Turnen oder Sport! Die Verse stehen in einem Abschnitt, der sich mit der Abwehr falscher Lehren auseinandersetzt. Der Schreiber des Timotheusbriefes polemisiert hier gegen „Lügner", die neben dem Heiraten auch bestimmte Speisen verbieten – hier müßte sich die WTG betroffen fühlen, da sie ja bluthaltige Speisen ablehnt, ihre Neue-Welt-Übersetzung verschleiert aber den wahren Sinn. Dann geht es ganz logisch weiter: Anstatt körperliche, d. h. „asketische" Übungen durchzuführen, solle man lieber Gott gehorchen. Die Bibelübersetzung „Die Gute Nachricht" verdeutlicht den gemeinten Sinn: „Übe dich lieber darin, Gott zu gehorchen. Sich in körperlichen Entbehrungen zu üben, bringt nur wenig Nutzen. Aber sich im Gehorsam gegen Gott zu üben, ist für alles gut …" Diese Verse als einen Hinweis auf den „richtigen Stellenwert der Leibesübung" heranzuziehen, heißt, sie gewissenlos für eigene Zwecke zu mißbrauchen!

Nach dieser unseriösen Bibelauslegung folgt eine vordergründige Wertschätzung des Sportes und der nun schon bekannte Hinweis auf den „ungünstigen Umgang". Da dieser bei der Ausübung von „organisiertem Sport" aber nicht sehr plausibel ist – Rauchen, Alkohol, Drogen und zwischendurch mal Sex dürfte auch für Sportler nicht in Frage kommen –, muß der

Kreis
18 bis 25 Versammlungen sind zu einem Kreis zusammengeschlossen. Dieser wird von einem hauptamtlichen **Kreisaufseher** kontrolliert. Er ist im Sonder-Vollzeitdienst und besucht und kontrolliert jährlich jede Versammlung ca. zweimal für eine Woche. Alle zwei bis drei Jahre wechselt der Kreisaufseher in einen neuen Kreis. Er ist für die Entwicklung der Versammlungen zuständig und schickt regelmäßig Berichte an das zuständige Zweigbüro. Die Wachtturm-Gesellschaft erstattet den Kreisaufsehern die Fahrtkosten und gewährt ein bescheidendes Taschengeld. Unterkunft und Verpflegung stellen die besuchten Versammlungen zur Verfügung.

WTG-Autor diesmal mit einer fundierteren Begründung herausrücken: Die Kinder sollen einmal „Diener Gottes" werden. Und darauf müssen sie sich geistig vorbereiten. Wer regelmäßig zu allen Versammlungen geht, die WTG-Literatur studiert und fleißig predigt – und das alles neben den schulischen Verpflichtungen –, der hat natürlich keine Zeit mehr für Sport. Doch gerade für Jugendliche ist der sportliche Ausgleich ungemein wichtig. Man kann junge Zeugen nur bedauern, daß sie von ihrem Glaubenssystem um diese für Geist und Seele fruchtbaren Aktivitäten gebracht werden!

Daß der Wettbewerbsgeist, den der sportliche Wettkampf angeblich weckt, ein Hinderungsgrund für Zeugen sein soll, ist nur schwer nachzuvollziehen. Zeugen stehen in einem ständigen Wettbewerb, als einzelne, als Versammlung und als Zweig, neue Höchstzahlen beim Verkündigen, beim „Jüngermachen" und beim Abgeben von Literatur zu erreichen.

Richtiggehend skurril muten neuere WTG-Veröffentlichungen an, die sich mit dem Thema „Jugendliche und Sport" auseinandersetzen. So wurden Jugendliche in „Erwachet!" vom 22. März 1995 unter dem Titel „Spaß am Joggen. Aber Vorsicht!"[6] vor den negativen Folgen der „Lauflust" gewarnt – und zwar mit dem Hinweis auf einen „18jährigen", der täglich einige dutzend Kilometer lief, und auf den griechischen Boten von Marathon, der vor 2500 Jahren nach seinem 42–Kilometer-Lauf tot umfiel. Was ist nun das Gefährliche am Joggen? Man kann davon süchtig (!) werden. Die Muskeln sondern während des Laufens Endorphine ab, körpereigene Opiate, die ein Gefühl des Rausches erzeugen.

Geburtstage: Ein Fest oder eine Party zu veranstalten und anderen Geschenke zu machen ist sicherlich nicht verkehrt (Lukas 15:22–25; Apostelgeschichte 20:35). Jehovas Zeugen machen das ganze Jahr über gern Geschenke und kommen gesellig zusammen. Doch bei den einzigen beiden in der Bibel erwähnten Geburtstagen wurden Personen gefeiert, die keine echten Gläubigen waren. In dem einen Fall war es ein ägyptischer Pharao und in dem anderen Fall der von den Römern eingesetzte Herodes Antipas. Bei beiden Geburtstagsfeiern wurde jemand umgebracht (1. Mose 40:18–22; Markus 6:21–28). Es überrascht daher nicht, die folgenden geschichtlichen Hinweise in bezug auf die Einstellung der ersten Christen zu Geburtstagsfeiern zu lesen: „Die Idee einer Geburtstagsfeier lag den Christen dieser Periode überhaupt fern" (August Neander, Allgemeine Geschichte der christlichen Religion und Kirche, 1842, Band 1, Seite 518). „Von keiner der heiligen Personen, die in den Schriften erwähnt werden, wird gesagt, sie habe an einem Geburtstag ein Fest gefeiert oder ein großes Essen veranstaltet. Nur Sünder [wie Pharao und Herodes] feiern den Tag, an dem sie in diese Welt hineingeboren sind" (Origenes Adamantius aus dem 3. Jahrhundert, zitiert in The Catholic Encyclopedia, 1911, Band 10, Seite 709). Außerdem besteht bei Geburtstagsfeiern die Neigung, dem Betreffenden übermäßige Bedeutung beizumessen. Das ist zweifellos einer der Gründe, weshalb die ersten Christen keinen Geburtstag feierten (Prediger 7:1). Sie werden daher feststellen, daß Jehovas Zeugen an Geburtstagsfeiern (an den Partys, am Singen, am Geschenkegeben usw.) nicht teilnehmen."[7]

Es sei heute bewiesen, so der Autor, daß diese Endorphine zur Sucht führen können. Wieviele Jogger unter dieser Sucht leiden, vergaß er leider zu erwähnen. Zeugen, die sich streng an die WTG-Anweisungen halten, können nur noch untereinander regelmäßigen zwischenmenschlichen Kontakt haben. Aber wie sieht es bei diesen Kontakten aus? Dürfen sie dabei wenigstens ungezwungen miteinander verkehren, Feste feiern und fröhlich sein? Die Schul-

Kreiskongresse
Jährlicher Zweitageskongress, zu denen sich alle Versammlungen eines Kreises in eigenen Kongreßsälen zusammenfinden. Der Kreiskongreß wird vom zuständigen Kreisaufseher überwacht. Die Themen und das Programm werden weltweit zentral von der ‚Leitenden Körperschaft‘ vorgegeben.

Broschüre gibt auch hierüber Aufschluß. Zum Beispiel zum Thema Geburtstag (siehe S. 154).

Zeugen dürfen also keine Geburtstage feiern. Und zwar nicht nur nicht mit „Ungläubigen", sondern nicht einmal in der eigenen Familie!

Aber an dieser Stelle kann die WTG ihre Argumentation Außenstehenden kaum noch verständlich machen. Man habe zwar prinzipiell nichts gegen Partys und Geschenke, heißt es zuerst versöhnlich, aber in der Bibel würden nur die Geburtstage von Menschen erwähnt, die „*keine echten Gläubigen*" waren. Im direkten Umkehrschluß folgert man daher, daß, weil es in der Bibel nicht erwähnt wird, „echte" Gläubige keinen Geburtstag feiern sollen.

Wollte man diese Argumentationsweise verallgemeinern, dann müßte man sagen, daß alles, was in der Bibel nicht erwähnt wird, auch nicht gemacht werden darf. In der Bibel wird zum Beispiel das Rasieren nicht erwähnt. Heißt das automatisch, daß gläubige Zeugen sich nicht rasieren dürften? Wir haben bisher keinen unrasierten Zeugen kennengelernt: Vollbarttragen scheint bei Ältesten verpönt zu sein!

Da die Bibelstellen diesmal selbst für die WTG nicht auszureichen scheinen – der als „kein echter Gläubiger" bezeichnete Herodes Antipas war zwar Günstling der Römer, aber trotzdem gläubiger und beschnittener Jude! – müssen noch zwei historische Texte beweisen, daß echte Christen kein Geburtstagsfest feiern. Dabei gäbe es noch schöne andere Bibelstellen mit viel höherer Autorität, nämlich der von Jesus Christus selbst, die die WTG aber wohlweislich verschweigt. So hatte Jesus keine Hemmungen, mit Sündern ein Gelage zu halten (Lukas 5, 27–32), so daß er gar als „Fresser und Säufer" verrufen war (Lukas 7, 34), und Festmähler für Gleichnisse heranzuziehen (Lukas 14,15–24). Gut, bei diesen Gastmählern wurden keine Geburtstage gefeiert. Vielleicht jedoch liegt das weitgehende Fehlen von Geburtstagsfesten in der Bibel daran, daß die meisten Menschen ihren Geburtstermin gar nicht kannten, weil sie in der damaligen kinderreichen und armen Bevölkerung niemand aufgezeichnet hat? Man mußte wohl schon der Pharao selbst oder Herodes Antipas gewesen sein, um den Tag seiner Geburt zu kennen!

Das zweite Argument gegen die Geburtstagsfeiern kommt dann wieder aus dem Bereich des Menschlichen. Weil bei Geburtstagen die Gefahr besteht, daß ein Mensch zu sehr in den Mittelpunkt gerückt werden könnte, hätten „zweifellos" die ersten Christen keinen Geburtstag gefeiert – und dürfen Zeugen keinen feiern. Aus dem möglichen Mißbrauch wird ein Verbot des guten Gebrauchs! Außerdem ist dieses Argument innerhalb der WTG-Lehre nicht logisch: Auch bei Hochzeiten stehen Menschen im Mittelpunkt, doch hiergegen hat man nichts einzuwenden. Es fiele der WTG auch die Argumentation schwer. Denn Jesus selbst hat das Hochzeitsmahl nicht nur in vielen Gleichnissen als Veranschaulichung für das Himmelreich verwendet (Matthäus 22,1–14), sondern selbst an einer Hochzeit teilgenommen (Johannes 2,1–12).

Die Bibelstelle, die von der WTG stattdessen herangezogen wird, hat mit Geburtstagsfeier oder „in den Mittelpunkt stellen" nichts zu tun. Das Buch „Prediger" (= Kohelet) wurde außerdem lange vor der christlichen Zeit geschrieben, es hat nichts mit christlichen Gebräuchen zu tun. Selbst Zeugen, die Prediger 7,1 nachschlagen, dürften sich wundern. Heißt es dort doch: „Ein Name ist besser als gutes Öl und der Tag des Todes als der Tag, an dem man geboren wird" (Neue-Welt-Übersetzung). Wieso die WTG an dieser Stelle auf diesen Bibelvers verweist, ist schwer nachzuvollziehen. Weil der Tod besser sei als die Geburt, soll der Geburtstag nicht gefeiert werden? Soll man stattdessen den Todestag feiern? Die WTG offenbart damit jedenfalls unfreiwillig ihre lebensfeindliche Haltung.

Worum es bei den mannigfaltigen Festverboten geht, ist klar. Menschen, die feiern, die sich amüsieren, die tanzen, sich berauschen, sich einfach der Lebens-Lust hingeben, sind schwer zu kontrollieren. Sie könnten im ausgelassenen Kontakt untereinander auf die Idee kommen, daß die langweilige WTG-Literatur, die endlosen Zusammenkünfte dreimal die Woche eigentlich unerträglich sind. Sie könnten auf die Idee kommen, daß es auch etwas anderes gibt, als ständig WTG-Gedankengut widerzukäuen und auszuspucken. Und sie könnten, bei gemeinsamen Feiern mit „Ungläubigen", auf den abwegigen Gedanken kommen, daß diese vielleicht doch nicht so „böse" sind, so dem „Satan verfallen" und damit für die „ewige Vernichtung" bestimmt, wie den Zeugen immer eingeredet wird. Und das wäre natürlich eine systembedrohende Gefahr für die Wachtturm-Organisation.

Für Kinder und Jugendliche selbst haben solche Überlegungen kaum Bedeutung. Sie fühlen sich einfach ausgegrenzt und leiden darunter, anders sein zu müssen als die anderen. Der psychische Druck, dem sie ausgesetzt sind, ist beträchtlich:

„Zu Geburtstagsfeiern durfte ich nie gehen. Die Kinder haben darauf mit Unverständnis reagiert, aber eigentlich nichts dazu gesagt. Besonders unangenehm war aber, daß ich nicht einmal zum Geburtstag gratulieren durfte. Das hat so ausgesehen, als würde ich nicht wissen, daß man jemandem alles Gute zum Geburtstag wünscht. Ich hatte Phasen, besonders in der Pubertät, wo ich Zweifel hatte, ob diese Verbote wirklich alle notwendig sind. Das habe ich dann aber als mein persönliches Problem angesehen, als Glaubenszweifel, mit denen ich fertig werden muß. "

Beate Frauendorfer

L

Leitende Körperschaft
Ursprünglich wurden die Zeugen Jehovas monarchisch vom amtierenden Präsidenten geleitet. Seit 1975 ist die ‚Leitende Körperschaft' die oberste Leitungsinstanz mit Sitz in der Weltzentrale in Brooklyn/New York. Sie setzt sich zur Zeit aus 11 Männern zusammen, die in wöchentlichen Sitzungen alle Fragen entscheiden, die die Lehre und die Organisation betreffen. Sie überwacht die Veröffentlichungen. In Streitfällen entscheidet die ‚Leitende Körperschaft' letztgültig. Sie wird als Sprachrohr Gottes verstanden. Einige Mitglieder der ‚Leitenden Körperschaft' sind gleichzeitig im Vorstand der Watch Tower Society.

Gerade die Aktivitäten (wie Feste feiern, sich mit anderen verabreden), die Kindern und Jugendlichen als Ausgleich zum schulischen Alltag dienen können, sind verboten.[8] Und Lehrer sollen dafür sorgen, daß diese Verbote auch eingehalten werden, indem die Zeugen-Kinder bei Geburtstagsfeiern den Raum verlassen oder zu anderen Klassenaktivitäten nicht erscheinen.

Hierbei ist besonders zu bedenken, daß die Kinder von Zeugen in der Regel alleine in den einzelnen Klassen sind, d.h., daß sie noch nicht einmal Glaubensgenossen innerhalb der Klasse haben, mit denen sie

Freundschaft schließen dürften. Die gleichaltrigen Zeugen treffen sich dann nur in den Königreichssälen und auf den Kongressen. Man kann den Eindruck gewinnen, daß Zeugen ihre Kinder absichtlich zu Außenseitern innerhalb der Gesellschaft machen.

„Meine Erfahrungen mit einem Zeugen-Jungen in einer Klasse sind schlimm. Bei einer mehrtägigen Wanderfahrt durfte der Junge überraschenderweise mitfahren. Ich hatte bisher immer die Erfahrung gemacht, daß die Zeugen Jehovas ihre Kinder zu Hause lassen. Sie mußten dann während der Ausflüge in einer anderen Klasse einen Ersatzunterricht besuchen. Nun ja, dieser Junge durfte mitfahren, nachdem ich dem Vater in langen Gesprächen versichert hatte, daß seinem Jungen nichts passieren würde. Es hat mich sehr gefreut, daß der Junge auch einmal etwas von der Klassengemeinschaft miterleben konnte.
Wir waren noch keine 20 Stunden in unserem Quartier, da stand am Morgen um 7 Uhr der Vater vor der Tür. Er war in der Nacht über 300 Kilometer gefahren, um sich davon zu überzeugen, wie sein Sohn untergebracht ist. Er hatte wohl Sorgen, daß er unmoralischen Einflüssen in der Unterkunft ausgesetzt sein könnte."[9]

In der neuen Broschüre „*Jehovas Zeugen und die Schulbildung*" wird eine etwas andere Sprache verwendet. Es gibt keine vollzählige Auflistung der Verbote mehr. Und auch die Argumente werden etwas „behutsamer" vorgetragen. Man muß sich aber vor Augen halten, daß diese Broschüre vor allem für Außenstehende gedacht ist. Trotzdem finden sich auch hier noch Hinweise, was für jugendliche Zeugen die „wahre" Bildung ist:

„Da Jehovas Zeugen dem Vermitteln biblischer Bildung großen Wert beimessen, arbeiten sie an ihrer Lehrfähigkeit, damit sie anderen die biblischen Lehren noch wirkungsvoller erklären können. Aus diesem Grund findet in jeder der 75 000 Versammlungen der Zeugen Jehovas weltweit die sogenannte Theokratische Predigtdienstschule statt.“[10]

Was dies für die Kinder konkret bedeutet, vor allem für die kleinen Kinder, wird nicht offengelegt: Die Eltern müssen in die Versammlungen begleitet werden. Bis zu zwei Stunden sitzen alle Kinder dabei, um dem Erwachsenenprogramm zuzuhören. Keine Kinderbetreuung, keine Möglichkeit herumzutollen. Und damit ist klar, die alte Ausgabe ist zurückgezogen, aber nicht aufgehoben!

6.2.2 Fragen junger Leute

Regelmäßig erscheint seit 1982 in der Zeitschrift „Erwachet!“ eine Serie, die sich in erster Linie an jugendliche Zeugen richtet. In „Junge Leute fragen sich“ wird anhand von Fragen das beispielhafte Leben von Zeugen vorgestellt. 1989 erschienen die Artikel in Buchform.[11] Man könnte dieses Buch als den Moralkodex der WTG bezeichnen. Dieser Kodex läßt an Deutlichkeit nichts zu wünschen übrig. So erfahren die Jugendlichen, daß sie sich ihre Freunde nur in der Versammlung der Zeugen Jehovas suchen sollen, denn „wahre Freunde“ finden sie selbstverständlich nur hier.

Diese Vorschrift geht Zeugen von Jugend an in Fleisch und Blut über. Weder mit Klassenkameraden, noch mit Kollegen in der Berufsschule, weder mit Arbeitskollegen noch mit Nachbarn soll man mehr Kontakt haben, als für das Zusammenleben unbedingt erforderlich ist, geschweige denn sich anfreunden!

Doch auch die Beziehungen innerhalb der Gemeinschaft sind strengen Gesetzen unterworfen. Auch dazu bekommen bereits die Jugendlichen Anweisungen. Wie soll man sich verhalten, wenn Glaubensbrüder nicht bibelgemäß leben? Man muß dies selbstverständlich den Ältesten melden! Hier wird bereits ein gegenseitiges Spitzelsystem grundgelegt, das in vielen Versammlungen ein offenes Klima unmöglich macht.

Der folgende Text ist für Jugendliche gedacht, erinnert aber in seiner Sprache eher an die Anleitung für einer polizeiliche Untersuchung.

Angenommen, du erfährst, daß dein Freund mit Drogen zu tun hat, sich sexuell betätigt, betrügt oder stiehlt, würdest du einem Verantwortlichen davon erzählen? Die meisten täten das nicht, sondern hielten sich an das ungeschriebene Gesetz des Schweigens, das unter Jugendlichen gilt.

Manche haben Angst, als „Petze" bezeichnet zu werden. Andere haben eine falsche Vorstellung von Loyalität ... Dennoch entschloß sich Lee, ein Jugendlicher, zum Handeln, als er erfuhr, daß Chris, sein bester Freund, rauchte. Lee sagt: „Mein Gewissen quälte mich, weil mir klar war, daß ich es jemandem sagen müßte." In biblischer Zeit befand sich ein Jugendlicher in einer ähnlichen Lage. „Als Joseph siebzehn Jahre alt war, hütete er gerade mit seinen Brüdern [Schafe] ... Da brachte Joseph ihrem Vater einen schlechten Bericht über sie" (1. Mose 37:2). Joseph wußte, daß das geistige Wohlergehen seiner Brüder gefährdet war, wenn er schwieg.

Die Sünde ist eine fäulniserregende und zerstörerische Kraft. Ein Freund, der auf Abwege geraten ist und dem niemand hilft – zum Beispiel durch biblische Zurechtweisung –, wird sich immer mehr in Schlechtes verstricken (Prediger 8:11) ... Du magst dich noch nicht zu den geistig Befähigten zählen, die einen auf Abwege geratenen Freund wieder zurechtbringen können. Wäre es daher nicht sinnvoll, jemandem die Angelegenheit vorzutragen, der befähigt ist?

Es kann natürlich sein, daß dein Freund anfangs deine Handlungsweise nicht versteht. Er könnte sogar wütend werden und dir auf der Stelle die Freundschaft kündigen ... Wenn der Betroffene dir dein mutiges Vorgehen weiterhin übelnimmt, dann war er noch nie ein echter Freund. Auf jeden Fall verspürst du die Befriedigung, deine Loyalität zu Gott bewiesen zu haben und selbst ein echter Freund zu sein."[12]

Die Jugendlichen werden hier unmißverständlich dazu aufgefordert, ihre Freunde zu überwachen, ob sie die von der WTG aufgestellten Ge- und Verbote einhalten. Es ist klar, daß es in einem solchen Klima zu echter Freundschaft gar nicht kommen kann. Jugendliche setzen sich über diese Vorschrift wohl noch am ehesten hinweg. Bei den Erwachsenen funktioniert sie meist reibungslos. Überwachen, Zurechtweisen, Melden

– das sind die drei Aufgaben, die jeder Zeuge in der Versammlung wahrnehmen muß. Und jeder Zeuge weiß selbstverständlich, daß er von den anderen überwacht, zurechtgewiesen und bei Ältesten gemeldet wird, wenn er gegen den Kodex der WTG verstößt. Zeugen wagen daher nicht einmal im engsten Bekanntenkreis, ihre Zweifel und Probleme zu bereden, weil sie fürchten müssen, daß es der

Letzte Tage
Die Zeugen Jehovas gehen seit ihrer Gründung 1870 davon aus, daß die letzten Tage vor dem Weltuntergang angebrochen sind. Die noch knappe Zeit muß dazu genutzt werden, möglichst viele Menschen zu Jehova und zu seiner Organisation zu bekehren.

„Freund" aus „Gewissensgründen" der Ältestenschaft berichten muß. Das Gebot, jeden anzuzeigen, der gegen die Vorschriften der WTG verstößt, geht sogar so weit, daß es sich gegen einen selbst richtet. Der Moralkodex sitzt so tief, daß, wer dagegen verstößt, sich sogar selbst bei der Ältestenschaft meldet.

Daß dies besonders bei Jugendlichen, die sich im Bereich der Identität und Sexualität noch in einer Such- und Experimentierphase befinden, verheerende psychologische Folgen haben kann, liegt auf der Hand.

6.3 Gebt acht ...

Eine Organisation funktioniert nur dann wirklich gut, wenn sie sicher sein kann, daß die aufgestellten Verhaltensnormen eingehalten werden. Dazu bedarf es einer Kontroll- und Bestrafungsinstanz. Bei den Zeugen Jehovas ist das in jeder Versammlung das „Rechtskomitee", das sich jeweils aus drei Ältesten zusammensetzen.

Für dieses Rechtskomitee gibt es auch ein geheimes Lehr- und Gesetzbuch mit dem Titel: „Gebt acht auf Euch selbst und die ganze Herde". Ein einfacher Zeuge, der kein Amt innehat, kennt dieses Buch nicht, da es nur die Ältesten unter dem Siegel der Verschwiegenheit ausgehändigt bekommen. Nicht einmal deren Frauen dürfen wissen, was in diesem Buch steht! Sollte ein Ältester aus seinem Amt ausscheiden, muß er sein persönliches Exemplar unverzüglich zurückgeben. Kopien, auch auszugsweise, dürfen nicht angefertigt werden!

In der neuesten Ausgabe von 1991 werden auf 158 Seiten anhand von

„biblischen Begründungen" und Fallbeispielen die Grundsätze für die Entscheidungen des Rechtskomitees festgelegt. Ein wesentlicher Abschnitt ist dem Bereich gewidmet, der die strikte Trennung der Zeugen von der „Welt" vorschreibt.

6.3.1 Heirat nach Maß

Die Ehe hat für die Zeugen Jehovas einen hohen Stellenwert. Sie ist göttlichen Ursprungs und bedarf deshalb eines besonderen Schutzes. Allerdings sind die Zeugen nicht frei zu heiraten, wen sie wollen. Schon die puritanischen Bestimmungen, wie sich Jugendliche verhalten sollen und welche Veranstaltungen ihnen verboten sind, machen es schwer, einen Partner zu finden, der kein getaufter Zeuge ist. Sollten sie trotzdem einen Ungläubigen heiraten wollen, dann trifft sie die ganze Schärfe des WTG-Gesetzes.

Während im Wachtturm vom 15. November 1995 lediglich davon die Rede ist, daß man sich „nicht in ein ungleiches Joch mit Ungläubigen" spannen lassen soll und damit gemeint ist, daß die Ehe mit einem Ungläubigen viele Probleme mit sich bringt[13] – spricht das „Rechtsbuch" eine radikalere Sprache:

„Einen Ungläubigen zu heiraten, verstößt gegen biblische Grundsätze (5. Mo. 7:3, 4; 1. Kor. 7:39; 2. Kor. 6:14, 15). Heiratet ein Gott hingegebener getaufter Christ einen Ungläubigen, so verliert er vorerst sämtliche besonderen Vorrechte (1. Tim. 3:2,4,5, 12, 13; w82 15.6. S. 31).
Falls der Vater Ältester oder Dienstamtsgehilfe ist oder ein Elternteil im Pionierdienst steht und er oder sie ermuntert zu der Eheschließung, dazu die Erlaubnis gibt oder stillschweigend damit einverstanden ist, so wird dadurch seine bzw. ihre Eignung in Frage gestellt ...
Der Königreichssaal wird weder in Verbindung mit Hochzeiten von Ungläubigen noch zur Erneuerung des Eheversprechens bei der Wiederkehr des Hochzeitstages benutzt (w84 15. 7. 5 20-25; km-E 12/81 S. 4)."[14]

Der Fall einer Ehe zwischen einem Zeugen und einem Nicht-Zeugen tritt nur dann ein, wenn sich ein Partner erst nach der Eheschließung zur

WTG-Gemeinschaft bekehrt. Sonst ist es praktisch unmöglich, daß ein Gläubiger einen Ungläubigen heiratet. Sollte dies doch geschehen, dann geht nicht nur er, sondern gehen auch seine Eltern aller Vorrechte verlustig. Im Klartext heißt das, daß er in der Versammlung degradiert wird und alle seine Posten und Aufgaben verliert. Er wird damit wieder zurückgestoßen in die Masse der „einfachen" Zeugen. Diese Vorgehensweise ist Sippenhaft in Reinkultur. Im „weltlichen" Rechtssystem ist die Sippenhaft längst aus den Gesetzesbüchern gestrichen, im Denken der WTG ist sie aber nur konsequent. Die Eltern sind ihren Pflichten nicht nachgekommen, ihre Kinder zu guten Zeugen zu erziehen, oder sie haben in dieser Frage nicht genügend Einfluß ausgeübt. Der Grund kann nur darin liegen, daß sie die „Wahrheit" nicht mehr so ernst nehmen. Irgend etwas scheint bei solchen Eltern nicht zu stimmen, so daß zumindestens eine Untersuchung fällig ist.

6.3.2 Wehe den Rebellen

„Abtrünnige" Zeugen Jehovas, die der Organisation den Rücken gekehrt haben, sind für praktizierende Zeugen das Schlimmste überhaupt. Sie kannten die Wahrheit und haben sich trotzdem von ihr entfernt. Laut Rechtshandbuch sind unter Abtrünnigkeit die „Rebellion", das „Verbreiten von Irrlehren", die „Förderung der falschen Religion" oder deren Feiertage und interkonfessionelle Aktivitäten zu verstehen.[15] Ebenso zählt dazu jede Kritik an der Ordnung, die „Jehova seinem Volk gegeben hat", d. h. jede Kritik an der WTG und ihren Anweisungen.

Der Ausschluß aus der Gemeinschaft bedeutet für den „Abtrünnigen", daß kein Mitglied der Versammlung mehr mit ihm Kontakt haben darf. Kein Gruß, keine Freundlichkeiten dürfen ausgetauscht werden, alle Berührungspunkte sind verboten.[16] Wer sich auf ein Gespräch mit einem Ehemaligen einläßt, wird selbst mit Gemeinschaftsentzug bestraft. Aus einem einsamen Zeugen Jehovas wird ein völlig isolierter „Ehemaliger", der sich nur schwer in der Welt zurechtfindet.

Man muß sich einmal vorstellen, was es für einen Menschen bedeutet, der 20 oder mehr Jahre nur noch in eingeschränktester Binnenkommunikation verbracht hat, um dann zum Entschluß zu kommen, das zu verlassen, was er als Sklavenhaus empfunden hat. Es ist nicht nur die Schwierigkeit, neue soziale Kontakte anzuknüpfen. Auch die Sprache dieses Menschen spricht niemand um ihn herum; seine Probleme kennt niemand. Darum sind viele Ausstiege aus dem Zeugen-Jehovas-Milieu zunächst einmal mittlere Katastrophen für alle Beteiligten, auch für die Verwandten und noch gebliebenen Freunde. Manche stürzen sich in wilde sexuelle Abenteuer, andere – introvertierter Veranlagte – fallen in Depression.

Gott sei Dank sind dies in den meisten Fällen vorübergehende Phasen. Es ist schwierig ein „Rebell" zu sein, aber in den meisten Fällen gelingt doch die Integration in ein Leben in Freiheit und Selbstverantwortung.

6.4 Versammlungs-Reinheit

Das oberste Ziel der Ältesten einer Versammlung ist, neben der Vermehrung der „theokratischen" Tätigkeiten, die Versammlung „rein zu halten". Damit ist gemeint, daß mit allen Mitteln Irrlehren und Zweifel verhindert werden müssen. Aber auch das Leben und die berufliche Tätigkeit der Zeugen wird überwacht. Jeder einzelne Zeuge fühlt sich verpflichtet, Glaubensbrüder bei Fehlverhalten zurechtzuweisen oder, wenn dies nicht ausreicht, die Ältesten zu unterrichten. Diese versuchen dann, den Menschen wieder „zurechtzubringen", damit er auf den Pfad der Tugend zurückkehrt.

Wenn sich eine Zeugin zu aufreizend kleiden würde, wäre dies ein Grund für eine brüderliche Ermahnung. Besonders kuriose Situationen entstehen, wenn Frauen bei einer Zusammenkunft über ihre Predigterfahrungen berichten möchten, aber mit einer zu „weltlichen Kleidung" das Podium nicht besteigen dürfen.

„In meiner Jugendzeit war gerade der Mini sehr modern, und ich habe immer sehr kurze Röcke getragen. Das war für die Zeugen fürchterlich. Ich habe außerdem Kosmetikerin gelernt, da konnte man auch nicht wie eine graue Maus im Geschäft stehen. Wenn man in der Versammlung auf die Bühne gehen wollte, mußte man eine gewisse Rocklänge tragen. Das wurde sogar getestet. Man mußte sich auf den Boden knien. Wenn der Rock den Boden berührte, durfte man auf die Bühne, sonst nicht. Da habe ich lieber darauf verzichtet.

Mit einem Kreisaufseher hatte ich damals ziemliche Schwierigkeiten. Man hat mich immer wieder ermahnt, daß meine Röcke zu kurz sind. Ich habe nicht darauf geachtet und gesagt, daß ich nicht wie eine Schleiereule aussehen möchte. Einmal ist der Kreisaufseher mit seiner Frau auf Besuch gekommen. Ihr ist das Gesicht eingeschlafen, als sie mich gesehen hat. Der Kreisaufseher hat mich dann gefragt, ob ich meine, daß es für eine Christin in Ordnung sei, so kurze Röcke zu tragen. Ich sagte, ja, ich fände das in Ordnung. Er hat dann aus der Bibel zitiert, wo steht, daß Frauen ordentliche Gewänder tragen sollen, damit Männer sich nicht aufgereizt fühlen. Ich sagte: ‚Das ist das Problem der Männer, wenn sie sich aufgereizt fühlen.‘ Er hat dann sauer gemeint, ich soll mir das überlegen. Als ich dann verheiratet war, habe ich immer noch sehr kurze Röcke getragen, das wurde aber akzeptiert, weil mein Mann als mein ‚Haupt‘ damit einverstanden war. Dann ist die Mode länger geworden.“

Beate Frauendorfer

M

Millennium
1000jähriges Friedensreich, das nach der großen Schlacht von Harmagedon anbrechen wird. Die Zeugen Jehovas gehen davon aus, daß die meisten ihrer Anhänger in diesem 1000jährigen Reich leben werden. Am Ende des Millenniums werden noch einmal alle Menschen geprüft. Danach entscheidet sich endgültig, wer im Paradies auf Erden leben wird.

Doch nicht nur allzu „weltliche" Rocklängen sind bei den Zeugen tabu. Was bei den Frauen wirklich verpönt ist, ist, im Predigtdienst Hosen zu tragen. Für Außenstehende mag das kurios klingen, aber der Grund für diese „Anregung" liegt wohl darin, daß man befürchtet, die Botschaft der Zeugen könne durch den behosten Auftritt der Damen ungünstig vermittelt werden.

„Frauen durften bei den Zeugen Jehovas nur Röcke und Kleider tragen, aber keine Hosen. Als ich als Mädchen arbeiten gegangen bin, habe ich mir mit meinem Geld Hosen gekauft. Einmal habe ich es gewagt, mit einer Hose in die Versammlung zu gehen. Es war eiskalter Winter, ich hatte beidseitige Eierstockentzündung, der Arzt hatte mir empfohlen, eine warme Hose anzuziehen. Wir hatten einen halbstündigen Fußmarsch in die Versammlung. Ich habe es also gewagt, mit einer Hose in die Versammlung zu gehen. Am nächsten Tag hatte ich schon eine Vorladung vors Rechtskomitee, wo ich zwei Stunden über mich ergehen lassen mußte. Ich habe das wirklich nicht eingesehen, daß ich meine Gesundheit aufs Spiel setzen soll. Das haben die Ältesten nicht verstanden, im Gegenteil. Man meinte, durch den Einfluß meines ungläubigen Vaters sei ich verstärkt dämonischen Anfeindungen ausgesetzt. Man hat über mir zu beten begonnen, daß die Dämonen meinen Körper verlassen möchten. Wenn das jemand nicht selbst erlebt hat, glaubt er es wahr-

scheinlich nicht, aber das sind Tatsachen. Die nächsten paarmal bin ich nicht in die Versammlung gegangen. Mit Hose durfte ich nicht, ohne Hose konnte ich nicht, weil die Krankheit, wie jede Frau weiß, wirklich sehr schmerzhaft ist.

Sylvia Wolf

Von außen betrachtet, vermutet man natürlich sofort, daß die Versammlungsreinheit der Versuch ist, jede Kritik, die die Lehren oder die Gesellschaft im Kern treffen können, zu verhindern.

Selbst Kleinigkeiten können ein Grund sein, in einer Versammlung gemaßregelt beziehungsweise seiner Ämter enthoben zu werden. Frau Böhme erzählt, warum ihr Mann aus dem Ältestenamt entfernt wurde:

„Das Ältestenamt hat er aus einem lustigen Grund verloren. Damals durften die Ältesten keinen Bart tragen. Ich habe mir aber immer schon einen Mann mit Bart gewünscht. Im Urlaub habe ich ihm einmal gesagt, er soll sich doch einen Bart wachsen lassen. Wir haben dann darüber diskutiert. Er hat gesagt: Du weißt aber schon, was das für mich bedeutet? Ich: Wenn du mich liebst und mir gefallen möchtest, tust du es. Er hat es wirklich getan und sah auch traumhaft damit aus. Er hat ihn bis heute noch. Jemand, der Bart trug, galt damals bei den ZJ als suspekt. Nach dem Urlaub wurde ihm die Wahl gestellt: Entweder Bart oder Ältestenamt. Er hat sich für den Bart entschieden. Es war ihm sicher nicht egal, aber er wollte sich damals nicht mehr so intensiv bei den ZJ engagieren. Er wurde dann offiziell als Ältester abgesetzt.“

6.5 Gebt dem Kaiser, was des Kaisers ist

„Kein Teil der Welt zu sein“, heißt für Zeugen konkret, auch unpolitisch zu sein. Zwar werden die normalen Verkündiger aufgefordert, pünktlich ihre Steuern zu zahlen („Gebt dem Kaiser, was des Kaisers ist“), aber darüber hinaus dürfen sie sich nicht mit weltlichen Instanzen einlassen. Wählen gehen und sich wählen lassen, Militärdienst leisten, das ist Kooperation mit einem System, das der Theokratie als Feind gegenübersteht.

Politische Neutralität, das ist das Stichwort, unter dem die WTG von ihren Anhängern verlangt, mit Leib und Leben für ihren Glauben einzustehen. Selbst dann, wenn das eigene Leben mit dem Tode bedroht wäre, sollen Zeugen um Jehovas Willen den biblisch gestützten Grundsätzen treu bleiben.

Wie ernst ist es der Wachtturm-Gesellschaft mit der politischen Neutralität? Fordert sie diese nur von ihren Anhängern, oder ist sie selbst bereit, Nachteile der Neutralität wegen in Kauf zu nehmen?

6.5.1 Malawi oder die tödliche Buchstabentreue

Unter der Überschrift „Zweierlei Maß"[17] berichtet ein ehemaliges Mitglied der ‚Leitenden Körperschaft‘, welche Bedeutung Gerechtigkeit und Integrität für das Führungsorgan der WTG haben.

In der neuesten Darstellung der WTG wird über Malawi unter anderem folgendes berichtet:

> „Zwar sind Jehovas Zeugen in allen Ländern fleißig und gesetzestreu, aber was politische Streitfragen betrifft, sind sie als Christen neutral. In Malawi gibt es nur eine politische Partei, und der Besitz einer Parteimitgliedskarte zeigt die Mitgliedschaft an. Obwohl die Zeugen beispielhaft im Zahlen von Steuern sind, lehnen sie es in Übereinstimmung mit ihrem Glauben ab, Parteimitgliedskarten zu kaufen. Das zu tun, käme einer Verleumdung ihres Glaubens an Gottes Königreich gleich. Deshalb unternahmen Ende 1967 Banden von Jugendlichen, die von Regierungsvertretern ermuntert wurden, in ganz Malawi einen radikalen Angriff auf Jehovas Zeugen, der in seiner Obszönität und seiner sadistischen Grausamkeit beispiellos war. Über tausend treue Christinnen wurden vergewaltigt. Manche wurden vor großen Pöbelhaufen ausgezogen und mit Fäusten und Stocken geschlagen und dann von einem Mann nach dem anderen vergewaltigt. Männern wurden Nägel durch die Füße getrieben und Fahrradspeichen durch die Beine, und dann wurde ihnen befohlen zu laufen. Im ganzen Land wurden ihre Wohnungen und Möbel demoliert und ihre Kleidungsstücke und Nahrungsmittel vernichtet. [...] Trotz allem gingen sie keine Kompromisse ein, und sie gaben ihren Glauben an Jehova Gott nicht auf."[18]

Durch den Kauf der Mitgliedskarten wollte das Regime in Malawi einen sichtbaren Beweis für die Staatstreue seiner Bürger. 1964, 1967, 1972 und 1975 kam es zu Übergriffen gegen Zeugen, weil diese sich – nach Rücksprache mit dem Zweigbüro – weigerten, diese Mitgliedskarten zu kaufen. Die Weltzentrale in Brooklyn bestätigte diese Haltung, und durch Veröffentlichungen im Wachtturm wurde wiederholt darauf hingewiesen, wie wichtig die Neutralität für Christen sei.

Raymond Franz hat keinen Zweifel daran, daß die Mittel des Staates Malawi kriminell und verbrecherisch waren, aber er hatte während seiner Tätigkeit in der Leitung Zweifel daran, ob die dogmatische Haltung der WTG wirklich gerechtfertigt gewesen ist.[19]

Zwei Gründe führt er für seine Zweifel an: a.) Ist der Kauf einer Karte automatisch mit der Anbetung eines weltlichen Herrschers gleichzusetzen? Die biblische Begründung politischer Neutralität basiert auf der Tatsache, daß sich die frühen Christen weigerten, den römischen Kaiser als Gott zu verehren. Konsequenterweise lehnten sie es auch ab, Rauchopfer für den Kaiser-Gott darzubieten. Für sie war dies eine Art Götzenverehrung, die mit ihrem Glauben an den einen Gott nicht in Übereinstimmung zu bringen war. Franz hatte nun heftige Zweifel, ob der Kauf einer Karte mit dem Götzendienst, mit der Abkehr von Gott gleichzusetzen sei.

b.) Handelt es sich bei dem Kauf der Karte um eine politische Streitfrage, in die die Zeugen nicht hineingezogen werden wollen? In Malawi gab es keine Parteipolitik, da es nur eine Partei gab, und diese die Regierung stellte. Alle Bürger waren verpflichtet, eine Mitgliedskarte zu kaufen.

In der ‚Leitenden Körperschaft' war man offensichtlich der Meinung, daß man lieber unnachgiebig sein solle, als Menschenleben zu retten.

Zeitgleich bekam die ‚Leitende Körperschaft' Kenntnis davon, daß man sich in Mexiko als Zeuge die Bescheinigung für den geleisteten Wehrdienst „illegal durch Bestechung" erkaufen könne und sich Zeugen bei jedem Umzug diesen Wehrpaß abstempeln ließen.

Das Zweigbüro in Mexiko hatte sich 1960 an die ‚Leitende Körperschaft' genau in dieser Angelegenheit gewandt und nachgefragt, wie man verfahren solle, wenn die Möglichkeit bestehe, sich durch Korruption vom Wehrdienst freizukaufen. Die Leitung in Brooklyn antwortete, daß diese Praxis in Lateinamerika üblich sei, und da das Geld nicht in die Militärkassen, sondern in private Taschen fließe, wäre es dem Gewissen des Einzelnen überlassen, ob er so handeln wolle oder nicht. Der Brief der WTG spricht immer von einer Gebühr, Geldzahlung. Von Korruption wird aber nie gesprochen, obwohl aus der Anfrage deutlich hervorgeht, daß es sich genau um dieses Delikt handelt.

In der Dominikanischen Republik saßen in den folgenden Jahren immer wieder junge Männer teilweise jahrelang im Gefängnis, weil sie sich mit Berufung auf ihren Glauben geweigert hatten, an einer Wehrübung teilzunehmen, während die WTG in Mexiko gleichzeitig zuließ, daß sich junge mexikanische Zeugen vom Wehrdienst freikaufen konnten.

Neun Jahre später wandte sich das mexikanische Zweigbüro wieder an die Gesellschaft in Brooklyn in derselben Angelegenheit. Es waren Zweifel aufgekommen, ob diese Praxis wirklich verantwortbar sei. Denn das „Erwerben" der Bescheinigung bedeutete automatisch, daß man damit zur ersten Reserve des Militärs gehörte. Bei Bedarf wurden die Reservisten automatisch eingezogen. Die Zugehörigkeit zu einer militärischen oder politischen Organisation ist normalerweise Grund, die Gemeinschaft entzogen zu bekommen. In seinem Brief vom 27. August 1969 weist das Zweigbüro noch einmal ausdrück-

lich auf diesen Status der Reservisten hin. Es bittet um Anweisung, wie in Zukunft weiter verfahren werden soll. In dieser Zeit hatten in Malawi bereits zwei schwere Verfolgungen gegen die Zeugen stattgefunden. Normalerweise hätte man jetzt erwartet, daß die ‚Leitende Körperschaft' entweder den Zeugen in Malawi erlaubte, die Mitgliedskarten zu kaufen, oder aber den „Kauf" der Bescheinigungen in Mexiko – so wie es wohl das Zweigbüro wünschte – beendete. Doch in ihrem Antwortschreiben vom 5. September 1969 bestätigt die WTG noch einmal ausdrücklich das Schreiben aus dem Jahr 1960. Im übrigen sei es die Gewissensentscheidung des Einzelnen, und es müsse nicht die Sorge der Gesellschaft sein, wie der Einzelne sich entscheide.

Um die Doppelmoral zu verstehen, muß man sich vor Augen halten, daß in einem Land die WTG entscheidet, daß keine Mitgliedskarten gekauft werden dürfen, mit der Folge, daß es jahrelang zu brutalen Verfolgungen kommt, und daß sie in dem anderen Land ausdrücklich den Kauf von Militärdienstbescheinigungen billigt. Die jungen Zeugen brauchen dadurch nicht an Übungen teilzunehmen, sondern können diese Zeit zur Missionierung nutzen, erhalten bei Vorlage der Bescheinigung einen Reisepaß, um damit zum Beispiel in die USA zu reisen.

Durch die Jahrbücher erfuhren die Zeugen weltweit von den Greueltaten gegen Glaubensbrüder in Malawi. Unabhängig voneinander wollten vier österreichische Zeugen[20] etwas für die Glaubensbrüder in Malawi tun. Sie wandten sich an den österreichischen Bundeskanzler, Bruno Kreisky, mit der Bitte, sich in Malawi für die Zeugen einzusetzen.

Durch die Briefe auf die besondere Situation aufmerksam gemacht, wurden das Außenministerium, die Botschaften und die Vertretung bei der UN um Berichte gebeten. Es ergab sich, daß die Darstellungen der Zeugen korrekt waren. Allerdings wurden die Chancen, auf diplomatischem Weg etwas zu erreichen, als gering eingeschätzt, zumal keine österreichischen Staatsbürger davon betroffen waren.

Aus den uns vorliegenden Unterlagen geht darüber hinaus hervor, daß sich neben den Politikern auch kirchliche Vertreter für Zeugen eingesetzt haben. In dem Bericht vom 9.6.1976 der zuständigen österreichischen Botschaft an das Außenministerium wird erwähnt, daß sich der Erzbischof zu einem Geheimgespräch mit dem Präsidenten von Malawi getroffen habe. In diesem Gespräch, von dessen Existenz nur wenige Eingeweihte wissen, hatte der Erzbischof *„in vorsichtiger Weise auf die Verfolgungshandlungen hingewiesen und gebeten, die Angehörigen der Sekte, welche zwar keine Katholiken, aber doch Christen seien, menschlich zu behandeln. Präsident Banda habe damals sogar zugegeben, daß vor allem seitens der ‚jungen Pioniere‘[21] gewisse Exzesse vorgekommen seien, die jedoch in Hinkunft unterbleiben würden.“*

Nach diesem Gespräch hat es keine weiteren Verfolgungen mehr gegeben, so daß es naheliegt, daß ausgerechnet die katholische Kirche, die von den Zeugen verteufelt, gar als Teil der Hure Babylon bezeichnet wird, etwas Wirkungsvolles für die Zeugen Jehovas erreicht hatte.

Im Jahrbuch der WTG von 1995 wird eine „begeisternde Neuigkeit“ aus Malawi den Zeugen kundgetan. Die Gesellschaft sei dort als Religionsgemeinschaft eingetragen worden, und man habe *„interessanterweise einige Wochen nach der Eintragung das Hauptquartier der ‚Jungen Pioniere Malawis‘ zerstört, eben jener Gruppe, die die Zeugen so grausam mißhandelt hatte. Alle ihre Büros wurden geschlossen und Soldaten jagten den Anhängern der Gruppe nach und brachten viele um.“* Ob diese kaum verhohlene Schadenfreude alle Zeugen „begeistert“ hat, oder ob nicht doch dem einen oder anderen ein kalter Schauer den Rücken hinunter gelaufen ist, bleibt zu fragen. Über die eigene Rolle in diesem Konflikt jedenfalls immer noch kein Ton!

Hirnrissige Buchstabentreue verbunden mit Doppelmoral führte viele Menschen in die persönliche Katastrophe. Warum hat die WTG in Malawi ihre Zeugen nicht zu schützen vermocht? Wollte sie etwa bewußt Märtyrer schaffen, mit denen man im nachhinein gut werben kann?

6.5.2 Flirt mit Hitler

Am 25. Juni 1933 fand in Berlin-Wilmersdorf ein Kongreß der Bibelforscher Deutschlands (Zeugen Jehovas) statt. Nach eigenen Angaben trafen sich 5000 Zeugen, die mehrere Millionen (!) Deutsche repräsentieren sollten, in einer mit Hakenkreuzfahnen geschmückten Sporthalle. Auf diesem Kongreß wurde eine vorbereitete Erklärung per Akklamation angenommen, in der sich die Bibelforscher gegen Angriffe verteidigten. Das deutsche Zweigbüro in

Neue-Welt-Übersetzung
Eigene Bibelübersetzung der Zeugen Jehovas. Ihr Anspruch ist, daß sich diese Übersetzung besonders genau an den Urtext hält und gleichzeitig in einer verständlichen Sprache geschrieben wurde. An vielen Stellen stimmt sie nicht mit allgemein anerkannten Übersetzungen überein. Die deutsche Fassung ist eine Übersetzung der englischen New-World-Translation.

Magdeburg war bereits 1933 von der Polizei durchsucht, die Druckerei kurzzeitig beschlagnahmt worden, in einigen Ländern wurden die Versammlungen und die Aktivitäten der Bibelforscher bereits verboten. Für die Führung der Zeugen war klar, daß in Deutschland die Verhältnisse immer schwieriger werden würden.

Wie sollte man in einer solchen Situation, die die Existenz der Organisation bedrohte, mit der „politischen Neutralität", die von jeher von allen Gläubigen gefordert wurde, umgehen?

Was nun als ein Stück Geschichte der WTG folgt, ist ein Lehrstück für Anpassung, vorauseilenden Gehorsam und devote Ehrerbietung. Allerdings darf man sich in diesem Zusammenhang nicht ganz auf die Selbstdarstellung der WTG verlassen. In dem neuesten Geschichtswerk *„Jehovas Zeugen – Verkündiger des Königreichs Gottes"* (1993) wird zwar erwähnt, daß Präsident Rutherford an Hitler geschrieben habe, aber der Wortlaut des Briefes wird nicht abgedruckt. Danach sollen die Zeugen Opfer einer ungerechten Verfolgung gewesen sein, die angezettelt wurde durch die Geistlichkeit, und dies obwohl sie immer ihre politische Neutralität bewahrt hätten.

In „Erwachet!" vom 22. August 1995, einer Ausgabe, die auf dem Titel die Frage *„Der Holocaust – Wer erhob seine Stimme?"* trägt, wird ein Brief des damaligen Präsidenten Rutherford an Hitler vom 9. Februar 1934 erwähnt. Nach der Darstellung handelt es sich um ein Protestschreiben des Präsidenten an Hitler, in dem er den Reichskanzler ultimativ auffordert, den Zeugen Erleichterung zu verschaffen, da sie weiter hart bedrängt wurden. Sollte dies nicht bis zum 24. März 1934 geschehen sein, werde Rutherford weltweit die Verfolgungen bekannt machen.

Der Artikel aus dem Jahr 1995 erweckt den Anschein, als seien die Zeugen die einzigen gewesen, die international die Machenschaften Hitlers publiziert hätten, die im Widerstand gegen Hitler agiert und sich sogar erlaubten hätten, Hitler zu drohen.

In dem erwähnten ersten Brief an Hitler klingt dies aber etwas anders. Von Opposition oder gar Widerstand kann nicht die Rede sein. Auch droht Rutherford Hitler nicht. Vielmehr betont er, daß die Bibelforscher in Amerika immer besonders deutschfreundlich waren, auch dann, wenn *„Geschäftsjuden und Katholiken"* in Amerika eine Greuelpropaganda gegen Deutschland leiteten.

Von politischer Neutralität kann nach diesem Brief sicherlich nicht mehr die Rede sein. Rutherford deutet seine Gefängnisstrafe, zu der er verurteilt wurde, als eine Strafe wegen deutschfreundlicher Aktivitäten,

Sehr verehrter Herr Reichskanzler!

Am 25. Juni 1933 tagte in Berlin in der Sporthalle Wilmersdorf eine ca. 5000 Personen umfassende und mehrere Millionen Deutsche repräsentierende Vertreterkonferenz der Bibelforscher Deutschlands (Zeugen Jehovas) [...] Der Zweck dieser, von den Abgeordneten der einzelnen Bibelforschergemeinden Deutschlands besuchten Tagung war, Mittel und Wege zu finden, um dem Herrn Reichskanzler [...] Kenntnis zu geben von folgendem: [...] Örtliche Polizeibehörden werden immer bestätigen müssen, daß Bibelforscher absolut zu den ordnungsliebenden und -erhaltenden Elementen des Landes und Volkes zu zählen sind. Ihre einzige Mission ist Werbung der Menschenherzen für Gott. [...] Das Brooklyner Präsidium der Watch-Tower-Gesellschaft ist und war seit jeher in hervorragendem Maße deutschfreundlich. Aus diesem Grunde wurden im Jahre 1918 der Präsident der Gesellschaft und die sieben Glieder des Direktoriums in Amerika zu 80 Jahren Zuchthaus verurteilt, weil der Präsident sich weigerte, zwei von ihm in Amerika geleitete Zeitschriften zur Kriegspropaganda gegen Deutschland zu gebrauchen. Diese zwei Zeitschriften „The Watch Tower" und „ Bible Student" waren die beiden einzigen Zeitschriften Amerikas, die eine Kriegspropaganda gegen Deutschland verweigerten und darum während des Krieges in Amerika auch verboten und unterdrückt wurden.

[...] Weiter wurde auf dieser Konferenz der fünftausend Delegierten – wie in der Erklärung ausgedrückt – festgestellt, daß die Bibelforscher Deutschlands für dieselben hohen ethischen Ziele und Ideale kämpfen, welche die nationale Regierung des Deutschen Reiches bezüglich des Verhältnisses des Menschen zu Gott proklamierte, nämlich: Ehrlichkeit des Geschöpfes gegenüber dem Schöpfer!

Auf der Konferenz wurde festgestellt, daß in dem Verhältnis der Bibelforscher Deutschlands zur nationalen Regierung des Deutschen Reiches keinerlei Gegensätze vorliegen, sondern daß im Gegenteil – bezüglich der rein religiösen, unpolitischen Ziele und Bestrebungen der Bibelforscher – zu sagen ist, daß diese in völliger Übereinstimmung mit den gleichlaufenden Zielen der nationalen Regierung des Deutschen Reiches sind. [...] Endlich bekundete diese Konferenz der fünftausend Delegierten, daß die Bibelforscher- bzw. die Watch-Tower-Organisation eintritt für die Aufrechterhaltung von Ordnung und Sicherheit des Staates, sowie für die Förderung der vorerwähnten, auf religiösem Gebiet liegenden hohen Ideale der nationalen Regierung. Um hiervon vor allen Dingen dem Herrn Reichskanzler als dem Führer des Volkes und den übrigen hohen Regierungsbeamten des Deutschen Reiches und der Länder Kenntnis zu geben, wurde das vorstehend kurz Gesagte in anliegender Erklärung ausführlich niedergelegt. [...] In Erwartung einer baldigen gütigen Zusage, und mit der Versicherung unserer allergrößten Hochachtung, sind wir, sehr verehrter Herr Reichskanzler, ergebenst

Watch Tower Bible and Tract Society
Magdeburg'[22]

obwohl er und seine Mitstreiter wegen antikirchlicher Hetze verurteilt worden waren.

Ist das nun wieder „Lehre von gestern", oder standen (stehen) die Ideale der WTG wirklich in keinem Widerspruch zur kruden Programmatik der hitlerdeutschen Regierung von 1934? Auf absolute „Neutralität" getrimmten Zeugen wird dies zu denken geben. Es war wohl nur Mimikry, ein notgeborener Versuch, das Eintreten für Recht und Ordnung zu betonen, um von den Nazis in Ruhe gelassen zu werden.

Das vorrangige Ziel des Briefs, daß Hitler einige Bibelforscher empfängt, damit diese ihre Ziele erläutern können, wurde nicht erreicht. Noch nicht einmal eine unabhängige Kommission, wie die WTG vorschlug, wurde eingesetzt.

Daß dieser Brief von der WTG im „Erwachet!" aus dem Jahre 1995 unterschlagen wird, daß sie versucht, nur den Teil darzustellen, der heute ein positives Licht auf die Zeugen wirft, ist sicher Bestandteil der „theokratischen Kriegslist". Allerdings muß man dann auch festhalten, daß die WTG es mit der Wahrheit bezüglich der eigenen Aktivitäten nicht so genau nimmt. Und vor allem hat die WTG kein Recht, andere, seien es Personen oder Organisationen, wegen ihrer Haltung in Nazi-Deutschland anzugreifen.

In diesem „Sektenreport" darf freilich auch nicht die Erwähnung des tragischen Schicksals fehlen, das dieser Gruppe von den braunen Machthabern zugefügt wurde: Im Laufe des 3. Reichs wurden über 6000 Zeugen in Deutschland verhaftet, 2000 saßen in Konzentrationslagern, 635 starben im Gefängnis und 203 Zeugen wurden hingerichtet.

Insider erwarten allerdings auch mit Spannung die Aussagen von ehemaligen Zeugen, die die NS-Zeit miterlebt haben. Sie erhoffen sich davon Antwort auf die Frage, wieso die Nationalsozialisten die geheim operierenden Zeugen so schnell enttarnen konnten, und sie erwarten sich Einblick in ein anderes Kapitel: wie sich die Zeugen in den KZ arrangiert haben.

6.5.3 Plünderung des Sozialstaates?

Ein Staat als Gemeinschaft von Menschen funktioniert nur dann sozial, wenn in ihm ein Austausch zwischen Geben und Nehmen stattfindet. Bedürftige Einzelne können nur dann Unterstützung bekommen, wenn andere bereit sind, dies durch ihre Steuern und Abgaben zu finanzieren. Zu einem guten Teil ist der Sozialstaat auf das ehrenamtliche Engagement in Vereinen, Kirchen und Verbänden angewiesen.

Auch wenn sie kein Teil der Welt sein wollen, leben die Zeugen und die Wachtturm-Gesellschaft doch in diesem System des Sozialstaats. Von den Zeugen wird erwartet, daß sie regelmäßig ihre Steuern zahlen. Sie sind nach der Darstellung der WTG in diesem Punkt die zuverlässigsten und ordentlichsten Staatsbürger. Ein Engagement für die Gesellschaft ist schon aus Zeitmangel darüber hinaus kaum möglich. So sind die Zeugen ehrenamtlich in sozialen/karitativen Einrichtungen in aller Regel nicht tätig. Aber die WTG unterhält auch selbst keine Einrichtungen, die sich einer karitativen Arbeit widmen. Die christliche

Nächstenliebe wird dadurch gezeigt, daß man versucht, möglichst viele Menschen für die Ewigkeit zu retten. Diese Aufgabe sei viel wichtiger, als kurzfristiges soziales Engagement. Die Krisen und Probleme unserer Zeit sind in der Bibel vorhergesagt und können von den Menschen nicht beseitigt werden. Man stelle sich einmal vor, es gäbe nur noch Zeugen Jehovas in dieser Gesellschaft und nicht all diese nützlichen Idioten, die sich um Kinder, Alte, Kranke, Schwache, Ohnmächtige (auch solche von den ZJ) kümmern: Was wäre das für eine Wolfsgesellschaft! Statt christlich anzupacken, gibt es nur ideologische Vertröstung: Nach Harmagedon, mit Beginn des tausendjährigen Friedensreichs auf Erden wird Gott selber alles Elend, alle Krankheiten und alles Leid von den Menschen endgültig

P

Paradies
Nach Ansicht der Zeugen Jehovas wird am Ende der Welt ein 1000jähriges Friedensreich anbrechen. In dieser Zeit, die dem biblischen Paradies entsprechen soll, wird es keine Krankheiten, Kriege, Naturkatastrophen etc. mehr geben. Alle Menschen, die zu Lebzeiten Jehova treu gedient haben (→ andere Schafe), werden 1000 Jahre im Paradies leben, bevor Satan ein letztes Mal freigelassen wird. Alle, die Jehova und seine weltliche Organisation abgelehnt haben, erleiden den ewigen Tod. Diejenigen, die zu Lebzeiten keine Möglichkeit hatten, Jehova und seine Organisation kennenzulernen, erhalten die Möglichkeit, sich im Paradies zu Jehova zu bekehren.

wegnehmen. Bis dahin müssen die Menschen leiden.

Durch die ideologisch begründeten Verbote leisten die einzelnen Zeugen in den meisten Fällen nur den kleinstmöglichen Beitrag, den eine Gesellschaft erwartet.

Die Wachtturm-Gesellschaft selbst geht noch einen skandalösen Schritt weiter. Sie macht, wo es nur geht, gesetzliche Ausnahmeregelungen, wonach man etwa unter bestimmten Voraussetzungen keine Sozialversicherungsbeiträge zu zahlen hat, zur Regel. Und die Gemeinde Selters/Ts. erhält keine Gewerbesteuer; gleichzeitig erwirtschaftet das Bethel scheinbar erhebliche Gewinne, nützt also offenkundig massiv Steuerbefreiungen aus.

Gleichzeitig nimmt die WTG aber für sich und ihre Verkündiger alle nur denkbaren Vorteile des Sozialstaates in Anspruch. Wenn ein Hauptamtlicher die Zeugen verläßt und keine Verwandte hat, die ihn unterstützen, muß er die staatliche Sozialhilfe in Anspruch nehmen. Daß die WTG in ihrem Bethel mehr oder weniger unbehelligt tun und lassen kann, was sie will, verdankt sie nur den staatlichen Gesetzen, die Religionsgemeinschaften solche Möglichkeiten einräumen.

Bisher ist nicht zu erkennen, an welcher Stelle die Zeugen bereit sind, sich – ähnlich den Kirchen – für die Gesellschaft zu engagieren. Dieses einseitige Nehmen zu Lasten des Gemeinwohls ist unserer Meinung nach Anlaß genug, die WTG einmal in ihrer Eigenschaft als wirtschaftlich arbeitende Buchvertriebsorganisation zu betrachten. Überall wird an Sozialleistungen gespart. Aber die ZJ dürfen in eklatanter Weise auf dem Trittbrett mitfahren.

Durch Steuern und Abgaben würde die WTG – wenn auch unfreiwillig – ihren Beitrag zu einem sozialen Staat leisten, von dem sie bisher nur profitiert hat.

6.6 Auswirkungen der Verbote

Im Kapitel *„Der Zwang zum Glücklichsein"* wurde schon angedeutet, daß die Zeugen sich selbst gerne als normale, glückliche und gesunde Gruppe von Menschen hinstellen, die sich in nichts von allen anderen Menschen unterscheiden – außer in ihrem Glauben und in ihrem moralischen Leben.

In persönlichen Gesprächen mit Zeugen werden die Probleme und die Schwierigkeiten, die ein Zeuge hat, nie angesprochen. Selbst auf Rückfragen, die konkrete Probleme betreffen, werden die Antworten immer möglichst positiv ausfallen. Sind die Zeugen wirklich diese normalen, glücklichen Menschen? Wenn man die Auflistung der Verbote anschaut – ein amerikanischer Psychologe hat 63 herausgefunden – dann fällt es schwer, dies zu glauben.

Und ebenso verborgen bleiben die Gründe, warum die WTG ihre Zeugen mit so vielen Verboten belegt. Geht es wirklich nur um die Wahrheit, oder gibt es andere, subtilere Gründe?

6.6.1 Systemstabilisierung

Die Wachtturm-Gesellschaft und ihre Schreiber legen sehr viel Wert darauf, daß alles, was sie verkündigen, irgendwie auch mit der Bibel in Übereinstimmung steht. Und so ist es leicht verständlich, wenn ein Teil der Verbote biblisch begründet wird. Alles, was in der Bibel verboten ist, ist heute auch für Zeugen Jehovas verboten. Die Dinge, die nicht ausdrücklich in der Bibel verboten sind, können aber dennoch für Zeugen verboten sein, weil sie heidnischen Ursprungs sind, weil sie nicht ausdrücklich für Christen erlaubt sind oder einfach, weil man kein Teil der Welt sein soll!

Anhand dieser Argumentationsstruktur läßt sich das Typische einer Sekte herausarbeiten. Und von daher sind die Zeugen Jehovas der Urtyp einer Sekte, der exemplarisch zeigt, wie und warum eine Sekte funktioniert.

Das Hauptproblem für alle religiösen Gruppen ist die Frage, wie mit interner und externer Kritik umgegangen wird, mit Kritik, die sowohl die Lehre als auch die Praxis der Gruppe betrifft. Der „normale" Weg wäre die Auseinandersetzung mit der Kritik, das Ernstnehmen der Kritiker, das Überprüfen der eigenen Standpunkte. In der Konsequenz müßte man aber auch bereit sein, die berechtigten Kritikpunkte zu ändern. Voraussetzung für einen solchen Umgang ist eine reife, gefestigte Gruppe, die Kritik nicht als Angriff auffaßt. Aber es scheint für Sekten typisch zu sein, gerade dies nicht zu können. Aufklärung, Dialog wären der Anfang vom Ende.

Der zweite Weg ist das Verbot von jeder Kritik! Dies ist nach Innen durch die Verhängung von Sanktionen möglich. Durch eine pseudo-religiöse Begründung (*„Wer kritisiert, hat nicht den wahren Glauben/ist vom Glauben abgefallen/ ist von Dämonen verführt!"*) verbunden mit drastischen Strafen, wie zum Beispiel Gemeinschaftsentzug. Je mehr die Sektenmitglieder das Kritik-Verbot verinnerlicht haben, um so mehr wird es zu einem Denkverbot.

Die meisten Sekten gehen den Weg des Kritik- und Denkverbots. Die WTG kann bei den Zeugen das Denken auch dadurch einschränken, daß sie wöchentlich mit einer Flut von Literatur bombardiert werden, die für die Versammlungen, den Predigtdienst und die Buchstudien studiert werden muß. Man bekommt sozusagen den Kopf von den Büchern, Faszikeln und Zeitschriften nicht mehr hoch. In dem unaufhörlichen Streß bleibt kaum Zeit innezuhalten und nachzudenken. Es bedarf schon besonderer Anstrengungen, um sich als Sektenmitglied einen geistigen Freiraum zu bewahren und diesen dann gegenüber anderen Mitgliedern zu vertreten.

„*Mir selber ist es geglückt, obwohl ich Ältester war, mir einen etwa 20prozentigen geistigen Freiraum zu schaffen. Ich habe die WTG weiterhin ständig überwacht. Es gab Texte, die mich verfolgten bis zu meinem Ausschluß. Diese Texte haben in meinem Hinterkopf geschlummert. Sehr wichtig war für mich 2 Petrus 3. Dort heißt es über die letzten Tage: ‚Wie von alters her eine Erde kompakt aus dem Wasser herausragte und durch dieses Wasser vernichtet wurde, so ist die jetzige Erde aufgespart für das Feuer.' Das heißt also, daß die Erde durch die Sintflut vernichtet wurde, was ja auch geschichtlich abgesichert ist. Was das Feuer betrifft, sagen die Zeugen Jehovas aber mit Berufung auf Jesaja, daß die Erde niemals verbrennen werde, sondern ewig bestehe. Mit dem Feuer sei vielmehr die Vernichtung des politischen, wirtschaftlichen und gesellschaftlichen Systems gemeint. Ich habe einmal zu anderen Ältesten gesagt: ‚Wenn im selben Satz die Vernichtung einmal buchstäblich gesehen wird, nämlich die durch die Sintflut, das andere Mal, beim Feuer, aber nicht, ist die Auslegung inkonsequent.' Da wurde es ganz ruhig im Saal, alle haben mich angesehen und einer hat gesagt: ‚Das ist wahnsinnig gescheit, was Du sagst, es klingt auch richtig. Wenn aber der treue und verständige Sklave in Amerika sagt, das ist so, dann hast du keine andere Meinung zu haben, sonst bist du abtrünnig.' Ich habe geantwortet: ‚Das mag sein, aber ich bin kein Trottel. Ich lasse mich lieber von der Hl. Schrift leiten als von irgendwelchen Interpretationen. Ich bin sicher, daß ich recht habe.' Die anderen haben gemeint, daß das durchaus sein könne, ich dürfe aber mit niemandem darüber reden.*"

Peter Pross

Nach innen kann das Kritikverbot funktionieren. Nach außen wird es nie funktionieren, da kritische Beobachter keinen Grund haben, nicht alles, was gesagt und getan wird, zu überprüfen.

Und so müssen die Sektenführungen sich Konzepte überlegen, mit denen sie ihre Anhänger gegen solche Angriffe immunisieren können. Drei Strategien werden in der Regel angewandt:

a) der persönliche Angriff der Kritiker. Hierbei wird der Kritiker moralisch diffamiert. Abgesehen davon, daß er inkompetent sei, wird er als unglaubwürdig dargestellt. Dies gilt vor allem für ehemalige Sektenmitglieder. So wird Zeugen empfohlen, keine Literatur von ehemaligen Zeugen zu lesen. Alleine daran, daß sie die Wahrheit verlassen haben, obwohl sie sie kannten, sei schon abzulesen, daß sie böswillig oder gefährlich sind. Am besten hat man mit diesen nichts mehr zu tun und geht den Ehemaligen aus dem Weg. Selbst dann, wenn die Kritiker aus der eigenen Familie stammen.

„Ich habe aus meiner zweiten Ehe zwei Kinder, einen Sohn mit 28 und eine Tochter mit 29 Jahren. Der Sohn ist ZJ geworden, er ist Pionier. Er hat eine Spanierin geheiratet, die auch aus einer ZJ-Familie kommt. Sie ist aber aus einem geteilten Haus, d.h., ihre Mutter ist ZJ, ihr Vater nicht. Wenn ich sie auf der Straße treffe, kommt sie auf mich zu, nimmt mich um den Hals und sagt zu mir: ‚Hallo Papa.‘ Wenn eine andere ZJ dabei ist, geht sie drei Schritte zurück, als ob ich Pest hätte. Meine Schwiegertochter hatte auch schon dreimal Schwierigkeiten deswegen. Sie geht mit dem Problem aber anders um, weil sie aus einer geteilten Familie stammt. Wenn mich mein Sohn auf der Straße trifft, wechselt er die Straßenseite, damit er mich nicht grüßen muß.“

Peter Pross

P

Pioniere, allgemeine
Verkündiger der Wachtturm-Gesellschaft, die sich hauptberuflich dem Predigtdienst widmen. Sie haben sich zum Ziel gesetzt mindestens 90 Stunden im Monat bzw. über 1000 Stunden im Jahr zu predigen. Ihren Lebensunterhalt verdienen sie in der Regel durch Teilzeitbeschäftigungen, meist erhalten sie auch Zuwendungen von ihrer Familie.

b) In der theologischen Deutung wird die Kritik als Teil der biblisch vorhergesagten Drangsal angesehen. Ein Zeichen, daß wir in der Endzeit leben, sei, daß Jehova Gott von seinen Feinden besonders angegriffen würde. Satan selbst kämpfe gegen Gott und versuche, die treuen Diener auf der Erde zu Fall zu bringen. Jeder, der sich auch nur die Kritik anhört oder gar die Kritik weitergibt, der hat sich schon gegen Gott gestellt. Durch die eindeutige Zuordnung von Pro und Contra, von Gott gesegnet und von Gott verflucht, wird für das Sektenmitglied sofort deutlich, auf wessen Seite man sich zu stellen hat und wem man zuhören darf.

c) Schließlich besteht die Möglichkeit, inhaltliche Kritik zu ignorieren. Man geht zum Beispiel der öffentlichen Auseinandersetzung aus dem Weg. Biblisch begründet wird dies damit, daß man „keine Streitgespräche" führen soll.

Ganz kann sich keine Sekte der Kritik verschließen. Irgendwann wird der Druck, sich mit den kritischen Punkten auseinanderzusetzen, so groß, daß auf irgendeine Art reagiert werden muß. Die Lehränderung „1914" vom November 1995 ist hierfür ein gutes Beispiel. Raymond Franz beschreibt in seinem Buch „Der Gewissenskonflikt", daß es jahrelang in der WTG Kritik an der Deutung dieses Jahres gegeben habe.

Selbst in der ‚Leitenden Körperschaft' wurde die Bedeutung von 1914 kontrovers diskutiert. Ja, es wurden sogar schon Ideen entwickelt, wie dieses Jahr anders zu verstehen sei. Jeder, der die offizielle Lehre kritisierte, mußte damit rechnen, ausgeschlossen zu werden. Unruhestifter, die Irrlehren verbreiten, müssen die Versammlung verlassen. Immer mehr wird nun deutlich, daß diese Lehre so nicht mehr aufrechtzuerhalten ist. Irgendwann ist die Generation von 1914 ausgestorben, ohne daß das Ende wirklich gekommen ist. Mit einem Paukenschlag wird die Lehre umgedreht, und alle sind verpflichtet, die neue Wahrheit anzunehmen. Kein Wort der Entschuldigung, kein Eingeständnis, daß sich die WTG geirrt habe, es reicht zu sagen, daß jetzt „mehr Licht auf die Wahrheit" gefallen sei. Ob die ehemaligen Kritiker öffentlich rehabilitiert werden, ob sie automatisch wieder aufgenommen werden, bleibt abzuwarten!

Für Aussteiger ist es immer wieder eine Art Urerlebnis, wenn sie entdecken, daß der irrwitzige Kosmos der (Denk-)Verbote gar nicht dazu da ist, radikale Bibeltreue zu gewährleisten, sondern dazu, ein System zu stabilisieren, das in dem Augenblick zusammenbrechen würde, in dem eine Mehrzahl von Mitgliedern eigenständig denken, unzensiert fühlen und selbstverantwortlich handeln würde.

6.6.2 Das gläserne Labyrinth

Die meisten destruktiven Kulte und Sekten kann man mit einem gläsernen Labyrinth auf einem Jahrmarkt vergleichen. Die Gruppen schaffen es, Interessierte in die Mitte eines solchen Glasgefängnisses zu führen. Dort angekommen, versprechen sie, dem Menschen zu helfen: „Schau Dich ruhig einmal um. So sieht die Welt aus! Überall kann man sich den Kopf anstoßen, und alleine findet man sich hier nicht zurecht. Wir können Dir aber helfen, daß Du Dich zurechtfindest, ohne daß Du Dir den Kopf anstößt. Wir haben dazu ein paar Regeln und Hilfsmittel, die Dich unterstützen werden: Ein Kompaß, einige Karten und Bücher. Du mußt Dich nur an diese Regeln halten und die Hilfsmittel fleißig benutzen!"

Während der Neuling mit den Hilfsmitteln versucht, sich langsam zurechtzufinden, wird der einzige Ausgang nach außen abgeschlossen bzw. durch einen Wächter bewacht. Der neue Zeuge ist tatsächlich zu Beginn der Meinung, daß er durch die Zeitschriften und Bücher die Bibel besser verstehen kann. Und auch die gelegentlichen Begegnungen mit anderen in dem Labyrinth, die scheinbar wissen, wie es geht, wird als wohltuend empfunden. Durch die Glasscheiben können immer noch die Umwelt, die Familie, die Freunde und Bekannten gesehen werden.

Aber je länger man sich in der Sekte aufhält, je überzeugter man von den Lehren ist, um so undeutlicher wird der Blick in die Außenwelt. Einige Glasscheiben werden im Laufe der Jahre sehr matt und schmutzig, einige werden von der Führung gegen Zerrspiegel ausgetauscht. Irgendwann einmal sind die Besucher der Meinung, daß alle Menschen sich in diesem gläsernen Labyrinth befinden, auch die, die in Wirklichkeit davor stehen. Aber nur die Sektenmitglieder hätten den Kompaß, um sich zurechtzufinden. Daß die Sekte eine skurrile Jahrmarktsattraktion, aber nicht die Welt ist, wird nicht mehr wahrgenommen.

P

Präsident
Der P. der Watch Tower Society ist zugleich Mitglied der „Leitenden Körperschaft". Der Gründer Ch. T. Russell war von 1884–1916 der erste Präsident. Milton Henschel amtiert seit dem 30.12.1992 als fünfter Präsident.

Je länger der Gang durch den Glaskasten dauert, je weiter das Mitglied in den Gängen vorangeschritten ist, um so wichtiger wird der Kompaß. Auch wenn es ein manipulierter Kompaß ist, ihn jetzt wegzulegen würde bedeuten, nie mehr aus dem Kasten herauszukommen. Sich einfach auf seine Vernunft und seine Gefühle zu verlassen, würde bedeuten, daß man sich viele blaue Flecken an den Glaswänden holen würde. Und das trauen sich Sektenmitglieder selten.

Bei der Begegnung mit anderen bestätigt man sich gegenseitig, daß man auf dem richtigen Weg sei, auch wenn der einzelne dem Kompaß schon lange nicht mehr traut.

Durch Zufall oder durch eine persönliche Lebenskrise kommt das Sektenmitglied an einem Ausgang vorbei. Aber dort steht ein Wächter, der davor warnt, diesen Ausgang zu benutzen. Denn vor der Jahrmarktsbude funktionieren Kompaß und Karte nicht mehr. Aus Angst, dieses letzte Hilfsmittel zu verlieren, gehen viele mit dem Blick auf den Kompaß am Ausgang vorbei, in der Hoffnung, den richtigen Weg zu finden. Und sie werden jeden warnen, einen Ausgang zu benutzen, da der Kompaß dann nicht mehr funktionieren würde.

Der Ausstieg ist nicht einfach. Hat man einmal die Jahrmarktsbude verlassen, funktionieren die manipulierten Hilfsmittel tatsächlich nicht mehr. Daß man sich selber frei bewegen kann, ohne von Glaswänden eingeschränkt zu werden, ist ebenfalls sehr irritierend. Die wiedererlangte Freiheit muß neu erlernt werden. Und nicht alle Sektenmitglieder halten dies aus: sie suchen nach neuen gläsernen Labyrinthen, die vielleicht breitere Wege und bessere Hilfsmittel und Regeln haben.

6.7 Schwarz – Weiß

Wird ein überzeugter Zeuge Jehovas gebeten, mit einem Farbkasten die Welt zu malen, er könnte mit zwei Farben auskommen: Schwarz und Weiß. Alle Zwischenstufen und Schattierungen sind dem offiziellen Denken der Zeugen fremd. Entweder man ist ein richtiger Zeuge, dann hat man mit der Welt nichts mehr zu tun, oder aber man gehört zu den Ungläubigen, die sich mit der Welt einlassen. Eine differenzierte Weltsicht und Lebensdeutung ist den Zeugen aufgrund der permanenten Indoktrination der WTG-Sicht nicht möglich.

Religionssoziologisch bezeichnet man die Zeugen Jehovas als eine fundamentalistische Endzeitsekte[23]. Daß die Zeugen eine Endzeitsekte sind, ist aus dem bisher Gesagten deutlich geworden. Aber was ist das Fundamentalistische an der Lehre und dem Leben der Zeugen? Üblicherweise werden die Gruppen, die die Bibel wortwörtlich verstehen, als fundamentalistisch bezeichnet. Uns ist dieser Fundamentalismusbegriff zu eng, da er zum Beispiel fundamentalistische Parteien oder Religionen, die sich nicht auf die Bibel berufen, nicht beschreiben kann. Hinzu kommt, daß die Zeugen ja gerade keine kontinuierlich wortwörtliche Bibelauslegung betreiben. Es gibt tatsächlich viele Bibelstellen, die wortwörtlich verstanden werden, aber einige werden in der Übersetzung verändert, andere werden in einem symbolischen Sinn verstanden, bei wieder anderen werden einzelne Worte und Halbsätze aus dem Zusammenhang gerissen und neu interpretiert. Es gibt keine einheitliche Auslegung der Bibel bei den Zeugen. Auch das starre Festhalten an unhinterfragbaren Lehren reicht nicht aus, um die Zeugen als fundamentalistische Gruppe zu beschreiben. Die Zeugen haben in den hundert Jahren ihrer Geschichte ungezählte Lehränderungen vorgenommen. Unsere Definition für Fundamentalismus lautet deshalb:

Fundamentalismus ist *der gewalttätige, zum Scheitern verurteilte Versuch, mit Patent-Rezepten aus der Vergangenheit die Probleme der Gegenwart zu bewältigen.*

Die *Probleme der Gegenwart* springen jedem Leser von „Der Wachtturm" und „Erwachet!" regelmäßig im Vierfarbdruck ins Gesicht. Die soziale Entfremdung, die weltanschauliche Heimatlosigkeit und gesellschaftliche Krisen unseres ausgehenden Jahrtausends, dies sind die vorherrschenden Themen, wenn die Zeugen über die Welt reden. In dem Rhetorikbuch „Unterredungen anhand der Schrift" werden seitenweise Gesprächsanfänge für die Missionierung vorgeschlagen, die mit Naturkatastrophen, Krieg, Elend, Gewalt… zu tun haben. Zeugen sehen die Probleme der Gegenwart sehr deutlich. Und sie möchten sie gerne beseitigen.

Die Theokratie und das Warten auf das Friedensreich, dies sind die beiden *Patentrezepte,* mit denen die Zeugen den modernen Problemen entgegentreten. Für die Sehnsüchte der Menschen bieten sie die Gottesherrschaft an, auf die man allerdings noch eine unbekannte Zeit warten muß. Nicht durch globales Umdenken, soziale Reformen und politische Interventionen sollen die Zustände auf der Erde verbessert werden, sondern durch das Warten auf den Tag der Veränderung. Und in dieser Wartezeit sollen möglichst viele Menschen bekehrt werden, damit auch sie in die Gottesherrschaft eingehen können. Missionierung ist das alte Patentrezept auf die neuen Fragen.

P

Predigtdienst
Jeder Zeuge Jehovas hat sich mit seiner Taufe verpflichtet, die ‚Gute Botschaft' zu verkündigen und ‚Jünger zu machen'. Deshalb wird erwartet, daß jeder Verkündiger aktiv Predigtdienst leistet, indem er an Wohnungen oder an Straßenecken die Schriften der Wachtturm-Gesellschaft anbietet. Über seine Tätigkeit gibt jeder Zeuge einen Predigtdienstberichtzettel, so daß die Ältesten genau über die Predigtstunden und die Menge der abgegebenen Schriften informiert ist.

Die WTG bereitet hier auf Erden bereits die Gottesherrschaft vor. Eine Theokratie duldet keinen Widerspruch, keine Kritik. Die Menschen müssen sich so mechanisch unterordnen, daß es zu seelischen und körperlichen Verletzungen kommen kann, die sie ihr Leben lang prägen. Die Lebensgeschichten, die wir vorgestellt haben, machen deutlich, inwiefern der Fundamentalismus auf eine subtile Art *gewalttätig* sein kann.

Trotz aller Hoffnungen, die in fundamentalistische Systeme gesteckt werden, sind diese letztlich zum *Scheitern* verurteilt. Nicht nur durch die Verweigerung von Antworten auf die modernen Fragen, sondern auch durch das individuelle Scheitern der einzelnen Mitglieder. Trotz aller Schutzmechanismen, die das System aufbaut, zeigen die persönlichen Lebensgeschichten der ehemaligen Anhänger, daß man schon zu einem sehr frühen Zeitpunkt spürte, daß man mehr unbeantwortete Fragen und Probleme mit sich trägt, als man Antworten bekommt.

Veränderungen sind in einem fundamentalistischen System nur dann möglich, wenn sie von der Führung kommen. Aber auch dann sind sie sehr risikoreich, da nicht sicher ist, daß die Masse der Anhänger diese akzeptiert. So haben sich schon zu Russells Zeiten bei Lehränderungen

Abspaltungen gebildet, die heute noch existieren. Der Grund hierfür ist ein ganz einfacher: Fundamentalistische Denkgebäude versprechen Sicherheit und Eindeutigkeit in einer unsicheren Zeit. Die Konstanz im Denken und Leben macht die Faszination und Anziehungskraft aus. Jede Änderung, auch wenn sie von einer Führung angeordnet wird, desorientiert oder sorgt zumindestens für eine bestimmte Zeit für Irritationen und Angst. Aus dem Gefühl heraus, etwas Unveränderbares zu verlieren, werden sich Fundamentalisten – der Logik des Systems folgend – gegen Änderungen wehren. So ist es eine trügerische Hoffnung, darauf zu warten, daß sich fundamentalistische Gruppen von innen heraus reformieren können. Entweder wachsen sie weiter, oder aber sie gehen zugrunde.

1   Salzburger Nachrichten vom 17. 3.1995.
2   Jehovas Zeugen und die Schule, Brooklyn, New York, 1983.
3   Jehovas Zeugen und die Schulbildung, Selters/Ts., 1995
4   A. a. O., S. 24.
5   A. a. O., S. 23
6   Erwachet!, 22. März 1995, S. 27.
7   Jehovas Zeugen und die Schulbildung, Selters/Ts., 1995, S. 17f.
8   Je nach Einstellung zur WTG und deren Lehre halten sich Eltern mehr oder we-
    niger genau an die Einhaltung der Verbote. Einige lassen ihre Kinder an Klas-
    senfahrten teilnehmen, während andere strengstens darauf achten, daß ihre Kin-
    der so wenig Kontakt mit anderen Kindern haben, wie nur möglich.
9   Ein Realschullehrer einer 9. Klasse.
10 Jehovas Zeugen und die Schulbildung, Selters/Ts., 1995, S. 11f.
11 Fragen junger Leute - praktische Antworten, Selters/Ts., 1989.
12 A. a. O., S. 67.
13 Wachtturm, 15. November 1995, S. 31.
14 Gebt acht auf euch selbst und auf die ganze Herde, Selters/Ts. 1991, S. 133.
15 A. a. O., S. 94.
16 In beruflichen Bereichen ist es selbstverständlich möglich, auf geschäftlicher
    Ebene miteinander zu reden. Aber alles, was über diesen engen Rahmen hin-
    ausgeht, ist strengstens verboten.
17 Franz, Raymond, Der Gewissenskonflikt, München 1988, S. 111ff.
18 Jehovas Zeugen – Verkündiger des Königreiches Gottes, Selters/Ts. 1993, S.
    674f.
19 Franz Raymond, Der Gewissenskonflikt, München 1988, S. 114f.
20 Peter Pross, K. B., E. und W. A.
21 Gemeint sind hiermit nicht die Pioniere der Zeugen!
22 Zitiert nach: Pape, Günter, Die Wahrheit über die Zeugen Jehovas, Rottweil,
    1970, S. 137ff.
23 Zum Fundamentalismus-Begriff: Jäggi/Krieger, Fundamentalismus – Ein Phä-
    nomen der Gegenwart, Zürich, 1991.

„Als Kind habe ich stark an das Ende im Jahr 1975 geglaubt, das war für mich sogar eine Art Hoffnungsschimmer. Dann bin ich gerade 1975 das erste Mal schwanger geworden. Mein Mann hat natürlich als Ältester über den Weltuntergang gepredigt. Da habe ich wirklich Angst bekommen, was werden würde. Es würde ja nicht gerade schön sein, wenn unter lauter Erdbeben alles zusammenbricht. Außerdem gibt es diese Bibelstelle, wo es heißt: ‚Wehe den Frauen, die zu der Zeit schwanger sind.‘ Mein Sohn ist im Dezember auf die Welt gekommen, ich war dann so damit beschäftigt, daß mich 1975 gar nicht mehr interessiert hat. In unserer Versammlung ist auch kaum mehr darüber gesprochen worden. Eine Bekannte hatte aber ein Kind mit einem Hüftproblem. Das wurde nicht orthopädisch korrigiert – mit dem Argument, daß ohnehin bald Harmagedon komme. Das Kind ist jetzt 22 Jahre alt und leidet immer noch daran.“

Beate Frauendorfer

„Meine Mutter war Bluterin. Ihr mußten einmal einige Zähne gerissen werden. Ich war damals noch ein Kind. Sie hat dabei kübelweise geblutet, sich aber keine Bluttransfusion geben lassen. Ich habe schon damit gerechnet, daß sie sterben würde, es ist aber gutgegangen. Das war eine fürchterliche Situation. Es wäre für sie sicher ganz schlimm gewesen, wenn sie mich allein hätte zurücklassen müssen. Aber sie wollte das Gebot Gottes nicht übertreten.“

Beate Frauendorfer

7. Leben in der Wahrheit

Gebote und Normen gibt es in jeder Religionsgemeinschaft. Auch solche, die von der übrigen Gesellschaft als eigenartig empfunden werden oder die die eigenen Mitglieder kaum beachten. So stellt die katholische Sexualmoral, insbesondere die Verurteilung der Anti-Baby-Pille und die Ablehnung von Kondomen durch den Papst, häufig eine Zielscheibe öffentlicher Kritik dar. Selbst Katholiken scheinen sich in überwiegendem Maß nicht mehr an solche Gebote zu halten.

Ganz anders bei den Zeugen Jehovas. Hier bestimmt nicht nur ein starres Normen-Korsett das Alltagsleben der Mitglieder, einige zentrale Glaubensauffassungen führen sogar zu rigorosen Einschnitten im Leben – bis hin zur Lebensbedrohung selbst. Zwei dieser Gebote, das Verbot der Bluttransfusion und die zeitlich präzise Vorhersage des Weltunterganges, bringen die Zeugen Jehovas immer wieder in das Blickfeld der Öffentlichkeit. Im Falle des Verbots von Bluttransfusionen ist es ein angeblich göttliches Gebot, das sich auf ein nachweisbar falsches Bibelverständnis stützt und noch dazu von der WTG selbst in einer unlogischen und inkonsequenten Haltung gehandhabt wird.

7.1 Der Blutkult der Zeugen Jehovas

7.1.1 Der Tod des kleinen Simon Hartl

Im September 1993 erschütterte der Tod eines Babys die Öffentlichkeit Österreichs. Nur elf Tage nach seiner Geburt starb der kleine Simon Hartl in der Linzer Kinderklinik, weil seine Eltern, strenggläubige Zeugen Jehovas, die lebensrettende Bluttransfusion verweigert hatten. Das Baby litt an einer „Rhesus-Unverträglichkeit". Die verantwortlichen Ärzte entschieden sich für eine Therapie mit Immunglobulinen, einer anerkannten Alternativmethode. In diesem Fall versagte sie jedoch, das

Titelüberschriften aus Tageszeitungen
Im September 1993 erregte in Österreich der Tod eines Zeugen-Babys die
Öffentlichkeit. Die Eltern, die eine lebensrettende Bluttransfusion abgelehnt
hatten, wurden gerichtlich nicht belangt, da ihnen von den verantwortlichen
Ärzten die alternative Behandlungsmethode als gleichwertig empfohlen
worden war.

frühgeborene Baby starb an Herzinfarkt infolge von schwerer Blutarmut. Dieser Fall brach in Österreich eine breite Diskussion über die ethische Verantwortung von Ärzten vom Zaun. Die Zeugen Jehovas kamen wieder einmal als fanatische Sekte auf die Titelseiten der Tageszeitungen.[1]

Der Fall endete im Januar 1995 mit einem Schuldspruch für den Leiter der Linzer Kinderklinik, Leonhard H., und die behandelnde Ärztin Gabriele W. Sie wurden wegen fahrlässiger Tötung zu hohen Geldstrafen verurteilt. Die Eltern hingegen entgingen einer strafrechtlichen Verfolgung, da ihnen, so Richter K. M., von den Ärzten die Immunglobulin-Therapie als gleichwertige Behandlungsmethode empfohlen worden war. In der Linzer Kinderklinik hatte man tatsächlich bereits zwölf ähnliche Fälle mit der Alternativmethode erfolgreich behandelt. Die Eltern hatten dennoch einen Revers unterschrieben, in dem festgestellt wurde, daß höchste Gefahr für das Leben des Kindes bestehe. Obwohl sich die Anklage auf die Frage der richtigen ärztlichen Behandlungsmethode konzentrierte und die Glaubensüberzeugung der Eltern ausklammern wollte, bestimmte diese immer wieder die Gerichtsverhandlung. Richter K. M. in seiner Urteilsbegründung: *„Die Eltern, die die Bluttransfusion verboten haben, sind zwar strafrechtlich exkulpiert [entschuldigt]. Ob sie moralisch exkulpiert sind, wenn sie zuschauen, wie ihr Kind stirbt, mögen andere beurteilen."*

7.1.2 Ein Richter rettet eine junge Frau

Aufgrund der Aufmerksamkeit, die der traurige Vorfall in Linz erreicht hatte, konnte sechs Monate später in Österreich ein anderes Menschenleben gerettet werden.[2] Eine 18jährige junge Frau, die bei einem Verkehrsunfall viel Blut verloren hatte, wurde in das Krankenhaus Wien-Mödling eingeliefert. Auch sie lehnte als gläubige Zeugin Jehovas eine Bluttransfusion strikt ab. Eine medikamentöse Ersatzmethode führte zu lebensbedrohenden Komplikationen. Als der Zustand der jungen Frau bereits kritisch wurde, stimmte sie der Bluttransfusion zu. Um sie nach einem Gespräch mit den Eltern wieder zu verweigern! Daraufhin schalteten die Ärzte den Journalrichter des Wiener Straflandesgerichtes, Werner R., ein, der mit der bereits sehr schwachen Patientin selbst telefonierte und sie fragte: „Wollen Sie wirklich schon sterben?" Der Richter hatte den Eindruck, als würde sie gerne der Transfusion zustimmen, infolge des großen Druckes blieb sie jedoch bei der Ablehnung. Daraufhin schaltete sich der Anwalt der Zeugen Jehovas ein und wollte dem Richter eine Intervention untersagen. Das Mädchen sei alt genug und könne selbst entscheiden. Werner R. jedoch entschied für „Gefahr im Verzug" und bestellte – auf einer rechtlich nicht unbedenklichen Grundlage – den Arzt zum Sachwalter. Die rettende Bluttransfusion konnte im letzten Moment durchgeführt werden. Der Richter nahm dafür eine Dienstaufsichtsbeschwerde in Kauf. Das Mädchen überlebte. Was mit ihm weiter geschah, ist nicht bekannt. Hätte sich das Mädchen freiwillig dafür entschieden, wäre es von der Gemeinschaft der Zeugen Jehovas aufgrund der Bluttransfusion ausgeschlossen worden.

7.1.3 Ein Arzt mit Zivilcourage

Während im Falle von erwachsenen Zeugen Jehovas die Ärzte zwar versuchen können, ihre Überredungskunst zugunsten einer Bluttransfusion einzusetzen, sind ihnen im Falle von Minderjährigen die Hände gebunden. Wie der Fall von Simon Hartl zeigt, sind Zeugen ohne weiteres bereit, nicht nur ihr eigenes Leben, sondern auch das ihrer Kinder für ein angeblich göttliches Gebot zu opfern. Manche Ärzte setzen allerdings ihre ärztliche Handlungspflicht über abstruse Glaubensansichten. 1991 behandelte der Unfallchirurg Georg K., Primar am Linzer Unfallkrankenhaus, ein Kind gegen den Willen der Zeugen-Eltern mit Blutkonserven.[3] Das Kind, das bei einem offenen Oberschenkelbruch einen hohen Blutverlust erlitten hatte, hätte ohne fremdes Blut keine Überlebenschancen gehabt. Der Arzt hatte aufgrund der akuten Lebensgefahr keine Zeit, sich eine gerichtliche Erlaubnis zu holen. Zu den Eltern, die drohten, ihr Kind im Falle der Transfusion zu verstoßen, meinte der Arzt lapidar: *„Dann adoptiere ich es eben."* Am Tag nach der geglückten Operation wollten die Eltern ihr Kind sehen und dankten dem Chirurgen. Sie waren keine Zeugen Jehovas mehr.

7.1.4 Wer schützt die Kinder?

Die Lebensgefahr, die für Kinder durch das unmenschliche Bluttransfusionsverbot der Zeugen Jehovas entsteht, hat im Jahr 1986 in Österreich zu einer bemerkenswerten Entscheidung des Obersten Gerichtshofes (OGH) geführt. Nach der Scheidung eines Ehepaares, wobei der Mann Katholik, die Frau aktive Zeugin Jehovas war, waren die gemeinsamen, katholisch getauften Kinder zuerst der Mutter zugesprochen worden. Der OGH hob das Urteil auf und entschied zugunsten des Vaters. Die Urteilsbegründung des OGH: Die Religionszugehörigkeit der Mutter könnte negative Auswirkungen auf das soziale Leben der Kinder haben und – im Falle einer notwendigen Bluttransfusion – sogar Lebensgefahr bedeuten. Sieben Jahre später, im Juni 1993, sah der Europäischen Gerichtshof für Menschenrechte in Straßburg in diesem Urteil allerdings eine Verletzung des Rechts auf Familienleben (Artikel 8 der Menschenrechtskonvention) und eine Diskriminierung (Artikel 14); er verurteilte die Republik Österreich zu einer Geldstrafe zugunsten der Mutter. Im Sinne des Menschenrechts auf freie Religionsausübung dürfen der Mutter ihre Kinder nicht aufgrund ihrer Glaubensüberzeugung abgesprochen werden. Daß dieser Glaube das fundamentale Menschenrecht auf Leben einschränken kann, hat sich bis zu den Richtern in Straßburg nicht herumgesprochen. Denn nicht nur die Kinder, auch Erwachsene haben selten die Möglichkeit, sich ruhigen Gewissens für oder gegen das Leben zu entscheiden. Sie werden massiv unter Druck gesetzt. Oder setzen sich, infolge langjähriger Indoktrinierung, selbst unter Druck.

P

Predigtdienstbericht
Jeder Prediger hat Buch über seine Tätigkeit zu führen. In entsprechende Formulare wird eingetragen, wieviele Stunden er pro Monat predigt und welche Bücher und Zeitschriften er abgegeben hat. Diese Daten werden zentral in den Versammlungen gesammelt und regelmäßig an das Zweigbüro gemeldet. Anhand der Predigtstunden und der verbreiteten Literatur lesen die Zeugen den Erfolg ihres Unternehmens ab.

„Das strikte Verbot von Bluttransfusionen bei den Zeugen Jehovas hätte mich einmal beinahe das Leben gekostet. Das war während meiner dritten Schwangerschaft. Ich war im sechsten Monat schwanger und mußte sehr schwer arbeiten. Da ich vorher schon ein Kind verloren hatte, wußte ich, daß es Probleme geben könnte. Ich habe den Beginn der Fehlgeburt sofort gemerkt, mich niedergelegt und meinen Mann gebeten, er möge die Rettung rufen. Wir hatten im Haus kein Telefon. Er selbst wollte kein zweites Kind, Abtreibung war bei den Zeugen Jehovas aber verboten. Er hat mir daher keine Rettung gerufen, sondern mich einfach liegen gelassen. Ich habe wahnsinnig viel Blut verloren. Als die Rettung endlich doch kam, konnte ich meine Arme und Beine gar nicht mehr bewegen. Es wurde dann eine Notoperation gemacht. Der Operationssaal war nicht sofort frei, weil es kurz vorher einen schweren Verkehrsunfall gegeben hat, außerdem war Wochenende, daher Notbesetzung im Krankenhaus. Ich mußte warten, die Blutungen waren aber so stark, daß ich

vor der Operation noch Schlimmes über mich ergehen lassen mußte – ich will das jetzt gar nicht näher schildern! Als ich dann endlich im OP lag, fragte mich der Arzt nach meiner Blutgruppe. Ich habe gesagt: ,Ich nehme kein Blut, ich bin Zeugin Jehovas.' Der Arzt wußte, daß ich ein kleines Kind hatte. Er hat mich gestreichelt und gesagt: ,Mama, du hast ein Kind zu Hause. Wenn wir dir kein Blut geben, wirst du nicht mehr munter, wir bringen dich nicht durch!' Meine Antwort war: ,Wenn Gott es so will, dann muß es so sein.' Sie haben mich dann doch mit Traubenzuckerlösungen durchgebracht. Es ist aber wirklich schlimm um mich gestanden. Ich bin nicht nur auf der Intensivstation gelegen, sondern hatte rund um die Uhr eine Schwester bei mir sitzen. Gott sei dank habe ich es geschafft."

Sylvia Wolf

Kann von einer freien Gewissensentscheidung im Falle des Bluttransfusionsverbotes die Rede sein? Ein Zeuge, der Blut annehmen würde, muß damit rechnen, aus der Gemeinschaft ausgeschlossen zu werden. Was laut WTG-Lehre bedeutet, daß er bei der Schlacht von Harmagedon mit Sicherheit vernichtet wird. Ein Zeuge hat also die Alternative: entweder jetzt sterben und dafür das ewige Leben im Paradies gewinnen – das ja praktisch stündlich eintreffen kann –, oder das kurze Leben in diesem „bösen System der Dinge" wählen. Daß er sich für ersteres entscheidet, dafür sorgen im guten Glauben auch die Angehörigen und Zeugen-Anwälte, die für diesen speziellen Fall bestens geschult sind. In jedem Zweigbüro gibt es ein „Krankenhaus-Verbindungskomitee". Dieses wird aktiv, wenn Bluttransfusion droht. Die Angehörigen, der Patient und die Ärzte werden von den geschulten Mitarbeitern aufgesucht, um die Transfusion mit allen Mitteln zu verhindern.

Daß ein Zeuge keine freie Entscheidungsmöglichkeit hat, zeigt auch die „Willenserklärung gegen Bluttransfusion", die er ständig bei sich hat.

7.1.5 Denkfehler mit Todesfolge

Bedenkt man die fatalen Folgen, die das Bluttransfusionsverbot bei den Zeugen Jehovas haben kann und oftmals bereits hatte, würde man meinen, daß die WTG zumindest eine gut fundierte Begründung dafür vorweisen kann. Leider ist das nicht der Fall. Die WTG legt Wert darauf, daß biblische und „göttliche" Gebote und nicht medizinische Kriterien dafür ausschlaggebend sind. In der neuesten Broschüre „Wie kann Blut dein Leben retten?" von 1990, die sich ausführlich mit dem Blutverbot beschäftigt, geht es eher am Rande um die göttliche Begründung. Von den 31 Seiten handeln nur 6 Seiten die angeblich biblische Lehre ab. Der Rest der Broschüre setzt darauf, in langen Abhandlungen über Leberschäden, Aids und andere Ansteckungsgefahren die Angst vor Bluttransfusionen zu schüren. Anscheinend ist die WTG sich der schwachen biblischen Grundlagen ihres „Blutkultes"[4] bewußt.

R

Rechtskomitee
Komitee aus drei Ältesten einer Versammlung, welches über Rechtsangelegenheiten, insbesondere den Gemeinschaftsentzug von Zeugen, entscheidet. Anhand eines ‚Gesetzbuches' und einer speziellen Schulung muß das Rechtskomitee seine Entscheidungen treffen.

Daß sich in der Bibel kein direktes Verbot findet, da es damals noch keine Bluttransfusionen gab, versteht sich von selbst. Die WTG begründet es mit dem Verbot des Blutgenusses bei den Juden, das bis in die früheste Zeit des Alten Testaments zurückgeht.[5] Blut galt als Sitz des Lebens und daher als heilig. Diese Ehrfurcht vor dem Blut teilte Israel mit vielen Völkern des alten Orients. Blut durfte nur zu Opferzwecken verwendet werden. Laut WTG ist das Blutgenußverbot aber auch für Christen verbindlich. Die entscheidende Bibelstelle, die die WTG zur Untermauerung des Bluttransfusionsverbotes heranzieht, ist Apostelgeschichte 15, 28.29, wo es um das erste Konzil der Apostel in Jerusalem geht: „Denn der heilige Geist und wir selbst haben es für gut befunden, euch keine weitere Bürde aufzuerlegen als folgende notwendigen Dinge: euch von Dingen zu enthalten, die Götzen geopfert wurden, sowie von Blut und von Erwürgtem und von Hurerei. Wenn ihr euch vor diesen Dingen sorgfältig bewahrt, wird es euch gutgehen. Bleibt gesund!" Hier handelt es sich weder um ein Gebot Gottes noch um ein Wort Jesu, sondern um eine Entscheidung der Apostel in einer ganz bestimmten Situation. Es geht außerdem eindeutig um Blut als Nahrungsmittel und um sonst nichts.

Wie an den Haaren herbeigezogen die Blutlehre der WTG ist, zeigt ein Vergleich mit den orthodoxen Juden. Auch diese halten sich streng an das Gesetz des Mose und lehnen daher den Blutgenuß ab. Das heißt im Klartext: Sie essen keine Nahrungsmittel wie Blutwurst und nur geschächtetes, also ausgeblutetes Fleisch. Von einem Bluttransfusionsverbot hingegen hat man bei Juden noch nie gehört. Zeugen Jehovas hingegen essen zwar kein Wildfleisch, weil es auch noch Blut enthält, ansonsten aber völlig normales Fleisch von üblichen Schlachtungen; es ist ihnen sogar erlaubt, blutige Steaks (!) zu essen. Wer kann eine solche Differenzierung verstehen?

Auch sonst ist die Blutlehre der WTG, die völlig am Sinn der Bibeltexte vorbeigeht, in sich widersprüchlich und inkonsequent. Die Bluttransfusion lehnt die WTG ab, weil der „Blutgenuß" nach „göttlichem" Gesetz verboten ist. Nur scheint Jehova Gott anscheinend ein Auge zuzudrücken, wenn sich Zeugen Injektionen mit Blutbestandteilen geben lassen oder mit Substanzen wie Immunglobulin behandelt werden, die man auch aus Blut gewinnt. Immunglobuline sind für die Blutgerinnung und damit für Menschen von Bedeutung, die an der Bluterkrankheit leiden. Wenn also ein Bluter solche aus Blut gewonnenen Gerinnungsfaktoren benötigt, darf er sie verwenden und so sein Leben retten. Wenn jemand eine Bluttransfusion benötigt, um sein Leben zu retten, dann soll das gegen Gottes Gesetz sein!

Raymond Franz, ehemaliges Mitglied der ‚Leitenden Körperschaft', schildert anhand der Entscheidungen bezüglich Blutern, wie beliebig der Umgang der WTG mit ihrem Blutkult ist.[7] Wandten sich die Bluter an die Zentrale der WTG in Brooklyn, antwortete man ihnen jahrelang, daß gegen den einmaligen Einsatz des Blutbestandteils nichts einzuwenden sei, weil das einem Medikament gleichkomme. Werde es aber

Die Beantwortung einer Leserfrage aus dem Jahr 1958 zeigt, wie lebensgefährlich manche Lehränderungen der WTG sein können. 1958 wurde man wegen einer Bluttransfusion noch nicht mit dem Gemeinschaftsentzug bestraft. Erst seit 1961 werden Zeugen Jehovas ausgeschlossen, wenn sie sich eine Bluttransfusion geben lassen.[6]

öfter eingesetzt, komme das der „Ernährung" gleich und müsse daher abgelehnt werden. Ein paar Jahre später wurde die Anweisung geändert, Bluter durften nun das Immunglobulin immer, wenn sie es benötigten, annehmen. Da die Weisungen nie veröffentlicht, sondern immer nur auf Anfrage erteilt wurden, konnten Bluter immer noch aufgrund der ersten Anordnung verbluten, da sie von der neuen Regelung nichts wußten. Erst nach mehreren Jahren veröffentlichte die WTG dazu einen Wachtturmartikel, der die Lehränderung allerdings mit keinem Wort erwähnte.[8]

Wenn nun Blut nach Ansicht der WTG der Sitz des Lebens ist und ein Mensch daher kein fremdes Blut aufnehmen soll, gäbe es noch die Möglichkeit, eigenes Blut zu verwenden. Die Medizin hat, um Ansteckungsgefahren über Blut zu vermeiden, die Methode der „Autotransfusion" entwickelt. Dabei wird dem Patienten vor einer Operation Blut abgenommen und im Bedarfsfall wieder zugeführt. Doch auch diese Möglichkeit lehnt die WTG ab![9] Im der Bibel stehe zwar nichts über Bluttransfusionen, gibt die WTG zu, „Gott" habe „aber für Anweisungen gesorgt." Die göttliche Anweisung für die Ablehnung der Autotransfusion sieht sie in der alttestamentarischen Vorschrift für Jäger, das Wild ausbluten zu lassen. Levitikus 17,13: „Er soll in diesem Fall sein Blut ausgießen und es mit Staub bedecken." Wenn also das Blut eines Lebewesens nicht zu Opferzwecken verwendet wurde, mußte es auf die Erde gegossen werden. Die Schlußfolgerung der Wachtturm-Ge-

Russell, Charles Taze
(1852−1916) Gründer der Zeugen Jehovas, damals ‚Ernste Bibelforscher' genannt. Aufgrund persönlicher Glaubenszweifel begann er seine eigene, vor allem adventistisch geprägte Lehre zu entwickeln. Seine Thesen verbreitete er in der Zeitschrift ‚Zions Watch Tower and Herald of Christ's Presence' (1879), die er durch Kolporteure vertrieb. Es bildeten sich kleine Lesezirkel, die anhand seiner Artikel die Bibel studierten. 1881 schuf er die ‚Zion's Watch Tower Society', die später eine Aktiengesellschaft wurde. Auf mehreren Auslandsreisen gründete er Auslandsbüros. Die bekannteste seiner ‚biblisch gestützten' Vorhersagen war, daß 1914 Christus über die Erde regieren, und so, nach einem totalen Umsturz, der totale Frieden herrschen werde. Als dies nicht eintraf, verlegte er einen Teil der Vorhersage auf das Jahr 1918.

sellschaft: Daher sind Autotransfusionen verboten, weil dabei ja auch Blut entnommen wird. Dieses Blut sei nicht mehr „Bestandteil" der betreffenden Person und müsse beseitigt werden. Erlaubt sei hingegen, wenn während der Operation das Blut in Lagerbehälter ausgeführt wird. Denn hierbei bleibe die Verbindung mit dem Blutkreislauf des Patienten bestehen. Abschließende Bemerkung des Wachtturmartikels:

> „Die moderne Medizin kann vielleicht unser gegenwärtiges Leben verlängern, doch möchten wir unser gegenwärtiges Leben bestimmt nicht durch irgend etwas verlängern, was unser christliches Gewissen verletzen oder unserem Lebensgeber mißfallen würde."

7.1.6 Was sagt die Bibel wirklich?

Kann man wirklich aus der Bibel ableiten, daß Gott Gebote aufgestellt hat, die wichtiger sind als das Leben des Menschen?

„Zeugen Jehovas glauben: Es gibt für einen Menschen Situationen, wo er mit seinem Leben bezahlen muß, um einen göttlichen Grundsatz einzuhalten."

Peter Pross

Wie verträgt sich das mit dem Gebot der Barmherzigkeit, das es nicht nur im Neuen, sondern auch im Alten Testament gibt?[10] Jesus selbst ist oft in Konflikt mit der Gesetzesfrömmigkeit der Schriftgelehrten gekommen, die die Einhaltung von Gesetzen für wichtiger hielten als das menschliche Leben. So zögerte Jesus nicht, das Sabbatgebot, eines der von Gott gegebenen Zehn Gebote, in Frage zu stellen, wenn die Erhaltung des Lebens wichtiger war (Matthäus 12,1–14 parr). Als seine Jünger am Sabbat Ähren abrissen, um ihren Hunger zu stillen, begehrten die Pharisäer auf: „Das ist nach dem Gesetz am Sabbat verboten." Jesus erinnert sie an König David und seine Gefährten, die, als sie Hunger hatten, sogar von den geweihten Schaubroten im Tempel gegessen hatten und zitiert das Prophetenwort Hosea 6,6: „Barmherzigkeit will ich, nicht Opfer!" Die kleinliche Befolgung eines Gebotes wird unwichtig, wenn es um die Erhaltung des Lebens geht. Das kommt besonders dann zum

Ausdruck, wenn Jesus am Sabbat die gelähmte Hand eines Kranken heilt, obwohl er genausogut einen Tag hätte warten können. Jesus sagt zu den Pharisäern, die bereits beschließen, ihn für diesen freien Umgang mit dem Gesetz zu töten: „Der Sabbat ist für den Menschen da, nicht der Mensch für den Sabbat" (Markus 2,27).

Für die WTG ist allerdings der Mensch für die Einhaltung des Blutverbotes da, nicht das Blut für den Menschen. In diesem Falle will sie auch keine Barmherzigkeit, sondern Opfer. Was hat es mit diesem Blutverbot überhaupt auf sich? Das Gesetz des Mose braucht man hier nicht mehr heranzuziehen, weil es für Christen (und das wollen die Zeugen Jehovas ja sein) durch Jesus endgültig aufgehoben ist. Doch auch Apostelgeschichte 15, 28.29, der wichtigste biblische Beleg der WTG, ist nicht haltbar. Das kommt ganz klar zum Ausdruck, wenn man die Verse im Zusammenhang des Kapitels 15 liest:

Die Apostel hatten sich zu einem ersten „Konzil" in Jerusalem getroffen, um wichtige Fragen zu erörtern. Zu den jungen christlichen Gemeinden gehörten nämlich nicht nur Juden (Judenchristen), sondern es ließen sich immer mehr Heiden taufen und schlossen sich den Christen an. Daher entstand bei den Judenchristen die Frage, ob sich diese Heidenchristen nicht zuerst dem jüdischen Gesetz (Beschneidung, Speisegebote) unterwerfen sollten, bevor sie Christen werden konnten. Das klare Ergebnis der Beratungen zwischen Paulus und den Aposteln in Jerusalem war: Die Heidenchristen müssen sich dem jüdischen Gesetz nicht unterwerfen. Um aber die Judenchristen nicht vor den Kopf zu stoßen, erreichte der Herrenbruder Jakobus ein kleines Zugeständnis (15,29): Man wolle den Heidenchristen „keine weiteren Lasten" aufladen, als sich folgender Dinge zu enthalten: Götzenopferfleisch (Fleisch von Tieren, die in heidnischen Tempeln geopfert wurden), Blut von Ersticktem (nicht ausgeblutetes Fleisch) und Unzucht.

Was also von der WTG als unbedingtes Gebot Gottes hingestellt wird, war in Wahrheit ein Kompromiß der ersten christlichen Gemeinschaft, um ein gedeihliches Zusammenleben von Heiden- und Judenchristen zu gewährleisten. Abgesehen davon ging es nur um Blutgenuß in Form von Nahrungsmitteln, von Blutspenden kann natürlich keine Rede sein. Doch gerade zum Speisegebot gibt es von Jesus selbst eine eindeutige Aussage: „Nichts, was der Mensch von außen in sich aufnimmt, kann ihn unrein machen; nur das, was aus ihm selbst kommt, macht ihn unrein!" (Markus 7,15). Nicht nur die WTG, auch die damaligen Jünger verstanden den Sinn dieses Wortes Jesu nicht gleich, daher erklärte er es ihnen noch einmal. Was der Mensch von außen aufnimmt, kann ihn nicht unrein machen, weil es nur in seinen Magen gelangt. Nur was aus ihm selbst, aus seinem Herzen kommt, macht unrein: böse Gedanken, Mord,

… und Unvernunft (vgl. Markus 7,17–23). Ja, auch die Unvernunft macht unrein!

Das Verbot von Bluttransfusionen aus der Bibel, besonders aus Apostelgeschichte 15, ableiten zu wollen und als göttliches Gebot hinzustellen, kann nicht nur als „unvernünftig", sondern als verantwortungslose Verfälschung des Wortes Gottes bezeichnet werden. Hier paßt das Jesuswort gegen die Pharisäer von Matthäus 23,4: „Sie schnüren schwere Lasten zusammen und legen sie den Menschen auf die Schultern, aber sie selbst machen keinen Finger krumm, um sie zu tragen."

Die Last, die die WTG ihren Anhängern auf die Schultern legt, kann so weit gehen, daß sie am Tod eines Angehörigen schuldig werden. Und welchen Trost hat sie dafür zu bieten? Ein „endloses Leben in Gesundheit auf einer paradiesischen Erde", „ewiges Leben in menschlicher Vollkommenheit" nach der Schlacht von Harmagedon. Dabei gibt es nur ein kleines Problem: Die Schlacht von Harmagedon wird es niemals geben!

7.2 Das Ende des Systems der Dinge ist nahe

Die Lehre vom nahen Weltuntergang ist das entscheidende Dogma der Zeugen Jehovas. Es war bereits konstitutiv für die Formierung der „Ernsten Bibelforscher" unter Charles T. Russell und ist noch heute das, was die Sekte im Innersten zusammenhält. Es ist auch das, was das Leben der Zeugen am tiefgreifendsten prägt. Weil das Ende der Welt nahe bevorsteht, muß möglichst viel Energie in den Predigtdienst gesteckt werden, um noch möglichst viele Menschen zu retten. Weil die Schlacht von Harmagedon bald kommen wird, muß man keine berufliche Karriere anstreben. Man muß auch keinen besonderen Wert auf die Ausbildung der Kinder legen, wenn man nicht überhaupt den Kinderwunsch auf die Zeit des Paradieses auf Erden verlegt hat. Weil besagtes Paradies bald eintreffen wird, braucht man sich nicht sozial zu engagieren, kann man eine notwendige Bluttransfusion ablehnen und beruhigt sterben. Alle persönlichen Lebenswünsche kann man aufschieben. Dieses Warten auf Harmagedon ist bei den Zeugen keine abstrakte Vorstellung, sondern eine in vielfacher Hinsicht den Alltag prägende Wirklichkeit. Das letzte konkrete Datum für das Eintreffen von Harmagedon war 1975.

7.2.1 1975 – die Pleite mit dem Weltuntergang

„Die Endzeitberechnung für das Jahr 1975 hat mich beruflich einmal in arge Schwierigkeiten gebracht. Ich war 1971 in der Landesdirektion Wien meiner Versicherungsgesellschaft Schulungsleiter und damit verantwortlich für die

Rutherford, Joseph F.
(1869–1941) Zweiter Präsident der Watch Tower Society. Nach seiner Taufe (1906) wurde er Rechtsberater der Wachtturm-Gesellschaft.

Ausbildung unseres Personals in allen Versicherungssparten. Eines Tages hat mich ein Organisationsleiter angerufen und um Hilfe gebeten. Es war gerade eine junge Frau bei ihm, die sich anstellen lassen wollte. Sie weigerte sich aber, im Bereich der Lebensversicherungen zu arbeiten. Es war eine Zeugin Jehovas. Er bat mich, sie davon zu überzeugen, daß sie auch Lebensversicherungen abschließen müsse. Die Argumente der Zeugin waren folgende: ,Ich kann den Leuten keine Lebensversicherung mit 25jähriger Laufzeit verkaufen, weil ich ja weiß, daß 1975 das ,System der Dinge' zu Ende geht. Das wäre doch Betrug!' Ich konnte ihr darauf nichts antworten. Ich rief dann einen Kollegen bei einer Bank an und fragte ihn, wie er den Bereich der Wertpapiere handhabe, bei denen es ja auch eine lange Laufzeit gibt. Aber er wollte mir keine Auskunft geben, sondern meinte, er könne mir diese Entscheidung nicht abnehmen. Am nächsten Tag bin ich zu meinem Landesdirektor gegangen und habe meine Aufgabe als Schulungsleiter zurückgelegt. Er war ungeheuer sauer und hat geschrien: ,Wegen Ihrer Firlefanz-Religion soll ich meinen Schulungsleiter einbüßen, das kann doch nicht Ihr Ernst sein!' Ich habe ihn verstanden. Er hatte ja eine Menge Geld für meine Ausbildung investiert und mir einen guten Job verschafft. Von einem Tag auf den anderen bin ich dann in das Antragsbüro gekommen. Obwohl ich akademisch geprüfter Versicherungskaufmann und Ausbildungs-Chef von Wien war, durfte ich bloß noch Anträge abstempeln. Nach zwei Wochen hat er mich gerufen und gefragt, ob ich den Bereich der Sachversicherungen übernehmen würde. Über Nacht habe ich damit eineinhalbmal soviel verdient wie vorher als Schulungsleiter. Für mich als Zeugen hatte sich die Standhaftigkeit also ausgezahlt. Ich habe mir gesagt: Gott segnet dich wirklich, wenn du deinen Weg konsequent gehst."

Peter Pross

Allerdings gab es bei den Zeugen auch Menschen, die die Endzeitberechnung von 1975 nicht so ernst nahmen:

ÜBERSICHT WICHTIGER DATEN VON DER ERSCHAFFUNG DES MENSCHEN BIS ZUM JAHRE 7000 A.M.

ZEITPUNKT u. Z.	ZEITPUNKT ANNO MUNDI	EREIGNIS
1937	5962	Erste Blutbank in größerem Umfang im Cook County Hospital, Illinois (USA), eingerichtet
1938	5963	Theokratische Organisation der christlichen Zeugen Jehovas vollendet
1939	5964	(September) 2. Weltkrieg beginnt; Völkerbund geht in Untätigkeit
1945	5970	The Watchtower (1. Juli) verurteilt Bluttransfusion — Ps. 16:4; (September) 2. Weltkrieg endet; (Oktober) Organisation der Vereinten Nationen ratifiziert
1957	5982	(Oktober) Rußland bringt ersten Satelliten in seine Umlaufbahn; bringt Furcht über die Welt
1962	5987	(11. Oktober) Papst Johannes XXIII. eröffnet das Zweite Vatikanische Konzil
1963	5988	Papst Johannes XXIII. gibt auf dem Konzil Enzyklika „Pacem in terris" heraus, in der er die Vereinten Nationen preist; er stirbt am 3. Juni trotz Bluttransfusionen
1964	5989	(Mai) „Beobachtungssatelliten" und Astronauten erhöhen Spannung in der Welt
1965	5990	(4. Oktober) Papst Paul VI. besucht den Sitz der Vereinten Nationen in der Stadt New York, heißt die Vereinten Nationen gut und führt Besprechungen mit dem Präsidenten der USA; beendet am 8. Dezember das Zweite Ökumenische Vatikanische Konzil
1966	5991	Gefahr eines 3. Weltkrieges wächst weiterhin verhängnisvoll, wie zwischen dem „König des Nordens" und dem „König des Südens". (Dan. 11:5-7, 40) Ausdehnung der Organisation von Jehovas christlichen Zeugen hält an, und eine internationale Serie von Bezirksversammlungen „Gottes Söhne der Freiheit" ist geplant, die am 22. Juni in Toronto, Ontario, Kanada, beginnt. Buch Life Everlasting — in Freedom of the Sons of God [Ewiges Leben — in der Freiheit der Söhne Gottes] wurde am Sonnabend, dem 25. Juni 1966, in englischer Sprache freigegeben
1975	6000	Ende des sechsten 1000-Jahr-Tages der Existenz des Menschen (im Frühherbst)
2975	7000	Ende des siebenten 1000-Jahr-Tages der Existenz des Menschen (im Frühherbst)

Obwohl es die WTG später leugnete, gab es in der Literatur zahlreiche Hinweise auf das „Ende des Systems der Dinge" im Jahr 1975.[11]

„Ich kann mich erinnern, als ich 14 Jahre alt war, daß meine Eltern ge-
sagt haben, wir Kinder würden nie unsere Berufslehre abschließen. Wir
haben gemeint, die spinnen ein bißchen. Als meine Schwester und ich
die Lehre abgeschlossen hatten, haben wir es unseren Eltern unter die
Nase gerieben. Meine Mutter hat gemeint: ‚Lange dauert es nicht mehr.‘
Ich habe zu ihr gesagt: ‚Ihr werdet noch in die Rente kommen. Wahr-
scheinlich werdet ihr sogar vorher noch sterben.‘ Nun sind beide in der
Rente und es geht ihnen auch gesundheitlich nicht mehr sehr gut. Wir
leben seit zig Jahrzehnten in der Endzeit und werden das auch weiter-
hin noch tun.

Ich sehe immer noch diese ERWACHET-Ausgabe vor mir mit dem ab-
fahrenden Zug. Das war für meinen Mann und mich schon ein Schock,
weil wir der Überzeugung waren, daß gemäß den Lehren der Bibel keine
Jahreszahlen für den Weltuntergang angegeben werden dürfen. Und daß
nichts errechnet werden kann. Das hat nichts mehr mit göttlicher Inspi-
ration zu tun, da kommt alleine der Mensch zum Vorschein. Ich habe die
Endzeitberechnung 1975 auch beim Predigtdienst nicht verwendet. Wir
haben in der Versammlung aber nicht gesagt, daß wir diese Zeitberech-
nung nicht in Ordnung finden.“

Margit Böhme

Als 1975 das heißersehnte Ende ausblieb, stritt die WTG ab, diese Jah-
reszahl jemals als absoluten Zeitpunkt vertreten zu haben. Es wurde
behauptet, übereifrige Zeugen hätten die Erwartungen aufgebauscht.
Tatsächlich jedoch fanden sich in der WTG-Literatur häufig Hinweise
auf das Jahr 1975. Es war offizielle Lehre, daß 1975 das Ende von 6 000
Jahren Menschheitsgeschichte gekommen sei und im Frühherbst das
siebente Jahrtausend und damit die sichtbare Regentschaft Christi anbrechen würde.

Je näher 1975 kam, um so vorsichtiger wurde die WTG allerdings.
Der Wachtturm erwähnte die Zahl nur mehr als Möglichkeit. Trotzdem
ist es eine Verdrehung der Wahrheit zu behaupten, die WTG hätte diesen Endzeittermin nicht propagiert. Ein eindrucksvoller Beweis dafür ist
die Ansprache des deutschen Zweigaufsehers Konrad Franke bei einem
Kongreß in Hamburg 1968. Da Franke der oberste Zeuge Jehovas des
wichtigen Zweiges in Deutschland war, kann man seine hier vertretenen
Ansichten nicht als Privatmeinung abtun, noch dazu da er in offizieller
Eigenschaft spricht. Sein Vortrag ließ keinen Zweifel daran, daß er die
offizielle WTG-Meinung vertrat, und zwar nicht nur hier, sondern bei
einer Vielzahl von Zeugen-Veranstaltungen:

„...Wir gehen dem Ende dieses Systems entgegen, liebe Brüder. Wir haben viel in den vergangenen Jahren und ... Jahrzehnten darüber gesprochen. Wir haben davon gesprochen, daß dieses böse System zu Ende gehen wird, daß 6 000 Jahre menschliche Geschichte vorgesehen sind und daß das siebente Jahrtausend Christus Jesus als dem Regenten und Hohenpriester vorbehalten bleibt ... Im Laufe der Zeit hat uns Jehova immer mehr verstehen lassen über diese Zeitabschnitte. Und vor zwei Jahren schon wurde das erste Mal unsere Aufmerksamkeit auf das Jahr 1975 gelenkt. Manche waren zweifelnd, sagten: ,Da muß man vorsichtig sein. Wir haben uns schon einmal blamiert. Wenn ich an 1925 denke, wer weiß, was da herauskommt, ich werde mich einmal zurückhalten.' Aber die Gesellschaft, der ,Treue und verständige Sklave', der ja dazu da ist, uns die Speise zur rechten Zeit zu geben ... der war nun tätig und hat uns das gesagt ... Es kam von dieser Stelle – auf einmal beginnen einige, doch zu zweifeln. Als ich kürzlich mit einigen jungen Brüdern sprach, da sagte einer zu mir: ,Ach weißt du, Bruder Franke, ich weiß nicht, ob man das so deutlich sagen kann, wie du das sagst, denn stell dir mal vor, die alte Schwester geht nun von Haus zu Haus und kann das nicht so ausdrücken, wie du das sagst, und sagt jetzt nur noch: 75, 75, 75! Was das unter Umständen für die Organisation für eine Schmach bringen könnte!' ,So', sagte ich, ,du traust dich nicht, dich neben diese einfache Schwester zu stellen, du würdest das viel intelligenter machen? Du sagtest besser, ich warte einmal, die haben sich schon einmal blamiert?' Da sagte ich ihm: ,Also, wenn es ums Blamieren geht, dann blamiere ich mich mit der Organisation. Ich will nicht allein abseits stehen.' Aber es ist interessant, wiewohl wir in den letzten Monaten, besonders bei den Bezirksversammlungen, sehr darauf hingewiesen haben, gibt es noch eine ganze Reihe unter uns, die diesbezüglich doch noch Vorbehalte haben. Und bei aller Objektivität und wie gut ich es mit euch auch meine, ich habe einen schweren Verdacht! Warum lacht ihr denn? Ich habe ja noch gar nicht ausgesprochen. Ich glaube, ihr habt Gründe zu derselben Annahme wie ich, daß auch hier in unserer Mitte noch welche sind, die auch noch Vorbehalte haben. Aber Brüder, tun wir recht, wenn wir so zweifelnd an unsere Aufgaben herangehen? Können wir dann überhaupt noch mit Recht die Publikationen verbreiten? ... Ihr habt ja jetzt das Buch bekommen ,Ewiges Leben in einer Freiheit der Söhne

Gottes' ... Da wird ganz präzise ausgedrückt, wie es übrigens auch die Publikation im Vorjahr schon getan hat. Aber da hört man immer wieder, daß welche sagen: ‚Jajajaja, die Gesellschaft ist sich selber nicht so sicher. Sie hat ja selber gesagt, es könnte sein.' Doch das ist eine Verfälschung des Sachverhaltes! Denn wenn wir vom Jahr 1975 sprechen und damit zum Ausdruck bringen, daß in diesem Jahr 6000 Jahre menschliche Geschichte zu Ende sind, dann möchte ich zeigen, daß diesbezüglich die Gesellschaft nicht den geringsten Zweifel hat ... Dazu steht die Organisation. Und die Geschichte soll die Antwort geben."

(Tonbandabschrift)

Viele Zeugen empfanden es angesichts dieser massiven Kampagne als ungeheuerlich, daß ihnen nun die Schuld für die Blamage in die Schuhe geschoben wurde. Noch dazu, als ihnen nicht nur ständig vom Ende gepredigt wurde, sondern auch, wie sie sich angesichts dieses Endes verhalten sollten: noch mehr Zeit und Energie in den Predigtdienst investieren, womöglich im Pionierdienst! Das hieß, den Job aufzugeben und vollzeit für die WTG unterwegs zu sein. In der Zeitschrift „Our Kingdom Ministry" – sie erscheint einmal monatlich und ist nur für Zeugen Jehovas selbst bestimmt – vom Mai 1974 fordert die WTG ihre Anhänger ungeniert auf, noch größere Opfer zu bringen:

„Ja, seit dem Sommer 1973 gab es jeden Monat eine neue Höchstzahl an Pionieren. In den Vereinigten Staaten sind es 20 394 Pioniere und Sonderpioniere, eine absolute Rekordzahl. Das sind 5 190 mehr als im Februar 1973! Eine 34–Prozent Steigerung! Erwärmt das nicht unsere Herzen? Es gibt sogar Berichte, daß Brüder ihre Häuser und ihr Eigentum verkaufen und den Rest der Tage in diesem alten System im Pionierdienst verbringen wollen. Das ist sicher ein guter Weg, um die kurze Zeit zu verbringen, bevor diese schwache Welt zu Ende geht. (1 Johannes 2,17)."[12]

Anscheinend dürfte selbst der Wachtturm-Gesellschaft dieser Text zu heiß gewesen sein. Er findet sich nämlich nur in der amerikanischen, nicht aber in der englischen Ausgabe, obwohl diese sonst immer identisch sind. Auch in der deutschen Fassung „Unser Königreichsdienst" fehlt der Artikel.

Trotzdem hatten nicht nur in den USA viele Zeugen noch lange nach 1975 an dem ausgebliebenen Ende zu leiden. Viele Jugendliche brachen ihre Ausbildung ab, um sich als Vollzeitpioniere nur mehr dem Predigtdienst zu widmen. Was sie in dieser Zeit versäumten, ließ sich kaum mehr nachholen. Manche beschränkten sich darauf, die Wohnung nicht mehr zu tapezieren und keine neue Möbel mehr zu kaufen. Andere hingegen nahmen sogar Schulden auf in der Hoffnung, sie nicht mehr zurückzahlen zu müssen.

In den USA ergab sich ein noch schwerwiegenderes Problem. Dort investieren die Menschen traditionellerweise aufgrund mangelnder staatlicher Unterstützung große Summen in die Pensionsvorsorge und in den Bereich der Lebensversicherung. Viele Zeugen Jehovas begannen nun in Erwartung von 1975, diese Versicherungsanteile zurückzukaufen in der Meinung, sie würden ihre Pension ohnehin nicht mehr erleben. Teilweise wurde das Geld sogar der WTG gespendet, damit diese das großangelegte Predigtwerk intensivieren konnte. Denn tatsächlich hatte die Propagierung des Jahres 1975 den Zeugen einen großen Aufschwung und Zuwachs an Mitgliedern gebracht.

„Die Zeugin, die damals mit mir die Bibel studierte, hat sehr stark daran geglaubt, daß 1975 Harmagedon kommt. Auch ich war damals schon davon überzeugt, daß nur Zeugen Jehovas dabei gerettet werden. Ich bin sehr stark an meiner Mutter gehangen. Weil ich wußte, daß die Zeit nicht reichen würde, sie auch noch zu bekehren – es war schon Ende 1974 –, wollte ich lieber mit meiner Mutter vernichtet, als ganz alleine gerettet zu werden. Letztendlich konnte ich sie aber doch für die Zeugen gewinnen."

Annemarie Fink

7.2.2 Wann genau, bitte?

Angesichts der großen Krise, die die WTG nach 1975 – sie verlor Tausende von Anhängern – durchgemacht hat, ist es verständlich, daß sie sich nun hütet, einen neuen Endzeittermin zu errechnen. Immerhin mußte die Schlacht von Harmagedon nicht erst 1975, sondern bereits 1925, 1918, 1914, 1878 und zuerst 1874 verschoben werden! Dennoch war bis vor kurzem immer noch ein absehbares Ende in Sicht. Seit 1922 vertrat nämlich Präsident Rutherford die Meinung, daß *„die Generation, die 1914 (bewußt) erlebte, nicht vergehen wird"*, bevor nicht das „Ende des bösen Systems der Dinge" gekommen sei. Dieses Ende ließ sich daher, wenn auch nicht mit absoluter Genauigkeit, immer noch ausrechnen. Fix war dabei nur das Jahr 1914 und die Vorstellung von der Dauer einer Generation. In Psalm 90,10 heißt es: „Die Tage unserer Jahre an sich sind siebzig Jahre; Und wenn sie zufolge besonderer Kraft achtzig Jahre sind ..." (Neue-Welt-Übersetzung).

Von diesem Vers leitete die WTG bisher immer die Dauer einer Generation von 70 oder 80 Jahren ab. Nun hieß es zuerst, daß die Generation, die 1914 bewußt erlebte, also damals etwa 14 oder 15 Jahre alt war, nicht vergehen würde. Das paßte sehr gut zum Jahr 1975, da damals noch eine ganze Anzahl von 75jährigen Zeugen Jehovas am Leben war! Als das Ende allerdings immer noch auf sich warten ließ, ging man dazu über zu

S

Satan
Feind Gottes. Der Satan wird als Herrscher über diese Welt angesehen. Alle Dinge, die von den Zeugen Jehovas abgelehnt werden, stehen unter dem direkten oder indirektem Einfluß Satans. Einzelne Zeugen Jehovas achten sehr darauf, daß nichts in ihren Haushalt kommt, was aus dem Umfeld Satans stammen könnte.

sagen, daß zu der Generation von 1914 die gehören, die im Jahr 1914 geboren wurden.

Nun läßt sich leicht ausrechnen, daß es mit diesem Rechensystem irgendwann ein Problem geben würde, und zwar genau im Jahr 1995! Denn wer selbst erst am 31. Dezember 1914 geboren wurde, feierte am 31. Dezember 1995 seinen 81. Geburtstag: Die Generation von 80 Jahre ist damit unwiederbringlich abgelaufen. Insider haben daher schon seit längerer Zeit darauf gewartet, daß die WTG ihre Lehre bezüglich der Generation ändern würde. So schreibt Raymond Franz, ehemaliges Mitglied der ‚Leitenden Körperschaft‘:

HARMAGEDON

Einige von der Generation, die 1914 lebte, werden das Ende des Systems der Dinge erleben und überleben.

Noch im „Paradiesbuch" 1989 glaubte die WTG,
daß die Generation, die 1914 lebte, nicht aussterben werde,
bevor nicht das Ende gekommen sei.

> „Freilich wird es mit jedem Jahr, das verstreicht, schwieriger, diese Lehre und alle damit zusammenhängenden Ansprüche aufrechtzuerhalten … Irgendwann einmal wird man die Lehre von der ‚Generation‘ von 1914 nicht mehr aufrechterhalten können, ohne sich völlig unglaubwürdig zu machen. Man könnte aber verschiedene Korrekturen oder ‚Verbesserungen‘ vornehmen …, so daß sich die Behauptungen in etwas veränderter Form beibehalten ließen.“[13]

Das ist tatsächlich im Wachtturm vom 1. November 1995 – zwei Monate vor Ablauf der Frist – eingetroffen! Wer allerdings erwartet, daß die WTG nun einen Fehler zugeben würde oder die Lehränderung zumindest als solche kennzeichnen würde, wird enttäuscht. Nicht einmal auf ihre oft gebrauchte Zauberformel „das glänzende Licht, das heller und heller wird, bis es voller Tag ist“ (Sprüche 4,18; Neue-Welt-Übersetzung), die sie immer verwendet, wenn sie eine neue „Wahrheit“ entdeckt, greift sie diesmal zurück. Wahrscheinlich deshalb, weil diese Lehränderung wirklich an den Fundamenten des WTG-Glaubensgebäudes rüttelt. Jüngere Zeugen, solche, die noch nicht lange dabei sind, oder intellektuell „einfachere“ Anhänger können so über die Tragweite der Lehränderung leichter hinweggetäuscht werden.

Und tatsächlich war die WTG sorgsam darauf bedacht, die neue Lehre zu vertuschen. Der Wachtturm vom 1. November 1995, der sie enthält, steht unter dem belanglosen Thema: „Was können Engel für uns tun?“

> „Aus dem sehnlichen Wunsch heraus, das Ende des gegenwärtigen bösen Systems zu erleben, hat Jehovas Volk manchmal Vermutungen angestellt, wann die ‚große Drangsal‘ beginnen wird, und dies sogar mit Berechnungen über die Länge der Lebensspanne der Generation seit 1914 verbunden. Doch wir wollen ‚ein Herz der Weisheit einbringen‘, nicht dadurch, daß wir darüber spekulieren, wie viele Jahre oder Tage eine Generation dauert, sondern dadurch, daß wir uns Gedanken darüber machen, wie wir ‚unsere Tage zählen‘, das heißt Jehova freudig lobpreisen (Psalm 90:12) Der Begriff ‚Generation‘, wie Jesus ihn gebrauchte, liefert uns keinen Maßstab für das Messen der Zeit, sondern bezieht sich hauptsächlich auf die Zeitgenossen eines bestimmten geschichtlichen Abschnitts mit ihren charakteristischen Merkma-

len ... Ja, der vollständige Triumph des messianischen Königreiches steht bevor! Hat man daher irgendeinen Nutzen davon, daß man in Bezug auf Daten Erwartungen hegt oder daß man Spekulationen über die buchstäbliche Lebenszeit einer ‚Generation‘ anstellt?"[14]

Diese Meinung würden wir gerne teilen, nur hat die WTG sehr lange gebraucht, nämlich über 100 Jahre, um zu dieser Erkenntnis zu kommen. Zwar wurde im Laufe der Zeit, als die Prophezeiungen ausblieben, ein Bibelzitat immer beliebter: „Von jenem Tag und jener Stunde hat niemand Kenntnis, weder die Engel der Himmel noch der Sohn, sondern nur der Vater." (Matthäus 24:36; Neue-Welt-Übersetzung). Es hinderte die WTG jedoch nicht, dennoch immer wieder neue Zeitspekulationen anzustellen.

So heißt es auch noch in dem Buch „In der Anbetung des allein wahren Gottes vereint", das 1983 zur Veröffentlichung freigegeben wurde:

„Behalte den Tag Jehovas fest im Sinn ... Die Nähe dieser Ereignisse wurde dir durch die Beweise dafür bestätigt, daß die unsichtbare Gegenwart Christi als regierender König im Jahre 1914 u.Z. begann und daß wir seitdem in den letzten Tagen dieser bösen Welt leben ... Wie die Bibel deutlich zeigt, wird die ‚Generation‘, die den Beginn der Gegenwart Christi erlebte, auch den ‚großen Tag Jehovas‘ erleben, an dem er an allen, die Ungerechtigkeit üben, das Strafgericht vollstreckt (Mat. 24:34; Zeph. 1:14 bis 2:3)."[15]

Daß der Wachtturm vom 1. November 1995 tatsächlich eine Lehränderung gebracht hat, läßt sich nicht nur an der Gegenüberstellung des neuen Textes mit älteren Texten veranschaulichen. Es ist nicht bloße Interpretation von aufmerksamen WTG-Beobachtern, sondern läßt sich auch durch einen Hinweis in der WTG-Literatur eindeutig beweisen. Dieser Hinweis ist allerdings so versteckt, daß er einem normalen Zeugen gar nicht auffallen dürfte. In jeder Ausgabe der Zeitschrift „Erwachet!", die vierzehntägig erscheint, findet sich auf der Seite 4 ein Impressum, das darüber informiert, warum „Erwachet!" herausgegeben wird. In dem immer gleichlautenden Text hat es in der Ausgabe vom 8. November 1995 eine wichtige Änderung gegeben. Es heißt anfangs, wie immer, daß die Zeitschrift über aktuelle Ereignisse berichte und sich in politischer Hinsicht neutral verhalte. Im letzten Satz kommt nun die entscheidende Änderung. Hatte er bisher gelautet: „Vor allem aber stärkt diese Zeitschrift das Vertrauen zum Schöpfer, der verheißen hat, **noch zu Lebzeiten der Generation, die die Ereignisse des Jahres 1914 erlebt hat, eine neue Welt** zu schaffen, in der Frieden und Sicherheit herrschen werden." Hingegen heißt es erstmals am 8. November: „Vor allem aber stärkt diese Zeitschrift das Vertrauen in die vom Schöpfer verheißene **neue Welt,** in der Frieden und Sicherheit herrschen werden und **die binnen kurzem** das gegenwärtige böse und gesetzlose System der Dinge **ablösen wird.**"

Erwachet!

Warum *Erwachet!* herausgegeben wird *ERWACHET!* ist eine Zeitschrift, die der ganzen Familie von Nutzen ist. Sie zeigt, wie man die heutigen Probleme bewältigen kann. Sie bringt Nachrichten, berichtet über fremde Völker, befaßt sich mit Fragen der Religion und der Wissenschaft. Aber sie geht noch weiter. Sie bleibt nicht an der Oberfläche, sondern weist auf die tiefere Bedeutung der gegenwärtigen Geschehnisse hin, dabei ist sie in politischer Hinsicht stets neutral und hält keine Rasse für besser als die andere. Vor allem aber stärkt diese Zeitschrift das Vertrauen zum Schöpfer, der verheißen hat, noch zu Lebzeiten der Generation, die die Ereignisse des Jahres 1914 erlebt hat, eine neue Welt zu schaffen, in der Frieden und Sicherheit herrschen werden.

Schreiben Sie bitte an die nächstgelegene Adresse (Seite 5), wenn Sie weitere Informationen wünschen. Die Veröffentlichung von *Erwachet!* ist Teil eines weltweiten gottesdienstlichen Werks, das durch freiwillige Spenden unterstützt wird.

Die verwendete Bibelübersetzung ist, wenn nicht anders angegeben, die Neue-Welt-Übersetzung der Heiligen Schrift — mit Studienverweisen.

Druck und Verlag: Wachtturm Bibel- und Traktat-Gesellschaft, Deutscher Zweig, e. V., Selters/Taunus. Verantwortliche Redaktion: Günter Künz, Selters/Taunus. Vertrieb in Österreich: Wachtturm Bibel- und Traktat-Gesellschaft, Gallgasse 42-44, A-1130 Wien (DVR: 0553212). Printed in Germany
Awake! **semimonthly, October 22, 1995, Vol. 76, No. 20** **German Edition**

Erwachet! 22. Oktober 1995

Erwachet!

Warum *Erwachet!* herausgegeben wird *ERWACHET!* ist eine Zeitschrift, die der ganzen Familie von Nutzen ist. Sie zeigt, wie man die heutigen Probleme bewältigen kann. Sie bringt Nachrichten, berichtet über fremde Völker, befaßt sich mit Fragen der Religion und der Wissenschaft. Aber sie geht noch weiter. Sie bleibt nicht an der Oberfläche, sondern weist auf die tiefere Bedeutung der gegenwärtigen Geschehnisse hin, dabei ist sie in politischer Hinsicht stets neutral und hält keine Rasse für besser als die andere. Vor allem aber stärkt diese Zeitschrift das Vertrauen in die vom Schöpfer verheißene neue Welt, in der Frieden und Sicherheit herrschen werden und die binnen kurzem das gegenwärtige böse und gesetzlose System der Dinge ablösen wird.

Schreiben Sie bitte an die nächstgelegene Adresse (Seite 5), wenn Sie weitere Informationen wünschen. Die Veröffentlichung von *Erwachet!* ist Teil eines weltweiten gottesdienstlichen Werks, das durch freiwillige Spenden unterstützt wird.

Die verwendete Bibelübersetzung ist, wenn nicht anders angegeben, die Neue-Welt-Übersetzung der Heiligen Schrift — mit Studienverweisen.

Druck und Verlag: Wachtturm Bibel- und Traktat-Gesellschaft, Deutscher Zweig, e. V., Selters/Taunus. Verantwortliche Redaktion: Günter Künz, Selters/Taunus. Vertrieb in Österreich: Wachtturm Bibel- und Traktat-Gesellschaft, Gallgasse 42-44, A-1130 Wien (DVR: 0553212). Printed in Germany
Awake! **semimonthly, November 8, 1995, Vol. 76, No. 21** **German Edition**

Erwachet! 8. November 1995

An dieser versteckten Textänderung im Impressum des „Erwachet!" vom 22. Oktober auf den 8. November 1995 wird die neue Lehränderung der WTG offenkundig.[16]

Welche Auswirkungen das Fallenlassen der Generation von 1914 für die Gemeinschaft der Zeugen Jehovas haben wird, läßt sich noch nicht genau abschätzen. Die WTG hält daran fest, daß das Ende bald kommen wird. Im selben Artikel des Wachtturms vom 1. November beantwortet sie nämlich die Frage, die sich viele Zeugen stellen werden: „Bedeutet unsere genauere Erklärung in Bezug auf ‚diese Generation‘, daß Harmagedon in fernerer Zukunft liegt, als wir gedacht haben? Keineswegs!"[17] Das nächste Heft widmet sich dem Thema: „Ein besseres Leben schon bald".[18] Im darauffolgenden Heft kann man über einen Zeugen lesen, der „Hundert Jahre alt und noch gut in Form" ist.[19] Er ist anscheinend für diejenigen Zeugen gedacht, die sich von der Lehre der Generation von 1914 doch noch nicht trennen können.

Sonderkongresse
Internationale Kongresse, zu denen sich Delegierte aus mehreren Nationen treffen, um ein von der ‚Leitenden Körperschaft‘ vorgegebenes Programm zu absolvieren. Bei den Sonderkongressen wird das Gefühl verstärkt, zu einer großen internationalen Gemeinschaft zu gehören.

Bei den aktiven Zeugen, mit denen wir über die neue Beurteilung der „Generation von 1914" sprachen, war die Meinung durchaus geteilt. Während einige erst durch uns von der Lehränderung erfuhren und darüber schockiert waren, nahmen es andere mit einem Achselzucken zur Kenntnis und meinten, ihr Verhältnis zur Organisation sei davon nicht betroffen. Aus Insiderkreisen hörten wir jedoch, daß sich gerade unter den Ältesten viele in heller Aufregung befinden. Die Verunsicherung und der Ärger über die Lehränderung scheint nur bei den Amtsträgern groß zu sein, die das Lehrgebäude der WTG gut genug kennen. Damit dürfte sich unsere Vermutung bestätigen, daß aufgrund des geschickten, versteckten Vorgehens die Lehränderung wahrscheinlich gar nicht an die Basis der einfachen Zeugen dringen wird.

Allerdings ist mit einer langfristigen Auswirkung dieser Änderung zu rechnen. Die nahe Endzeiterwartung war bisher ein konstitutives Element der Zeugen Jehovas. Nur mit Hilfe von konkreten Daten konnte die Organisation lebendig gehalten werden – das Jahr 1975 hatte man ja deshalb so stark propagiert, weil das Wachstum der Organisation rückläufig war. Das Abgehen von einem konkreten Endzeittermin birgt für die WTG die Gefahr der Auflösung in sich. Warum sollte man sich einer Gemeinschaft anschließen, die einen dermaßen hohen Einsatz fordert, wenn die blutige Schlacht noch für Jahrzehnte bis Jahrhunderte ausbleiben kann?

7.2.3 Warum die WTG den Weltuntergang braucht

Die Endzeitberechnung stand an der Wiege der WTG und war bisher der Grundpfeiler ihrer Lehre.[20] Auch wenn sie aufgrund eines völlig falschen Bibelverständnisses zustande kam und im Laufe von 120 Jahren eine Vielzahl an Veränderungen durchmachte, hat die Organisation doch immer daran festgehalten. Mit gutem Grund: Kehrt sie von der Endzeitlehre ab, hat die WTG ihren eigentlichen Sinn und Zweck verloren!

Am Beginn der WTG stand Charles T. Russell mit seinen biblischen Zahlenspekulationen. Er war damit im ausgehenden 19. Jahrhundert nicht allein. Die adventistische Bewegung in den USA hatte bereits für 1840/44, später für 1874 die sichtbare Wiederkunft Jesu Christi propagiert. Nach deren Ausbleiben breitete sich tiefe Resignation aus, von der Russell sie befreite. Er erklärte, die Wiederkunft Christi habe 1874 tatsächlich stattgefunden, aber nicht sichtbar auf der Erde, sondern unsichtbar im Himmel. Erst 1914 würde Christus sein Reich auf Erden errichten. Zuvor aber werde in der Schlacht von Harmagedon das „böse System der Dinge" beendet.

Dieses Jahr 1914 ist auch heute noch ein Eckpfeiler in der Endzeitberechnung der WTG, obwohl seine Bedeutung mehrmals geändert wurde.

Nach Ansicht Russells sollten im Herbst 1914 die Propheten des Alten Testamentes auferstehen, die „Reiche dieser Welt" umgestürzt und das „Königreich Gottes auf Erden" aufgerichtet werden, unter der Weltherrschaft des himmlischen Christus. Als Anfang 1914 die Gefahr drohte, daß sich die Prophetie als Irrtum herausstellen könnte, entwickelte die WTG ein Krisenmanagement, das sich auch nach dem Fehlschlag von 1975 bewähren sollte: Man habe nie behauptet, unfehlbar zu sein und die Anhänger hätten zuviel in die Prophezeiungen hineininterpretiert. Obwohl nach der Krise von 1914 nur eine kleine Gruppe von „Ernsten Bibelforschern" zurückblieb – diejenigen, in deren Hand sich Immobilien und Kapital befand –, konnte man das Jahr 1914 retten. Was Russell bereits für 1874 vorhergesagt hatte – daß nicht die sichtbare, sondern die unsichtbare Wiederkunft Christi gekommen sei –, wandte man nun auf 1914 an. Der Endtermin wurde einfach in einen Anfangstermin umgedeutet – mit einer vagen zeitlichen Begrenzung: Die Generation, die 1914 bewußt erlebte, sollte nicht vergehen, bis Christus sichtbar sein Königreich auf Erden errichte. Da diese Aussicht doch zu unbestimmt war, stellte der zweite Präsident J.F. Rutherford einen neuen Endtermin in Aussicht. In seinem aufsehenerregenden Buch „Millionen jetzt lebender Menschen werden nie sterben" nannte er als endgültiges und doch nie eingetroffenes Datum 1925. Als der Erwartungsdruck der Zeugen zu groß wurde, gab man 1966 einen neuen Endzeittermin bekannt: 1975.

S

Sonderpionier
Pioniere, die besonders erfolgreich sind, haben die Möglichkeit, als Sonderpioniere zu arbeiten. Sie bekommen dann von der Gesellschaft eine geringe monatliche Zuwendung, und dürfen keiner „weltlichen" Arbeit nachgehen.

Fünf Jahre später erkannten einige Mitglieder der ‚Leitenden Körperschaft', daß auch die Generationenlehre von 1914 nicht mehr lange halten würde. Wie das ehemalige Mitglied der ‚Leitenden Körperschaft' Raymond Franz berichtet, machten 1980 drei seiner Kollegen den Vorschlag, die „Lebzeit einer Generation", die 1914 begonnen haben soll, auf 1957 umzulegen. 1957 war der erste russische Sputnik in die Erdumlaufbahn geschossen worden, die damalige Sputnik-Hysterie wollte man für eigene Zwecke nutzen. Die drei Mitglieder unterlagen allerdings mit ihrem Ansinnen bei der geheimen Abstimmung. Dieser Plan zeigt jedenfalls, wie unverantwortlich und beliebig das Leitungsgremium der Zeugen Jehovas mit seinen „Prophezeiungen" umgeht, die das Leben von fast fünf Millionen Menschen beeinflußt: ihre Hoffnungen, Erwartungen, ihre Lebensgestaltung, alles hängt zum Großteil davon ab, welche Nachrichten aus der Weltzentrale in Brooklyn kommen. Der leichtfertige Umgang mit dem Schicksal dieser Menschen kann nicht anders als kriminell bezeichnet werden!

7.2.4 Biblisches Kopfrechnen

Was heute verantwortungsloses An-der-Nase-Herumführen vieler Menschen ist, war zu Beginn wohl nichts anderes als ein verbohrter Umgang mit der Bibel. Der fundamentale Irrtum, den Russell und seine Weggefährten begangen haben, war, die Bibel als ein Rechenbuch mißzuverstehen. Die WTG legt diese über hundert Jahre alten Zahlenspielereien immer noch ihren Endzeitberechnungen zugrunde und ignoriert völlig die Erkenntnisse, die die moderne Bibelwissenschaft über Entstehungszeit, literarische Gattungen und Aussageabsicht der Bücher der Heiligen Schriften gebracht hat.

In einer bunten Mixtur von Zahlen, die sie aus verschiedensten Büchern des Alten und Neuen Testaments entnimmt, stellt die WTG eine abenteuerliche Rechnung mit dem einen Ziel auf, daß eine ganz bestimmte Zahl herauskommt: 1914. Da die kühne Arithmetik doch nicht ganz aufgeht, verfälscht sie darüber hinaus historisch abgesicherte Daten.

Wie sieht die Rechenrezeptur nun konkret aus?[21] Man nehme aus Lukas 21,24 den Begriff „bestimmte Zeiten der Nationen", der in Jesu Gerichtsrede über Jerusalem vorkommt. Diese „bestimmten Zeiten" setze man mit den „sieben Zeiten" aus Daniel 4 gleich. Um die sieben Zeiten zu berechnen, springe man ans Ende des Neuen Testaments zur Offenbarung des Johannes. Dort heißt es in 12,6.14: „[6]Und die Frau floh in die Wildnis, wo sie eine von Gott bereitete Stätte hat, damit man sie dort tausendzweihundertsechzig Tage ernähre. [14]... dort wird sie für eine Zeit und [zwei] Zeiten und eine halbe Zeit ernährt." Daraus folgere man, daß 3 1/2 Zeiten gleich 1 260 Tage sind, weshalb 7 Zeiten 2 520 Tage sein müssen. Dann nehme man Numeri 14,34 her, wo es heißt: „Vierzig Tage lang habt ihr das Land erkundet; so sollt ihr nun vierzig Jahre lang, für jeden Tag ein Jahr, eure Schuld abbüßen." Daraus folgere man, daß ein Tag immer für ein Jahr stehe, was somit 2 520 Jahre ergibt. Dann nehme man das Jahr des Unterganges von Jerusalem, ändere das Datum von 587 v. Chr. (historisch erwiesen!) auf 607 v. Chr. (frei erfunden!), addiere dazu 2 520: So bekommt man unter dem Strich das Jahr 1914 n. Chr.

Leider konnten dabei andere schöne Zahlen aus Daniel, wie 1 290 Tage (Daniel 12,11) oder 1 335 Tage (Daniel 12,12), oder die schöne Formel „tausend Jahre sind wie der gestrige Tag" (Psalm 90,4) – was eine Multiplikation etwas verkomplizieren würde – nicht berücksichtigt werden!

7.3 Die Lehre der Zeugen Jehovas und das Christentum

7.3.1 „Jehova" – eine philologische Fehlleistung

Die Zeugen „Jehovas" legen, wie ihr Name schon sagt, großen Wert darauf, daß der richtige Name Gottes „Jehova" ist.[22] Und sie legen großen Wert darauf, daß dieser Name auch gebraucht wird.

Dazu sind zwei Dinge zu sagen. Erstens: Der Name „Jehova" für Gott ist eindeutig unbiblisch! Die Menschen des Alten Testaments haben ihn nie gekannt! Und zweitens: Die WTG-Führer wissen das! Sie wissen, daß der Name Gottes im Alten Testament „Jahwe" ist und daß er so von den Israeliten und Jesus verwendet wurde. „Jehova" ist eine Kunstform, die es erst seit dem 13. Jahrhundert n. Chr. (!) gibt.

Wie ist es zu dieser Namensform gekommen?

In der Sprache des Alten Testamentes, dem Hebräischen, wurden ursprünglich nur die Konsonanten, nicht aber die Vokale a, e, i, o geschrieben. Da zu der Zeit Hebräisch auch die gesprochene Sprache des Volkes Israel war, wußten die Juden natürlich, wie man die Texte lesen mußte. Später, als die Schriften der fünf Bücher Mose und der Propheten immer mehr zur „Heiligen Schrift" wurden, nahm man außerdem einige Konsonanten zu Hilfe, um bestimmte Vokale festzulegen, damit es zu keinen Verwechslungen kommen konnte. Der Gottesname „Jahwe", der dem Mose offenbart wurde (Exodus 3, 13–16; 6,3), wurde mit den vier Konsonanten JHWH ausgedrückt, dem sogenannten „Tetragramm". Nach dem babylonischen Exil (586–538 v. Chr.) empfanden die Israeliten eine so große Ehrfurcht vor dem Gottesnamen „Jahwe", daß sie sich scheuten, ihn auszusprechen. Außerdem hatte sich zu der Zeit in Israel bereits der Ein-Gott-Glaube durchgesetzt. Niemand glaubte mehr ernsthaft daran, daß es mehrere Götter gebe, so war kein Name mehr nötig. Statt „Jahwe" sagten die Juden stattdessen „Adonai", zu deutsch „Herr". Im Mittelalter, von 750 bis 1000 n. Chr., als Hebräisch längst keine gesprochene Sprache mehr war, machten sich jüdische Gelehrte, die sogenannten „Masoreten", daran, den hebräischen Text der Bibel auch in der Aussprache genau festzulegen. Daher setzten sie unter und über die Konsonanten Punkte, um den Vokalwert auszu-

Wie aus der Graphik leicht ersichtlich, wurde aus der Verbindung der Konsonanten von „Jahwe" und der Vokale von „Adonai" das Kunstwort „Jehova" (eine hebräische Lautregel führt zur Umwandlung von „a" zu „e" in der ersten Silbe). Erst ab dem 13. Jahrhundert n. Chr. hat man aus Unwissenheit diesen künstlichen Namen auch ausgesprochen. Damit beruht schon der Name der Zeugen Jehovas auf einem fundamentalen Irrtum!

drücken. Das Tetragramm JHWH versahen sie aber nicht mit den Vokalen von „Jahwe" sondern mit denen von „Adonai", um dem Vortragenden zu signalisieren, daß der Gottesname nicht ausgesprochen werden darf.

Nun könnte man meinen, die WTG-Führung wisse nichts von diesen bibelwissenschaftlichen Erkenntnissen oder leugne sie zumindest, um ihren Namen beibehalten zu können. Das ist aber nicht der Fall! So heißt es in dem zweibändigen Werk „Einsichten in die Heilige Schrift", welches das aktuelle Nachschlagewerk der Zeugen zur Bibel ist:

> „In der zweiten Hälfte des ersten Jahrtausends u. Z. führten jüdische Gelehrte ein Punktesystem ein, um die fehlenden Vokale im hebräischen Konsonantentext darzustellen. Beim Namen Gottes fügten sie nicht die richtigen Vokalzeichen hinzu, sondern andere Vokalzeichen, um den Leser daran zu erinnern, daß er ‚Adonáj' oder ‚Elohim' sagen sollte … Gelehrte der hebräischen Sprache geben im allgemeinen ‚Jahwe' als der wahrscheinlichsten Aussprache den Vorzug. Sie weisen darauf hin, daß die abgekürzte Form des Namens Jah sei, wie sie … in dem Ausdruck HaleluJáh (was ‚Preiset Jah!' bedeutet) vorkomme."[23]

Somit dürfte selbst für die WTG alles klar sein. Sie weigert sich aber, die nötigen Konsequenzen daraus zu ziehen. Das ist innerhalb des Systemdenkens durchaus verständlich. Für die Zeugen ist der Gottesname „Jehova" identitätsstiftend, eine Namensänderung würde unabsehbare Konsequenzen für den Bestand der Organisation zur Folge haben. Daher hält die WTG lieber an ihrem althergebrachten, falschen Namen fest und scheut sich nicht, dafür eindeutig widerlegbare Gründe anzuführen. Es gebe unter den Forschern keine Gewißheit über die wirkliche Aussprache, meint die WTG, daher bestehe keine Notwendigkeit, auf die „wohlbekannte Form ‚Jehova' zu verzichten".[24] Das ist aber falsch!

> „Die monströse Aussprache ‚Jehowa', die sich vielfach bis heute erhalten hat, entsteht aus Unkenntnis des wahren Sachverhalts im 13. Jh. n. C. Daß die wirkliche Aussprach Jahwe lautet, überliefert Theodoretos … mit der griech. Umschrift ‚Jabé u. … Jabaí'. Bei Klemens v. Alex. … ist die Lesart ‚Jaoú' erhalten."[25]

Abgesehen vom falschen Namen „Jehova" bleibt die Frage, wieso die WTG dem Gottesnamen so große Wichtigkeit beimißt.[26] Die Scheu der Israeliten, den Gottesnamen auszusprechen, bezeichnet sie als Aberglauben.

Die WTG hat recht, wenn sie aus dem Alten Testament ihre Verehrung des Gottesnamens ableitet. Der Name galt bei den Völkern des alten Orients nicht bloß als Bezeichnung einer Person, sondern er stand für die Person selbst. Man mußte daher den Namen Gottes kennen, um ihn anrufen und verehren zu können.[27] Indem die Israeliten Gott bei seinem Namen Jahwe riefen, riefen sie gleichzeitig seine Macht herbei. Im Namen ist Gott seinem Volk nahe, ja der Name Jahwe bringt die Person Gottes selbst zum Ausdruck. Darin lag aber in der Vorstellung des Alten Testaments auch die Gefahr, den Namen Gottes zu mißbrauchen, indem man durch ihn versuchte, auf Gott Einfluß zu gewinnen. Gott kann daher, wie beim Kampf Jakobs am Jabbok (Genesis 32,30), seinen Namen verweigern, um sich vor menschlicher Zudringlichkeit zu verwahren.

Das alles sind jedoch uralte, noch im Mythischen verhaftete Gottesvorstellungen. Im Laufe der Geschichte wandelte sich das Gottesbild Israels jedoch von dieser sehr menschlichen Vorstellung bis zu einem immer abstrakteren Bild, das Gott als den „ganz Anderen" erkannte. Auch das Alte Testament spiegelt diesen Entwicklungsprozeß wider. Die WTG blieb allerdings den ältesten Schichten der Texte verhaftet. Und – noch schlimmer – sie hat den Entwicklungsschritt des Neuen Testaments nicht mitgemacht! Nach christlichem Verständnis brachte Jesus den Menschen in eine ganz neue Beziehung zu Gott, in ein nie dagewesenes Nähe-Verhältnis. Der Mensch darf Gott nicht bloß beim Namen nennen, sondern ihn als „Vater" ansprechen. Wenn Theologen in jüngerer Zeit dennoch wieder den Jahwe-Namen Gottes verwenden, dann deshalb, um die jüdischen Wurzeln des christlichen Glaubens zu betonen.

Spende

Seit 1991 werden in Deutschland die Publikationen der Wachtturm Bibel- und Traktat-Gesellschaft kostenlos abgegeben. Hierdurch konnte verhindert werden, daß die Gesellschaft als gewerbliches Unternehmen eingestuft und besteuert wird. Die Zeugen Jehovas werden angehalten, der WTG regelmäßig so viel Geld zu spenden, daß es ein „echtes Opfer" für sie ist. Daher sind bereits alle Bücher, Zeitschriften und Broschüren, die sie von der WTG erhalten, durch frühere Spenden der Gesamtheit der Zeugen Jehovas bezahlt worden.

7.3.2 Gott, gnadenlos

Nach Ansicht des französischen Philosophen René Girard spiegelt das Gottesbild eines Volkes die jeweilige gesellschaftliche Situation wider, in der es lebt. Eine archaische Gesellschaft, die blutige Kriege führt, hat ein kriegerisches Gottesbild mit menschenähnlichen Zügen. Eine moderne Gesellschaft, die in relativer Sicherheit lebt und sich der Gewaltfreiheit verschrieben hat, kann in Gott eher den liebevollen Vater sehen.

Es ist interessant, nach dieser – sehr vereinfachten – These das Gottesbild der WTG zu durchleuchten. Es läßt sich auf eine einfache Kurzformel bringen: Jehova ist einerseits ein menschenähnlicher Gott, der in den frühesten Wurzeln des Alten Testaments steckengeblieben ist: er befiehlt, droht, vernichtet die Feinde, rettet die Seinen. Andererseits trägt er auch moderne Züge, die aber nicht minder menschenähnlich sind: er organisiert, plant, hält für passend. Daraus entsteht ein eher kurioses Bild von einem Zwitterwesen, das sich zwischen einem urgewaltigen Kriegergott und einem rationalen Beamtengott hin und her bewegt. Wobei der Kriegergott vom Beamtengott weitgehend gezähmt wurde: Jehova „rottet" nicht „aus", er „beseitigt". Auch wenn die WTG von der Liebe Gottes zum Menschen spricht, kommt kein warmes Gefühl auf.

Zusammengenommen ist dies ein einziges Zerrbild des in den Schriften des Alten und Neuen Bundes verkündeten Gottes: eines Gottes, der sein Volk Israel aus der Gefangenschaft rettet, es in Treue durch eine Geschichte des Abfalls und Wiedergewinnens, der Not und Rettung begleitet, der seinen Sohn Jesus Christus sendet, der Gott aller allzumenschlichen und übermenschlichen Züge entkleidet und ihn in endgültiger Weise beschreibt als den, der nichts anderes für die Welt will als Liebe und Heil und Freiheit.

7.3.3 Jesus: Michael oder Abaddon?

Bei der Frage, ob Zeugen Jehovas nun „Christen" sind oder nicht, ist natürlich die Frage nach Jesus Christus von zentraler Bedeutung. Sie selbst verstehen sich natürlich als die „wahren Christen".

Eine der eigenartigsten Thesen der WTG über Jesus wird einen „herkömmlichen" Christen, auch wenn er nur selten eine Kirche von innen sehen sollte, mehr als erstaunen: Jesus ist der Erzengel Michael! Diese gewagte These findet sich sogar noch im neuesten Bibelwerk der WTG:

> „Während seiner vormenschlichen Existenz wurde Jesus ‚das
> Wort' genannt (Joh 1:1). Außerdem trug er den Eigennamen
> Michael ... Daß Jesus seinen himmlischen Namen Michael und
> seinen Titel (oder Namen) ‚Das Wort Gottes' wieder annahm,
> bringt ihn mit seiner vormenschlichen Existenz in Verbindung.
> Gerade der Name Michael, der ‚Wer ist wie Gott?' bedeutet,
> weist auf die Tatsache hin, daß niemand Jehova Gott gleich-
> kommt oder ihm ebenbürtig ist und Michael, sein Erzengel, sein
> großer Verfechter oder Rechtfertiger ist."[28]

Nach Ansicht der WTG war Jesus Christus, bevor er auf die Erde kam,
der Erzengel Michael und wurde es wieder, nachdem er in den Himmel
zurückkehrte. Als Beweis dafür dient der WTG Daniel 12,1: „Und
während jener Zeit wird Michael auferstehen, der große Fürst, der zugunsten der Söhne deines Volkes steht. Und es wird gewiß eine Zeit der
Bedrängnis eintreten, wie eine solche nicht herbeigeführt worden ist,
seitdem eine Nation entstanden ist, bis zu jener Zeit ..." Die Schlußfolgerung der WTG: Da Daniel mit einer „Zeit der Bedrängnis" in Verbindung gebracht wird und sich das Wort „auferstehen" häufig auf den
Machtantritt eines Königs bezieht, sei hier eindeutig Jesus gemeint, der
– laut Offenbarung des Johannes – in Harmagedon alle Nationen ver-
nichten wird. So einfach geht Bibelauslegung bei der WTG!

Eine zweite, etwas unbekanntere Version der WTG ist, daß sie Jesus
Christus mit dem Abaddon, den Engel des Abgrunds, aus Offenbarung
9,11 gleichsetzt:[29] „Sie haben über sich einen König, den Engel des Abgrunds. Auf hebräisch ist sein Name Abaddon, auf griechisch aber hat er
den Namen Apollyon." Auch hier kommt die WTG nur mit Hilfe einer
bunten Mixtur von Bibelstellung zu ihrer „Erkenntnis". Sie verbindet
Abaddon mit dem Engel, der aus dem Himmel mit dem Schlüssel des
Abgrunds kommt (Offenbarung 20, 1–3), und diese beiden mit Jesus als
dem Sohn, der aus der Finsternis befreit (Kolosser 1,13) und als dem König, der alle Feinde unterwirft (1 Korinther 15,25).

Wie beliebig diese Kombinationen sind, beweist die WTG selbst in
ihrer Lehrentwicklung. Denn in älteren Schriften wird Abaddon mit Jehova selbst identifiziert. Gleichzeitig lehrt sie aber, daß „Jehova" und
Jesus nicht eins sein können!

Diesen für einen Christen befremdlichen Details liegt die grundsätz-
liche Lehre der WTG zugrunde, daß Jesus Christus nicht der Sohn
Gottes im Sinne einer göttlichen Person ist, wie sie den christlichen

Glauben an die Trinität überhaupt ablehnt.[30] Jesus sei demnach Gott untergeordnet. Sein Dasein begann tausende von Millionen Jahren vor der Erschaffung des ersten Menschen. Er wirkte auch bei der Schöpfung mit, war dabei aber nicht „Mitschöpfer" des Vaters, sondern ein „Instrument", dessen Jehova sich „bediente". Jesus ist der „erstgeborene Geistsohn" des Vaters, wie auch alle anderen „Geistgeschöpfe" die Söhne Gottes sind. Er war allerdings Gottes „Wortführer", der den anderen Geistsöhnen und den Menschen „Informationen und Anweisungen" zu geben hatte. Bis es Jehova „für gut" befand und seinen Erstgeborenen zur „Schlüsselfigur" bei der „Durchführung seiner Vorsätze" machte.

Abgesehen von dieser eigenartigen pseudotheologischen Sprache, führt die WTG eine Reihe von Bibelstellen an, die die Unterordnung Jesu unter seinen Vater belegen.[31] So Johannes 14,28: „... denn der Vater ist größer als ich" oder Johannes 5,19: „... Der Sohn kann gar nichts aus sich selbst tun, sondern nur das, was er den Vater tun sieht." Die WTG akzeptiert aber hier nur die eine Seite des Christusbildes, das das Neue Testament vermittelt, und unterschlägt die andere. Christen glau-

An das Gebot des Alten Testaments, daß man sich kein Bild machen soll, und das die WTG theoretisch immer vehement einfordert, hält sie sich in der Praxis nicht. Die reichbebilderte WTG-Literatur weiß ganz genau, wie die Dinge von der Erschaffung der Welt bis zu deren Untergang und darüber hinaus aussehen. Auch von Jesus hat sie eine genaue Vorstellung, die sich jedoch allzusehr am heutigen Schönheitsideal orientiert. Auch wenn sich seine Gesichtszüge im Laufe der Zeit ein wenig gewandelt haben, immer ist er mit einem perfekten Körper, tadelloser Föhnfrisur, strahlenden Zähnen und manikürten Fingernägeln ausgestattet. Ein Bild von einem Mann!

ben, daß Jesus in voller Realität Mensch war. Gott ist radikal, bis zur „Selbsterniedrigung", Mensch geworden. So drückt es der uralte Philipperhymnus aus: „Er war in allem Gott gleich, und doch hielt er nicht daran fest, zu sein wie Gott. [7]Er gab es willig auf und wurde einem Sklaven gleich. Er wurde ein Mensch in dieser Welt und teilte das Leben der

Studienhilfsmittel
Bücher und Broschüren, die von der Wachtturm-Gesellschaft herausgegeben werden. Anhand dieser Literatur sollen die Zeugen Jehovas die Lehren der Wachtturm-Gesellschaft studieren.

Menschen" (Die Gute Nachricht). Was hier in Vers 6 ausgesprochen ist, findet sich auch an anderen zentralen Stellen: Jesus, obwohl wahrer Mensch, war zugleich wahrer Gott. Das entspricht auch dem ältesten Glaubensbekenntnis der Christenheit. Im Johannesprolog 1,1 heißt es: „Im Anfang war das Wort, und das Wort war bei Gott, und das Wort war Gott" (Einheitsübersetzung). Es ist nicht verwunderlich, daß die WTG gerade diesen für die Göttlichkeit Jesus zentralen Vers verfälscht. In der Neuen-Welt-Übersetzung heißt es: „Im Anfang war das Wort, und das Wort war bei Gott, und das Wort war ein Gott." Im Griechischen steht aber einfach „theos", „Gott", ohne unbestimmten Artikel. Die WTG möchte weismachen, daß „Gott" hier im uneigentlichen Sinn gebraucht ist. Das Wort sei ein „Mächtiger, Göttlicher" gewesen.[32]

Mit der Ablehnung der Lehre von der wahren Gottheit Christi knüpft die WTG nahtlos an einen Häretiker an, der das erste ökumenische Konzil der Christenheit, das Konzil von Nicäa im Jahre 325, und das dort formulierte Glaubensbekenntnis ablehnte: Arius. Arius wurde seines Amtes als Presbyter enthoben und seine Lehre, Christus sei bloß ein Geschöpf, wurde auf dem Konzil verurteilt. Es ist nur konsequent, daß die WTG Arius heute zu den auserwählten 144 000 Geistgesalbten zählt, die zur himmlischen Auferstehung berufen sind (s. u.).

7.3.4 Ein zensiertes Neues Testament

Mit der Ablehnung der Wesensgleichheit des Sohnes mit dem Vater und des Heiligen Geistes als göttliche Person (Glaubensbekenntnis des Konzils von Konstantinopel 381) vertritt die WTG nicht nur frühchristliche Irrlehren. Sie macht aus dem christlichen Glauben eine kalkulierbare Verstandesreligion. Die Rede des Neuen Testaments von der Liebe Gottes bleibt auf der Strecke, wenn Gott nicht seinen eigenen göttlichen

Sohn, sondern bloß einen Erzengel auf die Erde geschickt hat. Was wird aus dem Wort Jesu: „Ich werde bei euch sein alle Tage bis ans Ende der Welt", wenn diese Nähe nicht durch den Heiligen Geist gegeben ist? Die WTG leugnet die Konsequenzen, die sich aus Johannes 14,16 ergeben: „Ich werde den Vater bitten, daß er euch einen Stellvertreter für mich gibt, den Geist der Wahrheit, der für immer bei euch bleibt", und aus Johannes 16,13: „Aber wenn der Geist der Wahrheit kommt, wird er euch in die ganze Wahrheit einführen". Wenn man das alles geschickt ausblendet, gibt es freilich keinen „Heiligen Geist", dann braucht Gott, nach WTG-Logik, natürlich eine „Organisation", die als „Mitteilungskanal" der Wahrheit Gottes zu den Menschen dient.

7.3.5 Die Klassengesellschaft des lieben Gottes

Christen entnehmen dem Neuen Testament, daß alle in gleicher Weise Kinder Gottes und Brüder und Schwestern Jesu sind. Ob Papst oder Prostituierte, ob Religionsprofessorin oder Rennfahrer, ob Landpfarrer oder Hausmeister, alle sind „eins in Christus". Etwas anderes erlauben die Texte nicht.

Für Zeugen Jehovas hingegen sind nicht alle Gläubigen gleich vor Gott. Sie vertreten eine religiöse Drei-Klassen-Gesellschaft und unterscheiden zwischen 144 000 „Geistgesalbten", die nach ihrem Tod mit Jesus im Himmel regieren werden und den „anderen Schafen", die auf ein ewiges Leben in einem Paradies auf der Erde hoffen können. Zu diesen „anderen" Schafen gehören alle anderen gläubigen Zeugen Jehovas. Auf das ewige Paradies können aber auch die hoffen, die vor der Zeit Christi gelebt haben und alle, die nie eine Chance hatten, von der WTG das „wahre" Christentum kennenzulernen. Die dritte Gruppe sind die „Abtrünnigen". Das sind alle, die bereits einmal „in der Wahrheit" der Zeugen Jehovas gestanden haben, aber dann aufgrund von sittlichen Verfehlungen oder Irrlehren ausgeschlossen wurden. Sie können soviel an Gott glauben, sich Christen nennen und die Bibel befolgen, wie sie wollen, sie sind trotzdem der sicheren Vernichtung bei der großen Schlacht von Harmagedon geweiht.

7.3.5.1 Die 144 000 Geistgesalbten

„Statt daß also alle guten Menschen in den Himmel kommen, werden nur 144 000 erprobte und treue Personen dort aufgenommen werden, um mit Christus zu herrschen."[33] Für jeden Christen, der sich als gläubiger

Mensch versteht und darauf vertraut, nach seinem Tod in der ewigen Anschauung Gottes sein zu dürfen – wie immer das aussehen wird –, kann diese WTG-Lehre nur ein Schlag ins Gesicht sein. Die WTG hingegen scheut sich nicht, ganz genau zu beschreiben, wen Gott einmal in den Himmel berufen wird. Kleine Kinder jedenfalls nicht, weil sie „nicht die Gelegenheit hatten, während eines jahrelangen Dienstes völlig geprüft zu werden". Auch den israelitischen König David

S

Studienbuch
Die Wachtturm-Gesellschaft gibt vor, welche ihrer Veröffentlichungen in den Versammlungen gelesen werden soll. Die Versammlungen sind dazu in Gruppen bis zu zehn Personen eingeteilt, die sich jede Woche in einer Privatwohnung treffen, kapitelweise das von der Gesellschaft bestimmte Studienbuch lesen und die vorgegebenen Fragen beantworten.

nicht, auch nicht Jjob, nicht einmal Johannes den Täufer. Denn alle Menschen, die vor Jesus lebten, haben nie die Chance, einmal in den Himmel zu kommen. Sie dürfen sich freuen auf ein Untertanen-Dasein auf der Erde unter der Regierung des Königreiches Gottes. Der „Hauptherrscher" dieser Regierung ist dabei Jesus Christus höchstpersönlich, sie selbst besteht aus den 144 000 Menschen, die Gott die Treue erwiesen und dem Teufel dabei bewiesen haben, daß man Gott aus selbstlosen Gründen dienen kann. Doch warum, so fragen die WTG-Autoren, hat Gott in die himmlische Regierung keine Engel berufen, von denen es doch auch eine große Zahl gibt? Engel könnten die Probleme der Menschen nicht genausogut verstehen wie die, die selbst einmal welche hatten. Daher war es „passend", daß Jehova Menschen dazu erwählt hat. Da es schon so gerechte Herrscher geben soll, muß es auch Menschen geben, über die sie regieren können. Diese dürfen sich glücklich schätzen, Untertanen der Regierung Gottes zu sein.

Wer sind nun diejenigen, die nicht etwa nur zur ewigen Glückseligkeit in den Himmel kommen, zur staunenden Anbetung vor der Herrlichkeit Gottes, sondern um „das neue System Gottes zu bilden"? Die ersten dieser 144 000 waren die Menschen, die zu Pfingsten im Jahre 33 n. Chr. die Geistsalbung erhielten, unter ihnen natürlich die Apostel. Im Laufe der Jahrhunderte kamen weitere Menschen dazu, von denen die WTG namentlich etwa Arius, Waldus, Wicliff und Martin Luther nennt.[34] Die Auswahl dieser 144 000 Personen wurde im Jahr 1935 endgültig abgeschlossen. Mit den Veröffentlichungen im Wachtturm vom 1. September 1935 soll die Prophezeiung von Offenbarung 7,13–17 erfüllt sein. Dort ist von denen in den „weißen, langen Gewändern" die Rede, die aus der „großen Drangsal" kommen und nun „vor dem Thron Gottes" stehen, gehütet und geleitet vom „Lamm". Konkret heißt das, daß alle Menschen, die nach 1935 zu den Zeugen Jehovas gekommen sind, keine Hoffnung auf ein Leben im Himmel haben können, nach ihrem Tod nicht sofort auferstehen wie die Geistgesalbten, sondern auf den „Abschluß des Systems der Dinge" mit der Schlacht von Harmagedon warten müssen. Für das jetzige Leben auf der Erde bedeutet das, daß sie nicht am „Gedächtnismahl" teilnehmen können. Heute ist von den 144 000 noch ein kleiner „Überrest" am Leben, laut Jahrbuch der WTG 1996 weltweit nur mehr 8 645 Personen! Jährlich nimmt diese Zahl durch das natürliche Hinwegscheiden der Geistgesalbten weiter ab. Allerdings war eine Zeitlang das kuriose Phänomen eines Anstieges der Zahl zu beobachten, das durch die WTG-Lehre nicht geklärt werden kann. 1988 betrug der „Überrest" 8 685 Personen und stieg bis 1990 auf 8 869 an! Raymond Franz hat in seinem neuen Buch eine interessante Rechenhypothese aufgestellt, wie sich die kleine Zahl von 144 000 auf die Zeit des Christentums aufteilen könnten. Nimmt man an, daß im ersten Jahrhundert n. Chr. und in der Zeit ab 1879 (Erscheinen des ersten Wachtturms) je 10 000 Menschen zu den Geistgesalbten zählten, bleiben für die dazwischenliegende Zeit nur 70 echte Christen pro Jahr, die weltweit den wahren Glauben weitergaben!

Soweit die jetzige Lehre der WTG über die 144 000, die in Offenbarung 7,4 und 14,1 erwähnt sind. Sie hat im Laufe der Zeit allerdings eine Wandlung durchgemacht.[35] Bis 1931 glaubten die Zeugen Jehovas nämlich, daß außer den 144 000 auch die „große Volksmenge" (Offenbarung 7,9) „geistgezeugt" sei und in den Himmel komme. Ab 1935 wurde die „große Volksmenge" mit den „anderen Schafen" gleichgesetzt. Ab diesem Zeitpunkt mußte also der größte Teil der Zeugen von einer himmlischen Auferstehungshoffnung Abschied nehmen.

Wie erkennt aber nun ein Geistgesalbter, daß er ein Geistgesalbter ist? Er spürt in sich, daß er von Jehova zu einem Leben im Himmel bestimmt ist. Die WTG beruft sich dabei auf Römer 8,16.17: „Der Geist selbst bezeugt mit unserem Geist, daß wir Kinder Gottes sind. Wenn wir also Kinder sind, sind wir auch Erben, nämlich Erben Gottes, doch Miterben mit Christus, vorausgesetzt, daß wir mitleiden, damit wir auch mitverherrlicht werden" (Neue-Welt-Übersetzung). Die etwa 8600 Zeugen des „Überrestes", die diese biblische Zusage allein auf sich interpretieren, nehmen beim jährlichen Gedächtnismahl von den Gaben Brot und Wein. Das ist für die anderen Zeugen ein sichtbares Zeichen ihrer Bestimmung.

„Die Lehre von den Geistgesalbten habe ich sehr lange akzeptiert, bis ich ein paar von ihnen kennengelernt habe. Da dachte ich mir, und ich habe es ihnen dann auch selbst gesagt: ‚Wenn solche Leute von oben herab regieren, dann möchte ich nie unter dieser Regierung sein.' Sie sind genauso fehlerhaft wie andere, aber mit einer solchen Impertinenz, weil sie sich um so vieles besser vorkommen. Dabei sollten sie hier die Demütigsten und die Diener aller sein. Das sind sie nicht."

Margit Böhme

7.3.5.2 Die „anderen Schafe"

Von den 5,2 Millionen aktiven Zeugen Jehovas und den insgesamt 12,2 Millionen Interessierten konnten Ende 1995 nur 8654 Menschen mit einem Leben im Himmel rechnen. Die anderen dürfen sich freuen, Untertanen der Regierung Gottes auf Erden zu werden.[36] Dazu muß man allerdings vorher einige Auflagen erfüllen. Denn auch menschliche Regierungen verlangen, so die WTG, daß man „gewissen Maßstäben" entspricht, wenn man eine Staatsbürgschaft haben möchte. Für eine „Staatsbürgerschaft" für das ewige Leben auf Erden muß man sich um die Erkenntnis Jehovas bemühen, darf keinen unehelichen Geschlechtsverkehr treiben, nicht übermäßig Alkohol trinken, muß Gottes Königreich verkündigen und noch einiges mehr.

7.3.5.3 Die Abtrünnigen

Diese dritte Klasse von Menschen gehört nicht zu Jehovas Volk, sie ist aber auch nicht mit allen anderen „Ungläubigen" gleichzusetzen. Bei manchen von ihnen besteht nämlich die Möglichkeit, wenn sie nie wirklich die Chance hatten, von Jehovas Zeugen bekehrt zu werden, daß sie nach Harmagedon doch für das 1000jährige Friedensreich auf Erden auferstehen, um geprüft zu werden. Die von der „Wahrheit" abgefallenen Zeugen Jehovas allerdings werden der totsicheren Vernichtung anheimfallen. „Abtrünnige ... mögen auch vorgeben, Gott zu dienen, lehnen aber seine Vertreter, seine sichtbare Organisation, ab ... Wer sich willentlich von der Christenversammlung lossagt, wird dadurch zu einem Teil des ‚Antichristen'. Wie damals den abtrünnigen Israeliten, so wird auch den von der Christenversammlung Abgefallenen die Vernichtung vorhergesagt."[39] Um das zu veranschaulichen, bedient sich die WTG an Bibelstellen kreuz und quer aus dem Alten und Neuen Testament.[40] Einerseits das abschreckende Beispiel des Korah und seiner

Jehovas gerechtes Gericht wird an all denen vollzogen, die sich durch Satans verschmutzte „Luft" beeinflussen lassen

In farbenprächtigen und detailverliebten Darstellungen malt die WTG ihren Anhängern aus, was sie nach dem Weltuntergang erwarten können. Für die „anderen Schafe" steht ein Leben im Paradies auf Erden ins Haus. Die Bilder erwecken den Eindruck, als wären sie dem Märchen vom Schlaraffenland entnommen.[37] Den Abtrünnigen stellt die WTG in leuchtenden Farben vor, welche Schrecken im Falle eines Wegganges auf sie warten. Kein Wunder, daß solche Bilder bei ehemaligen Zeugen Alpträume auslösen.[38]

Männer, die sich gegen Mose und Aaron auflehnten: Numeri 16,20: „Jehova redete nun zu Mose und Aaron, indem [er] sprach: ‚Sondert euch ab aus der Mitte dieser Gemeinde, damit ich sie in einem Augenblick ausrotte.'" Und daneben 2 Petrus 2,1, wo es über die falschen Propheten heißt: „Eben diese werden unauffällig verderbliche Sekten einführen und werden sogar den Besitzer verleugnen, der sie erkauft hat, wodurch sie schnelle Vernichtung über sich bringen."

7.3.5.4 Was sagt hingegen die Bibel?

Gegenüber dieser Aufteilung der Menschen in drei Klassen und der genauen Festlegung, was sie nach dem Tod zu erwarten haben, spricht die Bibel eine andere Sprache. Es ist eindeutige biblische Lehre, daß Gott alle Menschen zum selben Ziel beruft, nämlich zum Himmel.[41] Wobei der „Himmel" nicht als Ort, sondern als Existenzweise gedacht ist. Als endgültige Gemeinschaft mit Gott, als Stehen in der ewigen Anschauung Gottes.

In der Bibel steht kein einziges Wort darüber, daß nur 144 000 Menschen in den Himmel kommen. In Offenbarung 14,1, auf das sich die WTG beruft, heißt es lediglich: „Ich sah das Lamm auf dem Zionsberg stehen. Bei

S

System der Dinge
Bezeichnung für alle weltlichen Angelegenheiten, die nicht zur Organisation der Zeugen Jehovas gehören. Das ‚System der Dinge' steht unter der Herrschaft Satans, der im Endkampf durch Jesus Christus und die Zeugen Jehovas besiegt wird. Die Zeugen Jehovas sind gehalten, sich möglichst von dem ‚System der Dinge' fern zu halten.

ihm waren hundertvierundvierzigtausend Menschen" (Die Gute Nachricht). Sie sind identisch mit den in Offenbarung 7,4–8 erwähnten zwölf Stämmen Israels. Demgegenüber ist in Offenbarung 7,9 aber die „große Volksmenge" erwähnt, die in weißen Gewändern und mit Palmzweigen in den Händen vor dem Thron Gottes steht. Bis 1931 vertrat die WTG die Meinung, daß auch die große Volksmenge in den Himmel käme, ab 1935 setzte sie diese mit den „anderen Schafen" gleich. Auch in Offenbarung 19,1 ist von einer „großen Menge im Himmel" die Rede, die mit lauter Stimme Gott verherrlicht. Die WTG will außerdem nicht wahrhaben, daß die Zahl 144 000 eine rein symbolische Bedeutung hat. Sie setzt sich zusammen aus 12 mal 12 mal 1 000. 12 war bei den Israeliten seit den Anfängen des Alten Testament eine bedeutsame Zahl (12 Stämme Israels, 12 Apostel Jesu) und drückte Heiligkeit und Vollständigkeit aus. 12 mal 12 bedeutete darüber hinaus die absolute Vollständigkeit. 1000 ist die Zahl der gewaltigen, der unvorstellbaren Größe. Daher ist es eine in das Gegenteil verkehrte Interpretation, wenn die WTG die 144 000 mit der „kleinen Herde" gleichsetzt, da die Zahl die Vollständigkeit der Errettung aller erwählten Christen ausdrücken will.

Abgesehen davon, daß die WTG die Bibelstellen aus der Offenbarung des Johannes völlig willkürlich auswählt, um ihre Lehre zu untermauern, mißachtet sie die anderen Bücher des Neuen Testaments, besonders die Evangelien, in denen Jesus in einer ganz anderen Sprache von der Auferstehungshoffnung spricht. Jesus findet sogar recht scharfe Worte für jene, die Menschen den Himmel verwehren wollen. Matthäus 23,13: „Weh euch, ihr Schriftgelehrten und Pharisäer, ihr Heuchler! Ihr verschließt den Menschen das Himmelreich. Ihr selbst geht nicht hinein;

aber ihr laßt auch die nicht hinein, die hineingehen wollen." (Einheits-übersetzung) Es kommt stattdessen an vielen Stellen klar zum Ausdruck, daß alle Menschen für den Himmel berufen sind. Epheser 4,4: „Ihr alle seid ein Leib, in euch allen lebt ein Geist, ihr habt alle eine Hoffnung, die euch Gott gegeben hat, als er euch in seine Gemeinde rief."

Wo hat die WTG aber die Rede von den „anderen Schafen" her? Das ist ein Zitat aus Johannes 10,16: „Und ich habe andere Schafe, die nicht aus dieser Herde sind; auch diese muß ich bringen, und sie werden auf meine Stimme hören, und sie werden eine Herde werden [unter] einem Hirten." In dieser Rede wendet sich Jesus an die damaligen Juden. Mit den „anderen Schafen" sind die Heidenvölker gemeint, zu deren Rettung Christus auch gekommen ist. Es sind hier also zwei Gruppen von Adres-saten des Erlösungsangebotes Gottes gemeint, aber nicht zwei Hoff-nungen, eine himmlische und eine irdische. Man sollte sich daher davor hüten, selbst die Plätze im Himmel verteilen zu wollen. Nach christli-chem Glauben geschieht die Rettung der Menschen allein durch Jesu Tod für die Sünden der Welt. Daß sich 144000 durch besondere „Treue" den Platz im Himmel erkaufen können, oder daß die „anderen Schafe" eine Art „Staatsbürgerschaft" für ein Paradies auf Erden erwerben müs-sen, ist eine an den Haaren herbeigezogene, absolute Verdrehung des biblischen Textes. Die Menschen können sich das Himmelreich nicht verdienen: Lukas 18, 26.27: „Als die Leute das hörten [Anm.: wie schwierig es ist, in den Himmel zu kommen], fragten sie Jesus: Wer kann dann überhaupt gerettet werden? Er antwortete: Was den Menschen un-möglich ist, das kann Gott möglich machen."

Daher ist es auch Anmaßung, jemandem die sichere Vernichtung vor-hersagen zu wollen. Jesus sagt in Johannes 6,40: „Denn es ist der Wille meines Vaters, daß alle, die den Sohn sehen und an ihn glauben, das ewige Leben haben und daß ich sie auferwecke am Letzten Tag." (Ein-heitsübersetzung) Diese Zusage für alle, die „in Christus" sind, findet sich häufig im Neuen Testament. Darüber hinaus warnt Jesus davor, über andere Menschen zu richten. Matthäus 7,1.2: „Richtet nicht, damit ihr nicht gerichtet werdet! Denn wie ihr richtet, so werdet ihr gerichtet wer-den, und nach dem Maß, mit dem ihr meßt und zuteilt, wird euch zuge-teilt werden." Auch wenn die Gemeinden der urchristlichen Kirche glaubten, jemand richten und ausschließen zu müssen, taten sie es nicht, um ihm der Vernichtung zu übergeben, sondern um ihn letztendlich zu retten. Paulus schreibt an die Korinther, nachdem dort ein Fall von Blut-schande aufgetreten war, in 1 Korinther 5,3–5: „Was mich angeht, so habe ich … mein Urteil über den, der sich so vergangen hat, schon jetzt gefällt … wollen wir … diesen Menschen dem Satan übergeben zum Ver-derben des Fleisches, damit sein Geist am Tag des Herrn gerettet werde."

7.3.6 Die große Schlacht von Harmagedon

„Die Offenbarung – Ihr großartiger Höhepunkt ist nahe": In diesem Buch versucht die WTG, ihren Anhängern die in der Offenbarung des Johannes geschilderten Ereignisse nahezubringen. Das reich bebilderte Werk wirkt, als wäre es einer Koproduktion aus Science-fiction-brutalo-Actionfilm und Hollywood-Kostümschinken entsprungen. Kämpfer auf weißen Schlachtrössern bahnen sich ihren Weg durch Ströme von Blut. Dinosaurier mit Schuppenpanzer und feurigem Rachen (eine Aufgabe

Babylon die Große
sitzt auf einem
gefährlichen wilden Tier

Die Hure Babylon reitet auf dem scharlachroten Tier herbei. Der Becher ist mit unanständigen und schmutzigen Dingen gefüllt als Zeichen der Zuchtlosigkeit. Sie ist vom Blut des Volkes Gottes trunken, die Mutter aller Hurerei und Greuel auf der Erde (Offenbarung 17,1–18).[42] *Das wilde Tier symbolisiert die Staatengemeinschaft, die Frau die falsche Religion.*

für Steven Spielberg!) treten auf. Siebenköpfige Riesenschlangen stürzen sich auf die Menschen. Vom Himmel her ergießen sich Schalen mit versengender Flüssigkeit. Die trunkene Hure Babylon reitet auf einem Untier heran, um ihre letzten Lästerungen auszustoßen. Ihr gegenüber sitzt der kriegführende König auf edlem Rosse, sein blütenweißes Gewand schon etwas mit Blut befleckt, und schreitet zum Gericht. Auch für das Happy End ist gesorgt. Der König trifft hoch über den Wolken, umgeben von der aufgehenden Sonne, auf eine ätherische Schönheit mit Mannequinfigur und wehendem Haar: die „Frau des Lammes".

Grundlage für diese schaurig-schöne Geschichte, die die WTG ihren Anhängern auftischt, ist das letzte Buch der Bibel, die Offenbarung des Johannes. Dieses Buch ist das „Fleisch" im sonst so trockenen Zahlengerüst der WTG-Lehre, von hier nimmt sie die Bilder, um ihren Anhängern den Weltuntergang und das anschließende Paradies schmackhaft zu machen. Den Namen für das endzeitliche Großereignis, das im Zentrum der WTG-Lehre steht, liefert Vers 16,16: „Und sie versammelten sie an dem Ort, der auf hebräisch *Har-Magedon* genannt wird."

Die große Schlacht von Harmagedon wird laut WTG endlich das „böse System der Dinge", diese irdische Welt, zu einem Ende bringen.[43] Es steht kurz bevor, denn Jesus hat bereits 1914 seine unsichtbare Herrschaft im Himmel aufgerichtet. Die Zeichen der Endzeit sind unübersehbar. Kriege, Hunger, Seuchen, Erdbeben, Gesetzlosigkeit, wie Jesus in Matthäus Kapitel 23 und 24 prophezeit, sind seit 1914 in vorher noch nie dagewesenem Maße aufgetreten. Harmagedon wird diese „Wehen" der Endzeit zu einem Höhepunkt bringen, wobei in einem „gerechten" Krieg alle „Bösen" vernichtet werden.

Ist die Schlacht von Harmagedon überstanden, wird „kein Teil dieser bösen Welt mehr übrig sein". Das 1000jährige Friedensreich bricht an. Die Personen, die Harmagedon überlebt haben, müssen zuerst die Erde „säubern" und die Ruinen der „alten Welt" beseitigen. Gleichzeitig können sie ihre auferstandenen Familienmitglieder willkommen heißen. Aber nicht alle werden „das großartige Vorrecht" genießen, in dieses irdische Paradies auferweckt zu werden. Leute, wie die Bewohner von Sodom, die große Schlechtigkeiten begangen haben, sind ausgenommen. Alle Überlebenden und Auferweckten werden „das große Vorrecht haben, unter der Leitung der Königreichsherrschaft die Erde zu pflegen". Es wird ideales Klima, friedliches Zusammenleben zwischen Mensch und Tier, weder Krankheit, noch Alter, noch Tod geben. Jesus und seine 144 000 Mitregenten im Himmel werden in einem 1000jährigen Friedensreich für eine gerechte Herrschaft sorgen. Während dieser Zeit, einem einzigen langen Gerichtstag, werden die Menschen noch einmal geprüft. Sie werden aber nicht nach ihren früheren Taten gerichtet werden, sondern nach dem, was sie während dieser Zeit tun. So werden einige zur menschlichen Vollkommenheit voranschreiten, andere hingegen „zum Tode verurteilt", also „vernichtet". Am Ende des 1000jährigen Reiches „werden alle Feinde aus dem Weg geräumt sein". Aber da es für die Menschen im Idealzustand dieses Paradieses ein leichtes war, Gott zu dienen, werden sie am Ende der 1000 Jahre noch einmal geprüft! Jehova läßt Satan und seine Dämonen aus dem Abgrund frei, wo sie 1000 Jahre lang gefangengehalten waren. Nach dieser Prüfung werden Satan, die Dämonen und alle, die die

Taufe
Zeremonie, die in der Regel auf Kongressen vollzogen wird. Durch das völlige Untertauchen im Wasser wird ein Interessierter zum ordinierten Prediger. Der öffentlichen Taufe geht ein halbjähriges Studium der wichtigsten Lehren der Zeugen Jehovas voraus. Die Zeugen Jehovas lehnen die Taufen von anderen Religionsgemeinschaften als unbiblisch ab, da sie in der Regel Kindertaufen sind, nicht durch Untertauchen stattfinden und die heidnische Vorstellung eines dreifaltigen Gottes verbreiten.

Prüfung nicht bestanden haben, in den „Feuersee" geworfen, und den „zweiten Tod" erleiden.

Die WTG lehnt die Vorstellung einer Hölle als „Ort ewiger Qual" nach dem Tod ab. Als biblischen Beleg zieht sie Jeremia 7,31 heran, wo Gott den heidnischen Kult des Molochopfers, d. h. das Opfern von Kindern im Feuertod, verbietet.[44] Interessant ist die folgende Begründung der WTG: „Denke einmal darüber nach. Wenn der Gedanke, Menschen im Feuer zu verbrennen, nie im Herzen Gottes aufgekommen ist, erscheint es dann vernünftig zu glauben, daß er für Personen, die ihm nicht dienen, eine Feuerhölle erschuf? Die Bibel sagt, daß ‚Gott Liebe ist' (1 Johannes 4:8). Würde ein liebevoller Gott Menschen wirklich für immer quälen?" Es ist erstaunlich, daß die WTG mit der Liebe Gottes argumentiert, wenn es ihr um die Verteidigung ihrer Lehren geht. Bei den grausamen Darstellungen der Schlacht von Harmagedon ist von einer Liebe des Jehova-Gottes nichts zu bemerken. Wer die qualvollen Todesarten in der Offenbarung liest, muß an der Vorstellung eines barmherzigen Gottes verzweifeln.

Wer das erste Mal in der Offenbarung des Johannes liest, kann wohl nicht anders, als schockiert sein. Das ganze Szenario von Kampf und Vernichtung, von Blut, Feuer und qualvollem Sterben, und das alles auf Anordnung Gottes von Jesus Christus durchgeführt, muß ein christliches Weltbild erschüttern. Wo bleibt da die Frohbotschaft des Herrn, der uns Gott als liebenden Vater verkündet hat? Der die Menschen in Freiheit und Verantwortung beruft, um sein Reich gegenwärtig zu machen? Wie paßt das mit den grausamen Bildern der Offenbarung des Johannes zusammen?

Man kann die Offenbarung des Johannes nicht verstehen, wenn man sich nicht mit der Entstehungszeit dieses neutestamentlichen Buches und seiner literarischen Eigenart auseinandersetzt. Die „Apokalypse" (= Offenbarung, Enthüllung) wurde etwa um 95 n. Chr. geschrieben, in einer Zeit schwerer Christenverfolgung unter dem römischen Kaiser Domitian.[45] Das junge Christentum war durch grausame Hinrichtungen bereits stark dezimiert worden. Die blutigen Bilder von der Vernichtung der feindlichen Mächte wollen daher nicht detailgetreu die Einzelheiten des künftigen Weltuntergangs schildern, wie die WTG weismachen möchte. Sie ist nicht für ferne Generationen geschrieben, die 2 000 Jahre nach dem Verfasser leben, sondern für die damalige verfolgte Christenheit. Ihre Aussageabsicht ist, die Widerstandskraft der bedrängten Glaubensbrüder zu stärken und ihnen Mut zum Durchhalten zu machen. Um das zu verdeutlichen, greift der Verfasser auf die großen Themen der prophetischen Schriften zurück, wie den „Tag Jahwes". An diesem Tag soll Gott kommen, um seinem bedrängten Volk zu helfen und es von seinen Bedrückern zu befreien. Nun würden diese ihrerseits bestraft werden.

Die heutige Bibelwissenschaft kann den Sinn der Offenbarung des Johannes durch Vergleich mit anderen zeitgenössischer Schriften erforschen. Apokalypsen waren im Judentum in der Zeit 200 v. Chr. bis 100 n. Chr. eine häufige literarische Gattung. Im Alten Testament gehören Teile der Bücher Ezechiel, Sacharia und besonders das von der WTG oft zitierte und ebenfalls verkannte Buch Daniel dazu. Auch Daniel wurde zur Zeit großer Bedrängnis geschrieben, unter dem Syrerkönig Antiochus IV. Epiphanes (167–164 v. Chr.)

Apokalypsen können als eine Fortführung des Prophetentums bezeichnet werden, unterscheiden sich allerdings wesentlich davon. Während die alten Propheten göttliche Botschaften empfingen und ihren Zeitgenossen mitteilten, wird in einer Apokalypse die Botschaft in Form von Bildern und Gleichnissen übermittelt, die erst entschlüsselt werden müssen. Die Visionen sind nicht um ihrer selbst willen von Bedeutung, sondern aufgrund ihres symbolischen Charakters. Praktisch alles, Farben, Zahlen, Personen, selbst Körperteile haben symbolische Bedeutung. Um eine Apokalypse verstehen zu können, muß man diese Symbole in ihren Bedeutungsgehalt rückübersetzen. Wenn man das unterläßt, führt das zu schweren Mißverständnissen. Weil die WTG den symbolischen Charakter des Geschehens außer acht läßt und alles wortwörtlich nimmt, kommt sie zu einer völlig falschen Deutung. Nicht umsonst wirken die farbenprächtigen Bilder im Buch „Offenbarung – Ihr großartiger Höhepunkt ist nahe!" auf einen außenstehenden Betrachter unstimmig, gar lä-

Tauffragen
Nach der Taufansprache müssen alle Taufbewerber zwei Fragen beantworten: ob sie an das Lösegeldopfer Jesu glauben und ob sie bereit sind, sich Jehova ganz hinzugeben

cherlich. Doch die Fehldeutung der Johannesapokalypse ist nicht nur abstrus, sondern hat für die gläubigen Zeugen leider auch schwerwiegende Konsequenzen. Ihnen wird dadurch ein negatives Gottesbild vermittelt, ein Gott, der grausam verfolgt und bestraft, ein Jesus, der als furchtbarer Rächer von Harmagedon wiederkommt. Alle, die sich im Leben nicht bewährt haben durch treues Dienen für die Organisation, werden von Jehova niedergemetzelt. Wer nachlässig geworden ist im Predigtdienst oder im sittlichen Verhalten, muß als Feind Jesu mit dem Tod im Feuersee rechnen. Wer kann ob solch schrecklicher Aussichten eine liebevolle, persönliche Beziehung zu Gott aufbauen?

Der Verfasser der Apokalypse – sicher nicht der Apostel Johannes, jedoch ein angesehener Mann in den Gemeinden Kleinasiens – wendet sich aus der Verbannung auf der Insel Patmos an seine vom Foltertod bedrohten Glaubensbrüder. In ausdrucksstarken Bildern verschlüsselt er die Gefahren der Zeit und die Mahnung zur Bewährung. Das „Tier" (das römische Reich) hat auf Befehl Satans eine Verfolgung entfesselt. Gott schickt auf die Bedränger eine Reihe von Plagen (wie schon in Ägypten gegen den Pharao), aber nicht, um sie vor dem Tod noch grausam zu quälen, sondern um sie zu läutern. Denn Gott will das Heil der Sünder. Die Visionen von der Vernichtung des Feindes, der Auferstehung der Toten und der Errichtung des himmlischen Reiches sollen den Verfolgten Hoffnung auf eine bessere Zukunft geben.

Die Bedeutung der Offenbarung des Johannes erschöpft sich aber nicht in dieser geschichtlichen Deutung. Sie drückt die Verheißung aus, daß Gott in allen Gefahren seinem Volk die Treue hält. Daher brauchen die Gläubigen nichts zu fürchten, auch wenn sie leiden müssen.

7.3.7 Tod und Wiederherstellung

Obwohl die WTG bereits vor über 70 Jahren das Buch „Millionen jetzt lebender Menschen werden niemals sterben"[46] veröffentlichte und darin ihre Überzeugung zum Ausdruck brachte, daß 1925 die Schlacht von Harmagedon zu erwarten sei, sind seither ungezählte Millionen von Menschen gestorben. Die WTG mußte sich daher notgedrungen auch eine Lehre über Tod und Auferstehung zurechtlegen. Eines gleich vorweg: Eine Lehre über die Auferstehung gibt es bei der WTG gar nicht! Wenn ein Mensch stirbt, ist das einzige, was von ihm bleibt, eine Art „Abbild" im „Gedächtnis" Jehovas. Daher auch die seltsame Bezeichnung „Gedächtnisgruft" für das Grab. Eine Gedächtnisgruft ist laut Definition „ein Grab, in das die Überreste eines Verstorbenen gelegt wurden, in der Hoffnung, daß er in Erinnerung behalten wird, besonders von Gott".[47] Bei Anbruch des ewigen Paradieses werden die Menschen daher nicht „auferweckt", sondern „wiedererschaffen". Was nach dieser These besonders befremdlich ist: Auch Jesus Christus wurde nicht auferweckt, sondern mußte nach den drei Tagen seiner Nicht-Existenz von Gott neu geschaffen werden. Die Zeugen selbst können aus der WTG-Literatur den wesentlichen Unterschied zwischen Auferweckung und Wiedererschaffung nicht erkennen.

Zu jener Zeit werden die Augen der Blinden geöffnet

Mit strahlenden Augen finden sich die Toten nach ihrer Wiederherstellung im Paradies wieder. Solche Bilder trösten darüber hinweg, daß die große Masse der Zeugen Jehovas nicht auf ein Leben mit Christus im Himmel hoffen darf, sondern sich mit dem Paradies auf Erden zufrieden geben muß.[49]

„Die Zeugen Jehovas stellen sich das so ähnlich vor wie eine Programmkarte im Computer. Man speichert auf eine Karte einen bestimmten Text und legt sie ab. Man kann die Karte jederzeit aus dem Archiv holen. So ist jeder Mensch nach seinem Tod im Gedächtnis Gottes gespeichert, in einer ‚Gedächtnisgruft‘. Gott kann jeden Menschen mit demselben Persönlichkeitsprofil wieder abrufen, wieder ins Leben zurückrufen. Im Gedächtnis Gottes gibt es diese Menschen, denn sie kommen in der Auferstehung wieder.“

Peter Pross

Was wird aber dann „auferweckt", wenn nichts mehr vom Menschen übrig ist als eine bloße „Programmkarte" im Gedächtnis Gottes? „Nicht der Körper des Verstorbenen ... Gott auferweckt daher nicht denselben Leib, sondern dieselbe Person, die starb. Personen, die in den Himmel kommen, gibt er einen neuen geistigen Leib. Denen, die zum Leben auf der Erde auferweckt werden, gibt er einen neuen physischen Leib ... Doch Jehova Gott erinnert sich an jede Einzelheit, und er wird bei der Auferstehung die vollständige Person wiederherstellen."[48] Hier wird endlich das Wort „wiederherstellen" verwendet, das den Vorgang, wie ihn sich die WTG vorstellt, am besten trifft.

Auch was den Tod betrifft, hat die Unterteilung der wahren Zeugen in die zwei Klassen „Geistgesalbte" und „andere Schafe" Konsequenzen. Als Jesus Christus 1914 seine unsichtbare Herrschaft im Himmel angetreten hat, wurden bereits alle verstorbenen „Geistgesalbten" in einer „ersten Auferstehung" auferweckt. Das dauerte bis 1918. Das hat zur Folge, daß alle „Überrestglieder" der 144 000, die nach 1918 gestorben sind, sofort in den Himmel kommen, ohne daß ihre Seele sterben müßte. De facto vertritt die WTG für diese wenigen Auserwählten die Unsterblichkeit der Seele, obwohl sie sie sonst vehement leugnet! Die „anderen Schafe" unter den Zeugen Jehovas, also die große Masse, fühlen sich von dieser Minderbehandlung durch den angeblichen Plan Gottes selten benachteiligt. Sie werden in der WTG-Literatur von paradiesischen Bildern über ihre zu erwartende „Wiederherstellung" nach dem Tod getröstet.

Mit dieser Lehre vom Leben nach dem Tod geht die WTG an zentralen Aussagen des Neuen Testaments vorbei. Jesus Christus hat nie von zwei Auferstehungshoffnungen, einer himmlischen und einer irdischen gesprochen. So heißt es in 1 Thessalonicher 4, 13–15: „Wir wollen euch nicht im Unklaren lassen, Brüder, wie es mit denen steht, die gestorben sind. Dann braucht ihr nicht traurig zu sein wie die anderen, die keine Hoffnung haben. Wir glauben, daß Jesus gestorben und auferstanden ist. Ebenso gewiß wird Gott auch die, die im Vertrauen auf Jesus gestorben

233

sind, mit Jesus zusammen zu sich holen." Auch ist es keine christliche Lehre, daß die Menschen nach ihrem Tod in die Nicht-Existenz übergehen und dann neu geschaffen werden müssen. Im Neuen Testament heißt es stattdessen, daß der irdische Leib verwandelt wird in einen geistigen Leib. Und zwar nicht nur für einige Auserwählte, sondern für alle Menschen. Die Bibeltexte haben eine klare Aussage. Es gibt nur eine Hoffnung nach dem Tod für alle Menschen: eine Auferweckung in die Gemeinschaft mit Gott im Himmel.

7.4 Umgang mit der Bibel

In den vorangegangenen Punkten konnte bereits anhand konkreter WTG-Lehren gezeigt werden, wie die Verantwortlichen in Brooklyn mit der Bibel umgehen. Von einer „ernsthaften" Bibelforschung kann bei den Nachfahren der „Ernsten Bibelforscher" nicht einmal im weitesten Sinne die Rede sein. Der Grundsatz, nach dem die WTG vorgeht, scheint einfach und einleuchtend. Da die Bibel Gottes Wort ist, muß jeder Satz von göttlicher Autorität gedeckt sein. Er ist deshalb, ob wörtlich oder symbolisch, immer wahr. Die Berichte über geschichtliche Ereignisse in der Bibel sind absolut korrekt, ebenso wie geographische und naturwissenschaftliche Angaben. Gäbe es dabei Irrtümer, hieße das ja, daß Gott höchstpersönlich irren würde. Aus diesem Grund haben für die WTG Prophezeiungen eine besondere Bedeutung. Prophezeiungen des Alten Testamentes erfüllen sich daher detailgetreu im Neuen Testament. Auch für unsere Zeit hat die Bibel genaue Vorhersagen parat.

Nach Ansicht der WTG gibt die Bibel direkt das Wort Gottes an die Menschen weiter. Gott hat die Heilige Schrift zwar nicht wörtlich diktiert, aber ähnlich wie bei einem Brief, den ein Geschäftsmann von seiner Sekretärin schreiben ließ, enthält auch die Bibel die genauen Absichten und Pläne Gottes.

7.4.1 Fundamentalistischer Zugang

Für den fundamentalistischen Zugang zur Bibel, der die gesamte WTG-Literatur prägt, gibt Zweigaufseher Konrad Franke bei einem Vortrag in Hamburg 1968 ein amüsantes Beispiel. Thema seiner Ausführungen war die Endzeitberechnung 1975: *„Nun fangen manche an zu knobeln und sagen: ‚Könnte das [Anm.: der Weltuntergang] nicht auch 1976 sein?'*

Ich habe mir überlegt, wie war denn das mit Adam und Eva? Wollen wir einmal den Menschenverstand sprechen lassen. Es steht ja nichts in der Bibel drin, wie lange Adam und Eva im Garten Eden waren. Aber Adam mußte ja die Tiere alle benennen, eine furchtbare Arbeit, nicht wahr? Als Noah den Auftrag bekam und Jehova sagte: ,In nunmehr sieben Tagen wird die Flut kommen', da mußte er diese Biester einfangen und mußte sie alle in die Arche bringen. Das hat er in sieben Tagen geschafft. Wie war das mit der Namensnennung der Tiere? Da sagt uns

der biblische Bericht, daß Adam nicht einmal einen Schritt zu laufen brauchte. Jehova hat sie ihm vorgeführt! Er wollte bloß wissen, wie sie der Mensch benennt. Adam hat seinen Auftrag nicht so aufgefaßt, daß er sagte: ,Oh, da muß ich jetzt herumknobeln!' Nein, er sollte so, wie er es empfand, spontan sagen: ,Das Tier nenne ich so, das andere so.' Soll er da viel länger als sieben Tage gebraucht haben? Das ist nicht logisch. Aber wie dem auch sei. Adam hat gesehen, daß alle Tiere in Paaren ankommen. Und er hat sich umgesehen und hat für sich keinen Partner darin gesehen. Dann hat man ihm die Partnerin gebracht. Hat er da lange herumgetrödelt und gesagt: ,Moment, ich muß erst tief sinnieren und überlegen, wie werde ich dich nennen?' Nein, es lag ja so nahe. Fleisch von seinem Bein, sofort hat er den Namen gefunden. Und da soll der Ochse so lange Mühe gehabt haben bei den Kamelen? Das glaubt Ihr doch selber nicht!"

7.4.2 Steinbruchexegese

Unter dem Schlagwort „Steinbruchexegese" versteht man, daß einzelne Bibelverse zur Argumentation herangezogen werden, ohne auf deren eigentlichen Sinn im Zusammenhang mit einem größeren Textabschnitt zu achten. Das ist die einfachste Methode überhaupt, mit der Bibel umzugehen. Es gibt keine noch so abwegige These, für die sich nicht im Alten und Neuen Testament eine passende Stelle finden würde. Die WTG ist ein Meister in diesem Verfahren. Ungeachtet der Entstehungszeit der einzelnen Bücher und der Aussageabsicht des Schreibers würfelt sie Verse aus den unterschiedlichsten Teilen der Bibel zusammen. Ein ehemaliger Schüler an der Gileadschule in Brooklyn wurde Ohrenzeuge, wie beliebig die verantwortlichen Männer mit der Bibel umgehen: „Ich hatte in meiner Firma einen Mitarbeiter, Bruder F., der Kreisdiener, der mir folgendes Erlebnis erzählte, das er in der Gileadschule in Brooklyn hatte. Er hatte einmal eine biblische Arbeit zu schreiben und mußte dazu aus der Bibliothek Bücher holen. Als er ganz still seine Bücher suchte, hörte er hinter einer Bücherwand Stimmen. Es war ein Gespräch zwischen dem damaligen Präsidenten Nathan Knorr, dem heutigen Präsidenten Milton Henschel, Fred Franz und noch einem vierten. Sie diskutierten über den Bibelvers Jesaja 60,8, wo es heißt: ‚Wer sind diese, die geflogen kommen so wie eine Wolke und wie Tauben zu ihren Taubenschlägen?‘ Sie diskutierten, was damit gemeint sein könnte und überlegten, ob die Tauben nicht eine Darstellung der ‚großen Volksmenge‘ seien. Nach längerem Hin und Her meinten sie, ja, die Tauben, das könne durchaus die Volksmenge sein. Zum Schluß hatten sie sich darauf geeinigt. Einer fragte: ‚Was soll ich jetzt schreiben?‘ Sie legten endgültig fest, daß er schreiben sollte: ‚Die Tauben stellen die große Volksmenge dar.‘ Bruder F. sagte, daß noch zu der Zeit, als er in Amerika war, der Wachtturm erschien, wo genau das drinnenstand. Er sagte, für ihn sei das ungemein ernüchternd gewesen, weil er gedacht hatte, die ‚Leitende Körperschaft‘ würde irgendwo in einem stillen Kämmerlein sitzen, und nach einem Gebet und nach eingehender Forschung würden sie praktisch in Form göttlicher Eingebung zu ihrer Bibelauslegung kommen. Stattdessen haben die Verantwortlichen wie an einem Biertisch diskutiert.“[50]

7.4.3 Göttliches Diktat?

Das fundamentale Problem des Bibelzuganges der Zeugen Jehovas beginnt damit, wie sie sich die Entstehung der Heiligen Schriften vorstellen. Sie meinen, die Bibel sei deshalb von Gott „inspiriert“, weil Gott den Schreibern der einzelnen Bücher genau Wünsche und Absichten mitgeteilt habe. Diese Sicht von Inspiration war früher auch bei katholischen und protestantischen Theologen verbreitet. Man stellte sich das sehr naiv vor, indem die Taube des Heiligen Geistes dem Schreiber Wort für Wort alles ins Ohr flüsterte.

Auch die moderne Bibelwissenschaft hält die Bibel für „inspiriert", d. h. von Gott eingegeben. Freilich nicht so, als hätte Gott einem Schreiber praktisch Gedanken für Gedanken eingehaucht. Sie nimmt ernst, daß die Bibel nicht nur Gotteswort, sondern zugleich auch Menschenwort ist. Ein Prophet, ein Schreiber eines biblischen Textes konnte das Wort Gottes nur innerhalb seiner Kultur, seines historischen Umfelds, seines Verstehenshorizontes wahrnehmen. Sein Wahrnehmungsvermögen war daher natürlicherweise beschränkt. Das heißt aber nicht, daß seine Texte unzureichend oder fehlerhaft das Wort Gottes wiedergeben. Jeder einzelne Mensch, jede Gesellschaft, jede Geschichtsepoche kann Gott und sein Wort immer nur in einer bestimmten Weise erfassen und diese jeweilige Erkenntnis aussagen.

7.4.4 Die wunderliche Neue-Welt-Übersetzung

Die „Neue-Welt-Übersetzung" der WTG bietet nach eigenen Angaben „ein zeitgemäßes Deutsch mit heute üblichen Sprachformen". Man habe sich dabei bemüht, die Autorität, die Kraft, die Dynamik und die Direktheit der ursprünglich in Hebräisch und Griechisch abgefaßten Schriften zu erreichen und diese Charakteristika in das heutige Deutsch zu übertragen."[51] Soweit das Selbstverständnis der WTG-Übersetzer. Ein Bibelleser, der mit anderen Übersetzungen vertraut ist, wird sich dabei aber wundern. Die Texte sind ob der angeblichen Wörtlichkeit manchmal ins Unkenntliche verzerrt und wachsen sich dabei zu grotesken Sprachgebilden aus. Zur Veranschaulichung wollen wir zwei bekannte Textpassagen je aus dem Alten und Neuen Testament der WTG-Übersetzung der Textfassung von „Die Gute Nachricht" gegenüberstellen. „Die Gute Nachricht" ist eine Gemeinschaftsarbeit von katholischen und protestantischen Bibelwissenschaftlern aus Deutschland, Österreich und der Schweiz und nimmt für sich ebenfalls in Anspruch, die Bibel in ein „modernes, einfaches Deutsch" übertragen zu haben.[52]

Aus dem Alten Testament eine kurze Passage aus dem ersten Schöpfungsbericht:

Genesis 1, 20–23:

Neue-Welt Übersetzung:

[20]Und Gott sprach weiter: „Die Wasser sollen ein Gewimmel lebender Seelen hervorwimmeln, und fliegende Geschöpfe mögen an der Vorderseite der Ausdehnung der Himmel über der Erde fliegen. [21]Und Gott ging daran, die großen Seeungetüme zu erschaffen und jede lebende Seele, die sich regt, die die Wasser hervorwimmelten, nach ihren Arten und jedes geflügelte fliegende Geschöpf nach seiner Art. Und Gott sah dann, daß [es] gut [war]. [22]Darauf segnete Gott sie, indem [er] sprach: „Seid fruchtbar, und werdet viele, und füllt die Wasser in den Meeresbecken, und der fliegenden Geschöpfe sollen viele werden auf der Erde." [23]Und es wurde Abend, und es wurde Morgen, ein fünfter Tag.

Die Gute Nachricht:

[20]Dann befahl Gott: „Im Wasser soll sich Leben regen, und in der Luft sollen Vögel fliegen!" [21]Er schuf die großen Seeungeheuer, alle Arten von Wassertieren und die Vögel. Er hatte Freude daran; denn es war gut. [22]Er segnete seine Geschöpfe und sagte: „Vermehrt euch und füllt die Meere! Und ihr Vögel, vermehrt euch auf der Erde!" [23]Es wurde Abend und wieder Morgen: der fünfte Tag.

Der Beginn des Lukasevangeliums:

Lukas 1,1–4:

Neue-Welt-Übersetzung:

[1]Da es viele unternommen haben, eine Darlegung der unter uns völlig beglaubigten Tatsachen zusammenzustellen, [2]so wie sie uns die überlieferten, die von Anfang an Augenzeugen und Diener der Botschaft wurden, [3]beschloß auch ich, weil ich allen Dingen von Anbeginn genau nachgegangen bin, sie dir, vortrefflichster Theophilus, in logischer Reihenfolge zu schreiben, [4]damit du die Gewißheit der Dinge völlig erkennst, über die du mündlich belehrt worden bist.

Die Gute Nachricht:

[1]Schon viele haben versucht, die Ereignisse darzustellen, die Gott unter uns geschehen ließ [2]und die wir durch die Berichte der Augenzeugen kennen, die von Anfang an alles miterlebten und den Auftrag erhielten, die Gute Nachricht weiterzugeben. [3]Darum habe auch ich mich dazu entschlossen, alles bis hin zu den ersten Anfängen sorgfältig zu erforschen und es für dich, verehrter Theophilus, in guter Ordnung niederzuschreiben. [4]Ich tue das, damit du die Zuverlässigkeit der Lehre erkennst, in der man dich unterwiesen hat.

Es gibt keinen Zweifel, welche Übersetzung besser den Erfordernissen eines modernen und verständlichen Deutsch entspricht. Die Übersetzer von „Die Gute Nachricht" räumen ein, daß man die unverfälschte Übertragung von einer Sprache in eine andere, zumal es sich bei Hebräisch und Altgriechisch um tote Sprachen handelt, nicht durch eine Wort-für-Wort-Übersetzung erreichen kann. Die Form des Originaltextes muß notfalls preisgegeben werden, um den *Inhalt* richtig zu transportieren. Eine solche Übersetzung kann genauer sein als eine „wörtliche". Bei der Suche nach der geeigneten Wortwahl und dem Satzbau müssen die Übersetzer den Gesetzen der eigenen Sprache Rechnung tragen.[53]

Nach diesen Übersetzungskriterien der modernen Bibelwissenschaft muß die „Neue-Welt-Übersetzung" der Zeugen Jehovas als gescheitert betrachtet werden. Eine „lebende Seele, die die Wasser hervorwimmelten", eine „Vorderseite der Ausdehnung der Himmel über der Erde" oder eine „Darlegung der unter uns völlig beglaubigten Tatsachen" entspricht weder ihrer eigenen Forderung nach einem „zeitgemäßen Deutsch" noch der der „heute üblichen Sprachformen". Die Übersetzer haben sich nach eigenen Angaben um eine „wörtliche Wiedergabe" bemüht, soweit sie „nicht durch gewisse umständliche Formulierungen den Gedanken verhüllt". Auch dieses Kriterium kann man angesichts der Vielzahl an umständlichen und unverständlichen Formulierungen schwerlich als erfüllt bewerten.[54]

Interessant ist auch, wie die Übersetzung überhaupt zustande gekommen ist. Das englischsprachige Übersetzungskomitee sieht es als „verantwortungsvolle Aufgabe, die Heilige Schrift aus ihren Ursprachen, Hebräisch, Aramäisch und Griechisch, in eine zeitgemäße Sprache" zu übertragen.[55] Allerdings wurde die deutsche Fassung, die letzte stammt aus dem Jahre 1986, nicht aus den Originalsprachen, sondern aus der englischen Übersetzung übertragen. Aber waren wenigstens die englischsprachigen Übersetzer Experten der biblischen Sprachen? Mitnichten! Die Übersetzer der aktuellen revidierten Ausgabe von 1984 sind namentlich nicht bekannt und treten nur als „New Bible Translation Committee" in Erscheinung. Durch ein ehemaliges Mitglied der ‚Leitenden Körperschaft' ist allerdings bekannt, wer die zugrundeliegende Fassung von 1971 erarbeitet hat. Sie stammt vom damaligen Präsidenten Nathan Knorr und seinen Mitarbeitern Albert Schroeder, George Gangas und Fred Franz, dem Nachfolger Knorrs. Als einziger von diesen vier Männern verstand Fred Franz die Ursprachen der Bibel. Von Expertentum kann allerdings auch hier keine Rede sein. Griechisch hatte er zwei Jahre lang an der Universität von Cincinnati gelernt, Hebräisch hatte er sich lediglich selbst beigebracht.[56] Die Neue-Welt-Übersetzung, die die WTG in höchsten Tönen lobt, wurde also unter Zuhilfenahme anderer Übersetzungen von Männern durchgeführt, die der Ursprache kaum mächtig waren!

7.4.5 Bibelfälschungen

Neben diesem mehr als fragwürdigen Umgang mit den Ursprachen der Bibel leistet sich die WTG noch viel Schlimmeres: bewußte Verfälschung der Heiligen Schrift, die sie doch eigentlich als Grundlage ihrer Lehren angibt. Doch dasselbe wie bei der Verwendung der Bibel als Steinbruch zur Unterstützung der eigenen Lehre kann man auch hier sagen: Wenn die Bibel nicht in das Konzept paßt, wird sie einfach zurechtgebogen. Hier hat die WTG verschiedene Methoden entwickelt:

V

Die große Verehrung für den Gottesnamen „Jehova" hat die WTG dazu verleitet, ihn dort einzufügen, wo er im Originaltext gar nicht steht! Im Einführungskapitel der Studienausgabe gibt sie an, daß „Jehova" in der Neuen-Welt-Übersetzung „6 973mal in den Hebräischen Schriften und 237mal in den Christlichen Griechischen Schriften erscheint".[57] Kleiner Schön-

Verkündiger
Durch die Taufe wird jeder Interessierte automatisch zum ordinierten Prediger von Jehovas Königreich. Er übernimmt damit die Verpflichtung, regelmäßig im Straßendienst oder von Tür zu Tür für die Lehren der Zeugen Jehovas zu werben und über seinen Erfolg Rechenschaft abzulegen.

heitsfehler dabei: In den christlichen griechischen Schriften, dem Neuen Testament also, kommt „Jehova" kein einziges Mal vor. „Jehova" wird meist dort übersetzt, wo griechisch „kyrios", auf deutsch „Herr", steht. Dadurch ergibt sich eine wesentliche Sinnverschiebung. In der griechischen Übersetzung des Alten Testaments, der sogenannten „Septuaginta", wurde das Tetragramm JHWH immer mit „kyrios" (= Herr) wiedergegeben. Im Neuen Testament geht dieser Begriff allerdings an vielen Stellen auf Jesus Christus selbst über. In der WTG-Übersetzung wird das verwischt. Das kommt der WTG-Lehre, die die Göttlichkeit Christi abstreitet, sehr entgegen. Einige Bibelstellen belegen eindrucksvoll diese bewußte Sinnverschiebung:

Römer 14,8: „Wenn wir leben, leben wir für den *Herrn,* und wenn wir sterben, sterben wir für den *Herrn.* Wir gehören dem *Herrn* im Leben und im Tod." (Die Gute Nachricht) Aus dem Zusammenhang ist klar, daß mit „Herr" nur Jesus Christus gemeint sein kann. Die Neue-Welt-Übersetzung verfälscht den Sinn, indem sie „kyrios" mit „Jehova" wiedergibt:

Römer 14,8: „denn wenn wir leben, leben wir *Jehova,* und auch wenn wir sterben, sterben wir *Jehova.* Darum, wenn wir leben und auch wenn wir sterben, gehören wir *Jehova.*" Es ist klar: Hier ist nicht mehr Christus gemeint, sondern Gott-Vater.

Als weiteres Beispiel sei 1 Korinther 1,31 angeführt: „Wer auf etwas stolz sein will, soll stolz sein auf das, was der *Herr* getan hat" (GN).

Hingegen die NWÜ: 1 Korinther 1,31: „Wer sich rühmt, rühme sich in Jehova."

Auch hier wird der Bibelvers von Jesus Christus auf Gott-Vater uminterpretiert.

7.4.5.2 Verschiebung der Interpunktion

Zur Falschübersetzung gehört auch, wenn die Interpunktion nicht richtig wiedergegeben wird. Das Übersetzungskomitee legt hier an sich selbst strenge Maßstäbe an: „Bekanntlicherweise kann selbst solch eine anscheinend unbedeutende Sache wie die Verwendung oder Auslassung eines Kommas oder eines bestimmten oder unbestimmten Artikels manchmal den eigentlichen Sinn der ursprünglichen Textpassage entstellen."[61] Trotzdem schrecken die Übersetzer nicht davor zurück, durch den Einsatz solcher entstellender Mittel die Bibel zugunsten ihrer Lehre zurechtzubiegen.

Etwa in Lukas 23,43, wo Jesus am Kreuz dem reumütigen Verbrecher neben sich versichert: *„Ich sage dir, heute* wirst du mit mir im Paradies sein"(GN).

Hingegen die NWÜ: Lukas 23,43: „Wahrlich, *ich sage dir heute:* Du wirst mit mir im Paradiese sein." Diese Übersetzung ist unlogisch, denn wann soll es Jesus denn sagen, wenn nicht „heute"? Außerdem ist die Interpunktion nach dem „heute" im Griechischen grammatikalisch unsinnig und entspricht auch nicht der kritischen Textausgabe von Nestle-Aland, die praktisch allen Übersetzungen zugrundeliegt.[59] Die Absicht der WTG hingegen ist klar. Nach Auffassung der Zeugen Jehovas beginnt das Paradies erst nach der Schlacht von Harmagedon, die bekanntlich immer noch aussteht. Jesus hingegen und seine 144 000 Geistgesalbten werden gleich nach ihrem Tod im Himmel regieren, der Verbrecher am Kreuz gehört da sicher nicht dazu. Die WTG-Übersetzer schämen sich also nicht, den Sinn des Bibelverses durch eine absichtliche Verschiebung des Kommas bzw. des Doppelpunktes zu ihren Gunsten umzudeuten!

7.4.5.3 Bewußte Falschinterpretation

Die NWÜ-Übersetzer kommen nach eigenen Angaben durch ihre wörtliche Übersetzung „dem Wunsch derer entgegen, die gerne eine fast wortwörtliche Wiedergabe des Originals hätten".[60] Nach diesem Kriterium ist allerdings folgende Übersetzung nicht zu begreifen:

1 Johannes 4,1: „Geliebte, glaubt nicht jeder *inspirierten Äußerung,* sondern prüft die *inspirierten Äußerungen,* um zu sehen, ob sie von Gott stammen ..." Abgesehen davon, daß man sich unter einer „inspirierten Äußerung" schwer etwas vorstellen kann, steht im griechischen Urtext schlicht und einfach „pneuma", zu deutsch „Geist". Warum die WTG zu dieser umständlichen Formulierung greift, die in keiner Weise der ge-

forderten wörtlichen Wiedergabe entspricht, wird im folgenden Vers klar:

1 Johannes 4,2: „Daran erkennt ihr die *inspirierte Äußerung* von Gott …" Die Übersetzung „Geist Gottes", die dem griechischen „pneuma tou theou" entsprechen würde, paßt nicht in das Lehrgebäude der WTG. Da der Glaube an einen dreifaltigen Gott und damit auch an den Heiligen Geist als göttliche Person abgelehnt wird, verfälschen die Übersetzer den

eigentlichen Sinn des Bibelverses. An allen 14 Stellen des Neuen Testaments, wo die NWÜ „inspirierte Äußerung" schreibt, steht im Originaltext „pneuma" (= Geist). Was manchmal, neben dem unredlichen Umgang mit der Heiligen Schrift, zu überaus komischen Stilblüten führt:

Offenbarung 16,13: „Und ich sah *drei unreine inspirierte Äußerungen*, [die aussahen] wie Frösche, aus dem Maul des Drachen und aus dem Maul des wilden Tieres und aus dem Mund des falschen Propheten ausgehen." Man darf neugierig sein, wie die Maler-Truppe des Bethel in Brooklyn, die für die farbenprächtige Darstellung von biblischen Szenen in der WTG-Literatur zuständig ist, dieses Bild gestalten würde.

Auch eine weitere Bibelfälschung der WTG betrifft die Wurzel des christlichen Glaubens. Die WTG erkennt die Gegenwart Christi in Brot und Wein der Eucharistiefeier nicht an. Daher übersetzt man die Abendmahlsstellen in den Evangelien und im Korintherbrief falsch.

Markus 14,22.24: „Nehmt es, dies bedeutet meinen Leib. … Dies bedeutet mein Blut des Bundes, das zugunsten vieler vergossen werden wird." Im griechischen Originaltext steht schlicht und einfach „estin", also „ist", wo die NWÜ auf „bedeutet" ausweicht. Die WTG legt selbst bei zentralen Glaubensbotschaften ihrer Lehre nicht die Bibel zugrunde, sondern vergewaltigt die Heilige Schrift, um ihr Lehrgebäude zu stützen.

Noch eine letzte der zahlreichen Bibelfälschungen der WTG soll angeführt werden, um die ganze Doppelbödigkeit zum Ausdruck zu bringen. Für die WTG ist Jesus Christus nicht eine der drei göttlichen Personen, sondern, hier ändert sie öfter ihre Meinung, einmal der Erzengel Michael, dann Abaddon, der „Engel des Abgrunds" aus Offenbarung 9,11, andererseits auch wieder ein bloßer Mensch. Um letzteres zu stützen, schreckt sie nicht davor zurück, einzelne Wörter des Urtextes einfach zu unterschlagen.

Johannes 14,13.14: „Und worum immer ihr in meinem Namen bittet, das will ich tun, damit der Vater in Verbindung mit dem Sohn verherrlicht werde. Wenn ihr *um etwas in meinem Namen bittet,* will ich es tun." Die Übersetzer lassen in Vers 14 das kleine griechische Wörtchen „me" (= mich) weg, das die Tragweite der Zusage Jesu trotzdem erheblich verändert. Hier wird ausgedrückt, daß man nur zu Gott um etwas beten kann, nicht aber zu Jesus Christus selbst, womit auch seine Gottheit in Frage gestellt wird. Johannes 14,14: „Wenn ihr euch auf mich beruft, werde ich euch jede Bitte erfüllen" (GN).

Daß das die WTG genauso sieht, zeigt ihre „The Kingdom Interlinear Translation of the Greek Scriptures". In dieser Ausgabe des Neuen Testaments druckt die WTG den griechischen Text ab, übersetzt ihn darunter Wort für Wort ins Englische und fügt am Rand ihre offizielle Übersetzung von 1984 an.[61] Wie man in der untenstehenden Abbildung leicht erkennen kann, ist in der Wort-für-Wort-Übersetzung das „me" vorhanden, in der danebenstehenden Fassung aber weggelassen.

μου of me	τοῦτο this	ποιήσω, I will do,		ἵνα in order that	I will do this, in order that the Father
δοξασθῇ might be glorified	ὁ the	πατὴρ Father	ἐν in	τῷ the	υἱῷ· Son;	may be glorified in connection with the
14 ἐάν If ever	τι anything	αἰτήσητέ you should ask		με me	ἐν τῷ in the	Son. 14 If YOU ask anything in my name,
ὀνόματί name	μου of me	τοῦτο this	ποιήσω. I shall do.			I will do it.
15 Ἐὰν If ever		ἀγαπᾶτέ you may be loving		με, me,	τὰς the	15 "If YOU love me, YOU will observe
ἐντολὰς commandments	τὰς the	ἐμὰς mine		τηρήσετε· YOU will observe;		my commandments;

Die WTG legt damit in ihrer eigenen Literatur ihre Verdrehung offen. Zugegeben, man muß schon ein aufmerksamer und eifrig studierender Zeuge sein, um sich daran zu stoßen. Den meisten fallen diese kleinen Unterschiede gar nicht auf. Frau Annemarie Fink allerdings wurde in einem Rechtskomiteeverfahren ausgeschlossen, weil sie in der christlichen Auffassung von einem dreieinigen Gott keine satanische Lehre mehr sah. Als sie den Ältesten die Bibelstelle Johannes 14,14 vorlegte, ging der Entscheid gegen die Bibel und Frau Fink aus.

Beim Rechtskomitee war ich im Königreichssaal vorgeladen. Ich bin mit einem sehr kämpferischen Gefühl hingegangen. Die wichtigste Frage war die Dreieinigkeit, ich konnte darin nämlich keine satanische Lehre mehr sehen. Es gibt eine Bibelstelle, wo es heißt: ‚Der Vater und ich sind eins.‘ Die Zeugen haben in ihrer eigenen Interlinear-Übersetzung unter dem griechischen Text auf englisch übersetzt: ‚Der Vater und ich sind eins.‘ Am Rand, in der Zusammenfassung steht: ‚Sie sind in Gemeinschaft (in Union).‘ Diese Punkte habe ich dem Rechtskomitee vorgelegt. Ich habe auch gesagt, daß ich weder beim Predigen noch in der Versammlung gegen die Lehre der Dreieinigkeit Stellung nehmen könne. Sie konnten natürlich nichts erwidern und sind zum nächsten Punkt übergegangen. Sie haben mich gefragt, ob ich Jesus anbete. Ich: ‚Ich bin seit 15 Jahren gewöhnt, zu Jehova Gott zu beten. Ich werde aber nie wieder zu einem Menschen sagen können, er darf nicht zu Jesus beten.‘ Es gibt eine Stelle in der Offenbarung des Johannes, wo die Geschöpfe vor Jesus niederfallen und die Stelle Johannes 14,14: ‚Wenn ihr mich in meinem Namen um etwas bittet, werde ich es tun.‘ Das habe ich ihnen auch anhand dieser griechisch-englischen Übersetzung gezeigt. Dort wurde das Wort ‚me‘ in der Zusammenfassung ausgelassen. Es ist ein Unterschied, ob es heißt: ‚Wer in meinem Namen bittet‘, oder: ‚Wer mich in meinem Namen bittet.‘ Das konnten sie auch nicht entkräften. Es ist darum ein Palaver entstanden. Der eine hat mit Jesaja argumentiert: ‚Man soll nicht Götzendienst begehen, und wer zu Jesus betet, tut das.‘ Ich: ‚Willst du allen Ernstes behaupten, daß Jesus ein Götze ist? Als Jesaja geschrieben wurde, hat Jesus noch gar nicht existiert. Du kannst diese Bibelstelle gar nicht anwenden.‘ Dann sind sie wieder zum nächsten Punkt gegangen.“

7.4.5.5 Anpassung an die eigene Organisationssprache

Neben diesen offensichtlichen Bibelfälschungen paßt die WTG die Übersetzung an vielen Stellen an ihre eigene Organisation an, um ihre Strukturen als bereits in der Bibel festgelegt zu legitimieren.

So heißt es in Philipper 1,1: „Paulus und Timotheus, Sklaven Christi Jesu, an alle Heiligen in Gemeinschaft mit Christus Jesus, die in Philippi sind, samt den *Aufsehern* und *Dienstamtsgehilfen*“ (NWÜ).

„Die Gute Nachricht“ gibt die beiden Ämter als „Leiter und Helfer“

wieder, die Einheitsübersetzung übersetzt „Bischöfe und Diakone" was auch den beiden griechischen Worten „episkopos" und „diakonos", aus denen sie sich direkt ableiten, am besten entspricht. „Episkopos" kann man zwar als „Aufseher" übersetzen, wie es die NWÜ macht, „Dienstamtsgehilfe" ist allerdings eindeutig WTG-Sprache. Zusammengenommen spiegeln beide Amtsbezeichnungen den Organisationsaufbau der Versammlungen wider.

1 Thessalonicher 1,1: „Paulus und Silvanus und Timotheus an die *Versammlung* der Thessalonicher in Gemeinschaft mit Gott, dem Vater, und [dem] Herrn Jesus Christus: Unverdiente Güte sei euch und Friede." (NWÜ) Auch hier erinnert die WTG durch die Wiedergabe von „ekklä- sia" mit „Versammlung" an ihre eigene Organisation. Alle anderen Übersetzungen verwenden das übliche Wort „Gemeinde".

Die Spitze der WTG-Hierarchie, die ‚Leitende Körperschaft', wurde in den Bibeltext selbst zwar nicht eingefügt, die WTG-Literatur will allerdings glaubhaft machen, daß ihre eigene Organisationsstruktur bereits in der Urkirche vorhanden war: „Zunächst setzte sich die ‚Leitende Körperschaft' aus den treuen Aposteln Jesu zusammen ... Alle Versammlungen erkannten die Autorität dieser zentralen Körperschaft älterer Männer an und erwarteten von ihr Anleitung, wenn Fragen der Or-

In Text und Bild möchte die WTG weismachen, daß ihr Führungssystem bereits auf die Apostel und die ersten Christen zurückgeht.

ganisation oder der Lehre auf-
kamen (Apg. 2:42; 6:1–6;
8:14–17; 11:22; 15:1–31) ...
Die ‚Leitende Körperschaft‘
überwachte unter der Führung
des heiligen Geistes die Er-
nennung von Aufsehern und
ihren Helfern, den Dienstamtsgehilfen, die sich alle um
die einzelnen Versammlungen
kümmerten."

Nicht nur ihre Organisati-
onsstrukturen, auch ihre theologische Begrifflichkeit fügt
die WTG in ihre Bibelübersetzung ein, obwohl es ihrer
Forderung nach wortgetreuer
Wiedergabe diametral entge-

Versammlung
Kleinste Organisationseinheit
der Zeugen Jehovas. Bis zu 150
getaufte Verkündiger bilden eine
Versammlung, die sich mehrmals in der Woche in ihrem
Königreichssaal trifft. Dort werden auch die Bücher und Zeitschriften verteilt, die für den
Predigtdienst benötigt werden.
Geleitet werden die Versammlungen von den Ältesten/Aufse-
hern.

gengesetzt ist. Einer ihrer zentralen Begriffe ist die Rede vom „Abschluß
des (bösen) Systems der Dinge". In Galater 1,4 heißt es über Jesus: „ Er
hat sich selbst für unsere Sünden hingegeben, damit er uns befreie *von
dem gegenwärtigen bösen System der Dinge* gemäß dem Willen unseres
Gottes und Vaters." Im Originaltext steht „ek tou aionos tou enestotos
ponärou", was die „Einheitsübersetzung" recht wörtlich mit „aus der gegenwärtigen bösen Welt" übersetzt. Von „System" und „Ding" ist hier
jedenfalls keine Rede, wie auch nicht an den anderen zahlreichen Stellen, wo es die NWÜ einfügt.

Eine weitere, etwas kuriose Erfindung der WTG ist das Wort „Gedächtnisgruft". Johannes 5,28: „Wundert euch nicht darüber, denn die
Stunde kommt, in der alle, die in den *Gedächtnisgrüften* sind, seine
Stimme hören." Das griechische Wort „mnämeion" bedeutet schlicht
und einfach „Grab" oder „Grabmal". Wie kommt die WTG nun zu diesem seltsamen Wort „Gedächtnisgruft"? Anscheinend möchte sie damit
ihre Auffassung über das „Nicht-Leben" nach dem Tod stützen. Diese
besagt, daß alle gläubigen Zeugen im „Gedächtnis" Jehovas „gespeichert" sind und daraus wieder „abgerufen" werden. Ihre Wortkreation
entspringt jedenfalls der reinen Phantasie und dürfte eine allzu nahe An-
lehnung an die englische Übersetzung „memorial tombs" sein.

7.5 Die Zeugen Jehovas: Eine Kirche oder eine Sekte?

In der westlichen pluralistischen Gesellschaft stoßen sich viele Menschen daran, eine Religionsgemeinschaft als Sekte zu bezeichnen, wenn sie nicht durch finanzielle Ausbeutung ihrer Mitglieder oder gar durch Gewalttaten, wie kollektiven Selbstmord, in Verruf geraten ist. Die Qualifizierung einer religiösen Gruppe als Sekte durch die etablierten Kirchen fällt negativ auf diese selbst zurück. Man sieht darin die Arroganz einer Mehrheit, die ihr Machtmonopol auf die Lebensanschauung der Bevölkerung nicht verlieren möchte.

Eine als „Sekte" bezeichnete Glaubensgemeinschaft weist diese Bezeichnung natürlich entrüstet von sich. Auch die WTG setzte sich kürzlich mit dem Umstand auseinander, daß sie von der „Welt" als Sekte bezeichnet wird.

Im Wachtturm vom 15. Februar 1994 wird explizit die Frage gestellt, ob Zeugen Jehovas eine Sekte seien oder nicht. Für die Beantwortung leistet der WTG-Autor allerdings wenig nützliche Entscheidungshilfen. Bei der Definition, was eine Sekte ist, führt er dermaßen drastische Beispiele an, daß man die friedlichen Zeugen keinesfalls dazuzählen kann: das mehrwöchige Feuergefecht zwischen Polizei und schwerbewaffneten religiösen Fanatikern 1993 in Texas, das zehn Tote forderte; die Morde des Manson-Klans in Kalifornien 1969; der Massenselbstmord von Sektenmitgliedern in Jonestown (Guyana) 1978.[62] Auch der vehementeste WTG-Kritiker würde die Zeugen nicht in eine Reihe mit diesen Fanatikern stellen.

Tatsächlich ist es verständlich, daß sich eine sogenannte „Sekte" gegen diese Qualifizierung wehrt. Man bezeichnet damit im allgemeinen eine Glaubensgemeinschaft, die von den Mehrheits-Kirchen oder der als „normal" geltenden Anschauung abweicht.[63] Das Eigentümliche einer Sekte ist dabei, daß sie von einer Mehrheit ausgeschlossen wird oder sich selbst davon abgrenzt. Ursprünglich hatte das Wort (von lateinisch sequi: folgen) keineswegs den negativen Beigeschmack, der ihm heute anhaftet. Mit „Sekte" war einfach eine „Schule" oder „Richtung" gemeint. Erst im Christentum erhielt der Begriff den polemischen Unterton von „Irrlehre" oder „Abspaltung". Interessant dabei ist, daß bei den östlichen Religionen das Wort „Sekte" keinerlei abwertende Bedeutung hat. Im Hinduismus und Buddhismus gehören Sekten zur religiösen Vielfalt, sie polemisieren nicht gegen-, sondern koexistieren friedlich nebeneinander. Im Islam hingegen wird Sektentum mit rigoroser Verfolgung geahndet. Das Phänomen des Sektentums kennt jede Großreli-

15. FEBRUAR 1994

DER WACHTTURM

VERKÜNDIGT JEHOVAS KÖNIGREICH

Jehovas Zeugen
Eine Sekte oder Diener Gottes?

Sind Zeugen Jehovas nun eine Sekte oder Diener Gottes?
Wer das freundliche Pärchen auf dem Titelbild betrachtet, kann natürlich
nur für letzteres stimmen.

gion, man geht jedoch auf unterschiedliche Weise damit um. Wegen der negativen Bedeutung des Sektenbegriffs sind Wissenschafter dazu übergegangen, das neutraler gefaßte Wort „religiöse Sondergemeinschaften" zu verwenden.[64]

Doch trotz der Vielzahl von sektiererischen Gruppen und auch im Zuge einer toleranten Haltung in Weltanschauungsfragen ist es möglich, eine – wenn auch nicht strikte – Grenze zwischen „Kirchen" und „Sekten" zu ziehen. Das „Sektenhafte" einer Gruppierung läßt sich sehr wohl an gewissen Phänomenen festmachen.

Grundsätzlich versteht man unter „Sekten" Gemeinschaften, die sich von größeren Kirchen abgespalten haben und sich nun als eigene Religionsform verstehen. Diese Gemeinschaften bilden soziologisch klar umrissene Gruppen, die eine eigene Struktur mit einer oft zentralistischen Organisation aufbauen. Gegenüber anderen religiösen Gemeinschaften grenzen sie sich in Lehre, Kult und Hierarchie deutlich ab.

Wesentlich ist dabei, daß sie – im Unterschied etwa zu den evangelikalen Freikirchen – mit anderen Religionsgemeinschaften keinen ökumenischen Dialog pflegen oder diesen sogar strikt ablehnen. Das betrifft vor allem sektenhafte Gruppen im christlichen Bereich. Auf eine Gruppe trifft um so stärker der Begriff Sekte zu, je vehementer sie den Dialog mit anderen Kirchen ablehnt und je absoluter sie den Heilswillen Gottes nur für sich allein gelten läßt.

Sektenhaft ist eine Gruppe weiter, wenn sie glaubt, allein den Anspruch der Bibel und der Gebote Jesu zu erfüllen, während alle anderen Kirchen und religiösen Gruppen „abgefallen" sind, und wenn sie neben der Bibel zusätzliches Glaubensgut anhäuft, indem sie sich entweder auf Privatoffenbarungen beruft oder anderen Schriften einen extrem hohen Stellenwert einräumt.

Ein weiteres wesentliches Merkmal einer Sekte ist ihre massive Missionstätigkeit. Von einer *christlichen* Sekte kann dabei nur gesprochen werden, wenn die Gruppe den Glauben an die Trinität und an Christus als Erlöser vertritt.

Nach diesen Kriterien ist es nicht schwierig, in objektiver Weise die Zeugen Jehovas als klassische Sekte auszuweisen: Die „Ernsten Bibelforscher" des Charles T. Russel haben sich von einer großen Religionsgemeinschaft, den Presbyterianern, getrennt. Aber erst Rutherford hat sie mit dem Aufbau der zentralistischen Organisationsstruktur, der Ablehnung christlicher Feste und Symbole und der massiven Kirchenfeindlichkeit in die Selbstisolation und damit in die Sektenhaftigkeit geführt.

Die Zeugen Jehovas sind an keinerlei ökumenischem Dialog mit anderen Kirchen interessiert. Diese werden vielmehr als „Hure Babylon die Große" bezeichnet. Besonders im Falle der katholischen Kirche weist die WTG gerne auf die düsteren Kapitel ihrer Kirchengeschichte hin und stellt sie als manifest gewordene Abtrünnigkeit von den Lehren Jesu und dem Leben der Urchristen dar.

Versammlungsbuchstudium
Wöchentliches Treffen in Kleingruppen, in denen gemeinsam ein neues Buch der WTG absatzweise studiert wird.

Die Zeugen Jehovas sind die einzige Gruppe, die den Willen Jehovas getreu erfüllt, weshalb ihr allein die Rettung zukommt, während die „falschen" Religionen mit dem „bösen System der Dinge" untergehen werden.

Was das „zusätzliche Glaubensgut" anbelangt, werden Zeugen hier einwenden, daß sie kein Schriftgut außer der Bibel anerkennen. Wir konnten jedoch schon zeigen, daß der Umgang der WTG mit der Bibel mehr als fragwürdig ist und hinter der WTG-Lehre zurücktritt. Aufrichtigerweise müßte ein Zeuge zugeben, welch hoher Stellenwert den Wachtturm-Artikeln und den anderen Büchern im Glaubensleben eingeräumt wird.

Daß die Zeugen Jehovas eine massive Missionstätigkeit betreiben, braucht nicht extra herausgestrichen zu werden. Worüber Zeugen Jehovas jedoch bestürzt sein dürften, ist, daß sie nach diesen Merkmalen nicht mehr als *christliche* Sekte gelten, obwohl sie sich immer als die wahren Christen bezeichnen.

Lassen wir abschließend Charles T. Russell selbst zu Wort kommen bei der Beantwortung der Frage, ob die von ihm gegründete Glaubensgemeinschaft eine Sekte ist oder nicht. Er hätte sich wohl nicht träumen lassen, daß alle von ihm aufgezählten sektenhaften Faktoren auf die Nachfahren der Ernsten Bibelforscher zutreffen würden:

„Wenn man sich einer Sekte anschließt, so wird erwartet, daß man sich der Sekte gänzlich ergibt und nicht mehr sich selbst gehört. Die Sekte unterscheidet nun für ihn, was Wahrheit und Irrtum sei; und er muß, um ein wahres, zuverlässiges, treues Glied der Sekte zu sein, deren späteren wie früheren Entscheidungen über alle religiösen Fragen annehmen, seine eigene Meinung übersehen und persönliche Nachforschungen vermeiden, da er sonst an Erkenntis wachsen und als Glied einer solchen Sekte verloren gehen könnte ... Diese Bande des Sektentums, weit davon entfernt, als das, was sie sind, als Fesseln und Ketten, angesehen zu werden, werden als ein Schmuck, als Ehrenzeichen und Ausweis von Charakterstärke betrachtet und getragen."[65]

251

1 Österreichische Tageszeitungen „Die Presse", „Salzburger Nachrichten", „Neue Kronen Zeitung" vom 13. bis 16. September 1993 und 25. bis 27. Januar 1995.

2 „Kurier", 14. November 1993.

3 In der österreichischen Talkshow „Schiejok Täglich", 12. Oktober 1995, ORF 1.

4 Vgl. Pape, Dieter, „Das Verbot der Bluttransfusion – ein Gesetz, das tötet", in: Aus Christlicher Verantwortung, 2/1993, S. 12–17.

5 Vgl. zum Folgenden: Weis, Christian, Zeugen Jehovas – Zeugen Gottes? Eine Hilfe zur kritischen Auseinandersetzung mit der Lehre der Wachtturm-Gesellschaft, Salzburg, ²1985, S. 89–92.

6 Wachtturm, 1. Oktober 1958, S. 606; Vgl. auch: Pape, Dieter, „Das Verbot der Bluttransfusion – ein Gesetz, das tötet", in: Aus Christlicher Verantwortung, 2/1993, S. 14.

7 Franz Raymond, Der Gewissenskonflikt, München 1988, S. 107 f.

8 Wachtturm, 1. Oktober 1978, S. 17–26.

9 Wachtturm, 1. März 1989, S. 30 f.

10 Twisselmann, Hans-Jürgen, Jehovas Zeugen – die Wahrheit, die frei macht? Eine Orientierungs- und Entscheidungshilfe, Gießen 1992, S. 57–70.

11 Ewiges Leben in der Freiheit der Söhne Gottes, S. 36.

12 Der englische Originaltext in „Our Kingdom Ministry" lautet:
„Yes, since the summer of 1973 there have been new peaks in pioneers every month. Now there are 20,394 regular and special pioneers in the United States, an all-time peak. That is 5,190 more than there were in February 1973! A 34–percent increase! Does that not warm our hearts? Reports are heard of brothers selling their homes and property and planning to finish out the rest of their days in this old system in the pioneer service. Certainly this is a fine way to spend the short time remaining before wicked world's end. – 1 John 2:17."

13 Franz-Raymond, Der Gewissenskonflikt, München 1988, S. 330.

14 Der Wachtturm, 1. November 1995, S. 18 f.

15 In der Anbetung des allein wahren Gottes vereint, Wiesbaden, 1993, S. 176.

16 Erwachet!, 22. Oktober, S. 4; Erwachet!, 1. November, S. 4.

17 Der Wachtturm, 1. November 1995, S. 20.

18 Der Wachtturm, 15. November 1995, S. 1–7.

19 Der Wachtturm, 1. Dezember 1995, S. 20–23.

20 Vgl. zum Folgenden: Pape, Klaus-Dieter, „Die WTG und das Ende der Zeit", in: Aus Christlicher Verantwortung, 1/1994, S. 1–8 und 2/1994, S. 2–9; ders., „Das Jahr 1914 im Wandel der WTG-Geschichte", in: Aus Christlicher Verantwortung, 4/1994, S. 21–27; 1/1995, S. 20–24; 2/1995, S. 16–22.

21 Du kannst für immer im Paradies auf Erden leben, Selters/Ts. 1989, S. 138–141.

22 Vgl. zum Folgenden: Pape, Günther, „Jehovas Zeugen – ein unbiblischer Name", in: Aus Christlicher Verantwortung, 2/1993, S. 11–12; Weis, Christian, Zeugen Jehovas, Zeugen Gottes? Eine Hilfe zur kritischen Auseinandersetzung mit der Lehre der Wachtturm-Gesellschaft, Salzburg ²1985, S. 40–42.

23 Einsichten über die Heilige Schrift, Bd. 1, 1992, Selters/Ts., S. 1281.

24 Ebd.

25 Lexikon für Theologie und Kirche, Bd. 5, Freiburg 1962, Sp. 855–857.

26 Vgl. Twisselmann, Hans-Jürgen, Jehovas Zeugen – die Wahrheit, die frei macht? Eine Orientierungs- und Entscheidungshilfe, Gießen ²1992, S. 18–28.

27 Lexikon für Theologie und Kirche, Bd. 7, Freiburg 1962, Sp. 780–783.

28 Einsichten über die Heilige Schrift, Bd. 2, Selters/Ts., 1992, S. 351f.

29 Vgl. Pape, Klaus-Dieter, „Christus als Engel des Abgrundes: das entstellte Christusbild der WTG", in: Aus Christlicher Verantwortung, 2/1993, S. 7–11; Die Offenbarung – Ihr großartiger Höhepunkt ist nahe! 1988, Selters/Ts., S. 142–148.

30 Einsichten über die Heilige Schrift, Bd. 1, 1992, Selters/Ts., S. 1336–1358.

31 Vgl. Weis, Christian, Zeugen Jehovas, Zeugen Gottes? Eine Hilfe zur kritischen Auseinandersetzung mit der Lehre der Wachtturm-Gesellschaft, Salzburg, ²1985, S. 42–49.

32 Du kannst für immer im Paradies auf Erden leben, Selters/Ts., 1989, S. 124; vgl. S. 40.

33 Ebd., S. 124; vgl. S. 120–126.

34 Vgl. zum Folgenden: Pape, Klaus-Dieter, „Das Brot des Lebens", in: Aus Christlicher Verantwortung, 1/1993, S. 5–10.

35 Vgl. Brüning, Erich, Sind Zeugen Jehovas Christen? Ihr Leben, ihre Lehren und ihre Prophetie, Bad Liebenzell, ²1991, S. 128.

36 Du kannst für immer im Paradies auf Erden leben, Selters/Ts., 1989, S. 124; vgl. S. 127–147.

37 Wachtturm, 1. Mai 1995, S. 6.

38 Einsichten über die Heilige Schrift, Selters/Ts., 1992, S. 22.

39 Unterredungen anhand der Schrift, Selters/Ts., 1985, S. 25–28.

40 Die Offenbarung – Ihr großartiger Höhepunkt ist nahe! Selters/Ts., 1988, S. 233.

41 Vgl. für das Folgende: Christian Weis, Zeugen Jehovas, Zeugen Gottes?, Salzburg, ²1985, S. 68–71.

42 Die Offenbarung – Ihr großartiger Höhepunkt ist nahe!, Selters/Ts., 1988, S. 241

43 Du kannst für immer im Paradies auf Erden leben, Selters/Ts., 1989, S. 148–183.

44 Vgl. zum Folgenden: Du kannst für immer im Paradies auf Erden leben, Selters/Ts., 1989, S. 81–89.

45 Vgl. zum Folgenden: Lohse, Eduard, Die Entstehung des Neuen Testaments, Stuttgart, ⁴1983, S. 137–144.

46 Millionen jetzt lebender Menschen werden nie sterben, 1920.

47 Einsichten über die Heilige Schrift, Bd. 1, Selters/Ts., 1992, S. 821.

48 Du kannst für immer im Paradies auf Erden leben, Selters/Ts., 1989, S. 174.

49 Wachtturm, 15. August 1994, S. 7.

50 Interview mit Gerd Borchers-Schreiber.

51 Neue-Welt-Übersetzung der Heiligen Schrift mit Studienverweisen, Selters/Ts., 1986, S. 7.

52 Die Gute Nachricht. Die Bibel in heutigem Deutsch, 1982, S. 3*.

53 A. a. O., S. 299.

54 Neue-Welt-Übersetzung der Heiligen Schrift mit Studienverweisen, Selters/Ts., 1986, S. 8.

55 A. a. O., S. 5.

56 Franz, Raymond, Der Gewissenskonflikt, München, 1988, S. 55.

57 Neue-Welt-Übersetzung der Heiligen Schrift mit Studienverweisen, Selters/Ts.,

1986, S. 5; vgl. Pape, Günther, „Der falsche Gottesname ‚Jehova' im NT der ‚Neuen-Welt-Übersetzung'", in: Aus Christlicher Verantwortung, 1/1994, S. 25–28; Wolfgang Baur, Die Bibel der Zeugen Jehovas, Stuttgart, [o.J.], S. 10f.

58 Neue-Welt-Übersetzung der Heiligen Schrift mit Studienverweisen, Selters/Ts., 1986, S. 8.

59 Das Neue Testament. Interliniarübersetzung Griechisch-Deutsch. Griechischer Text: Nestle-Aland-Ausgabe übersetzt von Ernst Dietzfelbinger, Stuttgart, ⁴1990.

60 Neue-Welt-Übersetzung der Heiligen Schrift mit Studienverweisen, Selters/Ts., 1986, S. 8.

61 The Kingdom Interlinear Translation of the Greek Scriptures, Brooklyn, 1985.

62 Wachtturm, 15. Februar 1994, S. 3 f.

63 Taschenlexikon Religion und Theologie, Bd. 5, Göttingen, 1983, S. 35–41.

64 Vgl. Lexikon der Sekten, Sondergruppen und Weltanschauungen, Hg. v. Hans Gasper, Joachim Müller, Friederike Valentin, Freiburg, i. Br., 1990 Sp. 950–957; Köppl, Elmar, Die Zeugen Jehovas. Eine psychologische Analyse, München, ²1990, S. 1–30.

65 Charles T. Russell, Dein Königreich komme, 1904, S. 173.

8. Das Leben danach

Heute stehen unsere sechs Interviewpartner nach den Turbulenzen, die der Ausschluß mit sich brachte, wieder gefestigt im Leben. Manche von ihnen haben wieder eine stabile Partnerschaft aufgebaut und eine neue Weltsicht gefunden, einige sind noch auf der Suche. Wirklich weggesteckt hat die Jahre bei den Zeugen Jehovas aber keiner von ihnen. Bei ausnahmslos allen geriet das Privatleben kurz vor oder nach dem Ausstieg außer Rand und Band. Es brauchte Jahre, um nicht nur den Ausschluß selbst und den damit verbundenen Verlust des gesamten vertrauten Umfeldes, des Freundeskreises, des festen Lebensgefüges zu verarbeiten, sondern auch noch die Turbulenzen des Privatlebens zu verdauen.

Im Prinzip paßt das sehr gut in die Theorie der WTG. Dort werden diese Lebensprobleme ihrer „Abtrünnigen" mit dem Einfluß Satans erklärt. Die kritischen Bemerkungen, die Zweifel, der Protest des nunmehr Ausgeschlossenen seien aufgrund satanischer Einflüsse zustande gekommen. Die Schwierigkeiten im Privatleben sind nur logische Folge dieser Abtrünnigkeit.

Jeder unserer Interviewpartner fand seinen eigenen Weg, um aus diesen Schwierigkeiten herauszufinden. Auch in Bezug auf eine Weltanschauung fand jeder seinen Weg. Während die einen von Religion überhaupt nichts mehr wissen wollen, haben sich die anderen auf eine weltanschauliche Reise begeben. Die einen blieben ihrer Bibelverhaftung treu, die anderen verschlug es mehr in das esoterische, wieder andere in das psychologische Eck.

8.1 Peter Pross: Der Weg aus dem Chaos

Obwohl Peter Pross sehr bewußt Widersprüche in der WTG-Lehre auf-
gezeigt und angesichts der moralischen Doppelbödigkeit kein Blatt vor
den Mund genommen hatte, traf ihn der Ausschluß letztendlich hart. Das
hing auch mit dem Scheitern seiner vierten Ehe zusammen, die immerhin zwanzig Jahre gedauert hatte. Heute kann Pross sehr klar analysie-
ren, welche Vorteile ein geschlossenes Glaubenssystem für das Leben
bedeutete.

*„Jetzt, im nachhinein, frage ich mich, ob es wirklich gescheit war, von
den Zeugen Jehovas wegzugehen. Die ganzen 20 Jahre lang war ich
zwar sehr gestreßt und überfordert, aber ich hatte eine innere Ruhe und
einen Frieden. Seit ich weg bin, lebe ich in einem Chaos. Meine Ehe ist
draufgegangen. Sie wäre sicher noch intakt, wenn wir noch bei den Zeugen wären. Die Zeugen nützen das auch aus, indem sie über mich sagen:
‚Das hat er sich selbst zuzuschreiben. Wer die Organisation verläßt, wird
bis zum Schluß vom Teufel verfolgt.‘ Ich weiß natürlich, daß das nicht
stimmt.“*

Peter Pross ist bis heute im Zwiespalt. Einerseits hatte er die Nachteile
eines geschlossenen Systems, das Abweichler gnadenlos verfolgt, am eigenen Leib zu spüren bekommen, andererseits weiß er um die Vorteile,
die eine feststrukturierte Organisation bei der Lebensbewältigung
bringt.

*„Ich brauche Strukturen. Ich hatte ein klasse Elternhaus, wo alles vor-
bildlich funktionierte. Das Chaos hat bei mir begonnen, als meine erste
Ehe nur sechs Monate gedauert hat. Die klaren Strukturen, die ich gebraucht hätte, um in Ruhe zu leben, habe ich erst bei den Zeugen Jehovas gefunden. Ich war auch bereit, mich darin zu bewegen und sie einzuhalten, einfach, um den Vorteil der Strukturen zu genießen. Das habe
ich jetzt nicht mehr.“*

Aber Probleme ergaben sich für Peter Pross nicht nur, was die großen
Eckpfeiler seines Lebens, wie Glaube und Partnerschaft, betrifft. Der
ganz gewöhnliche Alltag mußte nun auf ganz neue Weise bewältigt werden.

*„Als ich von den Zeugen weg bin, bin ich in das Chaos hinausgestürzt
und habe mich in der Situation lange nicht gefangen. Ich war nicht mehr*

gewöhnt, daß ich abends Freizeit habe. Ich wußte gar nicht, was ich machen sollte. Gut, fernsehen, lesen und so. Dann habe ich mich auf das Bibelstudium gestürzt, für das ich auch heute noch viel Zeit aufwende. Ich habe mir in den fünf Jahren, seit ich von den Zeugen weg bin, mehr Erkenntnis aufgebaut als in den 20 Jahren, in denen ich drinnen war."

Der Abschied von den Zeugen Jehovas hat bedeutet, daß sich Peter Pross auf die Suche nach einer neuen, tragfähigen Lebensanschauung machen mußte. Die Bibelkenntnis, die er sich im Laufe der Jahre bei

W

Wachtturm
‚Theologische' Zeitschrift der Wachtturm-Gesellschaft, die halbmonatlich in 125 Sprachen erscheint. Der ‚Wachtturm' enthält jeweils zwei Artikel, die im wöchentlichen Wachtturmstudium gemeinsam gelesen werden. Die Gesamtauflage pro Heft beträgt weltweit ca. 18,9 Millionen Stück. In Deutschland wird die Zeitschrift, wie alle anderen Veröffentlichungen, ‚kostenlos' abgegeben.

den Zeugen und in den Jahren danach aufgebaut hat, ist ihm nach wie vor die große Lebensstütze. Den festen Halt, den er vorher bei den Zeugen fand, findet er jetzt in der Bibel, die er jetzt „rein", ohne die Brille der WTG, liest.

„Ich bin davon überzeugt, daß in der Bibel mit hundertprozentiger Sicherheit der Leitfaden für ein glückliches Leben steht. Ich habe jetzt das Gefühl, daß ich auf dem Weg bin, ihn zu finden. Es hängt nur davon ab, ob ich diese Erkenntnis in meinem Leben anwende."

Nach seinem Ausschluß hat er eine Vielzahl von kirchlichen Gemeinschaften ausprobiert, fühlte sich aber zu keiner hingezogen.

„Einer Gemeinde möchte ich mich aber nicht mehr anschließen. Ich liebe die Charismatiker sehr. Es gefällt mir, daß dort eine Menge passiert. Die Pastoren sagen den Leuten aber zu wenig, wie sie aufgrund der Bibel ihr Leben ändern sollen. Ich hätte dort die Angst, daß ich den Leuten sofort wieder sagen würde, was sie zu tun haben. Ich käme wieder in eine Drucksituation. Deshalb gehe ich gar nicht hin. Ich wäre nach den Zeugen Jehovas am naheliegendsten zu den Adventisten gegangen. Aber das Sabbatgebot und das Weinverbot könnte ich hundert-

mal widerlegen. Dann habe ich mir die ‚Worldwide-Church' angesehen, die hatten aber auch recht eigenartige Vorschriften. Die katholische Kirche will ich ohnehin nicht mit ihrer ganzen Hierarchie. Die einzige Hierarchie, die ich akzeptiere, sind Älteste und Diakone. Die evangelische Kirche könnte ich mir noch vorstellen, ich weiß aber zuwenig über sie. Dort habe ich noch das Gefühl, daß sie relativ bibelnah sind. Das einzige, was ich hinterfragen muß, ist, daß sie Frauen als Pastoren haben. Es stört mich nicht, aber ich frage mich, wie sie das mit 1 Tim 2,12 vereinbaren."[1]

Nach langer Zeit der Suche hat sich Pross religiös stabilisiert. Bei der Vielfalt an religiöser Wahlmöglichkeit fühlt er sich noch am ehesten zu den Charismatikern hingezogen. Bei einer Veranstaltung hat er selbst die Gabe der Heilung empfangen und praktiziert sie auch.

„In einem weltanschaulichen Loch stecke ich jetzt nicht mehr. Ich bin in Verbindung mit charismatischen Gemeinden. Dort passiert wahnsinnig viel an Heilungen; es ist dabei aber oft schwer, die Grenzen zu ziehen. Der religiöse Bereich ist sehr gefährlich. Ich selber habe auch die Gabe der Heilung empfangen. Ich praktiziere es hin und wieder, aber ich bleibe am nüchternen Boden der Bibel. Als ich vor kurzem im Spital war, hatte ich ein Erlebnis mit einem alten Mann. Der hatte, neben einer anderen Krankheit, am linken Fuß fürchterliche Schmerzen und ständig ein großes Hitzegefühl. Die Ärzte haben gesagt, daß das mit der Durchblutung zusammenhängt. Als er gesehen hat, daß ich die Bibel lese, ist er neugierig geworden und hat mich gebeten, ihm zu helfen. Es war dann wirklich innerhalb kürzester Zeit weg. Für mich wäre es wesentlich, wenn sich die Menschen nach der Heilung bekehrten und Christen würden. Das wäre doch der eigentliche Sinn der Heilung. Aber das wollen viele nicht. Die Menschen sollten kapieren, daß dort oben jemand existiert, der etwas für sie tut, der aber auch etwas möchte, nämlich, daß man im eigenen Leben etwas verändert."

Bei Peter Pross fällt auf, daß er trotz der persönlichen Wegentwicklung von den Zeugen Jehovas noch an einigen Lehren der WTG festhält. So würde er auch heute keiner Bluttransfusion zustimmen. Die Argumentation der WTG vertritt er dabei immer noch bis ins Detail:

„Es gibt für einen Menschen Situationen, wo er mit seinem Leben bezahlen muß, um einen göttlichen Grundsatz einzuhalten. Die ersten Christen hätten dem Kaiser nur ein Stäubchen Weihrauch opfern müssen, sie haben es aber abgelehnt und sind lieber zu den Löwen in die

Arena gegangen. Wenn unsere Brüder im Urchristentum ihr Leben für so eine Kleinigkeit geopfert haben, dann muß mir das zu denken geben. Ich kann in eine Situation kommen, wo ich mein Leben lassen muß. Ich würde daher auch jetzt, wo ich eine Herzkrankheit habe, keine Bluttransfusion nehmen. Wenn es mit Kochsalzlösung nicht funktioniert, habe ich eben Pech gehabt.“

W

Wachtturm-Studienleiter
Verantwortlicher Ältester in der Versammlung für das Wachtturmstudium. Er stellt die angegebenen Fragen und leitet die Besprechung.

Auch der Umgang mit der Bibel, nämlich einzelne Verse als direktes Gebot Gottes zu nehmen, hat sich nicht geändert. Damit einher geht auch das Gottesbild, das sich am Leistungsdenken der Zeugen Jehovas orientiert. Ein strenger Gott, der den Menschen schon auf Erden direkt für einzelne Vergehen bestraft.

„Es steht im Hebräerbrief nicht umsonst: ‚Die Väter züchtigen ihre Söhne, genauso wird euch auch euer Vater im Himmel züchtigen.‘ Zucht wird zwar als unangenehm empfunden, ‚denen, die sie annehmen, gereicht sie aber zum Heil.‘[2] Wenn wir daher etwas Falsches machen, bekommen wir vom lieben Gott sozusagen eine Ohrfeige. Der Wille Gottes ist es nämlich, uns in der Zielgerade zum Heil zu führen.“

Peter Pross hat also fünf Jahre nach seinem Ausschluß, den er zwar nicht gewollt, den er aber auch nicht verhindert hat, die zwanzig Jahre Mitgliedschaft bei den Zeugen Jehovas verarbeitet. Interessant hierbei ist, daß er, obwohl er die menschenunterdrückenden Auswirkungen der starren Organisation miterlebt hat, auch die positiven Seiten eines solchen Systems sieht. Bei ihm herrscht jedenfalls die Grundhaltung vor, seine Jahre bei den Zeugen nicht als verlorene Zeit zu sehen; er kann ihnen auch positive Seiten abgewinnen. Eine gewisse Art des Denkens und eine spezielle Haltung zum Christentum hat er beibehalten. Das heißt, er ist immer noch von den Denkstrukturen der ZJ geprägt.

Auch privat hat er wieder Boden unter den Füßen. Er ist wieder verheiratet. Einen neuen Sinn im Leben hat er durch sein soziales Engagement für Osteuropa gefunden.

8.2 Annemarie Fink: Abschied ohne Groll

Annemarie Fink fühlt jetzt, acht Jahre nach ihrem Ausschluß, keinen Groll mehr gegen die Zeugen Jehovas, obwohl sie nicht von sich aus weggeblieben ist, sondern in einem offiziellen Rechtskomitee ausgeschlossen wurde. Sie konnte einige Lehren nicht mehr vertreten und hat auch nicht gezögert, das offen auszusprechen. Die Folge war der Ausschluß. Auch die Doppelbödigkeit, mit der die Ältesten das Ausschluß-Mittel anwandten, und die Art und Weise, wie sie verleumdet wurde, ringt ihr keine Bitterkeit ab.

„Als ich ausgeschlossen wurde, war ich von meinem Mann schon getrennt. Er hatte die Organisation innerlich schon viel früher verlassen, weil ihn das alles nicht mehr interessierte. Er ist überhaupt nicht ausgeschlossen worden, obwohl er einige arge Dinge getan hat, wie z. B. Glücksspiel in Anwesenheit von Brüdern. Es gab auch eine Affäre, von der er einigen Brüdern berichtet hat. Das wären alles Ausschlußgründe gewesen. Man hat ihn aber auf der Straße angesprochen und gesagt: ‚Schade, daß wir deine Frau ausschließen mußten, weil sie sektiererische Lehren verbreitet hat.' Man hat sogar behauptet, ich würde Jünger um mich scharen und eine eigene Gemeinschaft gründen wollen, ganz abstruse Dinge. Ich habe mich dann schon richtig darüber amüsiert. Mein Mann wäre wohl nie ausgeschlossen worden, wenn er der Versammlung nicht eines Tages in einem Brief mitgeteilt hätte, daß er kein Zeuge Jehovas mehr ist."

Sie versteht auch, daß ihre ehemaligen Freunde und Bekannten bei den Zeugen keinen Kontakt mehr mit ihr haben dürfen und sich an diese Vorschrift halten. Als weltoffener Mensch war es aber für sie nicht schwierig, neue Kontakte zu knüpfen und – verbotenerweise – auch mit Zeugen noch in Verbindung zu stehen.

„Mit meiner Nachbarin, die noch aktive Zeugin ist, habe ich Kontakt, aber nur einen nachbarschaftlichen. Und mit einer ziemlich alten und hilfsbedürftigen Schwester. Sie ruft mich immer noch an, weil sie in Sorge um mich ist, daß ich jetzt der ewigen Vernichtung und dem Sterben preisgegeben bin. Ich verstehe, daß die anderen keinen Kontakt mit mir haben können. Die zwei Schwestern, mit denen ich eng befreundet war, waren durch meinen Ausschluß sehr betroffen. Sie haben dadurch natürlich auch Zweifel bekommen. Ich möchte sie aber nicht weiter irritieren. Sie sind Gott gegenüber verantwortlich. Ich selbst werde dem

Sinne nach mein ganzes Leben ‚Zeuge Jehovas' sein. Denn das heißt für mich, für Gott Zeugnis abzulegen. Er muß auch nicht unbedingt ‚Jehova' heißen. "

Annemarie Fink ist die einzige unserer Interviewpartner, die für sich die WTG-Religion umformen konnte in eine natürliche, befreiende Religiosität. Das Bedürfnis nach einer Religionsgemeinschaft scheint auch bei ihr ein für allemal befriedigt zu sein. Dennoch ist sie religiös aktiv, indem sie auch mit ihren Kindern über Glaubensfragen spricht.

„Ich lese oft spontan in der Bibel. Ich gehe kaum in Kirchen, außer bei Hochzeiten oder als Tourist. Im Radio höre ich mir aber gerne gute Predigten an. Manchmal stellen die Kinder Fragen, und wir lesen in der Bibel nach. Manchmal geht mir das Singen ab, das wir in der Versammlung praktiziert haben. Sonst fehlt mir eigentlich nichts. Ich habe jetzt eine innigere Beziehung zu Gott als zu der Zeit, wo es so verordnet war. Ich bemühe mich, die Bibel in Bezug auf mein Leben zu lesen. Da profitiere ich schon noch stark von meiner Zeit bei den Zeugen, weil mir dort der historische Hintergrund gut vermittelt wurde. Ich frage mich immer, was Jesus dazu sagen würde, wenn ich mich so oder so verhalte. Ich glaube nicht, daß ich mich wieder einer Gemeinschaft anschließen werde. Vielleicht der evangelischen Kirche, aber ich habe eigentlich kein Bedürfnis danach. Mir geht ab, daß man nicht mit Menschen über Religion sprechen kann. Aber das beinhaltet auch die Gefahr, daß man sich selbst in den Mittelpunkt stellt und die Rolle eines Lehrenden einnehmen möchte. Das möchte ich aber nicht mehr tun und auch nicht mehr annehmen. "

8.3 Ernst Böhme: Keine Angst vor Autoritäten mehr

Ernst Böhme hat das Trauma, das viele beim Verlust eines Angehörigen und ihrer Weltanschauung gleichermaßen erfahren, in aller Intensität durchlebt. Da seine Familienangehörigen aktive Zeugen waren, konnte er auch bei ihnen keinen Halt finden. Seine Ehefrau machte zwar eine erste Phase der Ablösung mit ihm mit, zögerte aber vor dem entscheidenden Schritt. Da er als Ältester bei den Zeugen sehr engagiert war, fehlten ihm nun auch andere Beschäftigungsmöglichkeiten, um sich abzulenken. Er hing völlig in der Luft.

„Wenn man ein Zeuge Jehovas wird, werden einem alle Bindungen gekappt, das ist ein sehr ausgeklügeltes System: keine politischen, religiösen, emotionellen Bindungen, keine Feste und Feiern, alles, was die Säulen unserer Kultur ausmachen, wird gekappt. Freunde, Familienangehörige, die nicht mitmachen – weg. Und wenn man plötzlich weg möchte, hat man niemanden mehr. Man steht völlig im freien Raum. Ich habe mich gefühlt wie ein Astronaut, der einen Raumspaziergang macht, und die Schnur ist gerissen. Ich hatte keine Orientierung mehr. Ich wußte nicht, was meine Zukunft ist, niemand hat mich mehr geliebt. Meine Mutter hat mich schwer angeklagt. Das war alles noch vor meinem Ausschluß, als ich deklariert hatte, daß ich nicht mehr will und nicht mehr kann. Ich war hohlgebrannt."

Ernst Böhme litt darunter, daß seine Familienangehörigen seinen Schritt nicht verstehen konnten. Der Kontakt zu seinen Eltern riß zwar nicht ab, er bekam aber zu spüren, daß er nun ein Außenseiter der Familie war. Erst eine neuerliche Trennungserfahrung, der bevorstehende Tod der Mutter, konnte wieder etwas von der früheren Beziehung herstellen.

„Mit meiner Mutter gab es große Schwierigkeiten, als ich von den Zeugen weg bin, weil sie fürchtete, daß ich bei Harmagedon umkommen werde. Es wurden auch die Fotos meiner Kinder nicht im Wohnzimmer aufgehängt, die meiner Geschwister schon. Ich habe also gespürt, daß ich nicht dazugehöre, das hat mich sehr belastet. Meine Mutter war die Hauptperson in meinem Leben. Drei Wochen vor ihrem Tod hatten wir aber ein aussöhnendes Gespräch. Sie hat gespürt, daß sie sterben wird. Sie kam zu mir, da haben wir das erste und letzte wirklich offene Gespräch geführt. Sie hat gewußt, mit wem sie offen über ihr Sterben reden kann, und wollte meine Sicht der Dinge hören. Erstmals war die Doktrin nicht so stark wie das emotionale Bedürfnis, wirklich etwas

zu hören. Es war für uns beide ein sehr befreiendes Gespräch."

Weltanschaulich fühlt sich Erich Böhme nun frei. Mit Hilfe der Psychologie konnte er seine jahrelang aufgestauten Emotionen verarbeiten. Seine philosophische Ader befriedigte er nun, indem er alles las, was ihm an esoterischer Literatur in die Hände fiel.

Wachtturmstudium

Gemeinsame Lektüre der Wachtturmartikel in der Versammlung. Nachdem ein Abschnitt in der Versammlung vorgelesen wurde, stellt der Älteste einige Fragen zu dem Abschnitt. In der Regel bereiten sich die Verkündiger darauf vor, indem der Artikel bereits zu Hause gelesen wird und die Antworten unterstrichen werden.

„Ich habe sehr mühevoll wieder Fuß gefaßt. In esoterischen Büchern habe ich das erste Mal wieder religiöse Antworten bekommen, andere Sichtweisen kennengelernt. Ich habe mich endlich verstanden gefühlt und die Welt erklärt bekommen. Ich bin aber bei keinem esoterischen Kreis."

Heute kann Erich Böhme gelassen auf seine Zeit bei den Zeugen zurückschauen und ihr sogar positive Seiten abgewinnen. Er ist, was Religion betrifft, allerdings ein für sein Leben gebranntes Kind. Er fühlt sich zwar nicht als Atheist, hat aber auch jede Gottesbeziehung verloren. Einer Religionsgemeinschaft wird er sich nicht mehr anschließen. Er glaubt an die Ordnung der kosmischen Gesetze, das genügt ihm.

„Heute bin ich ein ziemlicher Nonkonformist in fast allem. Eine Institution bekommt mich sicher nicht mehr. Ich habe vor Autoritäten keine Angst mehr. Vor ein paar Jahren habe ich noch fürchterlich gegen die Zeugen gewettert. Heute hätte ich keine Schwierigkeiten, mich in einen Königreichssaal zu setzen. Die Zeugen selbst würden mich nicht aushalten, ich habe aber nichts gegen sie.

Ich glaube, daß es für meine Persönlichkeitsfindung gut war, Zeuge gewesen zu sein. Vielleicht wäre ich nie so weit gekommen, wie ich heute bin, denn ich bin das Kontra-Produkt der Sache, die ich einmal betrieben habe. Ich habe Wellenbewegungen wie in einer Hochschaubahn mitgemacht."

8.4 Margit Böhme:
Irgendwie noch immer Zeugin Jehovas

Margit Böhme ist unter unseren Interviewpartnern eine Ausnahme. Sie versteht sich zwar selbst nicht mehr als Zeugin Jehovas, ist aber noch nicht ausgeschlossen. Sie besucht jedoch schon seit längerem keine Versammlungen mehr, verrichtet auch keinen Predigtdienst und wartet auf eine Reaktion, die in nächster Zeit von den Ältesten kommen muß. Ihre Situation ist besonders schwierig, weil alle ihre Familienangehörigen aktive Zeugen Jehovas sind. Ein Ausschluß wäre für sie daher im Moment sehr schlimm, auch weil ihre Familie darunter leiden würde. Das Rechtskomitee beschließt einen Ausschluß allerdings nicht, wenn ein Zeuge untätig geworden ist. Man müßte Frau Böhme schon „Unzucht", also eine intime Beziehung außerhalb der Ehe, nachweisen können. Frau Böhme scheut zwar im Moment eine Konfrontation, würde ihr aber auch nicht ausweichen. Angefangen hat ihre innere Distanzierung mit einer kleinen Emanzipationsgeschichte:

„... Ich bin dann umgezogen und in eine andere Versammlung gekommen. Ab dieser Zeit habe ich mich bei den ZJ nicht mehr wohlgefühlt. Das ist jetzt sieben Jahre her. Außerdem mußte ich wieder voll arbeiten gehen, meine Zeit war also knapp bemessen. Ich bin um 6 Uhr in der Frühe weggegangen und um 19.30 Uhr hundemüde heimgekommen. Man hat aber nicht verstanden, daß ich dann nicht mehr in die Versammlung komme. Ich habe mit ihnen etliche Gespräche geführt. Ich habe gesagt: Wenn ihr nicht versteht, daß ich für mich und mein Kind sorgen muß und niemandem von euch zur Last falle, ich dafür aber nicht immer in die Versammlung kommen kann, dann tut ihr mir von Herzen leid. Man hat mir diese Einstellung vorgeworfen und gesagt, daß ich weniger arbeiten soll. Ich wollte aber, wenn ich schon arbeiten gehen muß, auch genügend verdienen und bin dann sofort Filialleiterin geworden. Ich wollte natürlich einen Rang, der meinen Fähigkeiten entspricht. Das hat man mir vorgeworfen und wirft es mir heute noch vor. Und das finde ich wahnsinnig böse. Ich hätte ihnen aber genausogut zur Last fallen können. Es ist bei mir innerlich kalt und immer kälter geworden. Immer dieser Zwang, alle Zeitschriften gelesen zu haben, ich habe es einfach nicht mehr gekonnt. Es ist mir wirklich gegen den Strich gegangen. Daß ich immer gezwungen wurde, voll da zu sein. Man sollte bei den Versammlungen immer eine Viertelstunde früher da sein und nachher länger bleiben. Ich war froh, daß ich wenigstens zu spät kommen und nachher ins Bett gehen konnte. Außerdem: Wenn man nicht das Gefühl hat,

mit Leuten ein Gespräch führen zu wollen, auf gezwungene Gespräche kann ich verzichten. Das habe ich auch einmal definitiv gesagt. Mit den Ehepaaren gab es dort dieselben Schwierigkeiten. Ich hatte mir mit der Zeit schon eine freiere Art angewöhnt. Dieses Gehemmtsein, das ich früher hatte und das ganz in das Schema einer ZJ-Frau paßt, das habe ich mir im Berufsleben natürlich abgewöhnt. Ich habe damit auch mit den Männern eine lockere und freiere Art des Umgangs und des Gesprächs gehabt. Bei den ZJ war das natürlich nicht in Ordnung."

W

Watch Tower Society
Wirtschaftlicher Teil der Zeugen Jehovas. Unterhält – in verschiedene Teilunternehmungen aufgesplittert – die Druckereien, die weltweit die Schriften für die Zeugen Jehovas herstellen. Allein in der Weltzentrale der Watch Tower Society arbeiten 5 082 Menschen. Geleitet wird die Watch Tower Society alleine von dem Präsidenten und den ihm unterstellten Direktoren. Die Einnahmen, Ausgaben und die Verwendung der Gelder werden nicht offengelegt. In Deutschland ist die Wachtturm-Gesellschaft als eingetragener Verein anerkannt.

Auch für Margit Böhme war die Zeit „danach" eine Zeit der Beziehungskrise, nicht zuletzt wegen des Zerbrechens ihrer Ehe. Als es ihr gelang, sich eine eigenständige Existenz aufzubauen, begann sich auch dieses Problem zu lösen. Ihr Verhältnis zum anderen Geschlecht war aber, aufgrund der starren WTG-Lehre in punkto Moral, lange Zeit gestört.

„Ich habe dann im Berufsleben liebe Freunde gefunden und bin allmählich in einen Bekanntenkreis von Nicht-Zeugen hineingekommen. Ich hatte aber große Probleme, einen Mann kennenzulernen, weil ich immer noch das Schema der WTG-Lehre in mir hatte. Es war für mich sehr schwer, die anderen Männer nicht als ‚schlecht' anzusehen. Ich habe drei, vier Jahre gebraucht, um das anders zu sehen. Ich habe mich zwar schon einladen lassen, aber sonst hat sich nichts ergeben. Ich habe mich ziemlich gestört verhalten. Ich habe den Männern auch offen gesagt, daß ich es als ‚böse' betrachte, wenn sie einen intimeren Kontakt mit mir wollten. Die haben alle geglaubt, ich bin nicht ganz dicht. Für mich war eine sexuelle Beziehung nur im Rahmen der Ehe möglich gewesen. Das konnte ich erst langsam abbauen."

Da sie bereits als Kind Zeugin geworden ist, lernt sie das erste Mal ein Leben „draußen" kennen.

„Das Leben hier lebe ich jetzt ganz intensiv, das habe ich vorher, als ich noch Zeugin war, sicher nicht gemacht. Bei den Zeugen wird immer gesagt, daß man ein ganz mieser Mensch wird, wenn man von ihnen weggeht. Das stimmt aber nicht. Ich komme mir nicht schlecht vor."

Sie fühlt sich zwar immer noch als religiöser Mensch, hat aber von der intensiven Beschäftigung mit Glaubensfragen für eine Weile genug.

„In der Bibel lese ich immer noch, aber nur mehr sporadisch. Sogar den Wachtturm, wenn er mir in die Hände kommt. Ich würde mir sogar wieder einen biblischen Vortrag anhören, aber das geht im Moment leider nicht. Einer anderen christlichen Kirche möchte ich mich nicht anschließen, weil ich meine Religiosität nach wie vor habe. Ich möchte keiner Gemeinschaft mehr angehören, setze mich aber hin und wieder in eine Kirche und halte Zwiesprache mit Gott. Meine Glaubensgrundlage ist die Bibel, und zwar immer noch die WTG-Ausgabe. Ich fühle mich zwar noch irgendwie als Zeugin Jehovas, aber die Vernichtung in Harmagedon und die sichere Vernichtung aller Nicht-Zeugen, das hat für mich keine Bedeutung mehr. Es steht nirgends in der Bibel, daß nur Zeugen Jehovas gerettet werden, sondern die, ,die an mich glauben'. Ich glaube, Gott verzeiht soviel, daß niemand entscheiden darf, ob jemand anderer gerettet wird oder nicht. Er allein entscheidet darüber, ob man ins Paradies kommt. Ich glaube auch, daß Jesus, der Sohn Gottes, der Erlöser ist."

Trotz ihrer Erfahrungen und ihrer schwierigen Situation fühlt sich Margit Böhme mit den Zeugen noch immer in gewisser Weise verbunden. Sie möchte nicht nachkarten, übernimmt immer noch die biblische Orientierung, die man ihr nahegebracht hat, ja sie verteidigt sogar die Zeugen Jehovas gegenüber Menschen, die über diese Gruppe urteilen, ohne daß sie sich der Mühe unterzogen haben, einmal genauer hinzusehen:

„Die Zeugen Jehovas sind nicht besser und nicht schlechter als eine andere Religion."

8.5 Beate Frauendorfer:
Endlich eine eigene Identität

Beate Frauendorfer sieht in ihrer langen Mitgliedschaft bei den Zeugen Jehovas eine verlorene Zeit. Da sie in die Sekte hineingeboren wurde, hatte sie sich nie aktiv für diesen Weg entschieden. Die Ablösung gelang ihr erst, als ihr Mann den Zeugen den Rücken kehrte und ausgeschlossen wurde. Die Ehe zerbrach, sie war allerdings schon Jahre zuvor nur durch den Druck der Organisation aufrechterhalten worden. Für Frau Frauendorfer bedeutete der Abschied aus der Sekte nicht nur die Abkehr aus einem längst nicht mehr mitvollzogenen Glaubenssystem, sondern auch aus einem beengenden Ehegefängnis.

„Ich habe das Gefühl, sehr viel Zeit verschwendet zu haben. Ich war 30 Jahre lang Zeugin Jehovas, da erfährt man nichts Neues mehr, es wiederholt sich alles. Es ging nur mehr darum, die Leute zu treffen, die man mag."

Bei ihr bedeutete der Weggang aus der Organisation nicht nur den Verlust von Bekannten und einer vertrauten Gemeinschaft, sondern auch von echter Freundschaft. Oder das, was sie dafür gehalten hatte.

„Ich hatte eine enge Freundin, der konnte ich immer alles sagen, womit ich nicht einverstanden war. Bei anderen mußte man ja vorsichtig sein. Jetzt habe ich keinen Kontakt mehr mit ihr, weil sie noch Zeugin ist. Ich habe mich nicht mehr gemeldet, um sie in keinen Gewissenskonflikt zu bringen. Sie hat aber auch nicht angerufen."

Frau Frauendorfer hat allerdings Verständnis für dieses Verhalten. Sie kennt den Druck, dem man als aktiver Zeuge ausgesetzt ist, mit Ausgeschlossenen nicht mehr kommunizieren zu dürfen.

„Ich bin nach dem Ausschluß nicht in ein Beziehungsloch gefallen, weil ich einfach die ehemaligen Freundschaften mit Menschen reaktiviert habe, die schon vorher weggegangen sind. Es haben sich alle sehr gefreut, daß wir wieder Kontakt haben konnten. Ich hatte ja, wie es vorgeschrieben war, jegliche Beziehung abgebrochen. Sicher auch aus Angst, daß sie mich mit Dingen konfrontieren würden, die unangenehm sind und über die ich hätte nachdenken müssen."

Außerdem ermöglichte der Weggang auch eine gute Freundschaft, die sich vorher aufgrund der WTG-Lehre nicht ergeben hatte.

„Mit einer Zeugin habe ich aber erst engen Kontakt, seit ich weg bin, obwohl sie selbst noch dabei ist. Wir haben uns einmal zufällig getroffen, und ihr macht das nichts aus. Sie hat große Probleme, weil sie als Kind von ihrem Vater mißbraucht wurde. Deshalb hat sie sich später auch zu den Zeugen hingezogen gefühlt. Sie konnten ihr aber nicht helfen, weil Psychologie für die Zeugen ein rotes Tuch ist. Bei mir macht sie die Erfahrung, daß ich nichts mehr bewerte. Sie kann so sein, wie sie ist. Das tut ihr gut. Bei den Zeugen wird ja jede Handlung total bewertet. Sie versucht im Gegenzug nicht, mich zurückzubringen.“

Für die Beziehung innerhalb der eigenen Familie war der Weggang allerdings ein großes Problem, namentlich für die Mutter, die tief in die Ideologie der Sekte eingebunden ist. Ihre Tochter „draußen“ zu wissen, heißt für sie: sie verloren zu geben auf ewig. Ihr Gram über die abtrünnige Tochter hat ihr sogar gesundheitlich zugesetzt.

Der Wunsch nach einer neuen Glaubensorientierung spielte bei Beate Frauendorfer, im Gegensatz zu allen anderen Interviewpartnern, kaum eine Rolle. Ihr hat die jahrzehntelange Indoktrinierung bei den Zeugen, dreimal pro Woche, Monat für Monat, Jahr für Jahr, jegliches religiöse Bedürfnis genommen.

„Ich hatte kurz das Bedürfnis, mich einer anderen Gruppe anzuschließen, aber nur wegen eines psychologischen Drucks, der noch in mir steckte. Bei den Zeugen wird ja immer gesagt, daß man, wenn man weggeht, von Religion und Glaube nichts mehr wissen will. Als mein Mann und ich weg sind, haben wir sehr viel über Glauben und Religion gesprochen, um das alles aufzuarbeiten. Irgendwann war das für mich genug. Für meinen Mann aber nicht. Er konnte darüber reden bis zur Erschöpfung. Daraufhin bin ich total aggressiv geworden. Außerdem hat mein Mann versucht, mich mit Religion bei sich zu behalten. Ich habe im Moment überhaupt kein religiöses Bedürfnis, vielmehr eine Abneigung dagegen. Ich beschäftige mich jetzt eher mit Psychologie.“

Beate Frauendorfer hat die schwierige Phase des Ablösungsprozesses heute gut verarbeitet. Sie trauert zwar verlorenen Lebensjahren nach, steht aber wieder mit beiden Beinen im Leben. Besser gesagt: Sie fühlt sich das erste mal richtig selbständig im Leben. Denn zuvor war sie von den Eltern und dann von ihrem Ehemann abhängig.

„Ich bin heute sehr froh, daß ich von den Zeugen weg bin. Ich atme durch und atme auf. Ich beschäftige mich viel mit mir selbst und lese psychologische Bücher. Ich hatte früher ein Identitätsproblem. Ich habe nur gewußt, was richtig und was falsch ist, was ich tun und nicht tun darf.

Zeugen Jehovas
Selbstbezeichnung. Der ursprüngliche Name ‚Ernste Bibelforscher‘ wurde 1931 in ‚Jehovas Zeugen‘ umgeändert.

Meistens habe ich getan, was man tun durfte. Ich habe mich oft gefragt, wer ich wirklich bin, wenn ich einmal nicht nur funktioniere. Inzwischen weiß ich, wer ich bin.“

Beate Frauendorfer kann auf ihre lange Zeit bei den Zeugen gelassen zurückblicken. Sie verspürt keinen Haß, weil sie sich an viele nette Menschen erinnern kann, die sie dort seit ihrer Kindheit kennengelernt hat. Sie bedauert die Menschen, die noch immer unter dem Diktat dieser Organisation stehen, versteht aber ihre Handlungsweisen, auch Ausgeschlossenen gegenüber, weil sie selbst einmal so agiert hat.

8.6 Sylvia Wolf:
Warnung vor einer gefährlichen Sekte

Es ist zwölf Jahre her, daß Sylvia Wolf von einem Rechtskomitee ausgeschlossen wurde. Heute fühlt sie sich frei von der Ideologie der WTG
und von den schlimmen Auswirkungen, die diese Ideologie seit ihrer
Kindheit auf sie hatte. Es hat aber Jahre gedauert, bis die Alpträume, aus
denen sie meist schreiend erwachte, aufhörten. Eine Psychotherapie
konnte ihr nur bedingt helfen. Als sie merkte, daß die Aufarbeitung der
Mißhandlungen durch ihre Mutter negative Auswirkungen auf die Beziehung zu ihren eigenen Kindern hatte, brach sie die Therapie ab. Hilfe
fand sie an der Seite eines Lebensgefährten, der diese Zeit der Aufarbeitung mittrug.

Nachdem Sylvia Wolf nach ihrem Ausschluß einen neuen Partner und
eine Bleibe gefunden und sich ihr Leben halbwegs stabilisiert hatte, war
auch sie auf der Suche nach einer tragfähigen Weltanschauung:

*„Als ich von den Zeugen Jehovas weg war, hat sich für mich die Sinn-
frage neu gestellt. Predigengehen als Sinn des Lebens war abgehakt.
Der Sinn des Lebens kann ja nicht darin liegen, geboren zu werden, älter zu werden, Kinder zur Welt zu bringen, aufzuziehen und wieder zu
gehen. Das hat mir nicht gereicht. Bald nach meinem Ausschluß bin ich
in spirituelle, okkulte Kreise hineingerutscht und habe mich mit Tisch-
chenrücken und solchen Dingen beschäftigt. Eine Bekannte hat das regelmäßig praktiziert. Zu Beginn bin ich mit sehr gemischten Gefühlen
zu diesen spiritistischen Sitzungen gegangen. Die Zeugen lehnen das ja
als satanisch ab. Man hat festgestellt, daß ich ein absolutes Medium bin.
Ich habe es dann auch bei mir zu Hause alleine praktiziert. Bis ich einmal den Teufel selbst an meinem Tischchen hatte. Es war fürchterlich.
Ich habe gesagt, er soll sich wieder entfernen. Dann habe ich großen
Lärm gemacht, Fernseher, Stereoanlage, Waschmaschine aufgedreht
und laut geschrien. Das Tischchen ist mir über den Tisch entgegenge-
flitzt, zu Boden gefallen, dann war es aus. Ich habe sofort mit diesen Sitzungen aufgehört. Ich habe dann viele Bücher über das Leben nach dem
Tod und über Seelenwanderung gelesen.“*

In diesem Bereich fand Sylvia Wolf ihre neue Lebensanschauung:

*„Ich glaube, daß im Leben schon sehr viel vorbestimmt ist und man nur
bis zu einem gewissen Grad selbst bestimmen kann. Ich bin heute der
Überzeugung, daß in der Reinkarnation der Sinn des Lebens liegt. Im*

Leben des Menschen sind gewisse Erlebnisse als Belohnung oder Bestrafung für ein voriges Leben vorgegeben. Das ist sein Schicksal, das er nicht beeinflussen kann. Man kann aber versuchen, das, was man im vorigen Leben falsch gemacht hat, wieder gut zu machen und in eine höhere Stufe aufzusteigen. Damit ist für mich ein noch viel stärkeres Motiv gegeben, Gutes zu tun und nach der Bibel zu leben, als früher bei den Zeugen Jehovas."

Z

Zone
Größte Organisationseinheit der Wachtturm-Gesellschaft. Die Welt ist demnach in 12 Zonen aufgeteilt. Von der Weltzentrale in Brooklyn/New York wird jeweils ein Mitarbeiter für eine Zone ernannt. Er muß über das Wachstum der Gesellschaft in seiner Zone wachen. Regelmäßig besucht er die einzelnen Zweige seiner Zone.

Diese Lebensdeutung hilft ihr auch, Schicksalsschläge zu verarbeiten und einen positiven Sinn darin zu finden:

„Ich glaube, daß alles im Leben seinen Sinn hat. Daß mich meine Mutter als Kind so mißhandelt hat, hatte zumindest den Sinn, daß ich es am eigenen Leib verspürte und an meinen eigenen Kindern nie so handeln könnte. Oder meine Ehe: In dem Moment, wo ich geschlagen und betrogen wurde, war es sicher nicht angenehm. Ich habe lange gebraucht, bis ich es verstanden habe. Heute könnte ich mir nie vorstellen, meinen Partner zu betrügen, nicht einmal in Gedanken. Das war damals schon der Fall, einfach weil ich mich nach Liebe gesehnt habe. Aufgrund meiner eigenen Erlebnisse könnte ich das niemandem antun. Ich weiß nicht, was ich in meinem vorigen Leben getan habe. Aber mein jetziges Leben ist Belohnung und Bestrafung dafür."

Aber im Grunde deckt sich auch das Gottesbild mit dem, das Sylvia Wolf seit ihrer Kindheit von der WTG-Lehre vermittelt wurde:

„Ich glaube an einen Gott, der alles geschaffen hat, der die Menschen mit einem freien Willen ausgestattet hat und der in meinem Leben die Vaterrolle übernommen hat. Er bestraft mich, aber nicht, um mir etwas Böses zu tun, sondern um mich zu erziehen."

Aufgrund ihrer schrecklichen Erlebnisse bei den Zeugen Jehovas ist sie die einzige unserer Interviewpartner, die ihrer früheren Glaubensgemeinschaft nur negative Gefühle entgegenbringt. Für sie sind die Zeugen eine extrem gefährliche Sekte, vor der die Menschen gewarnt werden müssen. Einen weiteren Sinn hat sie auch darin gefunden, aussteigewilligen Zeugen bei der Loslösung von der Organisation zu helfen.

1 1 Timotheus, Kapitel 2, Vers 11.12: „Die Frauen sollen still zuhören und sich unterordnen. Ich lasse nicht zu, daß sie vor der Gemeinde sprechen oder sich über die Männer erheben. Sie sollen sich ruhig und still verhalten" (Die Gute Nachricht).
2 Hebräerbrief, Kapitel 12, Vers 7.11: „Haltet aus, wenn ihr gezüchtigt werdet. Gott behandelt euch wie Söhne. Denn wo ist ein Sohn, den sein Vater nicht züchtigt? … Jede Züchtigung scheint zwar für den Augenblick nicht Freude zu bringen, sondern Schmerz; später aber schenkt sie denen, die durch diese Schule gegangen sind, als Frucht den Frieden und die Gerechtigkeit."

9. Was tun?
Hilfe für den Umgang mit Zeugen Jehovas

Zeugen Jehovas an der Haustür. Was tun?

Grundsätzlich gilt, wenn Zeugen Jehovas an der Haustür klingeln oder Sie auf der Straße ansprechen: Diskutieren ist sinnlos! Zeugen werden in einer eigenen Zusammenkunft, der ‚Theokratischen Predigtdienstschule‘, eine Stunde pro Woche darauf trainiert, Gespräche mit Ungläubigen zu führen. In diesen Schulungen geht es darum, rhetorisch wie psychologisch richtig auf Menschen zuzugehen und sie für ihre Lehre zu gewinnen. Ein Zeuge kann gar nicht ehrlich auf Fragen eingehen und einen anderen Standpunkt anhören, weil er sich sonst selbst in Frage stellen würde. Jeder Zweifel ist eine Schwäche, eine Anfeindung von Satan!

Geben Sie den Zeugen zu verstehen, daß Sie an einem Gespräch nicht interessiert sind. Wenn möglich, ohne die Tür vor der Nase zuzuknallen. Das bestätigt sie sonst in ihrer Märtyrerrolle, vom „bösen System der Dinge" verfolgt zu sein. Einen Zeugen bindet das noch enger an die Organisation.

Es ist auch für den Zeugen hilfreich, wenn man ein angebotenes Gespräch bestimmt, aber höflich ablehnt. Er kann sehen, daß es auch „gute Weltmenschen" gibt. Beeindruckend ist es für einen Zeugen sicherlich, wenn man ihm guten Gewissens sagen kann, daß man selbst einen festen (christlichen) Glauben hat und sich in seiner Kirche geborgen fühlt.

Sich aus Neugier mit Zeugen auf eine Diskussion einzulassen, kann problematisch werden. Zum ersten muß man bedenken, daß jede abgegebene Zeitschrift in einem Predigtdienstbericht vermerkt wird. Der nächste Besuch ist damit vorprogrammiert. Zum zweiten wird man in einem Bibelgespräch – wenn man nicht gerade ein Theologiestudium absolviert hat oder zu einem Bibelkreis gehört – mit Sicherheit unterliegen. Nicht zuletzt deshalb, weil Zeugen meist zu zweit auftreten. Ist einer mit seinen Argumenten zu Ende ist, springt der andere ein. Das Gespräch kann nur in einem Gefühl von Frustration oder Unterlegenheit enden oder in der Bewunderung für die Bibelkenntnis der Zeugen. Wer sich in lange Bibelgespräche oder gar ein Heimbibelstudium verwickeln läßt, hat bereits einen folgenschweren Schritt in die Sekte getan. Weiter ist zu bedenken, daß Zeugen Jehovas oft nette Menschen sind und nicht aus Bosheit, sondern aus fester Überzeugung neue Glaubensbrüder und -schwestern gewinnen möchten.

Die Rhetorik der Zeugen ist mit der Beschreibung dreier Grundsätze leicht zu erläutern:

a.) Dadurch, daß die Zeugen das Thema des Gespräches vorgeben, lenken sie das Gespräch in eine ihnen genehme Richtung!

b.) Durch ein scheinbar großes Bibelwissen, d.h. durch die Fähigkeit, auf jede Frage einen halben Satz, ein Wort aus der Bibel zu zitieren, drängen sie andere schnell in die Ecke. Allerdings muß man an dieser Stelle feststellen, daß die WTG ihren Verkündigern ein sehr selektiertes Bibelverständnis vermittelt. Abgesehen von der manipulierten Übersetzung kennen sie die Bibel nicht wirklich, sondern sie kennen nur Ausschnitte, die ihnen vorgegeben wurden.

c.) In peinlichen Situationen springen die Zeugen wahllos von einem Thema, von einer Bibelstelle zum/zur nächsten, um auf diese Weise von der peinlichen Stelle abzulenken. Sie möchten nicht auf ein Thema festgenagelt werden, so daß sie versuchen, auf andere Felder zu springen, auf denen sie sich sicherer fühlen. Im Unterredungen-Buch gibt es dazu die passende Anleitung, die schnell aufgeschlagen ist:

Wer sich trotz allem auf dem Fundament einer gefestigten Weltan-

---

„Jemand könnte sagen: Glauben Sie an die Göttlichkeit Christi?
Darauf könnte man erwidern: Ja natürlich. Aber vielleicht verstehe ich darunter nicht das gleiche wie Sie, wenn Sie von der Göttlichkeit Christi reden. Dann **könnte man hinzufügen:**
(1) Warum sage ich das? Nun, in Jesaja 9:6 wird Jesus als ‚Mächtiger Gott' bezeichnet, aber in der Bibel wird nur sein Vater als Gott, der Allmächtige, bezeichnet. (2) Beachten Sie auch bitte, daß Jesus in Johannes 17:3 von seinem Vater dem ‚allein wahren Gott' spricht. Somit ist Jesus höchstens ein Abbild des wahren Gottes. (3) Was müssen wir tun, um Gott zu gefallen? [Joh. 4:23,24]."[1]

schauung aus Neugier oder menschlicher Anteilnahme auf ein Gespräch mit Zeugen einläßt, sollte folgende Punkte bei der Gesprächsführung beachten: Wer ihre Glaubensüberzeugung angreift und auf Konfrontation geht, erreicht nur Ablehnung. Auch die Zeugen-Methode, dem anderen Bibelzitate um die Ohren zu schlagen, ist nicht hilfreich. Besser wäre es, die Haltung eines Zuhörenden und Fragenden einzunehmen. Erst wenn sich ein Zeuge menschlich angenommen fühlt, kann er seine einbetonierte Haltung lockern. Auf dieser Basis kann man vorsichtig auf Widersprüche in der Bibelauslegung oder auf die einseitige Weltsicht aufmerksam machen.

Zweig

Organisationseinheit der Wachtturm-Gesellschaft auf Länderebene, die von den **Zweigbüros** geleitet wird. Über 100 Zweigbüros existieren im Augenblick. Jedem Zweig steht ein mindestens dreiköpfiges Zweigkomitee vor, welches alle organisatorischen und internen rechtlichen Belange in dem entsprechenden Land regelt. Das Zweigkomitee ist gegenüber dem Zonenaufseher für das Wachstum der Gesellschaft verantwortlich. In Deutschland ist das Zweigbüro im Bethel in Selters/Taunus, in Österreich in Wien und in der Schweiz in Thun. Von den 100 Zweigbüros haben 32 eigene Druckereien.

1 Unterredung anhand der Schrift, Selters/Ts., 1990, S. 111.

Ein Interessierter in der Familie. Was tun?

Nach unseren Erfahrungen gibt es zwei Gründe, warum sich Menschen für sektenhafte Gemeinschaften interessieren: Weil sie sich nach Scheidung, Verlust des Partners und Einsamkeit in einer Lebenskrise befinden, oder weil sie als religiös offene Menschen auf der Suche nach einer plausiblen Weltanschauung sind. Für solchen Menschen ist es wichtig, daß Angehörige diese innere Not wahrnehmen und darauf reagieren. Das Wichtigste ist dabei, die vertrauensvolle Beziehung nicht abbrechen zu lassen. Viele ehemalige Zeugen berichten, daß sie gerade in einer Zeit schwieriger Umstände mit Zeugen in Kontakt gekommen sind und ihre freundliche Anteilnahme gerne in Anspruch genommen haben.

Angehörige, die auf ein Interesse für die Zeugen mit Vorwürfen, Ablehnung, Spott oder gar Beschimpfung reagieren, treiben gefährdete Personen erst recht in die scheinbar bergenden Arme dieser Sekte.

Bereits im Kontakt mit Zeugen. Was tun?

Wenn jemand bereits in näheren Kontakt mit Zeugen Jehovas gekommen ist und sich überlegt, ob er bei ihnen eine religiöse Heimat finden könnte, wird er übertriebenen Warnungen mit Skepsis begegnen. Sie kommen ihm einseitig und unglaubwürdig vor, weil er bis jetzt nur sehr liebe Zeugen und eine ungetrübte Stimmung in den Versammlungen kennengelernt hat. Darum haben wir versucht, in diesem Buch nüchtern und sachlich zu informieren.

Wenn Sie selbst, lieber Leser, in der Phase der Annäherung sind, wird Ihnen dieses Buch manches zu denken geben. Vielleicht sind Sie nun enttäuscht, weil Sie eine religiöse Beheimatung gefunden zu haben glaubten und nun wieder vor den Trümmern Ihrer Hoffnung stehen. Das ist sicher schmerzlich.

Sie selbst müssen wissen, was Sie tun. Wir möchten Ihnen nur einen einzigen Ratschlag mit auf den Weg geben: Lassen Sie sich nie ihr kritisches Denken ganz ausschalten. Eine Weltanschauung, die auf alles eindeutige und unverrückbare Antworten hat, gibt es nicht. Wer aus der Religion die Philosophie, das ständige Fragen nach den Grundproblemen des menschlichen Lebens verbannt, schafft eine Ideologie.

Ich möchte weg von den Zeugen Jehovas.
Was tun?

Es gibt viele Zeugen, die von dieser Sekte weg möchten, aber sich vor dem entscheidenden Schritt in eine unsichere Zukunft fürchten. Die Trennung von einer Religionsgemeinschaft kann genauso schmerzlich sein wie der Tod eines Angehörigen. Praktisch immer sind Gefühle von Isolation, Einsamkeit und eine massive Orientierungslosigkeit die Folge. Aufgrund des ständigen Engagements in der Sekte sind alle Kontakte nach außen verlorengegangen. Wer Familienangehörige in der Sekte hat, schafft den Ausstieg besonders schwer.

Wer von den Zeugen weg möchte, aber vor einem radikalen Bruch Angst hat, sollte beginnen, sich langsam außerhalb der Organisation ein neues Beziehungsnetz aufzubauen. Da der Verlust dieser Glaubensgemeinschaft auch den Verlust des gesamten Bekanntenkreises nach sich zieht, sollte man dem bereits vorher entgegenwirken. Besonders hilfreich ist es, sich einer Selbsthilfegruppe anzuschließen oder mit ehemaligen Zeugen, die schon früher ausgestiegen sind, Kontakt aufzunehmen. Diese Menschen verstehen am besten die Verzweiflung, die man nun durchzumachen hat. Doch auch kleine Begegnungen können helfen: Mit Arbeitskollegen ausgehen, einmal eine Geburtstagsfeier mitmachen, mit den Nachbarn reden.

Man muß auch wieder langsam lernen, „unnützen" Tätigkeiten nachzugehen, die das Leben bereichern: Sport, Wandern, Theater-, Kinobesuch, Ausstellungen, „weltliche" Bücher lesen. Gerade wenn sich Depressionen einstellen, helfen solche ablenkenden Aktivitäten. Die meisten Ehemaligen berichten, wie erstaunt sie waren, wieviel das Leben zu bieten hat, was sie vorher alles versäumt hatten. Sie mußten lernen, am Leben wieder Spaß zu haben, sich etwas zu gönnen, nicht immer nur etwas zu leisten. Sie mußten lernen, sich wieder mit der Welt zu beschäftigen, an der Gesellschaft Anteil zu nehmen, Zeitungen zu lesen, Nachrichten zu verfolgen.

Die ersten Wochen nach einem Gemeinschaftsentzug können die schlimmsten sein. Schlafprobleme stellen sich ein, Depressionen, eine unglaubliche Wut, soviele Jahre vergeudet zu haben. Das wichtigste in dieser Zeit ist, diese Wut nicht hinunterzuschlucken, seinen Gefühlen vielmehr Luft zu machen. Alle unsere Interviewpartner sind froh, diese Krise durchgemacht zu haben. Die Zeit draußen öffnete ihnen frische Perspektiven. Es konnte ein neues Leben beginnen. Sie haben viel dazugelernt, manchmal unter Schmerzen. Viele Ehemalige haben nun auch wieder Kontakt zu früheren Zeugen, die schon vor ihnen ausgestiegen sind. Man berichtet von freudigen Wiedersehensfeiern in einem Leben „draußen". Viele tauschen sich über das Erlebte aus, helfen einander in den Schwierigkeiten, ein neues Leben aufzubauen.

Es ist zu hoffen, daß bei ausstiegswilligen Zeugen Jehovas die Abhängigkeit von der Organisation nicht größer ist als die Kraft, einen Schlußstrich unter einen enttäuschenden Lebensabschnitt zu setzen.

Mehr Licht auf den Zivildienst

Immer wieder muß die Wachtturm-Gesellschaft ihre Lehren ändern, um nicht von dem Lauf der Zeit überrollt zu werden. Es heißt dann immer, daß „Jehova Gott mehr Licht" auf die Wahrheit lenkt.

Im Wachtturm vom 1. Mai 1996 wurden die überraschten Zeugen wieder mit einer entscheidenden Lehränderung konfrontiert. Und damit auch alle Ältesten mitbekommen, was für eine revolutionäre Lehränderung in einem sechs Seiten langen Artikel in einem einzigen Satz versteckt war, erhielten sie am 18. März einen besonderen Rundbrief samt der entsprechenden Wachtturmausgabe.

„*Kein Teil der Welt*" zu sein, ist für die Zeugen ein ganz wesentlicher Bestandteil ihres Selbstverständnisses.[1] Und selbst dann, wenn sie für diese Lehre ins Gefängnis gehen müßten, oder gar ihr Leben bedroht ist, ist es den Zeugen nicht möglich, Kompromisse mit der Welt zu machen.

Ein solcher Kompromiß wäre es gewesen, wenn ein junger Mann anstatt des Wehr- oder Militärdienstes einen Zivildienst abgeleistet hätte.

Die alte Begründung für dieses Verbot lautet folgendermaßen: Der Zivildienst ist ein Ersatzdienst. Er ersetzt den Wehrdienst. Er muß deshalb genauso bewertet werden wie der Militärdienst. Wer Wehrdienst leistet, der lädt, weil zum Krieg immer das Vergießen von Blut gehört, Blutschuld auf sich. Und in dieser Logik lädt man dann durch den Zivildienst ebenfalls Blutschuld auf sich. Somit verstößt der Zivildienst gegen die Bibelstelle Römer 13, kein Teil der Welt zu sein. Wer Zivildienst leistet, hat einen Kompromiß mit dem Staat gemacht und damit seine Lauterkeit gegenüber Jehova gebrochen.[2] Ein Zivildiener, gleich ob er in einem Krankenhaus oder einer Jugendherberge arbeitet, wird deshalb als einer, der die Gemeinschaft verlassen hat, angesehen.

Diese „Argumentation" ist nicht nur für Außenstehende schwer nachvollziehbar, selbst viele Zeugen Jehovas konnten einer solchen Logik nicht richtig folgen. Aber in Treue zu der Wachtturm-Gesellschaft verweigerten sie „aus persönlichen Gewissensgründen"(!) den Zivildienst.

Bereits 1978 hatte sich die Leitende Körperschaft sechsmal mit der Frage beschäftigt, ob Zeugen einen Zivildienst leisten dürfen. Eine Befragung aller Zweigbüros ergab, daß viele Zeugen in aller Welt mit Begründung für das Verbot Schwierigkeiten haben. Und obwohl es bei den Abstimmungen in der Leitenden Körperschaft immer eine deutliche Mehrheit für eine Änderung stimmten, wurde die Regel nicht geändert!

Darüber, daß die Zeugen auch den Zivildienst ablehnen, sind uns keine schriftlichen Anweisungen bekannt. Dies hat sicher damit zu tun, daß die Wachtturm-Gesellschaft weiß, daß selbst in den Demokratien die Aufforderung zur kollektiven Totalverweigerung als Staatsfeindlichkeit angesehen werden kann. Aber trotzdem hat jeder betroffene Zeuge erfahren, wie er sich im Fall einer Einberufung zu verhalten hat.

In einer Besprechung für die Ältesten am 30.11.1993 in Berlin bekommen die Ältesten mündlich mitgeteilt, wie in dem Fall eines drohenden Zivildienstes zu verfahren sei. Allerdings werden auch hier keine konkreten Anweisungen und Richtlinien bekannt gegeben, sondern ein Mitglied des Rechtskomitees des Zweigbüros hält einen „geschichtlichen Vortrag" darüber, wie sich bisher Zeugen in Westdeutschland verhalten habe. Sie erfahren, welche Bibelstellen sie studiert haben, welche Gesetzestexte sie gelesen haben und welche juristischen Kommentare herangezogen wurden. Und sie erfahren natürlich auch, zu „welcher persönlichen Gewissensentscheidungen" die Zeugen im Westen gekommen sind. Die Ältesten werden aufgefordert, durch Fragen den jungen Männern zu „helfen" zu einer biblisch begründeten Gewissensentscheidung zu kommen.

Für die Zuhörer ist klar, daß dies nicht nur einfach ein historischer Vortrag war, sondern daß diese einer Aufforderung gleichkommt, wie sich die Zeugen im Fallen eines Zivildienstes zu verhalten haben. Und wenn der Heilige Geist den Brüdern im Westen eingegeben hat, daß sie aus „persönlichen Gewissensgründen" den Zivildienst ablehnen, warum sollte er den Brüdern im Osten etwas anders eingeben? So leisten Zeugen weder den Militär- noch den Zivildienst!

Die Pressemitteilung vom 18. März 1996 beginnt die WTG mit der Feststellung, daß sie „*die neuerdings von einigen Kirchenvertretern und Sektenbeauftragten aufgestellte Behauptung, Jehovas Zeugen seien staatsfeindlich*"[3] entschieden zurückweisen. Eine gründliche Betrachtung von Römer 13 hätte jetzt ergeben, daß Zeugen als persönliche Gewissensentscheidung selbstverständlich Zivildienst leisten dürfen.

Älteste dürfen diese Pressemitteilung nicht weitergeben. In dem Begleitschreiben wird ausdrücklich darauf hingewiesen, daß dies nur zu „ihrer persönlichen Information sei". Pressevertreter sollen an das Zweigbüro verwiesen werden. Wovor hat die WTG Angst? Vielleicht davor, daß die Zeugen dann erzählen könnten, wie die Frage des Zivildienstes bisher gehandhabt wurde? Oder aber, daß dann die Öffentlich-

> wäre seine Entscheidung vor Jehova. <u>Die er-</u>
> <u>nannten Ältesten sollten, wie alle anderen</u>
> <u>auch, das Gewissen des Bruders voll und ganz</u>
> <u>respektieren und ihn weiterhin als Christen be-</u>
> <u>trachten, der in gutem Ruf steht.</u> Sollte ein

In einem einzigen Satz wird alte Lehre der Wachtturm-Gesellschaft komplett auf den Kopf gestellt.[4]

keit erfahren würde, daß die Zeugen ihre eigenen, „biblisch begründeten" Lehren nicht verstehen konnten?

In dem begleitenden Brief an die Ältestenschaft wird betont, daß die leitende Körperschaft nach sorgfältiger Prüfung zu einer erweiterten Erkenntnis bezüglich Römer 13 gekommen ist. Im Wachtturm wird deutlicher gesagt was gemeint ist. Ein Zeuge, der Zivildienst leistet ist von den Ältesten und den Versammlungen als ein Bruder anzusehen, *„der in gutem Ruif steht"*. Bis zu diesem Datum galt ein Zivildienstleistender als Abtrünniger, ab dem 1. Mai steht er in gutem Ruf. Hier wurde offensichtlich eine ganze Lehre von der WTG auf den Kopf gestellt.

Als dreist empfinden wir aber den Satz in dem Brief an die Ältestenschaft, in dem behauptet wird, daß die Ältesten nach Studium des Wachtturm-Artikels und der Bibel in der Lage wären, *„ Fragen von Gliedern der Versammlung zu beantworten, zumal sich grundsätzlich nichts […] geändert hat«*[5].

Anhand dieser Lehränderung wird deutlich, mit welchen Mitteln die WTG versucht ihre Anhängern je nach Bedarf zu manipulieren. Nachdem diesesmal nicht übereifrige Verkündiger dafür verantwortlich gemacht werden konnten, daß jahrzehntelang eine falsche Lehre verbreitet wurde, kommt die Taktik der Verharmlosung zum Tragen.

Kein Wort davon, daß wegen der alten offiziellen Lehre Zeugen ins Gefängnis gegangen sind oder mißhandelt wurden. Kein Wort des Bedauerns oder der Entschuldigung an deren Adresse.

Und last but not least stellt sich bei diesem Beispiel die Frage, ob Sektenmitglieder überhaupt eine freie Gewissensentscheidung treffen können.

Gebetsmühlenhaft wiederholen Sektenführer, daß ihre Mitglieder frei entscheiden könnten, was sie tun — niemand würde zu irgend etwas gezwungen. Aber wie frei ist diese Freiheit wirklich? Bekommen die Zeugen in den Wachtturmartikeln, in den Königreichssälen und auf den Kongressen ‚nur' die Bibel erklärt, und jeder kann sich danach frei entscheiden, was er davon umsetzt und was nicht?

Wir bezweifeln dies aus zwei Gründen: Zum einen hat jeder Zeuge internalisiert, daß ausschließlich von seinem jetzigen Handeln abhängt, ob er in das ewige Paradies kommt. Wenn er sich jetzt gegen die WTG-Lehren stellen würde, setzt er seinen Anspruch auf das ewige Leben aufs

Spiel. Wir können uns gut vorstellen, daß sich Zeugen in einer Zwangssituation befinden und sich deshalb dafür entscheiden, jetzt etwas zu tun, was zwar gegen ihr Gewissen geht, dafür aber ewig leben zu können. Aber ist dies dann noch eine freie Gewissensentscheidung? Und in manchen Fragen sind die Konsequenzen schon im irdischen Leben für den Zeugen zu spüren. Abtrünnigkeit und Gemeinschaftsentzug als Konsequenz, die sogar im Familienleben wirksam werden können, schweben wie ein scharfes Schwert über jeder „freien" Entscheidung? Wenn die Gemeinschaft mit Frau und Kindern auf dem Spiel steht, wird man sich dann „frei" gegen die Lehre der Zeugen entscheiden?

Zum anderen ist natürlich auch die Frage, wie die Leitung der Zeugen Jehovas ihre eigenen Veröffentlichungen und Lehren sieht. Sind das Interpretationsangebote, über die man kritisch diskutieren darf, um sich danach frei für oder gegen die Annahme zu entscheiden, oder wird ein absolutes Gesetz formuliert, dem man notfalls unter Zwang folgen muß? In einem Gerichtsverfahren sagt Frederick W. Franz auf die Frage, ob ein Zeuge Jehovas die Veröffentlichungen der WTG anhand der Bibel überprüfen darf: *„Aber er [der Zeuge Jehovas] tut es nicht unter Zwang; man gibt ihm das Recht als Christ, die Schriftstellen [der Bibel] zu untersuchen, damit er die Bestätigung erhält, daß ... [die Lehre der WTG] von der Bibel gestützt wird."* [6] Auf die Frage, ob ein Zeuge Jehovas das Recht hat, sich anhand der Bibel und der WTG-Veröffentlichungen eine eigene, andere Meinung zu bilden, antwortet er mit *„Nein!"*. In demselben Verfahren bestätigt der Rechtsberater der Gesellschaft, daß selbst dann, wenn falsche Lehren erkannt wurden, jemand unter Zwang diese falschen Lehren annehmen muß, um die Einheit der Gemeinschaft zu wahren. Hat er somit keine Wahlfreiheit?

Offensichtlich sind noch nicht einmal Mitglieder der Leitenden Körperschaft der Meinung gewesen, daß es eine wirklich freie Entscheidung gibt! Aber das sagt und hört man in der Öffentlichkeit wohl nicht so gerne. Kann man deshalb wirklich davon reden, daß die Zeugen Jehovas „in der Wahrheit leben", daß die Leitende Körperschaft in Brooklyn der Kanal Gottes ist? Oder ist die Geschichte der Wachtturm-Gesellschaft nicht doch eher eine endlose Geschichte der Irrtümer, Manipulationen und Vertuschungen? Eine Geschichte, in der Menschen unter Zwang handeln?

---

1 Siehe Kapitel 6, ab Seite 146.
2 Vergleich zum folgenden: Franz, Raymond, Der Gewissenskonflikt, München, 1988, S. 103 f.
3 Informationsdienst der Zeugen Jehovas, Pressemitteilung 18. 3. 1996.
4 Der Wachtturm 1. Mai 1996, Seite 20.
5 Brief an alle Ältestenschaften vom 18. März 1996.
6 Franz, Raymond, Auf der Suche nach christlicher Freiheit, Essen, 1997, S. 24 f.

Kontaktadressen

Die folgenden Einrichtungen bieten eine kompetente Beratung für Angehörige und Sektenmitglieder an. Darüber hinaus sind sie in der Lage, Beratungsmöglichkeiten in der näheren Umgebung anzugeben.

Deutschland:

Bruderdienst Missionsverlag e.V., Postfach, 25764 Wesselburen

Evangelische Stelle für Weltanschauungsfragen, Augustusstraße 2, 10117 Berlin

Zentralstelle Pastoral der deutschen Bischofskonferenz, Hans Gasper, Kaiserstraße 163, 53113 Bonn

Österreich:

Bruderdienst, Gerd Borchers-Schreiber, Fasanstraße 10, A-2362 Biedermannsdorf

Referat für Weltanschauungsfragen der Erzdiözese Wien, Dr. Friederike Valentin, Stephansplatz 6, A-1010 Wien

Sektenreferat der evangelischen Kirche Österreichs, Pfarrer Mag. Johannes Spitzer, Rudolf Kattnigg-Straße 10/8, A-9500 Villach

Sektenreferat der evangelischen Diözese Wien, Pfarrer Mag. Sepp Lagger, Thaliastraße 156, A-1160 Wien

Schweiz:

Ökumenische Arbeitsgruppe „Neue geistliche Bewegungen in der Schweiz", Kaplan Joachim Müller, Wiesenstraße 2, CH-9436 Balgach

Ev. Orientierungsstelle, Pfarrer Dr. Georg Schmid, Im Städtli 79, CH-8606 Greifensee

Darüber hinaus haben in den drei Ländern die meisten Landeskirchen, Diözesen und Bundesländer einen Weltanschauungsbeauftragten, der ebenfalls Kontakte vermitteln kann.

Für diejenigen, die an antiquarischer oder geheimer Literatur der WTG interessiert sind: Kopierservice Becker, Postfach 69, D-34324 Morschen

Literatur

Die von uns verwendete Literatur der Wachtturm Bibel- und Traktatgesellschaft wurde immer an den Stellen nachgewiesen, an denen sie zitiert wurde.

Brüning, Erich, Sind Zeugen Jehovas Christen? Ihr Leben, ihre Lehre und ihre Prophetie, Bad Liebenzell: VLM, [2]1991.

Franz, Raymond, Der Gewissenskonflikt, München: Claudius, 1988.

Gasper, Hans u.a., Lexikon der Sekten, Sondergruppen und Weltanschauungen, Freiburg/Brsg., 1990.

Gebhard, Manfred, Die Zeugen Jehovas. Eine Dokumentation über die Wachtturmgesellschaft, Leipzig: Urania, 1970.

Haack, Friedrich-Wilhelm, Jehovas Zeugen, München: Münchner Reihe, 1988.

Heinzmann, Gerhard, Lehren die Zeugen Jehovas die Wahrheit? Aßlar, [3]1991.

Hellmund, Dietrich, Geschichte der Zeugen Jehovas (in der Zeit von 1870 – 1920) mit einem Anhang: Geschichte der Zeugen Jehovas in Deutschland (1970), (Diss.), Hamburg, 1972.

Hemminger, Hansjörg, Was ist eine Sekte? Mainz, 1995.

Jäggi, Christian/ Krieger, David, Fundamentalismus – Ein Phänomen der Gegenwart, Zürich, 1991.

Jonsson, Carl Olf, Die Zeiten der Nationen näher betrachtet, Altenberg, 1992.

Köppl, Elmar, Die Zeugen Jehovas. Eine psychologische Studie, München, [2]1990.

Pape, Günther, Ich war Zeuge Jehovas, Augsburg, [8]1987.

Rausch, Ulrich / Schüssler, Ute, Die Zeugen Jehovas – Das Arbeitsbuch, 1998.

Stuhlhofer, Franz, Charles T. Russell. Der unbelehrbare Prophet, Berneck: Telos, 1990.

Twisselmann, Hans-Jürgen, Die „Zeugen Jehovas", Wuppertal, [8]1991.

Twisselmann, Hans-Jürgen, Jehovas Zeugen – die Wahrheit, die frei macht? Eine Orientierungs- und Entscheidungshilfe, Gießen, [2]1992.

Twisselmann, Hans-Jürgen, Der Sekten-Konzern – Der Wachturmkonzern der Zeugen Jehovas – Anspruch und Wirklichkeit, Gießen, 1995.

Wass, Barbara, Leben in der Wahrheit – 12 Jahre Zeugin Jehovas, Salzburg, 1989.

Wass, Barbara, Wenn Religion zur Waffe wird, Salzburg, 1993.

Weber, Herbert, Religiöse Mobilität. Religiöse Sondergemeinschaften und Katholische Kirche – Am Beispiel der Zeugen Jehovas, (Diss.), Wien, 1990.

Weber, Herbert/Valentin, Friederike, Die Zeugen Jehovas. Zwischen Bewunderung und Befremdung. Ein Ratgeber, Freiburg i.Br., 1994.

Weis, Christian, Zeugen Jehovas – Zeugen Gottes? Salzburg, [2]1985.

Kleines Konzilskompendium. Sämtliche Texte des Zweiten Vatikanums mit Einführungen und ausführlichen Sachregister, Hg. v. Karl Rahner, Herbert Vorgrimler, Freiburg i. Br., [18]1985.

Lexikon der Sekten, Sondergruppen und Weltanschauungen. Fakten, Hintergründe, Klärungen, Hg. v. Hans Gasper, Joachim Müller, Friederike Valentin, Freiburg i. Br., 1990.

Taschenlexikon Religion und Theologie, Hg. v. Erwin Fahlbusch, Göttingen, [11]1983.

Themenübergreifende Literatur:

Eimuth, Kurt-Helmuth, Die Sektenkinder, Freiburg in Br., [3]1997.

Eimuth, Kurt-Helmuth, Sekten-Ratgeber, Freiburg i. Br., 1997.

Auf CD-Rom:

Franz, Raymond, Auf der Suche nach christlicher Freiheit, Essen, 1997.